西夏文
《大宝积经·无量寿如来会》
对勘研究

孙颖新 著

社会科学文献出版社
SSAP
SOCIAL SCIENCES ACADEMIC PRESS (CHINA)

本书的出版受到中国社会科学院登峰计划佛教重点学科经费资助

目　录

导 言

西夏是曾经统治中国西北地区近 200 年的一个古代王朝。这个王朝于公元 1038 年由党项部族首领元昊（1004—1048）正式创建，定都兴庆府（今宁夏银川市兴庆区），其后历经十代君主，最终于 1227 年被蒙古灭亡。党项人称自己的国家为“大白高国”（𗴂𗹭𘜶𗴲）或者“白高大夏国”（𗴂𗹭𗴲[illegible]𘜶），“西夏”是中原人对它的称呼。这个国家保留至今的文献大都是佛教著作的西夏文译本，一般认为西夏文佛经是其最突出的文化标志。

对西夏佛经的研究历史迄今已有一个世纪。本项研究的目的是通过西夏佛经初译本和校译本的对勘，系统论证西夏佛经中存在用字的“通假”现象，这一论证主要以解读《大宝积经 · 无量寿如来会》为基础，同时兼及其他夏译汉籍。

一　西夏佛经的发现和研究简史

首次发现西夏文古书的是法国汉学家伯希和（Paul Pelliot）。

1900 年的庚子事变中，伯希和同他的两个朋友在北京北海白塔的一堆废纸和旧书里找到了六册泥金西夏字抄本《妙法莲华经》。[①] 这六册佛经现在分别收藏在法国的吉美博物馆和波兰的雅盖隆图书馆，[②] 原件照片日前由

① 参看伯希和为聂历山《西夏研究小史》写的评论，载 *T'oung Pao* 29, 1932, pp. 226–229。

② 有三册《妙法莲华经》是二战期间从柏林图书馆转移到雅盖隆图书馆的，现在柏林还保存着当年转移文献的记录（上架号 Libri sin. 1414），但是原件去向不明。

中华书局和天津古籍出版社刊出。[①] 此后他又在 1908 年 3 月来到敦煌莫高窟，在北区的两个洞窟里发掘出了 200 多件西夏文佛经的残叶。这些残叶现在收藏在法国国家图书馆，全部照片已经由上海古籍出版社于 2007 年刊布。[②] 在那两个洞窟里伯希和还同时找到了一些回鹘文的木活字，并且看到一件西夏文残片上面有元代的施经牌记，所以推测那里曾是个元代的印经作坊。[③] 他的发现品大多是常见佛经的译本，其中有待仔细研究的只有一部题为"二十一种行"的佛教著作。

伯希和在莫高窟发现西夏文佛经后不到一个月，科兹洛夫（Петр Кузьмич Козлов）率领俄国皇家蒙古四川地理考察队来到内蒙古额济纳旗的黑水城遗址，找到了 30 多本西夏文的书和账簿。1909 年 6 月科兹洛夫奉命再次来到这里，他从西城墙外旧河床边的一座佛塔里发现了一个巨大的文献和文物库藏。这批发现品随即被运回圣彼得堡，现存俄罗斯科学院东方文献研究所，其中的文献部分有近九千个编号，占全世界所藏党项文献总数的 90% 以上，构成了迄今世界上最丰富的、学术价值最高的党项文献特藏。不过其确切数量目前还无法统计，有人估计有十余万叶，20世纪的西夏学就是在整理和研究这批文献的基础上建立起来的。这批文献中的西夏文部分由上海古籍出版社陆续刊布在《俄藏黑水城文献》的第 7册以后。[④] 不过，由于发生粘连和霉变的大量原件在入藏后还没有经过修复，无法提供拍摄，所以要想刊布俄国收藏的全部资料还是个非常遥远的目标。

科兹洛夫在黑水城的收获吸引了英国探险家斯坦因（Marc Aurel Stein），他在 1914 年夏天也来到了那里，希望找到科兹洛夫没有发现或者没有带走的一些东西。斯坦因这次的收获已知的有 4000 多个编号，现在收藏在英国国家图书馆和印度国家博物馆。英国国家图书馆的部分藏品已经由上

---

① 史金波、克丽斯蒂娜·克拉美罗蒂娜编《法国吉美国立亚洲艺术博物馆藏西夏文献》，中华书局和天津古籍出版社，2018。
② 西北第二民族学院、上海古籍出版社、法国国家图书馆编《法藏敦煌西夏文文献》，上海古籍出版社，2007。
③ ［法］伯希和:《伯希和敦煌石窟笔记》，耿昇、唐健宾译，甘肃人民出版社，1993，第383 页。
④ 俄罗斯科学院东方研究所圣彼得堡分所、中国社会科学院民族研究所、上海古籍出版社编《俄藏黑水城文献》，上海古籍出版社，1996—。发现这批文物的具体过程，参看第 1册卷首的克恰诺夫序言。

海古籍出版社刊布，[①] 而印度国家博物馆的藏品则连规范的目录也未见发表。斯坦因发现的西夏文献大都是佛经残本，有些甚至只是碎片，其学术价值无法与俄国藏品相比。

1917 年，宁夏灵武县在修城墙时发现了五个瓦坛，里面装满了西夏文的佛经。这批佛经从发现之初就开始零星地散失，遗存部分在 1929 年被当时的北平图书馆收购，现在收藏在国家图书馆善本部，后来由甘肃人民出版社和上海古籍出版社分头重复刊布。[②] 散失的经卷落入国内收藏家之手，其中有些被卖到日本，分别收藏在日本的几家图书馆，后来由中华书局全部刊出。[③] 这批佛经大都是保存完整的元代刻本或者活字印本，其中一部分在明代经过修补。[④] 20 世纪下半叶中国和日本的西夏学研究主要以这批文献为基础。

1973 年，格林斯蒂德选取了中国国家图书馆和俄罗斯科学院东方文献研究所收藏的一部分西夏文佛经，汇编为九卷本的《西夏文大藏经》，在印度的新德里刊布。[⑤] 这套书收录的大都是译自汉文的常见佛经，且编辑体例不够完善，图版质量不高，所以没能在西夏学界产生足够的影响。

20 世纪 20 年代末，斯文赫定（Sven Hedin）和徐炳昶率领的中瑞西北科学考察团在丝绸之路沿线有些零星的收获。40 年代初，张大千也在敦煌得到了一些残片。这些收集品后来的去向并不十分明确，除中国社会科学院考古研究所图书馆的收藏品外，人们一般认为当今瑞典斯德哥尔摩民族博物馆、[⑥] 美国普林斯顿大学东亚图书馆、[⑦] 中国文化遗产研究院图书馆，[⑧]

① 西北第二民族学院、上海古籍出版社、英国国家图书馆编《英藏黑水城文献》，上海古籍出版社，2005—2010。

② 宁夏大学西夏学研究中心、国家图书馆、甘肃五凉古籍整理研究中心编《中国藏西夏文献》第 1—11 册，甘肃人民出版社、敦煌文艺出版社，2002—2007；宁夏社会科学院编《中国国家图书馆藏西夏文献》第 1—4 册，上海古籍出版社，2005—2006。

③ 武宇林、荒川慎太郎主编《日本藏西夏文文献》，中华书局，2011。

④ 林世田主编《国家图书馆西夏文献中汉文文献考释》，北京图书馆出版社，2005。

⑤ Eric Grinstead, *The Tangut Tripitaka*, 9 Vols, New Delhi: Sharada Rani, 1973.

⑥ 瑞典的藏品迄今只发表了一张照片，见 K.B. Kepping, " The Official Name of the Tangut Empire as Reflected in the Native Tangut Texts," *Manuscripta Orientalia* 1.2 , 1995。

⑦ 荒川慎太郎 "プリンストン大学所蔵西夏文佛典断片（Peald）について"，『アジア・アフリカ言語文化研究』83, 2012。

⑧ Nie Hongyin, "Tangut Fragments Preserved in the China National Institute of Cultural Heritage," И.Ф. Попова сост. *Тангуты в Центральной Азии*, Москва: Издательская фирма «Восточная литература», 2012.

北京大学图书馆、①台湾中研院傅斯年图书馆，②以及日本的个别收藏都来自这里。

20世纪下半叶以后发现的西夏文书籍主要来自四个地方，即敦煌莫高窟、甘肃武威市附近、内蒙古黑水城附近，以及宁夏银川市附近。其中敦煌发现的文献收藏在敦煌研究院，甘肃武威天梯山石窟和张义乡小西沟岘发现的文献收藏在甘肃省博物馆，武威新华乡亥母洞发现的文献收藏在武威市博物馆，这批文献中的西夏文部分大都由甘肃人民出版社刊布于《中国藏西夏文献》第16册。③ 1983~1984年，内蒙古自治区文物工作队组织人力对黑水城进行了再次发掘，找到了西夏佛经残纸200多片，1991年，中央电视台的一个摄制组在距黑水城几十公里的一处寺庙遗址内发现了一些相对完整的西夏文佛经，这批资料收藏在今天的内蒙古自治区文物考古研究所和额济纳旗文物管理处，由甘肃人民出版社刊布于《中国藏西夏文献》第17册。④

由中国考古工作者完成的最丰富且最有学术价值的发现都来自宁夏的贺兰山。这些文献共分两批，一批在1991年发现于拜寺沟方塔，另一批在2006年发现于山嘴沟石窟，全部资料已由宁夏文物考古研究所整理刊布。⑤ 宁夏发现的佛经相对完整，有些经本译自藏传佛教作品，其详细内容和来源至今还不完全清楚，甚至难以判断它们是来自西夏时代还是元代，对这些文献的研究可能会成为今后的一个热点。

到目前为止，除俄国的藏品还有待陆续整理出版外，世界各国主要的党项文献特藏都已在中国发表。这些出版物的编辑质量参差不齐，总的说来，对于原先编目比较成熟的特藏，编辑的质量就高些，而对于原先没有编目或者编目不够成熟的特藏，编辑的质量就差些。前者最具代表性的是《俄藏黑水城文献》，后者最具代表性的是上海古籍出版社的《英藏黑水城

① 北京大学图书馆：《北京大学图书馆藏敦煌文献》2，上海古籍出版社，1995，第302~306页。
② 林英津：《史语所藏西夏文佛经残本初探》，《古今论衡》2001年第6期。
③ 宁夏大学西夏学研究中心、国家图书馆、甘肃五凉古籍整理研究中心编《中国藏西夏文献》第16册，甘肃人民出版社、敦煌文艺出版社，2007。
④ 宁夏大学西夏学研究中心、国家图书馆、甘肃五凉古籍整理研究中心编《中国藏西夏文献》第17册，甘肃人民出版社、敦煌文艺出版社，2007。
⑤ 宁夏文物考古研究所：《拜寺沟西夏方塔》，文物出版社，2005；宁夏文物考古研究所：《山嘴沟西夏石窟》，文物出版社，2007。

文献》，这部书只是把英国国家图书馆藏品依照最初的流水号一件一件地简单排列，而图版的定题工作则做得粗疏，更没有考虑同一文献的残片缀合和整编。

除去早期文献辨识阶段的不完整著录之外，①迄今学界做出的西夏文献目录有四份。最早的一份是戈尔巴乔娃和克恰诺夫在 1963 年发表的《西夏文写本和刊本》，②其中著录了俄罗斯科学院东方文献研究所收藏的西夏文非佛教著作 60 种，佛教著作 300 种。由于当时人们的研究兴趣集中在非佛教著作上面，所以戈尔巴乔娃和克恰诺夫在佛教文献部分仅列出了书题，并附以对应的汉文和梵文。

第二份目录是西田龙雄的《西夏语佛典目录》。③作者在前人著录的基础上加上了自己从世界各国收集来的资料，在迄今所有同类著作中取材最广。另外，西田龙雄还尽量考察了夏译佛教著作的来源，其中一部分勘同意见被后来的克恰诺夫目录所采用。不过，目录中对藏传佛教译本的勘同似乎大多停留在经题的层面，并没有进一步核查藏文佛经正文，④所以其结论并非全然可信。

第三份目录是史金波的《西夏文佛经目录》。⑤这份目录的俄国藏品部分直接录自戈尔巴乔娃和克恰诺夫的《西夏文写本和刊本》，日本和欧洲藏品部分直接录自西田龙雄的《西夏语佛典目录》，中国藏品部分有一些是作者亲自调查搜集的结果。不过遗憾的是，目录中对每一种著作都仅列出了西夏文的经题和汉文的字面翻译，并没有做出必要的描述和说明。

第四份目录是克恰诺夫的巨著《西夏文佛教文献目录》，⑥著录的是俄罗斯科学院东方文献研究所的收藏，不但所收著作种类多于当年的《西夏

---

① 早期的目录为龙果夫和聂历山所编，载《国立北平图书馆馆刊》第 4 卷第 3 号，1930。
② З. И. Горбачева и Е. И. Кычанов, *Тангутские рукописи и ксилографы*, Москва: Издательство восточной литературы, 1963.
③ 西田龙雄：《西夏文华严经》Ⅲ，京都大学文学部，1977。
④ 例如西田先生据书题推测西夏文《求生净土法要门》译自宋沙门遵式所集《往生净土忏愿仪》（《西夏文华严经》Ⅲ，第 13 页），事实上这两种书的内容毫无关系。参看孙伯君《黑水城出土西夏文〈求生净土法要门〉译释》，张公瑾主编《民族古籍研究》第 1 辑，中国社会科学出版社，2012。
⑤ 史金波：《西夏佛教史略》，宁夏人民出版社，1988，第 343~413 页。
⑥ Е.И. Кычанов, *Каталог тангутских буддийских памятников*, Киото: Университет Киото, 1999.

文写本和刊本》，而且为每个编号的藏品写下了迄今最为详细的介绍。

例如对《长阿含经》的著录：

佛说长阿含经

译自汉文，见《大正藏》第 1 号，西田龙雄《西夏语佛典目录》（西夏文华严经）第 194 号。

инв. № 150 卷十二

写本经折装，折面 31×12 厘米。41 折 +2 折版画，佚卷尾。每折 6 行，行 17 字。有墨框，天头 4 厘米，地脚 3 厘米。经题后有译者题名：中国三藏法师佛陀耶舍共竺佛念译，乾顺皇帝及其母梁氏皇太后御译，仁孝皇帝嵬名御校。首折有朱砂牌记一方，曰："大白高国清信弟子皇太后罗氏新增写番大藏经一整藏，舍于天下庆报伽蓝寺经藏中，当为永远诵读供养。"用第 1 类纸。①

克恰诺夫目录对西夏文佛教著作的分类法相当复杂，大致可以概括为：作者首先把已经可以考定题名的佛经逐一与日本编的汉文《大正藏》目录和乾隆北京版藏文大藏经目录核对，大致确定每部西夏文佛经的原本，同时依照其来源编为"见于汉文《大正藏》的佛经"和"见于藏文大藏经的佛经"两大类，然后再按不同的情况对译自汉文的佛经和译自藏文的佛经进行分别处理。译自汉文的佛经基本上参照《大正藏》的顺序以"经""律""论"排列，译自藏文的佛经基本上参照北京版藏文大藏经的顺序排列。对于一时难以考订其具体来源的作品，作者只得大致参照西夏文经题中的用语进行分类，其次序为"经""颂""赞""注疏""义""仪轨""论""记""文""集""次第""本""品""纲""序""部"，等等。由于西夏文中藏传佛教术语的解读问题至今还没有得到圆满解决，当前人们对西夏文经题中一些关键词语的翻译并不一定正确，所以上述对西夏文藏传佛教经典的分类自然也还不能视为最后的结论。

---

① 克恰诺夫把黑水城文献所用的纸张分成了八类，其中第一类大致相当于中国传统上说的"白绵纸"。

二　西夏佛经的初译和校译活动

佛教在西夏人的社会生活中占有重要的位置。早在西夏建国之前佛教就传入了党项地区,《宋史》卷四八五《夏国传》在介绍开国君主元昊时说"晓浮图学,通蕃汉文字",可见佛教当时已经在党项社会一定阶层的人士中盛行。《宋史》中还记载了党项人在 1007 年的礼佛活动:

> (宋景德四年)罔氏薨……及葬,请修供五台山十寺。

西夏在建国之初多次向宋朝请赎"大藏经",[①] 天授礼法延祚十年(1047)元昊曾下令建寺供奉,并同时开始由政府组织翻译佛经:

> 曩霄更以四孟朔为圣节,令官民礼佛,为己祈福。至是,于兴庆府东一十五里役民夫建高台寺及诸浮图,俱高数十丈,贮中国所赐《大藏经》,广延回鹘僧居之,演绎经文,易为蕃字。[②]

西夏的译经活动始于景宗元昊,经毅宗、惠宗、崇宗三朝,历时 53 年,译出佛经凡 812 部,3579 卷。[③] 遗憾的是,目前我们可以见到的早期译本都出自惠宗、崇宗两朝,时间大约在 11 世纪末到 12 世纪初。从 12 世纪 40 年代开始,西夏仁宗(1139~1193 年在位)等几朝皇帝曾组织人力对前代翻译的佛经进行大规模的校译,校经活动一直持续到西夏灭亡。[④] 光定四年

---

① 罗福苌:《西夏赎经记》,《国立北平图书馆馆刊》第四卷第三号,1932,第 2573~2574 页;史金波:《西夏佛教史略》,第 59~62 页。西夏的"赎经"活动罗福苌先生统计为四次,史金波统计为六次,聂鸿音先生指出,史金波依据的有些资料原始来源不明,恐非北宋时代的实录,所以实际的次数也许没有那么多。详见聂鸿音《西夏佛经序跋译注》,上海古籍出版社,2016,第 10 页。

② (清)吴广成撰,龚世俊等校证《西夏书事校证》卷 18,甘肃文化出版社,1995,第 212 页。

③ 史金波:《西夏文〈过去庄严劫千佛名经〉发愿文译证》,《世界宗教研究》1981 年第 1 期。

④ 目前所知时代最晚的校经题记见于光定四年(1214)的《金光明最胜王经》,影件见宁夏大学西夏学研究中心、国家图书馆、甘肃五凉古籍整理研究中心编《中国藏西夏文献》第 15 册,甘肃人民出版社、敦煌文艺出版社,2007,第 309 页。

（1214）刊印的西夏文《金光明最胜王经》卷尾存有神宗（1211~1223 年在位）的施经发愿文，详细说明了校经的缘起，[①]聂鸿音先生曾全文翻译，现摘录如下：

> 今朕位居九五，密事纷繁，如临深渊，如履薄冰。焚膏继晷，想柔远能迩之规；废寝忘餐，观国泰民安之事。尽己所能，治道纤毫毕至；顺应于物，佛力遍覆要津。是以见此经玄妙功德，虽发诚信大愿，而旧译经文或悖于圣情，或昧于语义，亦未译经解、注疏，故开译场，延请番汉法师、国师、禅师、译主，再合旧经，新译疏义，与汉本细细校雠，刊印传行，以求万世长存。[②]

此前，西田龙雄在梳理存世西夏文《大方广佛华严经》《妙法莲华经》诸多译本后，发现两部佛经均有校译本和初译本的区别，并通过对勘，敏锐地感觉到校订重点似乎在音译用字上面。[③]史金波也从夏译佛经的题款中概略地了解并介绍了此事。[④]近十余年来，随着俄藏黑水城文献的进一步刊布，针对西夏佛经初译本和校译本的研究成了一股热潮。[⑤]由于有初译本和校译本同时存世的佛经相当罕见，所以每一份对勘资料的公布都会引人关注。

根据已有的研究成果，我们知道仁宗的校经活动大概始于天盛元年（1149），现存注明年代最早的校译本是天盛元年施印的《圣观自在大悲心总持功能依经录》和《胜相顶尊总持功能依经录》（俄藏编号 инв.№ 6796）。根据存世佛经判断，仁宗往往同时校译西夏文本和汉文本，在校译西夏文本时会同时参考梵文、藏文原本，如俄藏西夏文《圣佛母般若波罗蜜多心经御制后序》（инв. № 6360）施经发愿文中所言：

---

① 《金光明最胜王经》，西安市文物局藏本，卷尾发愿文影件见史金波等《西夏文物》，文物出版社，1985，图 380。
② 聂鸿音：《西夏佛经序跋译注》，第 150 页。
③ ［日］西田龙雄：《西夏文华严经》Ⅰ，Ⅱ，京都大学文学部，1975、1976；《西夏语研究と法华经》Ⅰ，Ⅱ，《东洋学术研究》第 44 卷第 1、2 号，2004。
④ 史金波：《西夏佛教史略》，第 79~83 页。
⑤ 对这一问题的总体认识见孙伯君《西夏仁宗皇帝的校经实践》，《宁夏社会科学》2013 年第 4 期。

寻命兰山觉行国师沙门德慧，重将梵、蕃本《圣佛母般若心经》细细考校，译番汉本。①

黑水城出土西夏文佛经中，署为仁宗时期校译的经典占大半。此外，中国国家图书馆藏《现在贤劫千佛名经》《说一切有部阿毗达摩顺正理论》《经律异相》《佛母大孔雀明王经》《悲华经》《大方广佛华严经》《大般若波罗蜜多经》等，也为仁宗时期校译本。

仁宗御校的西夏文本往往题署前代帝后和仁宗皇帝尊号。惠宗及梁太后初译、仁宗校译的题款典型格式是：

𗧓𗹙𗢳𘄴𗄭𗧓𗄎𗫂𗱕𘋪𗥃𗫨𘁂𗄷𗗂𗖔𗅲�　𗘂𗥚　𘄴𗏆

天生圆能禄番圣祐依法慈睦正国皇太后　梁氏　御译

𗫂𗢳𗠝𗪤𗫨𗬩𗆊𘎑𗩾𗺔𗺓𗗙𗅳𗫂�𗗙　𗥤𗤁　𘄴𗏆

就德主国广智增福民正久安大明皇帝　嵬名　御译

𗧓𗹙𗢳𘄴𗱕𘊙𗄎𗫂𗄭𘋪𗥃𗱕𘋪𗗙𗅳�𗗙𗅳𗫨�𗗙　𗥤𗤁　𘄴𗖻

奉天显道耀武宣文神谋睿智制义去邪惇睦懿恭皇帝　嵬名　御校

崇宗及梁太后初译、仁宗校译的题款典型格式是：

𗆊𗪤𗄭𗫂𗅲𗫨𘈩𗫂𗬩𗆊𗗚　𗘂𗥚　𘄴𗏆

智胜禄广恤民集礼德盛皇太后　梁氏　御译

𗫂𗚩𗪤𗄭𗆊𗬩𗬩𗗙𘗉𗖔𗗙𗅳　𗥤𗤁　𘄴𗏆

神功禄胜化德恤民仁净皇帝　嵬名　御译

𗧓𗹙𗢳𘄴𗱕𘊙𗄎𗫂𗄭𘋪𗥃𗱕𘋪𗗙𗅳�𗗙𗅳𗫨�𗗙　𗥤𗤁　𘄴𗖻

奉天显道耀武宣文神谋睿智制义去邪惇睦懿恭皇帝　嵬名　御校

仁宗尊号"奉天显道耀武宣文神谋睿智制义去邪惇睦懿恭皇帝"下面的"御校"也可以写成"详定"或者"再详勘"。

迄今所知，存世西夏文献中，存有初译本和校译本的佛经主要有以下

① 孙伯君：《黑水城出土西夏文〈佛说圣大乘三归依经〉译释》，《兰州学刊》2009 年第 7 期。

几种：

《大方广佛华严经》（𗹡𗢀𗍳𘃡𗫡𘏞𗖰），转译自实叉难陀汉译本。初译本为夏惠宗皇帝并太后梁氏共译，写本经折装，[①]今藏俄罗斯科学院东方文献研究所。校译本为元刊活字本，原件20世纪初出土于宁夏灵武县城，今分藏日本京都大学及中国国家图书馆。京都大学所藏11卷的释读和对勘有西田龙雄《西夏文华严经》。[②]

《大宝积经·无量寿如来会》（𗹡𗤭𗣼𗖰𗫡·𗣼𘝯𗾈𗾟𘄎），转译自唐菩提流志编译本。西夏文本藏俄罗斯科学院东方文献研究所。初译本俄藏编号 инв. № 7377，为夏惠宗皇帝并太后梁氏共译。校译本俄藏编号 инв. № 411、414，为仁宗皇帝御校。

《大随求陀罗尼经》（𗣼𗹡𗤁𗙴𗰜𘗠𗫼𗤺𗖰𗫡），初译本俄藏编号 инв. № 561，署天力大治智孝广净宣德去邪纳忠永平皇帝嵬名御译；校译本编号 инв. № 5757，译于仁宗在位时期。释读和对勘有张九玲《西夏文〈大随求陀罗尼经〉研究》。[③]

《佛说阿弥陀经》（𗦲𗋒𗦁𗂧𗟁𗖰𗫡），初译本俄藏编号 инв. № 4773，刻于夏惠宗大安十一年（1084），为西夏现存注明年代最早的刻本。校译本俄藏编号 инв. № 6761，刻于天盛丙子八年（1156）。释读和对勘有孙伯君《〈佛说阿弥陀经〉的西夏译本》。[④]

《佛说金轮佛顶大威德炽盛光如来陀罗尼经》（𗦲𗋒𗮘𗢱𗦲𘗠𗹡𗀔𗫒𗯿𘞽𗾈𗾟𘗠𗫼𗤺𗖰𗫡），转译自鸠摩罗什汉译本。西夏文本藏俄罗斯科学院东方文献研究所。初译本俄藏编号 инв. № 951，校译本俄藏编号 инв. № 809。释读和对勘有安娅《西夏文译本〈炽盛光如来陀罗尼经〉考释》。[⑤]

《妙法莲华经》（𘜶𘝯𗍳𘃡𗖰𗫡），俄藏本为初译本，法藏本为校译

① Е. И. Кычанов, *Каталог тангутских буддийских памятников*, с. 305–312.
② ［日］西田龙雄：《西夏文华严经》I，II，京都大学文学部，1975、1976。
③ 张九玲：《西夏文〈大随求陀罗尼经〉研究》，花木兰出版社，2017。
④ 孙伯君：《〈佛说阿弥陀经〉的西夏译本》，《西夏研究》2011年第1期。
⑤ 安娅：《西夏文译本〈炽盛光如来陀罗尼经〉考释》，《宁夏社会科学》2014年第1期。

本，^①释读和对勘有西田龙雄《西夏文〈妙法莲华经〉写真版》和《西夏语研究と法华经》（Ⅰ）。^②

《仁王护国般若波罗蜜多经》（𗪕𗦲𘃸𗴮𗤁𘝰𗄭𗅼𗦀𗄭），初译本俄藏编号 инв. № 592，首尾皆残，译于西夏惠宗秉常（1068~1086 年在位）时期。校译本俄藏编号 инв. № 683，卷尾存桓宗天庆元年（1194）施经发愿文和校经题记。释读和对勘有聂鸿音《〈仁王经〉的西夏译本》。^③

《维摩诘所说经》（𗴊𗥔𗰖𘝰𗄭），转译自鸠摩罗什汉译本。西夏文本藏俄罗斯科学院东方文献研究所。初译本俄藏编号 инв. № 2311，译于西夏惠宗秉常时期。校译本俄藏编号 инв. № 737，译于仁宗在位时期。释读和对勘有王培培《西夏文〈维摩诘经〉整理研究》。^④

通过新旧两种文本的对勘，此前西田龙雄和聂鸿音等已经指出了一些规律。在研究新资料的基础上，孙伯君综合上述各经新旧文本的不同，总结出诸多校勘实例，并将其概括为"析字义、别变调、申避讳、勘原文、订讹误、审对音、校咒语"等几个方面。

此前的研究在资料和结论两方面还都可以补充。在基础资料方面应该指出的是，俄罗斯科学院东方文献研究所收藏的西夏文《大宝积经》也同时有初译本和校译本之分，只是因为原书篇幅巨大，全部原件的照片近期还不可能发表，所以我们只有零星的资料可以参考。在结论方面应该指出的是，被学者此前视为"正讹"的一些校改用字实际上与原字在读音上有密切的关联，也就是说，那实际上不是简单的错字，而是像汉文古书里那样的"通假"。根据西夏文《大宝积经·无量寿如来会》初、校译本中 50 余组通假字的校改实例，或可为仁宗时期的校经原则和校勘重点补充新的一点，即"校通假"。

---

① 《妙法莲华经》俄藏本，西田龙雄刊布于《ロシア科学アカテミー东洋学研究所サソクトペテルブルク支部所藏西夏文〈妙法莲华经〉写真版》，俄罗斯科学院东方研究所圣彼得堡分所·日本创价学会，2005；法藏本，由伯希和（Paul Pelliot）、毛利瑟（M. G. Morisse）和贝尔多（F. Berteaux）于 1900 年在北京北海白塔下的一堆废纸和旧书里所得，贝尔多分得三卷，现藏吉美博物馆。绀纸金书写本，3 册，经折装，每折 6 行，行 19 字。每卷卷首均有版画，第二卷首题妙法莲华经卷第二，后秦三藏法师鸠摩罗什汉译，当今皇帝奉诏重校正"。
② ［日］西田龙雄：《西夏语研究と法华经》（Ⅰ）（Ⅱ），《东洋学术研究》第 44 卷第 1、2 号，2004。
③ 聂鸿音：《〈仁王经〉的西夏译本》，《民族研究》2010 年第 3 期。
④ 王培培：《西夏文〈维摩诘经〉整理研究》，社会科学文献出版社，2015。

三　西夏佛经初译本和校译本中的通假现象

在汉文古书里经常出现这样的情况：记录一个词的时候本来应该写某个字，但是实际上却写了读音相同或相近的另外一个字。如唐陆德明《经典释文·叙录》引郑玄云：

> 其始书也，仓卒无其字，或以音类比方假借为之，趣于近之而已。

例如在表达"四月份的清晨"这个词组时，本来应该写"四之日其早"，可是《诗经·豳风·七月》却写成了"四之日其蚤"——"蚤"（跳蚤）和"早"（清晨）在字义上没有任何联系，书写者借用"蚤"来表示"早"，仅仅是因为它们读音相同。这种现象在中国传统上称为"通假"，上面那个例子被解释为"蚤通早"，这很像现在说的"写别字"。有了对通假的认识，人们可以抛开字形而完全根据字音来理解古书的实际意义，这是清代"乾嘉学派"最突出的学术贡献。

上古时代没有使用汉字的统一规范，所以用哪个字记录哪个词在很多情况下都取决于书写者的个人习惯，有时甚至会使得后人难以判断当初何为"正字"。西夏文献中按说不该出现这类现象，因为西夏字的创制是一次性的政府行为，制成后又有多种规范的字典问世，所以用哪个字来表示哪个词在文人心中应该是很清楚的。然而意外的是，西夏文献中的文字通假却不像人们想象的那样少见，此前，我们在西夏译本《大方广佛华严经》《大随求陀罗尼经》《大宝积经》卷二十和卷三十六、《佛说阿弥陀经》《佛说金轮佛顶大威德炽盛光如来陀罗尼经》《妙法莲华经》《仁王护国般若波罗蜜多经》《维摩诘所说经》《孝经》《正道心照》中都遇到了零星的通假字。日前，在对《大宝积经》卷十七和卷十八的全文解读中，我们见到了 50 多处通假字的使用，其中既有"同音通假"也有"近音通假"，既有"单音词通假"也有"复音词通假"，其中最多见的是"同音通假"：

	序号①	本 字	序 号	通假字	拟 音	出 处
1	5329	▯[伎/技]	5215	▯[幻]	wjɨ¹	17.4.5
2	1274	▯[应/可]	3183	▯[义/理]	wo²	17.6.6
3	1906	▯[及]	2484	▯[故]	niow¹	17.9.1
4	1778	▯[前]	2513	▯[常]	·ju²	17.9.5
5	4713	▯[世]	0968	▯[诸]	rjur¹	17.10.5
6	5692	▯[照]	5120	▯[明/照]	swew¹	17.12.3
7	0734	▯[乎/耶]	4575	▯[摩]	mo²	17.13.2
8	2501	▯[珊瑚]	2500	▯[鼠]	śiwə¹	17.17.6
9	3490	▯[珊瑚]	3517	▯[角]	khiwə¹	17.17.6
10	5949	▯[间]	5953	▯[贩/掮]	ljwu¹	17.18.2
11	4906	▯[穿]	5598	▯[衣]	gjwi²	17.19.4
12	2091	▯[极]	0010	▯[皆]	żji²	17.34.4
13	1087	▯[教/师]	0998	▯[师]	dzjɨj²	17.39.3
14	2596	▯[威]	1830	▯[尊]	pjụ¹	17.49.6
15	0289	▯[城]	2226	▯[为]	we²	17.57.1
16	2888	▯[姓]	5932	▯[种]	mə²	17.59.1
17	4135	▯[香]	5505	▯[舍]	śja¹	17.60.4
18	1012	▯[若干]	0705	▯[时]	zjɨj¹	17.63.1
19	2647	▯[行列]	0765	▯[陛]	khji²	17.68.5
20	5682	▯[量]	5592	▯[秤/权]	kar¹	17.75.3
21	1491	▯[怠]	0556	▯[悟]	ljɨj¹	17.55.6 / 18.18.5
22	1017	▯[微]	4319	▯[边]	ljow²	17.62.4 / 18.21.6
23	3317	▯[唯]	0100	▯[一]	lew¹	18.10.5
24	3217	▯[泉]	2474	▯[流]	rar²	18.25.5
25	5555	▯[中心]	2518	▯[心]	njɨj¹	18.27.4
26	3821	▯[嘱]	3819	▯[位]	lu²	18.35.5
27	1715	▯[书]	5523	▯[允]	rjar¹	18.36.5
28	0168	▯[往]	0748	▯[今]	pjɨ¹	18.43.6
29	0396	▯[彼]	0388	▯[彼]	thja²	18.1.5

---

① "序号"是指该西夏字在《夏汉字典》中的顺序号。

　　此外，在西夏佛经的初、校译本中，还有一些音近的字被视为同音，这与标准的西夏韵类不尽相合。不过既然在当时的抄经实践中表现出了同音关系，就说明其间的细微区别在党项人听来是可以忽略不计的。与官修韵书《文海》相比，西夏佛经初、校译本中所表现出的语音系统似乎更贴近民众的口语。

　　与汉文古书一样，西夏文献中的通假除了可以用音完全相同的字来代替本字之外，也可以用音相近的字来代替本字。但到底何谓"近音"，究竟哪些声韵之间可以形成音转，我们目前还不得而知。对于西夏文初、校译本中出现的异文，凡声韵相近且字义上可以找到本校或旁证者，我们不妨也将其理解为通假。待这一类语料积累得足够多时，我们再对其详加甄别，或可梳理出西夏通假的音转规则。

　　近音通假字的情况相对复杂，按照其对音规律，大致可分为"平上"、"同一韵摄"、"松紧喉"和"平卷舌"等几种对应。在对这些近音通假字分类时，我们主要参考的是西田龙雄在《西夏语韵图"五音切韵"研究》上卷中的韵母构拟方案，[①]之所以这样选择主要是考虑到西田先生的方案是最接近中国古汉语等韵学的分类法，也是最能揭示西夏韵图排列法的内部逻辑规律的分类法。

　　西田龙雄在《西夏语研究——西夏语的构拟与西夏文字的解读》一书中基本确立了构拟西夏语音系的方法，即利用西夏文《掌中珠》的汉字对音和西夏文佛经残片的藏文注音材料，把西夏字音按声韵分门别类排列起来，得出一个较为完整的声韵表。西田先生在构拟西夏韵母时，力求做到"一音一韵，一韵一音"。他借鉴古汉语等韵学的方法，把韵母相同的字归入同一韵类，把韵尾相同、元音相同或相近的各韵类归并成同一韵摄。最终将全部西夏韵母分为 22 个韵摄，又把这 22 个韵摄归纳为"普通元音""紧喉元音""卷舌元音"三个"系列"。下文在对西夏近音通假字进行分类时，主要参考的就是西田先生的这一分类法。

　　西夏近音通假中的"平上"对应指的是两个字为同一韵摄同一韵类中的平声字和上声字，也就是说两者韵母完全相同，仅在声调不同。例如，"𗫵"lji² 和 "𗣆"lji¹，二字皆属第 2 韵摄第 10 韵类（1.10–2.9），韵母同

---

① 李范文:《西夏语比较研究》，宁夏人民出版社，2004，第 24~26 页。

为 "i"，"𗾺" 字为上声字，"𗼻" 为平声字。"同一韵摄" 指的是两个字属同一韵摄不同韵类，即韵母不完全相同；或者两个字属同一韵摄同一韵类，但声母有别。例如，"𗼈" lju² 和 "𗼋" lju¹，二字皆为第 1 韵摄，分属第 7 韵类（1.7–2.6）ĭufi 和第 3 韵类（1.3–2.3）ĭufi；"𗖻" tshji² 和 "𗢭" sji²，二字皆属第 1 摄第 1 韵类（1.1–2.1）u，韵母完全相同，但声母不同。"松紧喉" 指的是两个字分属不同的韵摄，各自韵类的元音有着松、紧喉的对立，也就是说分属于西田龙雄构拟方案中的普通元音和紧喉元音（元音下有点儿 "."）系列。例如，"𗫶" gjij¹ 和 "𗣼" gjij¹，二字分属第 11 摄第 62 韵类（1.61–2.54）ɛ 和第 7 摄第 37 韵类（1.36–2.33）efi，ʷefi。"平卷舌" 指的是两个字分属不同的韵摄，各自韵类的元音有平舌和卷舌韵尾（–r）的区别，也就是说分属于西田龙雄构拟方案中的普通元音和卷舌元音系列。例如，"𗥃" źji² 和 "𗦇" zjir²，二字分属第 2 摄第 11 韵类（1.11–2.10）ifi，ʷifi 和第 18 摄第 82 韵类（1.79–2.72）ir。

　　下面是经中所见 "近音通假"：

	本　字	拟音	韵类	通假字	拟　音	韵　类	出　　处	通假类型
30	𗾺 [儿童]	lji²	9	𗼻 [兴盛]	lji¹	10	18.3.5	平上
31	𗧇 [圣]	śjij²	37	𗫷 [成]	śjij¹	42	18.9.6	平上
32	𗇋 [门]	ɣa¹	17	𗇩 [于]	ɣa²	14	18.36.4 18.38.6	平上
33	𗓽 [彼]	thja²	17	𗓰 [彼]	thja¹	20	17.15.6 17.16.3 17.24.4 17.34.1 17.35.2	平上
34	𗔉 [彼]	thja²	17	𗓰 [彼]	thja¹	20	18.1.6 18.3.4	平上
35	𗜪 [续]	twẹ¹	65	𗜫 [续]	twẹ²	58	17.35.3	平上
36	𗢝 [食]	dzji²	10	𗢟 [食]	dzji¹	10	17.59.3 17.60.5	平上
37	𗴴 [柔]	wə̣¹	31	𗴧 [孝]	wə̣¹	31	17.55.2	同一韵摄
38	𗼈 [卧具]	lju²	6	𗼋 [席]	lju¹	3	17.59.3	同一韵摄
39	𗆺 [大]	ljij²	54	𗰖 [国]	lhjij²	54	18.17.7	同一韵摄

续表

	本 字	拟 音	韵 类	通假字	拟 音	韵 类	出 处	通假类型
40	􏿽［侍奉］	tshji²	1	􏿽［用］	sji²	1	18.29.2	同一韵摄
41	􏿽［多］	rejr²	66	􏿽［安］	lhejr²	66	18.12.2	同一韵摄
42	􏿽［百］	·jir²	72	􏿽［亿］	rjir²	72	18.42.6	同一韵摄
43	􏿽［乘］	·u²	51	􏿽［中］	·u²	1	17.72.5	松紧喉
44	􏿽［食］	tji¹	67	􏿽［饮］	thji¹	11	7377.18.2.18	松紧喉
45	􏿽［利］	gjij¹	61	􏿽［殊］	gjij¹	36	18.37.2	松紧喉
46	􏿽［侍奉］	ljij¹	62	􏿽［见］	ljij²	37	18.29.2	松紧喉
47	􏿽［遍］	zjir²	72	􏿽［皆］	źji²	10	17.60.6	平卷舌
48	􏿽［有］	dju¹	3	􏿽［异］	do²	42	7377.18.2.28	

　　除了上述"单音词通假"之外，我们还遇到了一种较为特殊的通假形式，即"复音词通假"，也就是说这种通假形式不是一个本字对一个通假字，而是两个本字对两个通假字。在"复音词通假"中，两个本字和两个通假字既可以是毫无关联的两个单字，也可以是组合成一个词的两个字。此前我们在《炽盛光》和《大宝积经》卷三十六中也见到了类似的特殊通假形式，有的是"两个本字对一个词"，还有"一个词对两个通假字"和"一个词对一个词"等多种情况。在西夏文《无量寿如来会》中我们见到了两处"两个本字对一个词"的通假形式，其中一处为同音通假，另一处为近音通假。

	本 字	拟 音	通假字	拟 音	出 处
49	􏿽􏿽［珊瑚］	śiwə¹khiwə¹	􏿽􏿽［鼠角］	śiwə¹khiwə¹	17.17.6
50	􏿽􏿽［奉事］	ljij¹tshji²	􏿽􏿽［见用］	ljij²sji²	18.29.2

　　有了对西夏文通假字的认识之后，我们就可以借此来扫除文献识读中的语言障碍，凡是遇到通假字，我们只要指出它是某字的通假字及其通假义即可，也就是利用"破字"规则，根据语音去寻找本字，直接"改本字读之"，这样就可以避免拘泥于西夏字面的勉强翻译，从而使译文顺畅可通。运用"因声求义"的解读方法，可以帮助使我们在没有直接异文提示

的情况下，正确地把通假字回溯为本字。例如，17.72.5 汉文本"海乘流注摩尼宝"，西夏本 № 411 和 7377 皆译作"􀀀􀀀􀀀􀀀􀀀􀀀"（海中流注摩尼宝），"􀀀"·u²（中）字于意不合，在此假借作"􀀀"·ų²（乘）。采用这一方法，我们将经中五处通假字还原为本字。

	序　号	本　字	拟　音	序　号	通假字	拟　音	出　处	通假类型
51	1778	􀀀［前］	·ju²	2513	􀀀［常］	·ju²	17.9.5	同音通假
52	4811	􀀀［乘］	·ų²	2983	􀀀［中］	·u²	17.72.5	松紧喉
53	4508	􀀀［食］	tji¹	4658	􀀀［饮］	thji¹	7377.18.2.18	松紧喉
54	3317	􀀀［唯］	lew¹	0100	􀀀［一］	lew¹	18.10.5	同音通假
55	4457	􀀀［大］	ljij²	2937	􀀀［国］	lhjij²	18.17.7	同一韵摄

通过对西夏文《大宝积经·无量寿如来会》初、校译本的对勘研究，我们可以明确西夏文献中存在与汉文古书类似的通假现象这一事实。借助"同音通假"与"近音通假"得其本字，可以辅助我们更好地释读理解西夏文献。虽然目前可以发现一些较为确切的"近音通假"，但若要整理出西夏通假的音转规则，还需从大量文献中提取语料，并详加甄选，这必将是一个艰难而漫长的过程。

四　西夏文《无量寿如来会》初、校译本对勘释读

《无量寿经》（Sukhāvatīvyūha-sūtra）是印度早期大乘佛教的重要文献，后来成为佛教净土宗的基本经典之一。此经汉译本前后经十二译，今五存七缺。存世本五种，即东汉支娄迦谶译《无量清净平等觉经》四卷、吴支谦译《阿弥陀过度人道经》二卷、曹魏康僧铠译《无量寿经》二卷、唐菩提流志译《大宝积经·无量寿如来会》二卷、宋法贤译《大乘无量寿庄严经》三卷。佚本七种，即汉安世高译《无量寿经》二卷、曹魏帛延译《无量清净平等觉经》二卷、晋竺法护译《无量寿经》二卷、晋竺法力译《无量寿至真等正觉经》一卷、晋佛陀跋陀罗译《新无量寿经》二卷、刘宋宝云译《新无量寿经》二卷、刘宋昙摩蜜多译《新无量寿经》二卷。

　　元代以前此经另有藏文、回鹘文、西夏文等诸多译本。其中西夏译本现存两种，分别译自曹魏康僧铠的《佛说无量寿经》和唐菩提流志的《大宝积经·无量寿如来会》。这两部佛经均于 20 世纪初在内蒙古额济纳旗的黑水城遗址出土，今藏俄罗斯科学院东方文献研究所，目前学界尚未对《大宝积经·无量寿如来会》的西夏译本做过研究。

　　西夏文《大宝积经》的书题著录首见于戈尔巴乔娃和克恰诺夫的《西夏文写本和刊本》，① 又见西田龙雄的《西夏文佛经目录》，② 其后有克恰诺夫给出的版本和内容描述。③ 根据克恰诺夫的著录可知，东方文献研究所收藏的《大宝积经·无量寿如来会》共有七个编号，即 № 97 中的 инв. № 413、3274 和 414，№ 98 中的 инв. № 411 和 555，№ 99 中的 инв. № 7377 和 № 100。

　　下表是根据克恰诺夫目录改编而成的版刻形制描述：④

编号		纸质	装式	折面（cm）	行格	存况
№ 97	413	白绵纸	经折	34.5 × 13.5	7 行 21 字	43 页，佚卷首
	3274	白绵纸	经折	34.5 × 13.5	7 行 21 字	10 页，首尾俱残
	414	白绵纸	经折	34.5 × 13.5	7 行 21~22 字	44 页，佚卷首
№ 98	411	白绵纸	经折	33–33.5 × 12	6 行 19 字	全文保存
	555	白绵纸	经折	33–33.5 × 12	6 行 19 字	40 页，佚卷尾
№ 99	7377	本色麻纸	梵夹	32.5 × 50	26 行 19 字	全文保存
№ 100		本色麻纸	梵夹	19.5 × 54.5	29 行 13 字	全文保存

　　这些残卷经过拼配，可以形成一个基本完整的文本。

　　在西夏文《大宝积经》的上述编号中，有三个编号出现了题款：инв. № 7377 卷首款题"天生圆能禄番式法正国皇太后梁氏御译，就德主国增福正民大明皇帝嵬名御译"；инв. № 411、555 和 № 100 卷首署"奉天

---

① З. И. Горбачева и Е. И. Кычанов, *Тангутские рукописи и ксилографы*, с. 119, 157.

② ［日］西田龙雄：《西夏文华严经》Ⅲ，第 23 页。

③ Е.И.Кычанов, *Каталог тангутских буддийских памятников*, с. 35, 323, 334–337, 347–349.

④ 参看克恰诺夫目录 c. 323、334–337、347–349。

显道"。

инв. № 413、3274 和 414 虽未见明确题款，但据克恰诺夫著录，№ 97《大宝积经》这组经文的抄写完成于 1162 年 8 月。

由此可以确知，инв. № 7377 为西夏惠宗秉常（1067~1086 年在位）时期的初译本，其他本子皆为西夏仁宗仁孝（1139~1193 年在位）时期的校译本。

其中 инв. № 413、3274、411 为《大宝积经》卷十七译本，инв. № 414、555 为《大宝积经》卷十八译本，№ 99 和 № 100 为全一百二十卷。

古往今来，汉文原本在传承中也经过了各个时代经师的不断校释，根据西夏文的内容，或可明确原本的内容，而通过与现存各种佛经版本的比对，即可明晰西夏文翻译所据的汉文底本。如下所示，撷取各存世本的部分章句进行对照，以证夏译所据底本即菩提流志的《大宝积经·无量寿如来会》。

西夏本	支娄迦谶	康僧铠	支谦	菩提流志	法贤
《无量寿如来会》	《无量清净平等觉经》	《佛说无量寿经》	《阿弥陀三耶三佛萨楼佛檀过度人道经》	《大宝积经·无量寿如来会》	《大乘无量寿庄严经》
𗼍𗴴𗕑𗟲𗪊𗉛（佛阿难之言告）	佛告阿逸菩萨	佛告阿难	佛告阿逸菩萨	佛告阿难	复次阿难
𗧘𗢳𗤁𗟲𘃵，𘑘𗗙𗭪𗉛𗤋，𘝼𘜶𗌰𘜼𘜻，𗭪𘝼𗼩𘘈𗉛。（世尊欲乐知，广大思议不，金容微笑现，愿如成汝告。）	时无量世尊笑，三十六亿那术，此数光从口出，遍炤诸无数刹。	应时无量尊，动容发欣笑，口出无数光，遍照十方国。	无	世尊知欲乐，广大不思议，微笑现金容，告成如所愿。	尔时彼佛无量寿，化导他方菩萨心，密用神通化大光，其光从彼面门出，三十六亿那由他，普照俱胝千佛刹。
𗉛𗓁𘘈𘜼，𘜻𘍄𘜶𘘈。（聚积无有，飞鸟犹如。）	无	如众游禽，无所藏积故。	无	无所聚积，犹如飞鸟。	如空中禽，无住处故。
𘞠𗭪𗟲𗄼，𗹭𘜻𗉛𘜼。（邪论摧伏，金翅王如。）	无	如金翅鸟，威伏外道故。	无	摧伏他论，如金翅王。	如金翅鸟，食毒龙故。

凡　例

一　西夏文校译本的原始资料依据上海古籍出版社蒋维崧、严克勤两位先生 2000 年于圣彼得堡拍摄的俄罗斯科学院东方文献研究所藏本照片。

二　对文献的研究分为"西夏录文及对译"、"汉译文"和"注释"三个部分，其中"西夏录文及对译"部分按照少数民族文献解读的传统的"四行对译法"，第一行是西夏原文的录文，第二行是西夏字的拟音，第三行是对译，第四行是相应的汉文本，以便不同文本之间的对照阅读。

三　西夏文校译本为经折装抄本，录文一律用 17.1.1、17.1.2、17.1.3……标注原版卷数、折面和行数，以便对照阅读原件。

四　录文时，凡遇原文漫漶难以辨认的，若可据上下文或汉文本补出，则予以订补，标示于方括号内；若残佚严重致无法拟补，则代以"□"号，字数无法确知者，用"……"号。

五　西夏原文有"语助"一类虚词，或为情态助词，或为结构助词，或为动词前缀，或为动词后缀，除情态助词可译"当、应"之外，其余难以汉字对译。凡遇此类虚词，概以"△"号标识。

六　对西夏原文予以标点及分段。与此相应，《大正藏》所收《无量寿如来会》汉文本的分段亦参照西夏文有所改动。

七　西夏文本的"汉译文"置于诸段释读之后，概以西夏原文为本，遣词造句不与汉文本强求统一，其中西夏文本与汉文本有出入的地方，参照同类经典的传统译法对西夏语实词或文句语义加以翻译。

八　需要注释的词语或文句，一律用上加 ［ 1 ］、［ 2 ］、［ 3 ］予以标示。

九　注释文字置于汉译文之后，西夏译本讹脱衍误及专名词异文于注释中
　　予以指出。夏汉虚词、语法结构及表述习惯差异不视为异文。

十　注释部分有三：其一是提示西夏译文与汉文本的对应关系，或与存世
　　汉文本的歧义之处；其二是展示某些西夏字的汉译文或汉文构拟的意
　　义依据；其三是指出初译本与校译本之间的校改之处。

十一　附录汉文本中的异体字、古今字等统一改为现代汉语规范简体字。
　　　异体字如刹 > 刹，纔 > 才等；古今字如沈 > 沉，然 > 燃等，直接修
　　　改，不作标注。

释　读

下面我们将对西夏文《大宝积经·无量寿如来会》做全文解读，原件刊布于《俄藏黑水城文献》第 21 册，[①] 本文解读依据的是上海古籍出版社蒋维崧、严克勤两位先生 2000 年于圣彼得堡拍摄的俄罗斯科学院东方文献研究所藏本照片。

录文以仁宗时期校译本 № 411 和 № 414 为底本，参校 № 413、№ 3274 和 № 555，同时与惠宗时期初译本 № 7377 进行对勘，并在注释中说明两种译本的不同。汉译文主要参考《大正藏》第 11 册 310 号菩提流志译《大宝积经》卷第十七《无量寿如来会》第五之一（附录一）和《大宝积经》卷第十八《无量寿如来会》第五之二（附录二）。

一　西夏文《无量寿如来会》第五之一

西夏录文及对译：

17.1.1

𘜶	𗼃	𗟲	𗖵	𘊞	𘔼	𗣀	𗴛	𗼻
tha²	lji̱¹	tśiow¹	lwər²	lhejr²	–	ɣa̱²	śja̱¹	tsew²
大	宝	积	经	契	卷	十	七	第

《大宝积经》卷第十七

---

① 俄罗斯科学院东方文献研究所、中国社会科学院民族学与人类学研究所、上海古籍出版社:《俄藏黑水城文献》第 21 册，上海古籍出版社，2013，第 122~129 页。

17.1.2

□　□　□　□

tshjwu¹　bju¹　tśja¹　dźju¹

天　　奉　　道　　显

奉天显道

17.1.3

□　□　□　□　□　□　□　□　□　□

zjọ²　mjɨ¹　pju¹　mjor¹　ljij²　ljwu²　ŋwə¹　tsew²　·jij¹　lew¹

寿　无　量　如　来　会　五　第　之　一

《无量寿如来会》第五之一

17.1.4

□　□　□　□：　□　□，　□　□　□

thji²　sju²　mjo¹　ŋa²　lew²　dzjij¹　tha¹　njij²　mji¹

是　如　闻　我：　一　时，　佛　王　舍

□　□　□　□　□　□，　□　□　□

we²　khji¹　śja¹　khjwɨ¹　ŋər¹　kha¹　tha²　phji　khjiw²

城　耆　阇　崛　山　中，　大　比　丘

如是我闻：一时，佛住王舍城耆阇崛山中，与大比丘

17.1.5

□　□　□　□　□　□　□　□，　□

·ji¹　khji²　njɨ¹　tụ¹　dzjwo²　rjir²　gu²　dźjij¹　źji¹

众　万　二　千　人　与　共　住，　皆

□　□　□　□　□，　□　□　□　□，

rjur¹　tha²　γiẹ²　mji¹　ŋwu²　·ji¹　źji²　nwə¹　sjij²

诸　大　声　闻　是，　众　皆　知　识，

众万二千人俱，皆是诸大声闻众所知识，

17.1.6

羆	豩	瓶	繳	厦	叒	耗	斌	蒦、
thja¹	mjij²	pju¹	tja¹	·ja⁻	rja²	kjiwr¹	tśhji¹	źjwu²
其	名	尊	者	阿	若	憍	陈	如、

馭	褝、	豩	散	效	繸、	豥	絗	磁
gjij¹	bu̱²	mjij²	tha²	me²	·ji¹	ror²	mjij¹	sju²
马	胜、	名	大	贤	有、	垢	无、	须

其名曰：尊者阿若憍陈如、马胜、大名有贤、无垢、须

17.2.1

憿	結	麗、	嬲	豩	躮	犾、	耗	傶
pha¹	thow¹	lo¹	new²	mjij²	io̱¹	sə¹	kjiwr¹	xiwã¹
跋	陀	罗、	善	称	圆	满、	憍	梵

禮	絗、	灘	薮	阽	麗	썮	駓、	椴
pa²	thji¹	·jiw²	lew¹	phji¹	lo¹	kja¹	śja¹	no¹
钵	提、	优	楼	频	蠡	迦	叶、	那

跋陀罗、善称圆满、憍梵钵提、优楼频蠡迦叶、那

17.2.2

絗	썮	駓、	嬲	羊	썮	駓、	巅	狔
thji¹	kja¹	śja¹	khja²	·ja²	kja¹	śja¹	ma²	ŋa²
提	迦	叶、	伽	耶	迦	叶、	摩	诃

썮	駓、	駓	藏	祓	散	效	썮	耗、
kja¹	śja¹	śja¹	rjir²	gji²	tha²	bo̱²	khja²	ljij¹
迦	叶、	舍	利	子、	大	目	揵	连、

提迦叶、伽耶迦叶、摩诃迦叶、舍利弗、大目揵连、

17.2.3

巅	狔	썮	鞄	豩、	巅	狔	蓝	禅
ma²	ŋa²	kja¹	tśja¹	jã²	ma²	ŋa²	kja²	pjĩ¹
摩	诃	迦	旃	延、	摩	诃	劫	宾

𗋽、	𗰔	𗁬	𘒨	𗋽、	𗺮	𗄈	𗟻、	𘊙
no¹	ma²	ŋạ²	tśju¹	no¹	njij²	sə¹	gji²	·ja⁻
那、	摩	诃	注	那、	满	慈	子、	阿

摩诃迦旃延、摩诃劫宾那、摩诃注那、满慈子、阿

17.2.4

𗎭	𘃔	𗤷、	𗼨	𘒜	𗤌、	𗵘	𗕢	𗋈、
nji²	lew¹	thow¹	lji²	pa¹	tow¹	phju²	ɣu¹	njij²
尼	楼	驮、	离	波	多、	上	首	王、
𗤥	𗪘	𘊡	𗃜	𗴭	𗡞、	𘉋	𗤷、	𘗘
tjij¹	rewr²	dźjij¹	mo²	kju¹	la¹	na¹	thow¹	bji¹
彼	岸	住	摩	俱	罗、	难	陀、	光

尼楼驮、离波多、上首王、住彼岸摩俱罗、难陀、有光

17.2.5

𘉋	𗝢	𗥃、	𘈷	𗼊	𘈷	𘊙	𗃜	𗤷、
dźjij²	new²	ljij²	lo¹	xew¹	lo¹	·ja⁻	na¹	thow¹
有	善	来、	罗	睺	罗、	阿	难	陀
𘒣,	𗥃	𗕢	𘋇。	𗋽	𗎫	𗄼	𗰔	𗁬
nji²	phju²	ɣu¹	we²	niow¹	po¹	tsa¹	ma²	ŋạ²
等,	上	首	为。	复	菩	萨	摩	诃

善来、罗睺罗、阿难陀等，而为上首。复有菩萨摩诃

17.2.6

𗄼	𘉋,	𗤌	𗉝	𘏞	𗥃、	𗾊	𗖰	𗵊
tsa¹	·ji¹	nji²	me²	ɲia²	tsjij²	mã¹	śju¹	śjɨ¹
萨	众，	普	贤	菩	萨、	文	殊	师
𗼨	𘏞	𗥃、	𗸦	𗏵	𘏞	𗥃,	𗋽	𗉝
lji²	ɲia²	tsjij²	mji¹	le²	ɲia²	tsjij²	niow¹	me²
利	菩	萨、	弥	勒	菩	萨，	及	贤

萨众，所谓普贤菩萨、文殊师利菩萨、弥勒菩萨，及贤

17.3.1

羕	縥	菾	貒	綋	蕺	翭	綋	纖，
kja²	kha¹	rjur¹	po¹	tsa¹	ma²	ŋa²	tsa¹	·ji¹
劫	中	诸	菩	萨	摩	诃	萨	众，

纎	燩	鼐	馼。	凘	奻	蘌	鞁	絟
śji¹	ku¹	·wįo¹	tśji¹	niow¹	me²	·wejr²	nji²	ɣa²
前	后	围	绕。	又	贤	护	等	十

劫中诸菩萨摩诃萨众，前后围绕。又与贤护等十

17.3.2

縿	絎	纖	纖，	繆	燩	姚	綖	糤
dji²	gor¹	kiej²	·ji¹	wo²	sjwɨ¹	sjij²	njwi²	ɲia²
六	丈	夫	众，	义	思	惟	善	菩

縦、	耄	繹	姚	糤	縦、	翠	絗	纨
tsjij²	źjɨr¹	nuə⁻	ŋwo²	ɲia²	tsjij²	dźjɨj²	mjij¹	bjo¹
萨、	慧	辩	才	菩	萨、	住	无	观

六丈夫众俱，所谓善思惟义菩萨、慧辩才菩萨、观无住

17.3.3

糤	縦、	奻	綳	褢	綖	糤	縦、	畋
ɲia²	tsjij²	me²	mjijr²	dji²	njwi²	ɲia²	tsjij²	bji¹
菩	萨、	神	通	化	善	菩	萨、	光

劺	糤	縦、	翭	綖	糤、①	祈	牶	糤
dźjow¹	ɲia²	tsjij²	sjij²	phju²	ɲia²	mjij¹	tśhji²	ɲia²
幢	菩	萨、	智	上	菩、	寂	根	菩

菩萨、善化神通菩萨、光幢菩萨、智上菩萨、寂根菩

17.3.4

縦、	耄	綦	糤	縦、	蘦	縘	糤	縦、
tsjij²	źjɨr¹	tji¹	ɲia²	tsjij²	śja¹	bju²	ɲia²	tsjij²

---

① "糤"（菩）下脱"縦"（萨）字，汉文本作"菩萨"。

萨、	慧	愿	菩	萨、	香	象	菩	萨、
[illegible]	[illegible]	[illegible]	[illegible]	[illegible]，	[illegible]	[illegible]	[illegible]，	[illegible]
ljɨ̣^{1}	dźjow^{1}	ɲia^{2}	tsjij^{2}	njɨ^{2}	phju^{2}	ɣu^{1}	we^{2}	źji^{2}
宝	幢	菩	萨	等，	上	首	为，	皆

萨、慧愿菩萨、香象菩萨、宝幢菩萨等，而为上首，咸

17.3.5

[illegible]	[illegible]	[illegible]	[illegible]	[illegible]	[illegible]	[illegible]，	[illegible]	[illegible]
gu^{2}	jɨr^{2}	ŋwu^{2}	njɨ^{2}	me̱^{2}	tśja^{1}	djọ^{2}	ɲia^{2}	tsjij^{2}
共	勤	以	普	贤	道	修，	菩	萨
[illegible]	[illegible]	[illegible]	[illegible]	[illegible]	[illegible]	[illegible]，	[illegible]	[illegible]
·jij^{1}	dźjɨ$^{-}$	tjị^{1}	ŋowr^{2}	ŋowr^{2}	iọ^{1}	sə^{1}	tśhja^{2}	·iow^{1}
之	行	愿	一	切	圆	满，	德	功

共遵修普贤之道，满足菩萨一切行愿，安住一切功德

17.3.6

[illegible]	[illegible]	[illegible]	[illegible]	[illegible]	[illegible]，	[illegible]	[illegible]	[illegible]
tsji̱r^{1}	ŋowr^{2}	ŋowr^{2}	kha^{1}	no^{2}	dźjij̱^{1}	rjur^{1}	tha^{1}	tsji̱r^{1}
法	一	切	中	安	住，	诸	佛	法
[illegible]	[illegible]	[illegible]	[illegible]	[illegible]	[illegible]。	[illegible]	[illegible]	[illegible]
źji^{2}	dźjwa^{1}	tjij^{1}	rewr^{2}	ɣa^{2}	njɨ^{2}	tjị^{1}	bju^{1}	rjur^{1}
究	竟	彼	岸	于	到。	愿	依	世

法中，到诸佛法究竟彼岸。愿于一切世

17.4.1

[illegible]	[illegible]	[illegible]	[illegible]	[illegible]	[illegible]	[illegible]	[illegible]	[illegible]，
kięj^{2}	ŋowr^{2}	ŋowr^{2}	kha^{1}	tśhja^{2}	ka^{1}	dwewr^{2}	śjɨj^{1}	kięj^{2}
界	一	切	中	正	等	觉	成	欲，
[illegible]	[illegible]	[illegible]	[illegible]	[illegible]	[illegible]	[illegible]	[illegible]	[illegible]，
niow^{1}	tjị^{1}	bju^{1}	thja^{1}	tew^{1}	śie^{1}	mə^{1}	tśhja̱^{1}	we̱^{1}
又	愿	随	彼	兜	率	天	上	生，

界之中成等正觉，又愿生彼兜率陀天，

17.4.2

敓	燚	骸	骈	瀚	慫	獙	翡	齑
thja²	do²	zjo²	sji¹	tśier¹	śjwa̱¹	khju¹	we̱¹	śja̱¹
彼	处	寿	终	右	胁	下	生	七

徽	藏	蠢,	敥	赋	偈	嵇,	庞	絆
bji²	tśja¹	dźji⁻	tha²	bji¹	swew¹	wja²	rjur¹	tha¹
步	路	行,	大	光	明	放,	诸	佛

于彼寿终降生右胁见行七步，放大光明，普佛

17.4.3

庞	巟	豵	辍	貎	菼,	嘉	巃	舣
rjur¹	kiej²	tśhjiw¹	mə²	sar¹	mju²	·jij¹	thji²	da̱²
世	界	六	种	震	动,	自	此	唱

刕:	纁	庞	巟	禘	禘	糀	㿞	潲
ji²	ŋa²	rjur¹	kiej²	ŋowr²	ŋowr²	kha¹	źji²	pju̱²
言:	我	世	间	一	切	中	最	尊

世界六种震动，而自唱言：我于一切世间最为尊

17.4.4

刻	彌。	藏	衕	庞	赋	祗	译	蒾
ɣwie¹	we²	śji²	xiwã¹	rjur¹	ŋwa¹	źji²	njij¹	tshji²
贵	为。	释	梵	诸	天	皆	亲	奉

庑	纶	藏	慨	茇	飙	愣	徽	芤
lja¹	wji²	śja²	niow¹	·jwɨr²	dji²	sej¹	bji²	ɣie̱²
来	示	现。	又	文	字	计	算	声

贵。释梵诸天咸来亲奉。又见习学书计历数声

17.4.5

[illegible]	[illegible]	[illegible]	[illegible]	[illegible]	[illegible]	[illegible]	[illegible]	[illegible]
swew^{1}	wjɨ̣^{1}	nji^{1}	djị^{2}	tsji̠r^{1}	·wejr^{2}	tśhjij^{1}	dji^{2}	bar^{2}
明	幻	术	医	方	护	举	字	双
[illegible]，	[illegible]	[illegible]	[illegible]	[illegible]	[illegible]	[illegible]	[illegible]	[illegible]
rjar^{1}	niow^{1}	dzjij^{2}	lju̠.^{1}	·u^{2}	njɨ^{2}	ɣiew^{1}	dzjɨ̠^{2}	mjɨ^{1}
书，	及	余	博	戏	等	学	习	人

明伎巧医方养生符印，及余博戏擅美过人。

17.4.6

[illegible]	[illegible]	[illegible]。	[illegible]	[illegible]	[illegible]	[illegible]	[illegible]	[illegible]
su^{1}	rjar^{1}	gjij^{1}	njij^{2}	mji̠^{1}	·u^{2}	dźji̠j^{1}	rjur^{1}	kię̣j^{2}
过	殊	奇。	王	宫	中	处	诸	欲
[illegible]	[illegible]，	[illegible]	[illegible]	[illegible]	[illegible]	[illegible]	[illegible]	[illegible]
mjɨ̠^{2}	dwər^{1}	nar^{2}	ŋo^{2}	sjɨ^{1}	ljij^{2}	rjur^{1}	mji^{1}	·ju^{2}
境	厌，	老	病	死	见	世	非	常

身处王宫厌诸欲境，见老病死悟世非常，

17.5.1

[illegible]，	[illegible]	[illegible]	[illegible]	[illegible]	[illegible]	[illegible]	[illegible]	[illegible]。
tsjij^{2}	lhjij^{2}	mji̠^{1}	phjɨ^{1}	dźji̠r^{1}	we^{2}	bji̠j^{1}	tśja^{1}	ɣiew^{1}
悟，	国	宫	舍	离	城	违	道	学。
[illegible]	[illegible]	[illegible]	[illegible]	[illegible]	[illegible]	[illegible]	[illegible]，	[illegible]
rjur^{1}	·jɨr^{2}	rer^{2}	phie^{2}	niow^{1}	kja^{1}	śiə^{1}	kja^{1}	lhwu^{1}
诸	缨	络	解	及	迦	尸	迦，	服

捐舍国位踰城学道。解诸缨络及迦尸迦，被服

17.5.2

[illegible]	[illegible]	[illegible]	[illegible]	[illegible]	[illegible]	[illegible]	[illegible]	[illegible]，
thjɨ^{1}	kia^{1}	śia^{1}	lhwu^{1}	gjwi^{2}	tśhjiw^{1}	kjiw^{1}	tśjị^{1}	dźjɨ$^{-}$
放	袈	裟	衣	服	六	年	苦	行，

[illegible]	[illegible]	[illegible]	[illegible]	[illegible]	[illegible]	[illegible]	[illegible]。	[illegible]
ŋwə¹	niəj¹	lhjịj²	·u²	thjɨ²	sju²	wjị²	śja²	rjur¹
五	浊	刹	中	是	如	示	现。	世

袈裟六年苦行，能于五浊刹中作斯示现。顺世

17.5.3

[illegible]	[illegible]	[illegible]	[illegible]，	[illegible]	[illegible]	[illegible]	[illegible]	[illegible]	[illegible]
kha¹	śjij¹	wji¹	nio̱w¹	nji¹	ljɨj¹	mja¹	zjɨ̱r²	kha¹	·jij¹
间	顺	为	故，	尼	连	河	水	中	自
[illegible]	[illegible]	[illegible]	[illegible]	[illegible]，	[illegible]	[illegible]	[illegible]	[illegible]	
dźjow¹	lhejr²	lhjo̱r¹	rjijr²	tshwew¹	we¹	njij²	khju̱¹	lhjịj²	
浴	道	场	方	趣，	龙	王	迎	受	

间故，浴尼连河行趣道场，龙王迎

17.5.4

[illegible]	[illegible]，	[illegible]	[illegible]	[illegible]	[illegible]	[illegible]	[illegible]	[illegible]	[illegible]。
·jow²	śja²	rjur¹	ɲia²	tsjij²	·ji¹	tśier	ror²	·jow²	śja²
赞	叹，	诸	菩	萨	众	右	绕	称	叹。
[illegible]	[illegible]	[illegible]	[illegible]	[illegible]	[illegible]，	[illegible]	[illegible]	[illegible]	
ɲia²	tsjij²	tśhjɨ¹	bjij²	śjɨ²	lhjịj²	·jij¹	zow²	po¹	
菩	萨	尔	时	草	受，	自	执	菩	

赞，诸菩萨众右绕称扬。菩萨尔时受草，自敷菩

17.5.5

[illegible]	[illegible]	[illegible]	[illegible]，	[illegible]	[illegible]	[illegible]	[illegible]	[illegible]
tjɨj¹	phu²	khju¹	tjị¹	thja¹	tśhja̱¹	khjɨ¹	ljɨ̱¹	tśja¹
提	树	下	置，	彼	上	足	回	交
[illegible]	[illegible]	[illegible]。	[illegible]	[illegible]	[illegible]	[illegible]	[illegible]	[illegible]
dzu̱²	wjị²	śja²	niow¹	ljịj²	·ji¹	·wiọ¹	tśjɨ¹	ɲia²
坐	示	现。	又	魔	众	围	绕	菩

提树下，结跏趺坐。又见魔众合围

17.5.6

𗎫	𗣼	𘄄	𗈎	𘃽	𗰗	𗣼	𗎫	𗁜
tsjij²	·jij¹	ŋjwo²	tśju¹	lja¹	kiej²	ɲia²	tsjij²	djij²
萨	之	危	害	来	欲，	菩	萨	定

𗮔	𘏿	𗐼	𗫾	𗊱	𗣼	𗵆	𗏇	𘃽
źjir¹	ɣie¹	ŋwu²	ljij²	ljwij¹	·jij¹	rjur¹	·jar²	tśhja²
慧	力	以	魔	怨	之	降	伏，	正

将加危害，菩萨以定慧力降伏魔怨，

17.6.1

𘓺	𘍞	𗒷。	𗍫	𗪜	𘔭	𗭪	𘎽	𘃽
ka¹	dwewr²	śjij¹	xiwã¹	njij²	pjwir¹	ɣju¹	bju¹	tśhja²
等	觉	成。	梵	王	劝	请	随	正

𗫺	𘄒	𗯻，	𗅥	𗔀	𗾟	𗡤，	𗡪	𗆀
tsjir¹	dźiej²	dej¹	kjir¹	·jiw²	le²	mjij¹	tha¹	ɣiẹ²
法	轮	转，	勇	猛	畏	无，	佛	音

成无上觉。梵王劝请转于法轮，勇猛无畏，佛音

17.6.2

𗜓	𗄛，	𗋕	𗫺	𗕞	𗌋、	𗋕	𗫺	𗜓
kwə²	sar¹	tha²	tsjir¹	bar¹	tśju¹	tha²	tsjir¹	kwə²
震	吼，	大	法	鼓	击、	大	法	螺

𗊱、	𗋕	𗫺	𗇳	𗆻、	𘃽	𗫺	𗲠	𘔾，
bjij²	tha²	tsjir¹	dźjow¹	śjwo¹	tśhja²	tsjir¹	tjij¹	njwị²
吹、	大	法	幢	建、	正	法	炬	燃，

震吼，击法鼓、吹法螺、建大法幢、燃正法炬，

17.6.3

𘃽	𗫺	𗦲	𘃻	𗰿	𘎧	𘏨	𗁜，	𗄛
tśhja²	tsjir¹	ɣiwej¹	·jij¹	niow¹	rjur¹	śjã¹	djij²	tha²
正	法	摄	受	及	诸	禅	定，	大

𗥨	𗥋	𗥋	𗹙	𗤒	𗼃	𗾟	𗼹	𗗙
tsjɪr¹	dzjụ²	dzjụ²	ɲia²	tɕhju¹	·jij¹	gjij¹	ɣie²	tha²
法	雨	雨	众	生	之	利	益	大

摄受正法及诸禅定，雨大法雨泽润含生，

17.6.4

𗥨	𗩾	𗰛	𗥜	𗥜	𗼃	𗤋	𗥏	𗅳
tsjɪr¹	mə¹	dji¹	ŋowr²	ŋowr²	·jij¹	phie²	tsjij²	rjur¹
法	天	雷	一	切	之	开	悟	诸

𗗙	𗃛	𗤋	𗗙	𗰖	𗗙	𗢳	𗅳	𗅳
tha¹	lhjij²	·u²	tha²	bji¹	ʑji²	swew¹	rjur¹	rjur¹
佛	刹	中	大	光	皆	照	诸	世

震大法雷开悟一切。诸佛刹土普照大光，

17.6.5

𗥜	𗭉	𗗠	𗰖	𗤒	𗫂	𗿁	𗼃	𗥒
kiej²	kha¹	lji²	ʑji²	sar¹	mju²	ljij²	mji¹	dʑjwu¹
界	中	地	皆	震	动	魔	宫	摧

𗫂	𗙏①	𗗠	𗉟	𗦲	𗅳	𗗙	𗗐	𗅳
ljij²	po¹	tɕjɪr²	le²	ʑji²	nji²	we²	khiew¹	rjur¹
毁	波	惊	怖	烦	恼	城	堕	诸

世界之中地皆震动，魔宫摧毁惊怖波旬，破烦恼城堕诸

17.6.6

𗫂	𗰿	𗹙	𗥨	𗨛	𗹙	𗥩	𗅳	𗥨
ljij²	rer²	khjiw¹	tsjɪr¹	nja̱¹	khwa¹	ka²	rjur¹	tsjɪr¹
见	网	破	法	黑	远	离	诸	法

𗥏	𗺇	𗗙	𗼃	𗫂	𗅳	𗤋	𗦲	𗹙
phiow¹	ɕjwo¹	tha¹	·jij¹	mji¹	tji¹	lhjij²	wo²	ɲia²
白	生	佛	之	施	食	受	义	众

见网，远离黑法生诸白法。于佛施食能受能消，为调众

---

① "𗙏"（波）下脱"𗈁"（旬）字，汉文本作"波旬"。

17.7.1

tśhju¹	·jij¹	·jar²	niow¹	thjo¹	tsjir¹	ne̠¹	tshjij¹	wji²
生	之	伏	为	妙	法	宣	扬	示

śja²	tjij¹	zjir¹	djij¹	·jir²	tṳ¹	bji¹	wja̠²	tśjiw²
现	或	微	笑	百	千	光	放	顶

生宣扬妙理。或现微笑放百千光，

17.7.2

pho¹	lu²	lhjij²	po¹	tjij¹	la¹	ɣiwej¹	wji²	śja²
灌	阶	受	菩	提	记	受	示	现

niow¹	tha¹	tśja¹	śjij¹	djij²	phã¹	·o²	wji²	śja²
或	佛	道	成	涅	槃	入	示	现

升灌顶阶受菩提记，或成佛道现入涅槃，

17.7.3

mji¹	pjṳ¹	nia²	tśhju¹	·jij¹	źji²	rar²	sji¹	rjir¹
无	量	有	情	之	皆	漏	尽	得

nia²	tsjij²	·jij¹	bjṳ²	mjij¹	ne̠w²	tśhji²	śjij¹	we¹
菩	萨	之	边	无	善	根	成	熟

使无量有情皆得漏尽，成熟菩萨无边善根。

17.7.4

phji¹	njwi²	thji¹	sju²	rjur¹	tha¹	lhjij²	·u²	źji²
令	能	是	如	诸	佛	刹	中	皆

緣	薂	縀 。	絇	桅	貘	鞱	胒	縱 ,
wji²	śja²	njwi²	dzjọ¹	sju²	wji̵¹	nji¹	nwə¹	tsjij²
示	现	能。	譬	如	幻	术	知	悟,

如是诸佛刹中皆能示现。譬如幻师善知幻术，

17.7.5

羸	豞	靰	覼	緣	薂	縀 ,	胘	羆
mjij¹	zji¹	nji²	·jij¹	wji²	śja²	njwi²	niow¹	thja¹
女	男	等	相	示	现	能,	及	彼
覼	糤	蚤	羬	縊	絈 。	虪	桅	虠
·jij¹	kha¹	źjɨr¹	rjir¹	lew²	mjij¹	thji̵²	sju²	thji̵²
相	中	实	得	可	无。	是	如	是

而能示现男女等相，于彼相中实无可得。如是

17.7.6

桅 ,	麂	糀	縱	靰	兆	絈	貘	禩
sju² ,	rjur¹	nia²	tsjij²	nji²	bju²	mjij¹	wji̵¹	tsjir¹
如 ,	诸	菩	萨	等	边	无	幻	术
縊	赒	燉	縀	絳 ,	貘	殬	瓅	㽵
tśhja²	·iow¹	ɣiew¹	njwi²	ku¹	wji̵¹	dji̵²	bju¹	śjij¹
德	功	学	善	故,	变	化	相	应

如是，诸菩萨等善学无边幻术功德故，能示现变化相应，

17.8.1

緣	薂	縀 ,	羆	貘	殬	薇	胒	縱
wji²	śja²	njwi²	thja¹	wji̵¹	dji̵²	tśja¹	nwə¹	tsjij²
示	现	能,	彼	变	化	道	知	了
縀	絳 ,	麂	羜	隤	緣	薂	斅	羐
njwi²	ku¹	rjur¹	tha¹	lhjij²	wji²	śja²	tha²	njij¹
能	故,	诸	佛	国	示	现	大	慈

能善了知变化之道故，示诸佛土现大慈

17.8.2

𗼾	𗒘	𗼷	𗼌	𗱕	𗱕	𗼖	𗾟	𗏁
wju¹	ŋwu²	ɲia²	tsjij²	ŋowr²	ŋowr²	·jij¹	to²	źji²
悲	以，	菩	萨	一	切	之	悉	皆

𗅋	𗖻	𗼷	𗼌	𗢳	𗹢	𗾔	𗦲	𗤔
gjij¹	ɣie²	ɲia²	tsjij²	bju²	mjij¹	dźji⁻	tji¹	śjij¹
饶	益。	菩	萨	边	无	行	愿	成

悲，一切群生普皆饶益。菩萨愿行成就无疆，

17.8.3

𗿢，	𗿇	𗰗	𗁅	𗗙	𗰖	𗤶	𗼌	𗑣，
·jiw²	mjɨ¹	pju¹	wo²	ɣa¹	tśhja²	ka¹	tsjij²	dar¹
就，	无	量	义	门	平	等	通	达，

𗃌	𗷄	𗱕	𗱕	𗱕	𗋔	𗃀	𗤔	𗱽
new²	tsjɨr¹	ŋowr²	ŋowr²	ŋowr²	lhə⁻	djo²	śjij¹	rjur¹
善	法	一	切	具	足	修	成。	诸

无量义门通达平等，一切善法具足修成。诸

17.8.4

𗾟	𗾝	𗏺	𗰖	𗤶	𗭪	𗞃，	𗣼	𗱽
tha¹	lhjij²	·u²	tśhja²	ka¹	tshwew¹	·o²	·ju²	rjur¹
佛	刹	中	平	等	趣	入，	常	诸

𗾟	𗾔	𗫡	𗴈	𗲰	𗤶	𗥃	𗥃	𗱽
tha¹	·jij¹	pjwɨr¹	tśhjwɨj¹	·wu²	bjij²	lew²	we²	rjur¹
佛	之	劝	治	祐	助	可	为，	诸

佛刹中平等趣入，常为诸佛劝进加威，

17.8.5

𗾟	𗱕	𗱕	𗼖	𗳟	𗦟	𗤶	𗥃，	𗼷
tha¹	ŋowr²	ŋowr²	·jij¹	sjij²	dźjej²	lew²	we²	ɲia²
佛	一	切	之	识	信	可	为，	菩

쳤	찲	쨣	썼	仮	燍	찅	쟯 。	쬍
tsjij²	·jij¹	dzjij²	niow¹	·ja⁻	śja¹	lji¹	wji¹	·ju²
萨	之	教	为	阿	阇	梨	作。	常

一切如来识知印可，为教菩萨作阿阇梨。常

17.8.6

쮀	쳤	쮀	綗	庞	쵀	牏	쨣 ，	쮀
bju¹	śjij¹	bju²	mjij¹	rjur¹	dźjɨ⁻	djọ²	dzjij²	thju¹
应	相	边	无	诸	行	修	习，	察

쳤	禐	㳈	쥷	쥷	쳤	鑾 ，	糀	쥶
lew²	tsjịr¹	kiej²	ŋowr²	ŋowr²	tsjij²	dar¹	ɲia²	tśhju¹
所	法	界	一	切	通	达，	有	情

习相应无边诸行，通达一切法界所行，能善了知有情

17.9.1

썼	쮀	쥷	㼰	쳤	쳤 ，	쬍	庞	쳶
niow¹	lhjij²	źji²	nwə¹	tsjij²	njwi²	·ju²	rjur¹	mjor¹
因	土	皆	知	了	善，	常	诸	如

쳤	쳤	쳤	쵀	쵀	쮀 。	庞	쳵	쳵
ljij²	rjijr²	śjwo¹	tshwew¹	kjụ¹	tshwew¹	rjur¹	mə²	mə²
来	方	发	趣	供	养。	诸	种	种

及土，亦常发趣供诸如来。见种种

17.9.2

쨣	쳤	쳤	㼰	쳤 ，	쨣	쳤	麑	쨣
lju²	rar²	swu²	sju²	ljij²	·jĩ¹	thow¹	lo¹	khjɨ¹
身	影	像	如	见，	因	陀	罗	网

쬍	쳤	쮀	쨣	쵀	쳤 ，	庞	쳤	쨣
γiew¹	njwi²	ljij²	rer²	khjiw¹	njwi²	rjur¹	ljij²	rer²
学	善	魔	网	破	能，	诸	见	网

身犹如影像，善学因陀罗网能破魔网，坏诸见网

17.9.3

ljij²	ɲia²	tśhju¹	rer²	·o²	źji¹	njɨ²	wjɨ¹	dźjwɨ¹
坏	有	情	网	入，	烦	恼	眷	属

niow¹	ljij²	dźjwɨ¹	ljij²	sjij²	·ju²	dzjij¹	njwi²	ɣiẹ²
及	魔	侣、	魔	人	民	超	能。	声

入有情网，能超烦恼眷属及魔侣、魔人。远出声

17.9.4

mji¹	tjij¹	dwewr²	ljɨ²	khwa¹	ka²	ŋa¹	·jij¹	mjij¹
闻、	独	觉	地	远	出，	空	相	无

tji¹	mjij¹	tsjɨr¹	ɣa¹	·o²	tśier¹	·ju²	nẹw²	ɣjɨr¹
愿	无	法	门	入，	方	便	善	巧

闻、辟支佛地，入空无相无愿法门，而能安住方便善巧。

17.9.5

no²	dźjij¹	njwi²	·ju²	nji¹	.ṷ²	djij²	phã¹	·o²	mji¹	ŋwe¹
安	住	能。	常	二	乘	涅	槃	入	不	乐，

wẹ¹	mjij¹	dzjar²	mjij¹	rjur¹	sã¹	mo²	thji²	rjɨr¹	niow¹	thow¹
生	无	灭	无	诸	三	摩	地	得，	及	陀

初不乐入二乘涅槃，得无生无灭诸三摩地，及

17.9.6

lo¹	nji¹	ɣa¹	wạ²	tha²	rjur¹	tśhji¹	nuạ⁻	ŋwo²	rjɨr¹	kjɨ¹	djij²	ɲia²	tsjij²
罗	尼	门、	广	大	诸	根	辩	才	得	决	定，	菩	萨

得一切陀罗尼门、广大诸根辩才决定，于菩萨

17.10.1

𗾈	𗨁	𗼃	𗥃 。	𗣿	𗥃	𗫂	𗄝	𘝵
.u²	tsjir¹	tsjij²	njwi²	tha¹	wjạ	sã¹	mej²	dzjɨj¹
藏	法	了	能。	佛	华	三	昧	时

𘝵	𗼃	𗢸,	𗄻	𗣼	𗣼	𗒹	𗣼	𗫦
bju¹	tsjij²	.o²	mə²	ŋowr²	ŋowr²	źji	na¹	śjã¹
随	悟	入,	种	一	切	甚	深	禅

藏法善能了知。佛华三昧随时悟入，具一切种甚深禅

17.10.2

𗄻	𗣼 ,	𗟻	𗣿	𗣼	𗣼	𗒹	𗫂	𗣪
djij²	ŋowr²	rjur¹	tha¹	ŋowr²	ŋowr²	źji²	mjor¹	.ju²
定	具,	诸	佛	一	切	皆	现	前

𗥃 ,	𗣼	𗤶	𗥃	𗨁	𗣿	𗰀	𗒹	𗏁
ljij²	.ja	ljɨr²	ljij¹	zjij¹	tha¹	lhjij²	źji²	dạ²
见,	一	念	经	时	佛	国	遍	游,

定，一切诸佛皆悉现前，于一念中遍游佛土，

17.10.3

𗆐	𗫦	𗵐	𗄻	𘝵	𗤁	𗝝	𗎮	𗌞
lja¹	wjij¹	dźjij¹	bjij²	dzjij¹	rjir²	mji¹	ljwu¹	gie¹
来	往	进	行	时	与	不	违。	难

𗌞	𗰜	𘝵	𗟻	𘝵	𗼃	𗥃 ,	𗥃	𘝵
gie¹	nja²	bju²	rjur¹	bju²	tsjij²	njwi²	źjɨr¹	bju²
难	非	边	诸	边	了	能,	实	际

周旋往返不异其时。于难非难边能了诸边，敷演实际

17.10.4

𗾔	𗣼	𗋽	𗒸	𗦤	𗦻	𗜓	𗊂	𗟀
do²	pha¹	nwə¹	tsjij²	phie²	nej²	tha¹	nuə⁻	ŋwo²
差	别	知	了	开	示，	佛	辩	才

𗼨	𗤋	𗦤	𗟻	𗧸	𗴿	𗰜	𗕑
rjir¹	nji²	me̱²	dźjɨ⁻	dźjij¹	nia²	tśhju¹	ŋwu¹	da̱²
得	普	贤	行	住。	众	生	语	言

差别善知，得佛辩才住普贤行。善能分别众生语言，

17.10.5

𗰔	𗫼	𗰖	𗒽	𗉆	𗤱	𗊛	𗶷	𗶷
źji²	phjo²	kar²	njwi²	rjur¹	kha¹	tsjir¹	ŋowr²	ŋowr²
皆	分	别	能，	诸	间	法	一	切

𗨙	𗏁	𗉆	𗤱	𗱿	𗊛	𗶷	𗶷	𗋽
gjij¹	dzjij¹	rjur¹	kha¹	lho⁻	tsjir¹	ŋowr²	ŋowr²	nwə¹
超	过，	世	间	出	法	一	切	知

超过世间一切之法，善知一切出世间法。

17.10.6

𗒽	𗉭	𗾟	𗊱	𗥤	𗰭	𗈪	𗥃	𗼨
njwi²	·wu²	gju²	·jij¹	dzju²	po¹	lo¹	dzu¹	rjir¹
善。	资	具	自	在	波	罗	蜜	得

𗼻	𗴿	𗰜	𗐠	𗸉	𗵐	𗋽	𗟀	𗰔
phji¹	nia²	tśhju¹	·jij¹	.u̱²	wa̱²	mji¹	ɤju¹	new²
令，	有	情	之	荷	担	不	请	善

得资具自在波罗蜜多，荷担有情为不请

17.11.1

𗦴	𗦖	𗉞	𗣼	𗐠	𗊛	𗩼	𗶷	𗶷
wjɨ¹	we²	mjor¹	ljij²	·jij¹	tsjir¹	.u̱²	ŋowr²	ŋowr²
友	为。	如	来	之	法	藏	一	切

綴	綹	絆	盩	禰	禰	慨	挨	巍
·jij¹	njwi²	tha¹	sjwɨ¹	ŋowr²	ŋowr²	mji¹	bja²	no²
持	能，	佛	种	一	切	不	断	安

友。能持一切如来法藏，安住不断一切佛种。

17.11.2

籹。	糺	胧	祔	祀	絨	禠	巅	燊
dźjij¹	ɲia²	tśhju¹	·jij¹	njij²	śjow¹	tsjɨr¹	mej¹	phie²
住。	有	情	之	哀	愍	法	眼	开

綹，	庞	敝	鞲	縦	絲	鞲	叙	燊
njwi²	rjur¹	niow²	tshwew¹	tjɨj¹	nɛw²	tshwew¹	ɣa¹	phie²
能，	诸	恶	趣	闭	善	趣	门	开。

哀愍有情能开法眼，闭诸恶趣开善趣门。

17.11.3

糺	胧	祔	祗	縦	巍	蕤	绑	訫
ɲia²	tśhju¹	·jij¹	źji²	bjo¹	dzjij¹	mja¹	ljo²	tjo²
有	情	之	普	观	父	母	兄	弟

毦	讕	綹，	慨	糺	胧	祔	縦	壽
sjij²	śjwo¹	njwi²	niow¹	ɲia²	tśhju¹	·jij¹	bjo¹	·jij¹
想	发	能，	又	众	生	之	观	已

普观有情能作父母兄弟之想，又观众生

17.11.4

豸	㤲	毦	讕。	豴	薇	絋	賋	貕
lju²	sju²	sjij²	śjwo¹	·jow²	śja²	tśhja²	·iow¹	po¹
身	如	想	发。	赞	叹	德	功	波

麕	蠹	頹	禰	禰	鞲	韝	鋒	慨
lo¹	dzu¹	tow¹	ŋowr²	ŋowr²	lja¹	rjir¹	mjor¹	ljij¹
罗	蜜	多	一	切	证	得，	如	来

如己身想。证得一切赞叹功德波罗蜜多，能善了知，赞叹如来

17.11.5

·jij¹	·jow²	śja²	tśhja²	·iow¹	ŋowr²	ŋowr²	niow¹	dzjij²
之	赞	叹	德	功	一	切，	及	余

·jow²	śja²	rjur¹	tśhja²	·iow¹	tsjɨr¹	źji²	nwə¹	njwi²
称	赞	诸	德	功	法	皆	知	能。

一切功德，及余称赞诸功德法。

17.11.6

thji²	sju²	po¹	tsa¹	ma²	ŋa²	tsa¹	·ji¹
如	是	菩	萨	摩	诃	萨	众

mjɨ¹	pjų¹	bju²	mjij¹	to²	źji²	ljwu²	dzjį²
无	量	边	无	悉	皆	会	集。

如是菩萨摩诃萨众无量无边皆来集会。

汉译文：

《大宝积经》卷第十七

奉天显道

《无量寿如来会》第五之一

如是我闻：一时，佛住王舍城耆阇崛山中，与大比丘众万二千人俱，皆是诸大声闻众所知识，其名曰：尊者阿若憍陈如、马胜、大名有贤、无垢、须跋陀罗、善称圆满、憍梵钵提、优楼频蠡迦叶、[1]那提迦叶、伽耶迦叶、摩诃迦叶、舍利弗、大目揵连、[2]摩诃迦旃延、摩诃劫宾那、摩诃注那、满慈子、阿尼楼驮、离波多、上首王、住彼岸摩俱罗、难陀、有光善来、罗睺罗、阿难陀等，而为上首。复有菩萨摩诃萨众，所谓普贤菩萨、文殊师利菩萨、[3]弥勒菩萨，及贤劫中诸菩萨摩诃萨众，前后围绕。又与贤护等十六丈夫众俱，所谓善思惟义菩萨、慧辩才菩萨、观无住菩萨、善化神通菩萨、光幢菩萨、智上菩萨、寂根菩萨、慧愿菩萨、香象菩萨、宝幢菩萨等，而为上首，咸共遵修普贤之道，满足菩萨一切行愿，安住一切功德法中，到诸佛法究竟彼岸。愿于一切世界之中成等正觉，又愿生彼兜率陀天，于彼寿终降生右胁见行七步，放大光明，普佛世界六种震动，而自唱言：我于一切世间最为尊贵。释梵诸天咸来亲奉示现。[4] 又见习学书计历数声明伎巧医方养生符印，[5] 及余博戏擅美过人。身处王宫厌诸欲境，见老病死悟世非常，捐舍国位踰城学道。解诸缨络及迦尸迦，被服袈裟六年苦行，能于五浊刹中作斯示现。顺世间故，浴尼连河行趣道场，龙王迎赞，[6] 诸菩萨众右绕称扬。菩萨尔时受草，自敷菩提树下示现，[7] 结跏趺坐。又见魔众合围将加危害菩萨，[8] 菩萨以定慧力降伏魔怨，成正等觉。[9] 梵王劝请转于法轮，勇猛无畏，佛音震吼，击法鼓、吹法螺、建大法幢、燃正法炬，摄受正法及诸禅定，雨大法雨泽润含生，[10] 震大法雷开悟一切。诸佛刹土普照大光，世界之中地皆震动，魔宫摧毁惊怖波旬，破烦恼城堕诸见网，远离黑法生诸白法。于佛施食能受，[11] 为调众生宣扬妙理示现。[12] 或现微笑放百千光，升灌顶阶受菩提记示现，[13] 或成佛道见入涅槃示现，[14] 使无量有情皆得漏尽，成熟菩萨无边善根。如是诸佛刹中皆能示现。譬如善知幻术，[15] 而能示现男女等相，于彼相中实无可得。如是如是，诸菩萨等善学无边幻术功德故，能示现变化相应，能善了知变化之道故，示诸佛土现大慈悲，一切群生普皆饶益。[16] 菩萨愿行成就无疆，无量义门通达平等，一切善法具足修成。诸佛刹中平等趣入，常为诸佛劝进加威。[17] 一切诸佛识知印可，[18] 为教菩萨作阿阇梨。常习相应无边诸行，通达一切法界所行，能善了知有情及土，[19] 亦常发趣供诸如来。见种种身犹如影像，善学因陀罗网能破魔网，坏诸见网入有情网，能超烦恼眷属及魔侣、魔人。[20] 远出声闻、独觉地，[21] 入空无相无愿法门，而能安住方便善巧。常不乐入二乘涅槃，[22] 得无生无灭诸三摩地，及得陀罗尼门，[23] 广大诸根辩才决定，于菩萨藏法善能了知。[24] 佛华三昧随时悟入，具一切种甚深禅定，一切诸佛皆悉现前，于一念中遍游佛土，周旋往返不异其时。于难非难边能了诸边，敷演实际差别善知，[25] 得佛辩才住普贤行。善能分别众生语言，超过世间一切之法，[26] 善知一切出世间法。得资具自在波罗蜜，[27] 荷担有情为不请善友。[28] 能持一切如来法藏，安住不断一切佛种。哀愍有情能开法眼，闭诸恶趣开善趣门。普观有情能作父母兄弟之想，又观众生如己身想。证得一切赞叹功德波罗蜜多，能善了知，赞叹如来一切功德，及余称赞诸功德法。如是菩萨摩诃萨众无量无边皆来集会。

注释：

[1] 频，№ 411 音译作"幓"phji¹，№ 7377 音译作"幓"phji¹。在西田先生的韵母构拟方案中，此二字分属第 2 摄第 11 韵类（1.11–2.10）ifi，ʷifi 和第 3 摄第 16 韵类（1.16–）ĭəN，ʷĭəN。

[2] 捷，№ 411 音译作"幓"khja²，№ 7377 音译作"幓"khjã²。在西田先生的韵母构拟方案中，此二字皆为第 4 摄，分别是第 20 韵类（1.20–2.17)afi 和第 27 韵类（1.26–2.24）ĭaN，属同一韵摄的近音字。

[3] 利，№ 411 音译作"幓"lji²，№ 7377 音译作"幓"lji¹。在西田先生的韵母构拟方案中，此二字皆属第 2 摄第 10 韵类（1.10–2.9）i，两者仅在声调不同，为平上对应的近音字。

[4][7][12][13][14]"示现"（幓幓）二字义汉文本未见。

[5] 伎巧，№ 411 译作"幓幓"（幻术）。按，"幓"wjɨ¹（幻）于意不合，在此假借作"幓"wjɨ¹（伎、技），此二字为同音通假。参看№ 7377 正作"幓幓"（伎术）。

[6] 迎赞，№ 411 译作"幓幓幓幓"（迎受赞叹），№ 7377 作"幓幓"（迎赞）。

[8] "菩萨"（幓幓），二字义汉文本未见。

[9] 正等（幓幓），汉文本作"无上"。

[10] 泽润，西夏译作"幓幓"，字面意思是"利益"。

[11] 能受，西夏译作"幓幓"（受义）。按，"幓"wo²（义、理）字于意不合，在此疑假借作"幓"wo²（应、可），此二字为同音通假。另，汉文本句下有"能消"二字，西夏本未见。

[15] "譬如"（幓幓）下脱"幻师"二字义，№ 7377 作"幓幓幓幓"（譬如幻师），汉文本亦作"譬如幻师"。

[16] 群生，№ 411 译作"幓幓"（菩萨），疑误。参看№ 7377 作"幓幓"（群生），是。

[17] 劝进加威，西夏译作"幓幓幓幓"，字面意思是"劝禁祐助"。

[18] 诸佛（幓幓），汉文本作"如来"。另，识知印可，西夏译作

"􀀀􀀀􀀀􀀀"（识信可为）。

[19] 能善了知有情及土，№ 411 译作 "􀀀􀀀􀀀􀀀􀀀􀀀􀀀"（有情因土皆知了善）。按，"􀀀" niow¹（因）字于意不合，在此假借作 "􀀀" niow¹（及），此二字为同音通假。参看 № 7377 正作 "􀀀􀀀􀀀􀀀􀀀􀀀􀀀"（有情及土皆知了善）。

[20] 魔人，西夏译作 "􀀀􀀀􀀀"（魔人民）。

[21] 独觉（􀀀􀀀），汉文本作 "辟支佛"。梵文 Pratyekabuddha，旧称 "辟支佛"，又曰 "辟支迦罗"。西夏译作 "􀀀􀀀"（独觉），来自藏文 Rang-sangs-rgyas（独觉），相当汉文 "缘觉"。《瑜伽论记》卷 15，T42，p0482c："独觉地，若依梵语，名钵剌翳迦陀。旧云辟支，讹也。此云独觉。初发心时，亦值佛世，闻法思惟。后得道身出无佛世，性乐寂静，不欲杂居，修加行满，无师友教，自然独悟，永出世间，中行中果，故名独觉。或观待缘，而悟圣果，亦名缘觉。"

[22] 常（􀀀），汉文本作 "初"。按，"􀀀"·ju²（常）字于意不合，在此疑假借作 "􀀀"·ju²（前），此二字为同音通假。意指 "不乐入" 前 "声闻、缘觉" 二乘涅槃。

[23] 汉文本 "陀罗尼门" 上有 "一切" 二字。

[24] 善能了知，西夏对译作 "􀀀􀀀"（知能）二字。

[25] 敷演，西夏译作 "􀀀􀀀"，字面意思是 "开示"。

[26] 世间，№ 411 译作 "􀀀􀀀"（诸间）。按，"􀀀" rjur¹（诸）字于意不合，在此假借作 "􀀀" rjur¹（世），此二字为同音通假。参看 № 7377 正作 "􀀀􀀀"（世间）。另，"􀀀􀀀"（世间）二字于西夏佛经中常见，另见《佛说阿弥陀经》"为一切世间说此难信之法"，西夏译作 "􀀀􀀀􀀀􀀀􀀀􀀀􀀀􀀀􀀀􀀀"（世间一切之此信难法说）。①

[27] 得资具自在波罗蜜（􀀀􀀀􀀀􀀀􀀀􀀀􀀀􀀀􀀀），汉文本句下有 "多" 字，西夏本未作。另，"􀀀"（令）字 № 7377 无。

[28] "善"（􀀀）字义汉文本未见。

---

① 孙伯君：《〈佛说阿弥陀经〉的西夏译本》，《西夏研究》2011 年第 1 期。下文所引《佛说阿弥陀经》皆出此文。

西夏录文及对译：

17.11.6

𗼲　　　𗤱，

tśhji¹　zjǫ²

尔　　　时，

尔时，

17.12.1

𗼲	𗤱	𗗙	𗥃	𗥃	𗥃	𗗙	𗥃，	𗥃
pju¹	tja¹	·ja⁻	na¹	dzu̱²	tji²	·ja⁻	wor¹	lhwu¹
尊	者	阿	难	坐	处	△	起，	衣

𗥃	𗥃	𗥃，	𗥃	𗥃	𗥃	𗥃，	𗥃	𗥃
gjwi²	dzjwɨ²	dji²	źjɨ¹	wa̱¹	pha¹	gjwi²	tśier	ŋwer²
服	整	理，	左	肩	半	服，	右	膝

尊者阿难从坐而起，整理衣服，偏袒右肩，右膝

17.12.2

𗼲	𗤱，	𗼲	𗥃	𗥃	𗥃	𗥃	𗥃：	𗥃
lji²	zjij¹	tha¹	rjijr¹	pja̱¹	phjǫ²	da̱²	ji²	tha²
地	著，	佛	向	掌	合	言	谓：	大

𗥃	𗥃	𗼲！	𗥃	𗥃	𗥃	𗥃	𗥃	𗥃
tśhja²	rjur¹	pju̱¹	lju²	tsǫ̱²	rjur¹	tśhji²	to²	źji²
德	世	尊！	身	色	诸	根	悉	皆

著地，合掌向佛白言：大德世尊！身色诸根悉皆

17.12.3

𗥃	𗥃，	𗥃	𗥃	𗥃	𗥃	𗥃	𗥃	𗥃
ba²	sej¹	pju̱¹	bji¹	swew¹	rjɨj²	kie¹	tśiow¹	lju²
清	净，	威	光	光	明	金	聚	散

𗥃，	𗥃	𗥃	𗥃	𗥃	𗥃	𗥃	𗥃	𗥃。
sju²	niow¹	swew¹	tjɨj¹	sju²	mji¹	mju²	bji¹	swew¹

如， 又 明 镜 如 不 动 光 明。
清净，威光赫奕如融金聚，又如明镜凝照光晖。

17.12.4

𗧓	𗧁	𗂧	𗥞	𘓐	𗾊	𗅁	𗥞	𘝯
mər²	ɣa²	rjir²	nji²	ljij²	mjij²	djij²	nji²	thji²
本	从	所	至	见	未	曾	△	现

𗆀	𗾊	𘄡	𗏁	𗥑	𗗙	𗥹	𗣼	𘕕
wji²	ljij²	ku¹	zjir¹	dju¹	njij¹	·ja⁻	śjwi¹	ŋa²
今	见	故	稀	有	心	△	生	△

从昔已来初未曾见，喜得瞻仰生稀有心。

17.12.5

𗿳	𗙴	𘝯	𗆀	𗿷	𗾁	𗅁	𗤒	𘄡
rjur¹	pjụ¹	thji²	wji²	tha²	mjij¹	djij²	·o²	mjor¹
世	尊	此	刻	大	寂	定	入	如

𗾊	𗆪	𗆪	𗤩	𗤩	𗈚	𘄡	𗿷	𗾭
ljij²	dźjɨ⁻	dźjij¹	to²	źji²	iọ¹	sə¹	tha²	gor¹
来	行	行	皆	悉	圆	满	大	丈

世尊今者入大寂定，行如来行皆悉圆满，

17.12.6

𗪛	𗆪	𗤾	𗆯	𗮔	𗾪	𗾊	𗾊	𘄡
kiej²	dźjɨ⁻	śjwo¹	njwi²	wji²	rar²	mjij²	ljij²	mjor¹
夫	行	立	能	过	去	未	来	现

𗆪	𗿳	𗤩	𘕕	𗥑	𘄡	𗿳	𗙴	𗼻
dźjij¹	rjur¹	tha¹	·jij¹	sjwɨ¹	ljir²	rjur¹	pjụ¹	wa²
在	诸	佛	之	思	惟	世	尊	何

善能建立大丈夫行，思惟去、来、现在诸佛。世尊何

17.13.1

繈	䑏	憚	粍	綖	㾗?	㺔	㦅	㵂
niow^1	thji^2	ljɨr^2	ɣa^2	dźjij^1	nja^2	tśhjɨ^2	zjo^2	·ja$^-$
故	斯	念	于	住	△?	尔	时，	阿

龇	祢	㓞	橺	㵀	㳠	繝	䑏	䌈
na^1	·jij^1	jɨ^2	nji^2	sjij^1	thjij^2	sjo^2	thji^2	wo^2
难	之	告：	汝	今	何	云，	此	义

故住斯念耶？尔时，佛告阿难：汝今云何，能知此义？

17.13.2

㺔	㾗?	庞	朘	㲠	㲣	㓞	憸	䝤?
djwu^2	nja^2	rjur^1	mə^1	nja^2	do^2	jɨ^2	ljij^2	mo^2
知	△?	诸	天	汝	处	告	来	耶？

龇	祢	憸	繈	嘉	嘉	㺔	㾗?	㵂
ŋa^2	·jij^1	ljij^2	niow^1	·jij^1	·jij^1	djwu^2	nja^2	·ja$^-$
我	之	见	为	自	己	知	△?	阿

为有诸天来告汝耶？为以见我及自知耶？阿

17.13.3

龇	絆	祢	䎡	㓞	庞	㴒！	龇	㴾
na^1	tha^1	·jij^1	da^2	jɨ^2	rjur^1	pju^1	ŋa^2	mjor^1
难	佛	之	言	白：	世	尊！	我	如

憸	祢	祕	荒	燨	䝤?	敲	龇	繈
ljij^2	·jij^1	zjɨr^1	dju^1	lja^2	bji^1	lji^2	ŋa^2	niow^1
来	之	稀	有	瑞	光	见	△	故

难白佛言：世尊！我见如来光瑞稀有故

17.13.4

䑏	㣿	絆	蕝	龇，	朘	靮	龇	㲣
thji^2	sju^2	njij^1	śjwi^1	ŋa^2	mə^1	nji^2	ŋa^2	do^2
是	如	心	发	△，	天	等	我	处

𗤋	𗣼	𗏁	𗋽	𗦻	𗥀	𗏿	𗁦	𗉛
ljij²	ljɨ¹	nja²	tha¹	·ja⁻	na¹	·jij¹	ji²	tjij²
来	并	非。	佛	阿	难	之	告:	善

发斯念，非因天等。佛告阿难：善

17.13.5

𗉛,	𗁦	𗉛!	𗥹	𗸂	𗤫	𗈁	𗠳	𗥤
rjijr²	tjij²	rjijr²	nji²	sjij¹	·jɨr¹	njwi²	źji²	thjo̱¹
哉,	善	哉!	汝	今	问	能。	微	妙

𗙣	𗕛	𗥑	𗯰	𗈁,	𗡮	𗤋	𗿷	𗤻
nuə⁻	ŋwo²	bjo̱¹	thju¹	njwi²	mjor¹	ljij²	do²	thji²
辩	才	观	察	能,	如	来	处	是

哉, 善哉! 汝今快问。善能观察微妙辩才, 能问如来

17.13.6

𗵘	𗟻	𗤫	𗈁	𗏁。	𗥹	𗡮	𗤋、	𗢳
sju²	wo²	·jɨr¹	njwi²	nja²。	nji²	mjor¹	ljij²	bju¹
如	义	问	能	△。	汝	如	来、	应

𗌰、	𗋽	𗇋	𗸂	𗌽	𗌽,	𗣼	𗤙	𗸱
wo²	tśhja²	ka¹	dwewr²	ŋowr²	ŋowr²	niow¹	tha²	wju¹
供、	正	等	觉	一	切,	及	大	悲

如是之义。汝为一切如来、应、正等觉, 及安住大悲,

17.14.1

𗊱	𗵘	𘜶	𗵐	𗏿	𗣫	𗤻	𗇋	𗥎
no²	dźjij¹	ɲia²	tśhju¹	·jij¹	gjij¹	ɣie²	·jiw²	thã¹
安	住,	众	生	之	利	益,	优	昙

𗡪	𗵘	𗗙	𗦩	𗣼	𗴒	𗴦	𗰜	𗵀
wja̱¹	sju²	zjɨr¹	dju¹	tha²	mjijr²	rjur¹	kha¹	to²
花	如	稀	有,	大	士	世	间	出

利益群生, 如优昙花稀有, 大士出现世间,

17.14.2

薇	緅，	靳	雌	繆	絾。	惋	庞	粝
śja²	niọw¹	tśhjwo¹	thji²	wo²	·jɨr¹	niọw¹	rjur¹	ɲia²
现	故，	故	此	义	问。	又	诸	众

絾	狥	羝	縤	甈	緥	緅，	絳	憾
tśhju¹	·jij¹	njij²	śjow¹	gjij¹	ɣie²	niọw¹	mjor¹	ljij²
生	之	哀	愍	利	乐	故，	如	来

故问斯义。又为哀愍利乐诸众生故，能问如来

17.14.3

斄	雌	桃	繆	絾	趒。	緤	甤!
do²	thji²	sju²	wo²	·jɨr¹	njwi²	nja²	·ja⁻	na¹
处	是	如	义	问	能	△。	阿	难!

絳	憾、	瓶	礤、	絾	姕	蟻	燚	峰
mjor¹	ljij²	bju¹	wo²	tśhja²	ka¹	dwewr²	mjɨ	pju̱¹
如	来、	应	供、	正	等	觉	无	量

如是之义。阿难! 如来、应、正等觉善能开示无量

17.14.4

恍	骸	敪	讹	甤。	緰	緷	勜?	絳
nwə¹	ljij²	phie²	nej²	njwi²	thjij²	sjo²	lji¹	mjor¹
知	见	开	示	能。	何	以	故?	如

憾	狥	恍	骸	甈	縺	憾	絧	勜。
ljij²	·jij¹	nwə¹	ljij²	tja¹	ɣie²	lu²	mjij¹	lji̱¹
来	之	知	见	者	障	碍	无	故。

知见。何以故? 如来知见无有障碍。

17.14.5

緤	甤!	絳	憾、	瓶	礤、	絾	姕	蟻
·ja⁻	na¹	mjor¹	ljij²	bju¹	wo²	tśhja²	ka¹	dwewr²
阿	难!	如	来、	应	供、	正	等	觉

𗰞	𗟲	𗝠	𗫂	𘉒	𗒘	𗀔	𗷟	𗖰
tjij¹	rjur¹	dźjij¹	kiej²	ku¹	·ja⁻	ljir²	ljij¹	zjij¹
若	世	住	欲，	故	一	念	经	时

阿难！如来、应、正等觉欲乐住世，能于念顷

17.14.6

𗼨	𗤎	𗼻	𗼨	𘔼	𗒴	𗫂	𗍬	𗩁
mji¹	pjṵ¹	ŋew²	mjij¹	·jir²	tṵ¹	rjir²	no¹	·jiw¹
无	量	数	无	百	千	亿	那	由

𗟟	𗣼	𗝠	𗰞	𗢨	𗼻	𗤎	𗱿	𗖰
thow¹	kja²	dźjij¹	tjij¹	śji¹	ŋew²	pjṵ¹	su¹	dzjij¹
他	劫	住，	若	前	数	量	胜	过，

住无量无数百千亿那由他劫，若复增过如上数量，

17.15.1

𗔸	𘉒	𗽂	𗬆	𗥃	𗍬	𗟲	𗊋	𗴁
tsji¹	mjor¹	ljij²	·jij¹	lju²	niow¹	rjur¹	tśhji²	nji²
亦	如	来	之	身	及	诸	根	等

𗀘	𗬆	𗍬	𗱋	𗰟	𘓋	𗼻	𘉒	𗽂
lhu¹	tjij¹	mji¹	dju¹	thjij²	sjo²	lji¹	mjor¹	ljij²
增	减	无	有。	何	以	故？	如	来

而如来身及以诸根无有增减。何以故？如来

17.15.2

𗏁	𘉿	𘔼	𗮉	𘔼	𗾣	𗤙	𗇋	𘔼，
sã¹	mej²	·jij¹	dzju²	rjir²	tjij¹	rewr²	ɣa²	nji¹
三	昧	自	在	得	彼	岸	于	到，

𗉋	𗙴	𗙴	𗇋	𗣼	𗥃	𗮉	𗮉	𗼻。
tsjir¹	ŋowr²	ŋowr²	ɣa²	źji²	bṵ²	·jij¹	dzju²	lji¹
法	一	切	于	皆	胜	自	在	故。

得三昧自在到于彼岸，于一切法最胜自在。

17.15.3

㪧	㱿	㶀	㽪!	㿦	㿦,	㿦	㿦	㿦
tśhjwo¹	thjɨ²	·ja⁻	na¹	djɨ²	nji²	njɨj¹	tji¹	ljɨr²
故	是	阿	难!	谛	听,	心	诚	念

㿦,	㿦	㿦	㿦	㿦	㿦	㿦	㿦	㿦
lew²	ŋa²	sjɨj¹	nji²	·jɨj¹	phjo²	kar²	tshjɨj¹	wji¹
当,	吾	今	汝	之	分	别	说	为

是故阿难！谛听，善思念之，吾当为汝分别解说。

17.15.4

㿦。	㿦	㿦	㿦	㿦	㿦	㿦:	㿦	㿦
nja²	·ja⁻	na¹	tha¹	·jɨj¹	dạ²	jɨ²	lew¹	tji¹
△。	阿	难	佛	之	言	谓:	唯	愿

㿦	㿦	㿦	㿦	㿦,	㿦	㿦	㿦	㿦。
rjur¹	pjụ¹	rjɨr²	tshjɨj¹	nja²	ŋa²	tsjɨ¹	mji¹	ŋwe¹
世	尊	所	说	△,	我	亦	闻	乐。

阿难白佛言：唯然世尊，愿乐欲闻。

汉译文：

　　尔时，尊者阿难从坐而起，整理衣服，偏袒右肩，[1]右膝著地，合掌向佛白言：大德世尊！身色诸根悉皆清净，威光赫奕如融金聚，又如明镜凝照光晖。[2]从昔已来初未曾见，[3]喜得瞻仰生稀有心。世尊今者入大寂定，行如来行皆悉圆满，善能建立大丈夫行，思惟去、来、现在诸佛。世尊何故住斯念耶？尔时，告阿难：[4]汝今云何，能知此义？为有诸天来告汝耶？[5]为以见我及自知耶？阿难白佛言：世尊！我见如来光瑞稀有故发斯念，非因天等来。[6]佛告阿难：善哉，善哉！汝今快问。善能观察微妙辩才，能问如来如是之义。汝为一切如来、应、[7]正等觉，及安住大悲，利益群生，如优昙花稀有，大士出现世间，故问斯义。又为哀愍利乐诸众生故，能问如来如是之义。阿难！如来、应、[8]正等觉善能开示无量知见。何以故？如来知见无有障碍。阿难！如来、应、[9]正等觉欲乐住世，能于念顷住无量无数百千亿那由他劫，若复增过如上数量，而如来身及以诸根无有增减。何以故？如来得三昧自在到于彼岸，于一切法最胜自在。[10]
是故阿难！谛听，诚心念之，[11]吾当为汝分别解说。阿难白佛言：唯然世
尊，愿乐欲闻。

注释：

[1] 偏袒右肩，西夏译作"𗙻𗥝𘉋𗉖"，字面意思是"左肩半服"。

[2] 又如明镜凝照光晖，№411译作"𗱕𗱕𘃽𘝶𗱕𘄴𘃋𘊄"（又明镜如
不动光明），№7377作"𗱕𘊄𘃽𘝶𗱕𘄴𘃋𗱕"。"𗱕"swew¹（照）
和"𘊄"swew¹（明）交互使用，二字声韵相同、义相近。"𗱕"
（照）字多用作动词，"𘊄"（明）字多用作形容词。

[3] 昔，西夏译作"𘜶"（本）。

[4] 汉文本句上有"佛"字，№7377"𗄻"（告）上亦有"𘜧"（佛）
字，此本疑脱。

[5] 耶，№411译作"𘉍"[摩]。按，"𘉍"mo²[摩]字于意不合，
在此假借作"𗙻"mo²（乎、耶），此二字为同音通假。参看№
7377正作"𗙻"（乎、耶）。

[6] "来"（𗡞）字义汉文本未见。

[7][8][9] 应，№411译作"𘗽𗤁"，意思是"应供"。№7377作"𘗽
𗤛"。按，"𗤛"wo²（义、理）字于意不合，在此假借作"𗤁"wo²
（应、可），此二字为同音通假。

[10] 最胜，№411译作"𗤼𗉔"（皆胜）。按，"𗤼"zji²（皆）字于意
不合，在此假借作"𗆉"zji²（最），此二字为同音通假。参看
№7377正作"𗆉𗉔"（最胜）。另见本经下文17.52.6"为求最胜
诸慧蕴"，西夏译作"𗆉𗉔𘃩𘞝𘈖𗙩𗏁"（最胜诸慧蕴求为）。

[11] 诚心念之（𘉋𗧓𘁴𗧅），汉文本作"善思念之"，两者义通。

西夏录文及对译：

17.15.5

𗱕	𘞤	𘜧	𗃀	𘉍	𘝶	𗄻	𘜶	𘜵
tśhji¹	zjo²	tha¹	·ja⁻	na¹	·jij¹	ji²	njwo²	wji²
尔	时，	佛	阿	难	之	告：	昔	过

𘄄	𗘺	𗒛	𗑱	𗒹	𗼃	𗏵	𗣼	𘓄
rar²	·ja⁻	sẽ¹	khji¹	kja²	su¹	ŋew²	mjij¹	tha²
去	阿	僧	祇	劫	过	数	无	大

尔时，佛告阿难：往昔过阿僧祇无数大

17.15.6

𗒹	𗼃	𗹦	𗏵		𗤒	𗎤	𘕕	𘏭		𗍳
kja²	su¹	ɣwə²	rjir²		tha¹	gji²	to²	śja²		mjij²
劫	过	前	面，		佛	有	出	现，		号

𗐲	𘝯	𗷯	𗦇	𗤒	𘝵	𗒹	𗏵	𗤦
tja¹	tjij¹	njwị²	thja¹	tha¹	·jij¹	kja²	ŋew²	pjụ¹
者	灯	燃。	彼	佛	之	劫	数	量

劫，有佛出现，号曰燃灯。于彼佛前极过数量，

17.16.1

𗼃	𗹦	𗏵	𗜓	𗰼	𗤒	𗥰	𘎑	𗍳
su¹	ɣwə²	rjir²	dźjɨ⁻	tśji¹	tha¹	rjur¹	kha¹	to²
过	前	面，	行	苦	佛	世	间	出

𘕕	𗰼	𗜓	𗤒	𗼃	𗹦	𗏵	𘕣	𗸯
śja²	tśji¹	dźjɨ⁻	tha¹	su¹	ɣwə²	rjir²	lhji²	njijr²
现。	苦	行	佛	过	前	面，	月	面

有苦行佛出兴于世。苦行佛前复有如来，号为月面。

17.16.2

𘏨	𗤴	𗍳	𘕣	𗸯	𗤒	𘝵	𗒹	𗏵
mjor¹	ljij²	to²	lhji²	njijr²	tha¹	·jij¹	kja²	ŋew²
如	来	出。	月	面	佛	之	劫	数

𗤦	𗼃	𗹦	𗏵	𘀈	𗘕	𘌞	𗤒	𗍳
pjụ¹	su¹	ɣwə²	rjir²	tśja¹	thã¹	śja¹	tha¹	to²
量	过	前	面，	旃	檀	香	佛	出。

月面佛前过于数量，有旃檀香佛。

17.16.3

羂	絑	纛	觬	敠	纏	蔽	諼	劜
thja¹	tha¹	su¹	ɣwə²	rjir²	su¹	mji¹	lu¹	tśiow¹
彼	佛	过	前	面	苏	迷	卢	积

絑	緓,	纏	蔽	諼	劜	絑	纛	觬
tha¹	to²	su¹	mji¹	lu¹	tśiow¹	tha¹	su¹	ɣwə²
佛	出,	苏	迷	卢	积	佛	过	前

于彼佛前有苏迷卢积佛，卢积佛前

17.16.4

敠	纫	祗	瓻	絑	緓。	濉	挑	縱
rjir²	thjo̱	so²	kja²	tha¹	to²	thji²	sju²	tśji¹
面	妙	高	劫	佛	出。	如	是	次

瓣,	弜	蘷	縱	絑、	慨	嶢	薮	絑、
bju¹	ror²	ka²	njijr²	tha¹	mji¹	tśior¹	la¹	tha¹
依,	垢	离	面	佛、	不	染	污	佛、

复有妙高劫佛。如是展转，有离垢面佛、不染污佛、

17.16.5

飛	縢	絑、	毳	帄	席	絑、	纏	蔽
we¹	mə¹	tha¹	ŋər¹	yiẹ²	njij²	tha¹	su¹	mji¹
龙	天	佛、	山	声	王	佛、	苏	迷

諼	劜	絑、	蘱	蘸	絑、	拹	凝	歐
lu¹	tśiow¹	tha¹	kie¹	.u̱²	tha¹	swew¹	swew¹	bji¹
卢	积	佛、	金	藏	佛、	照	曜	光

龙天佛、山声王佛、苏迷卢积佛、金藏佛、照曜光

17.16.6

絑、	歐	刾	絑、	嶽	姤	緒	矗	絑、
tha¹	bji¹	dzjwɨ¹	tha¹	tha²	ljɨ²	mə²	sjwɨ¹	tha¹
佛、	光	帝	佛、	大	地	姓	种	佛、

皷	徬	緕	敠	縅	蕊	薙	皷	絴、
bji¹	swew¹	wejr¹	ljij¹	nia²	yji¹	kie¹	bji¹	tha¹
光	明	炽	盛	琉	璃	金	光	佛、

佛、光帝佛、大地种姓佛、光明炽盛琉璃金光佛、

17.17.1

皷	毻	絴、	縱	絥	劾	敠	皷	絴、
lhji²	swu²	tha¹	wja¹	bie²	śjwo²	tshjij²	bji¹	tha¹
月	像	佛、	花	开	庄	严	光	佛、

緵	蓨	祔	爩	敠	縊	禰	庇	絴、
thjo¹	njow²	bu²	dwewr²	me²	mjijr²	khej¹	dźjij¹	tha¹
妙	海	胜	觉	神	通	游	行	佛、

月像佛、开敷花庄严光佛、妙海胜觉游戏神通佛、

17.17.2

薙	蘔	皷	絴、	散	庋	緻	𢘑	蔽
kie¹	dźja²	bji¹	tha¹	tha²	·ja⁻	khja²	thow¹	śja¹
金	刚	光	佛、	大	阿	伽	陀	香

皷	絴、	禰	蔽	絳	纜	甎	絴、	敠
bji¹	tha¹	źji¹	nji²	njij¹	dźjir¹	ka²	tha¹	lji¹
光	佛、	烦	恼	心	舍	离	佛、	宝

金刚光佛、大阿伽陀香光佛、舍离烦恼心佛、宝

17.17.3

缀	散	絴、	膌	帮	劯	絴、	祔	劯
lhu¹	dzja¹	tha¹	kjir¹	·jiw²	tśiow¹	tha¹	bu²	tśiow¹
增	长	佛、	勇	猛	积	佛、	胜	积

絴、	散	縅	賍	纋	禒	繹	敠	縊
tha¹	tha²	tśhja²	·iow¹	·jij¹	tsjir¹	mji¹	me²	mjijr²
佛、	大	德	功	持	法	施	神	通

增长佛、勇猛积佛、胜积佛、持大功德法施神通

17.17.4

絟、	剡	蕝	皲	儀	殽	絟、	瓣	蕊
tha¹	be²	lhji²	bji¹	·jwɨ¹	t–²	tha¹	nia²	ɣjɨ¹
佛、	日	月	光	映	蔽	佛、	琉	璃
稆	儗	絟、	絴	燚	嵇	絟、	蕝	皲
swew¹	swew¹	tha¹	njij¹	dwewr²	wja¹	tha¹	lhji²	bji¹
照	耀	佛、	心	觉	花	佛、	月	光

佛、映蔽日月光佛、照曜琉璃佛、心觉花佛、月光

17.17.5

絟、	剡	皲	絟、	嵇	嶐	菠	緎	席
tha¹	be²	bji¹	tha¹	wja¹	·jir²	rer²	tsə¹	njij²
佛、	日	光	佛、	花	璎	珞	色	王
炎	縫	敥	蒞	絟、	殐	蕝	皲	絟、
me²	mjijr²	phie²	śjwo¹	tha¹	zjir²	lhji²	bji¹	tha¹
神	通	开	起	佛、	水	月	光	佛、

佛、日光佛、花璎珞色王开敷神通佛、水月光佛、

17.17.6

儗	絤	嵇	褙	絟、	纹	藠	綏	侲
bju¹	mjij¹	na¹	go²	tha¹	nji²	ɣjej¹	śiwə¹	khiwə¹
明	无	暗	破	佛、	珠	真	珊	瑚
蘊	絟、	鈘	𣏚	絟、	禰	嵇	絟、	禨
ɣja²	tha¹	kwej¹	śia¹	tha¹	bu̱²	wja¹	tha¹	tsjir¹
盖	佛、	底	沙	佛、	胜	花	佛、	法

破无明暗佛、真珠珊瑚盖佛、底沙佛、胜花佛、法

17.18.1

耄	帏	絟、	靰	蕠	帏	緢	嵔	嵇
źjɨr¹	kwə²	tha¹	ka²	tśjij²	kwə²	bã¹	dźi̱⁻	ɣjir¹
慧	吼	佛、	师	子	吼	鹅	牙	兮

ɣiẹ² dju¹ tha¹ xiwã¹ ɣiẹ² we¹ kwə² tha¹ thji²
声　有　佛　、　梵　音　龙　吼　佛　。　是
慧吼佛、有师子吼鹅雁声佛、梵音龙吼佛。

17.18.2

sju² nji² tha¹ rjur¹ kha¹ to² śja² thji² sju²
如　等　佛　世　间　出　现，　是　如
nji² tha¹ śji¹ kụ¹ tshjɨ¹ ljwu¹ źji² śji¹ ŋew²
等　佛　前　后　行　间　皆　前　数
如是等佛出现于世，相去劫数

17.18.3

pjụ¹ su¹ dzjij¹ thja¹ we¹ kwə² tha¹ rjur¹ kha¹
量　胜　过。　彼　龙　吼　佛　世　间
mjij² to² ŋew² pjụ¹ mjij¹ kja² su¹ ɣwə² rjir²
未　出　数　无　量　劫　过　前　面
皆过数量。彼龙吼佛未出世前无央数劫

17.18.4

rjur¹ wə¹ tha¹ to² rjur¹ wə¹ tha¹ mjij² to²
世　主　佛　出。　世　主　佛　未　出
ŋew² mjij¹ kja² su¹ ɣwə² rjir² tha¹ gji² rjur¹
数　无　劫　过　面　前　佛　有　世
有世主佛。世主佛前无边劫数有佛出世，

17.18.5

𘀄	𗵽	𗣼	𗁅	𘊮	𗁬	𘀄	𗤼	𘅣
kha¹	to²	śja²	mjij²	tja¹	rjur¹	kha¹	·jij¹	dzju²
间	出	现，	号	者	世	间	自	在

𗉫	𗙆	𗀜	𘜶	𗦀	𗾭	𗆉	𗣦	
njij²	mjor¹	ljij²	bju¹	wo²	tśhja²	ka¹	dwewr²	
王	如	来、	应	供、	正	等	觉、	

号世间自在王如来、应、正等觉、

17.18.6

𗱼	𗥤	𗿢	𗿦	𘕼	𗦳	𗁬	𘀄	𗤻	𗋒
swew¹	dźji̠	io¹	sə¹	ne̠w²	bjij²	rjur¹	kha¹	tsjij²	gor¹
明	行	圆	满、	善	逝、	世	间	解、	丈

𘜶	𗂸	𗾇	𘃽	𗷆	𗤻	𗦆	𘃠	𗧀	
kiej²	·jij¹	rjur¹	·jar²	źji²	phju¹	mjijr²	me̠²	dzjwo²	
夫	之	调	御、	无	上	士、	天	人	

明行圆满、善逝、世间解、无上丈夫、调御士、天人

17.19.1

𗣰	𗫾	𗁬	𘟩	𗰖	𗥀	𘄒	𗫾	𗼑
dzjij²	tha¹	rjur¹	pju¹	·ja⁻	na¹	thja²	tha¹	tsjir¹
师、	佛、	世	尊。	阿	难！	彼	佛	法

𘀄	𘋥	𗰔	𘑛	𗖺	𗠨	𗁅	𘊮	𗼑
kha¹	lew¹	phji¹	khjiw²	gji̠²	dju¹	mjij²	tja¹	tsji̠r¹
中	一	比	丘	有	有，	名	者	法

师、佛、世尊。阿难！彼佛法中有一比丘，名曰法

17.19.2

𗾔	𗥤	𗣜	𗥤	𗁪	𘈈	𗪾	𘕼	𗌽
do²	rjar¹	gjij¹	dźji̠	tji¹	niow¹	ljir²	dźjij²	źjir¹
处，	殊	胜	行	愿	及	念	有	慧

𘟣　　𗼩　　𗳽　　𗣼　，　𗡞　　𗁬　　𗼱　　𗢭　　𗷰

ɣiew¹　pju¹　bu̱²　gjij¹　njij¹　phji¹　gjwɨ¹　lwo²　mji¹

学　　尊　　胜　　殊　，　心　　意　　坚　　固　　不

处，有殊胜行愿及念慧力增上，其心坚固不

17.19.3

𗗟，　𗰖　　𗢭　　𗗙　　𗣼　，　𗰭　　𗫧　　𗬠　　𗬠。

mju²　ljo¹　sjij²　rjar¹　gjij¹　mjor¹　la̱¹　śjwo²　śjwo²

动，　福　　智　　殊　　胜　，　容　　貌　　庄　　严。

𗏁　𗦤！　𗆟　𗷦　𗿗　𗰛　𗢭　𗢭　𗢳

·ja⁻　na¹　thja²　tsjɨr¹　do²　phji²　khjiw²　rjur¹　kha¹

阿　难！　彼　法　　处　　比　　丘　　世　　间

动，福智殊胜，人相端严。阿难！彼法处比丘往诣世间

17.19.4

𗹿　　𗉿　　𗼩　　𗰭　　𗣼　　𗢭　　𗗙　　𗿧，　𗰜

·jij¹　dzju²　njij²　mjor¹　ljij²　do²　rjɨr²　śji²　źjɨ¹

自　　在　　王　　如　　来　　所　　乃　　往，　左

𗇦　𗅲　𗟨，　𗮔　𗈜　𗆟　𗸦，　𗮔　𗢭

wa̱¹　pha¹　gjwi²　tha¹　rewr²　tśjiw²　tshwew¹　tha¹　rjijr²

肩　半　　著，　佛　足　　顶　　礼，　佛　　向

自在王如来所，偏袒右肩，顶礼佛足，向佛

17.19.5

𗡞　𗢳，　𗰭　𗿗　𗢸　𗗟：

pja¹　phjo²　lja¹　ŋwu²　·jow²　śja²

掌　合，　颂　以　赞　叹：

合掌，以颂赞曰：

17.19.6

[illegible]

mjor^{1} ljij^{2} mjɨ^{1} pjụ^{1} bju^{2} mjij^{1} bji^{1}

如 来 无 量 边 无 光，

[illegible]

rjur^{1} kha^{1} bji^{1} ŋwu^{2} dzjọ^{1} tjị^{2} mjij^{1}

世 间 光 以 喻 可 无，

如来无量无边光，举世无光可能喻，

17.20.1

[illegible]

rjur^{1} be^{2} lhjị^{2} mo^{2} nji^{1} ljɨ^{1} bji^{1}

诸 日 月 摩 尼 宝 光，

[illegible]

tha^{1} ·jij^{1} bji^{1} ŋwu^{2} źji^{2} ·jwɨ̱^{1} t–^{2}

佛 之 光 以 皆 映 蔽。

一切日月摩尼宝，佛之光威皆映蔽。

17.20.2

[illegible]

tha^{1} lew^{1} ɣiẹ^{2} ŋwu^{2} tsji̠r^{1} nẹ^{1} tshji̠j^{1}

佛 一 声 以 法 演 说，

[illegible]

ɲia^{2} tśhju^{1} ·jij^{1} twụ^{1} djij^{1} bju^{1} tsjij^{2}

有 情 各 各 类 随 解，

世尊能演一音声，有情各各随类解，

17.20.3

[illegible]

niow^{1} lew^{1} thjo̱^{1} tsə̣^{1} ljụ^{2} wjɨ^{2} śja^{2}

又 一 妙 色 身 △ 现，

糊	觚	繇	㸌	祗	骰	祇。
ɲia²	tśhju¹	djɨj¹	bju¹	źji²	ljij²	phji¹
众	生	类	随	皆	见	使。

又能现一妙色身，普使众生随类见。

17.20.4

縂	恍	菶	禒	燃	猕	骸，
kie¹	djɨj²	źjɨr¹	jir²	niow¹	rejr²	mji¹
戒	定	慧	勤	及	多	闻

庞	糊	觚	绊	兹	燃	緻，
rjur¹	ɲia²	tśhju¹	tha¹	rjir²	mji¹	ŋwer¹
诸	有	情	佛	与	无	等，

戒定慧进及多闻，一切有情无与等，

17.20.5

绯	繨	菶	綵	骰	猗	桃，
njij¹	dwewr²	źjɨr¹	to²	tha²	ŋjow²	sju²
心	觉	慧	出	大	海	如，

緂	龊	缀	禝	㠪	縱	凝
źji²	na¹	thjo̱¹	tsjɨr¹	nwə¹	tsjij²	njwi²
甚	深	妙	法	知	了	善。

心流觉慧如大海，善能了知甚深法。

17.20.6

粥	骹	觗	蟲	㻎	蟁	缪，
źji¹	nji²	dźjar²	dzjar²	kju¹	tshwew¹	wo²
烦	恼	过	亡	供	养	义，

澌	桃	刽	觚	淼	绊	緂
thji²	sju²	śjij²	tśhja²	lew¹	tha¹	dźjij²
是	如	圣	德	惟	佛	有，

惑尽过亡应受供，如是圣德惟世尊，

17.21.1

絴	絉	褕	翗	籔	敆	皽,
tha¹	·jij¹	bu̱²	gjij¹	tha²	pju̱¹	bji¹
佛	之	胜	殊	大	威	光,

贏	燉	燚	𥎖	𥧄	縋	疑。
śja¹	rjijr²	mji¹	pju̱¹	lhjij²	zjir²	swew¹
十	方	无	量	刹	普	照。

佛有殊胜大威光，普照十方无量刹。

17.21.2

絋	纞	庞	絥	賙	赠	薇,
ŋa²	sjij¹	rjur¹	tśhja²	·iow¹	·jow²	śja²
我	今	诸	德	功	称	赞,

翍	菕	絴	荔	烮	燚	絋,
ljo¹	źjir¹	tha¹	rjir²	kjij¹	ka¹	ŋa²
福	慧	佛	与	使	等	△,

我今称赞诸功德，冀希福慧等如来，

17.21.3

庞	庞	褕	𧼯	觟	絈	枒,
rjur¹	rjur¹	kha¹	we̱¹	nar²	ŋo²	sji̱¹
诸	世	间	生	老	病	死,

絤	叝	㹷	燓	𧼯	羊	絋。
·ji¹	tśji¹	źji¹	gju̱²	dźi̱¹	djij²	njwi²
众	苦	恼	救	拔	当	能。

能救一切诸世间，生老病死众苦恼。

17.21.4

毹	絋	翗	㧈	錭	羊	𧼯,
tji¹	ŋa²	sã¹	mej²	thji²	djij²	dźjij¹
愿	我	三	摩	地	当	住,

𗉆　𗀤　𗃛　𗧓　𘓺　𗅷　𗤋，
mji[1]　kie[1]　rjur[1]　tsjir[1]　ɣa[1]　rjijr[2]　tshjij[1]
施　　戒　　诸　　法　　门　　愿　　说，

愿当安住三摩地，演说施戒诸法门，

17.21.5

𗊡　𗥔　𗊢　𘒣　𗰜　𗥺　𗪟，
pjo[1]　ẓ̱ew[2]　jɨr[2]　dźjij[1]　niow[1]　djij[2]　źjɨr[1]
辱　　忍　　勤　　精　　及　　定　　慧，

𗀔　𘜶　𗈾　𗀈　𗉞　𗤲　𗱾。
tha[1]　śjij[1]　ɲia[2]　·jij[1]　wjij[2]　gju̱[2]　ŋa[2]
佛　　成　　众　　之　　愿　　济　　△。

忍辱精勤及定慧，庶当成佛济群生。

17.21.6

𗤁　𗱵　𗀤　𗬩　𗉈　𗑠　𘓺，
źji[2]　phju[2]　tha[2]　po[1]　tjij[1]　kju[1]　niow[1]
无　　上　　大　　菩　　提　　求　　为，

𗥘　𘜶　𗄼　𗣴　𗰜　𗬈　𘄒，
·jir[2]　tu̱[1]　kju[1]　tśji[2]　no[1]　·jiw[1]　thow[1]
百　　千　　俱　　胝　　那　　由　　他，

为求无上大菩提，供养十方诸妙觉，

17.22.1

𗥸　𗤄　𗬔　𗣝　𗤎　𗣴　𗭪，
khjã[2]　be̱[1]　sju[2]　ŋew[2]　pju̱[1]　kja[2]　kha[1]
恒　　沙　　如　　数　　量　　劫　　中，

𗥤　𗥺　𗩃　𗤲　𗀈　𗑠　𗭣。
śja[1]　rjijr[2]　thjo̱[1]　dwewr[2]　·jij[1]　kju̱[1]　tshwew[1]
十　　方　　妙　　觉　　之　　供　　养。

百千俱胝那由他，极彼恒沙之数量。

17.22.2

慨	散	姣	皲	羊	菻	絁,
niow¹	tha²	me̠²	bji¹	djij²	rjor¹	ŋa²
又	大	神	光	当	获	△,

纮	殓	綋	绊	随	鵋	凝,
khjã²	be̠¹	rjir²	tha¹	lhjij²	kjij¹	swew¹
恒	沙	亿	佛	刹	使	照,

又愿当获大神光，倍照恒沙亿佛刹，

17.22.3

慨	殀	绢	祔	穊	燄	攡,
niow¹	bju²	mjij¹	bu̠²	jir²	ɣiew¹	bju¹
及	边	无	胜	勤	修	故,

祔	筋	藕	甇	羊	菻	絁。
bu̠²	gjij¹	sej¹	mji¹	djij²	rjor¹	ŋa²
胜	殊	净	居	当	得	△。

及以无边胜进力，感得殊胜广净居。

17.22.4

絁	柹	羰	绢	绊	随	帰,
thji²	sju²	ŋwer¹	mjij¹	tha¹	lhjij²	·u²
是	如	等	无	佛	刹	中,

糒	臧	羊	绶	燰	甄	縋,
ɲia²	tśhju¹	djij²	dźjij¹	rjijr²	gjij¹	ɣie²
众	生	当	住	愿	利	益,

如是无等佛刹中，安处群生当利益，

17.22.5

矗	嫩	絁	祔	筋	散	彦,
十	方	最	胜	殊	大	士,
śja¹	rjijr²	źji²	bu̠²	gjij¹	tha²	mjijr²

祗	羆	燚	慌	絴	猍	黀。
źji²	thja¹	do²	lja¹	njɨj¹	ljɨj²	śjwo¹
皆	彼	处	往	心	喜	生。

十方最胜之大士，彼皆当往生喜心。

17.22.6

嫩	絴	刭	祓	黐	炕	燚，
lew¹	tha¹	śjɨj²	sjɨj²	lja¹	nwə¹	njwi²
唯	佛	圣	智	证	知	能，
絁	纝	燉	祓	纖	薃	骹，
ŋa²	sjij¹	gjwɨ¹	lwo²	yie¹	kju¹	·ju²
我	今	坚	固	力	求	寻，

唯佛圣智能证知，我今希求坚固力，

17.23.1

慌	挸	諂	聏	帰	糱	沭，
mji¹	bja²	dji¹	jɨj²	·u²	–	tsjɨ¹
无	间	地	狱	中	堕	亦，
譺	税	絴	讔	慌	殒	絁。
thjɨ²	sju²	njɨj¹	tśjo⁻	mji¹	lhji¹	ŋa²
是	如	心	终	不	退	△。

纵沉无间诸地狱，如是愿心终不退。

17.23.2

莀	莀	絣	縱	絗	祓	孩，
rjur¹	rjur¹	kha¹	yie²	mjij¹	sjɨj²	mjijr²
诸	诸	间	碍	无	智	者，
譺	税	辒	絴	荠	炕	骹。
thjɨ²	sju²	tji¹	njɨj¹	djij²	nwə¹	nja²
是	如	愿	心	当	知	△。

一切世间无碍智，应当了知如是心。

汉译文：

尔时，佛告阿难：往昔过阿僧祇无数大劫，有佛出现，号曰燃灯。于彼佛前极过数量，[1]有苦行佛出兴于世。苦行佛前有月面如来。[2]月面佛前过于数量，有旃檀香佛。于彼佛前有苏迷卢积佛，[3]苏迷卢积佛前复有妙高劫佛。[4]如是展转，[5]有离垢面佛、不染污佛、龙天佛、山声王佛、苏迷卢积佛、金藏佛、照曜光佛、光帝佛、大地种姓佛、光明炽盛琉璃金光佛、月像佛、开敷花庄严光佛、妙海胜觉游戏神通佛、金刚光佛、大阿伽陀香光佛、舍离烦恼心佛、宝增长佛、勇猛积佛、胜积佛、持大功德法施神通佛、映蔽日月光佛、照曜琉璃佛、心觉花佛、月光佛、日光佛、花璎珞色王开敷神通佛、水月光佛、破无明暗佛、真珠珊瑚盖佛、[6]底沙佛、胜花佛、法慧吼佛、有师子吼鹅雁声佛、梵音龙吼佛。如是等佛出现于世，相去劫数皆过数量。[7]彼龙吼佛未出世前无央数劫有世主佛。世主佛前无边劫数有佛出世，号世间自在王如来、应、[8]正等觉、明行圆满、善逝、世间解、调御丈夫、无上士、[9]天人师、佛、世尊。阿难！彼佛法中有一比丘，名曰法处，有殊胜行愿及念慧力增上，[10]其心坚固不动，福智殊胜，人相端严。阿难！彼法处比丘往诣世间自在王如来所，偏袒右肩，顶礼佛足，[11]向佛合掌，以颂赞曰：

如来无量无边光，	举世无光可能喻，
一切日月摩尼宝，	佛之光威皆映蔽。
世尊能演一音声，[12]	有情各各随类解，
又能现一妙色身，	普使众生随类见。
戒定慧进及多闻，	一切有情无与等，
心流觉慧如大海，	善能了知甚深法。
惑尽过亡应受供，[13]	如是圣德惟世尊，[14]
佛有殊胜大威光，	普照十方无量刹。
我今称赞诸功德，	冀希福慧等如来，[15]
能救一切诸世间，	生老病死众苦恼。
愿当安住三摩地，[16]	演说施戒诸法门，
忍辱精勤及定慧，	庶当成佛济群生。
为求无上大菩提，	供养十方诸妙觉，
百千俱胝那由他，	极彼恒沙之数量。

又愿当获大神光，　　倍照恒沙亿佛刹，
及以无边胜进力，[17]　感得殊胜广净居。
如是无等佛刹中，　　安处群生当利益，
十方最胜之大士，　　彼皆当往生喜心。
唯佛圣智能证知，　　我今希求坚固力，
纵沉无间诸地狱，　　如是愿心终不退。
一切世间无碍智，[18]　应当了知如是心。

注释：

[1][3] 彼（□），№ 7377 作"□"（彼）。按，"□"thja¹（彼）和
　　"□"thja²（彼）二字义相同、音相近，属近音通假中的"平上"
　　对应。在西田先生的韵母构拟方案中，此二字皆属第 4 摄第 20
　　韵类（1.20–2.17）afi。

[2] 汉文本作"苦行佛前复有如来，号为月面"，两者义通，仅在表
　　述不同。

[4] "苏迷"二字汉文本未作。

[5] 展转，西夏译作"□□"，字面意思是"次依"。此二字下文亦
　　用于对译汉文本"间错、次第、转相"。

[6] 珊瑚，№ 411 译作"□□"（鼠/珊瑚），№ 7377 作"□□"（鼠
　　角）。按，"□"śiwə¹（鼠）字于意不合，在此假借作"□"śiwə¹（珊
　　瑚），此二字为同音通假；"□"khiwə¹（角）字亦于意不合，在
　　此假借作"□"khiwə¹（珊瑚），此二字亦为同音通假。参看《掌
　　中珠》"珊瑚"译作"□□"。

[7] 相去劫数皆过数量，西夏译作"□□□□□□□□□□□□□
　　□"，字面意思是"如是等佛前后相去皆过前数量"。□，№ 7377
　　作"□"。按，"□"ljwu¹（贩、捐）字于意不合，在此假借作
　　"□"ljwu¹（间），此二字为同音通假。

[8] 应，№ 411 译作"□□"，意思是"应供"。№ 7377 作"□□"。
　　按，"□"wo²（义、理）字于意不合，在此假借作"□"wo²（应、
　　可），此二字为同音通假。

[9] 调御丈夫、无上士（□□□□、□□□），汉文本作"无上丈

夫、调御士"。

［10］［17］力，№ 411 译作"𗼨"（学）。按，"𗼨"ɣiew¹（学）字于意
不合，在此假借作"𗼰"yie¹（力）。参看 № 7377 正作"𗼉𗧾𗼰"
（念慧力）、"𗗾𗭪𗼰"（胜进力）。另见《无量寿经》卷下"定力、
慧力、多闻之力"，西夏译作"𗟰𗼰、𗧾𗼰、𘈷𗟻𗼰"（定力、慧
力、多闻力）。

［11］著，№ 411 译作"𗟰"gjwi²（穿著），№ 7377 作"𗟭"gjwi²（衣）。
二字声韵相同、义相近。"𗟰"（穿著）字多用作动词，"𗟭"
（衣）字多用作名词。

［12］［14］世尊，西夏译作"𗩾"（佛）。

［13］应，西夏译作"𗣀"（义）。按，"𗣀"wo²（义、理）字于意不合，
在此假借作"𗣅"wo²（应、可），此二字为同音通假。

［15］如来，西夏译作"𗩾"（佛）。

［16］摩，№ 411 音译作"𗤋"mej²［昧］，№ 7377 音译作"𗤆"mo²
［摩］。在西田先生的韵母构拟方案中，此二字分属第 1 摄第 3
韵（1.3–2.3）iufi 和第 9 摄第 50 韵类（1.49–2.42）ofi。

［18］一切世间，№ 411 译作"𗣫𗣫𘕴"（诸诸间）。按，后一
"𗣫"rjur¹（诸）字于意不合，在此假借作"𗣬"rjur¹（世），此
二字为同音通假。参看 № 7377 正作"𗣫𗣬𘕴"（诸世间）。

西夏录文及对译：

17.23.3

𗼉	𗫲	𗒽	𘄢！	𗫂	𗍫	𗧾	𘓺	𗩾
niow¹	tśjɨ¹	·ja⁻	na¹	tsjir¹	do²	phji²	khjiw²	tha¹
复	次	阿	难！	法	处	比	丘	佛

𗳾	𗣈	𗛰	𗣬	𗗂	𗍥	𗾝	𗬩：	𘕛
tśhja²	·jow²	dźjwa¹	rjur¹	pju¹	·jij¹	da²	ji²	sjij¹
德	赞	已，	世	尊	之	言	谓：	今

复次阿难！法处比丘赞佛德已，白言：世尊！

17.23.4

ŋa^2	sjij^1	·ja$^-$	dʊ̃^{2}	tow^1	lo^1	sã^1	mjiw^2	sã^1
我	今	阿	耨	多	罗	三	藐	三
po^1	tjij^1	njij^1	·ja$^-$	śjwi^1	ŋa^2	lew^1	tji^1	mjor^1
菩	提	心	△	发	△	惟	愿	如

我今发阿耨多罗三藐三菩提心，惟愿如

17.23.5

ljij^2	thji^2	sju^2	nji^2	tsjɨr^1	rjɨr^2	tshjij^1	wji^1	ŋa^2
来	是	如	等	法	△	说	为	△
rjur^1	rjur^1	kha^1	·jij^1	ŋwer^1	ŋwer^1	mjij^1	djij^2	rjɨr^1
诸	世	间	之	等	等	无	当	得

来为我演说如是等法，令于世间得无等等

17.23.6

tha^2	po^1	tjij^1	kjij^1	lhjʊ̃^{2}	gji^1	sej^1	śjwo^2	tshjij^2
大	菩	提	使	获	清	净	庄	严
tha^1	lhjij^2	źji^2	rjijr^2	ɣjiw^1	ɣiwej^1	tha^1	phji^2	khjiw^2
佛	国	皆	愿	摄	受	佛	比	丘

成大菩提，具摄清净庄严佛土。佛告比丘：

17.24.1

·jij^1	jɨ^2	nji^2	·jij^1	gji^1	sej^1	tha^1	lhjij^2	ɣjiw^1
之	告：	汝	自	清	净	佛	国	摄

yiwej¹	lew²	tsjir¹	do²	phji²	khjiw²	tha¹	·jij¹	dạ²
受	应。	法	处	比	丘	佛	之	言

汝应自摄清净佛国。法处白佛言：

17.24.2

jɨ²	rjur¹	pjụ¹	ŋa²	thja¹	yjiw¹	yiwej¹	sji²	pjụ¹
白：	世	尊！	我	彼	摄	受	用	威
yie¹	mji¹	tśhjɨ¹	dźjo²	ŋa²	lew¹	tji¹	mjor¹	ljij²
力	无	彼	有	△，	唯	愿	如	来

世尊！我无威力堪能摄受，唯愿如来

17.24.3

dzjij²	tha¹	lhjij²	gji¹	sej¹	śjwo²	tshjij²	rjɨr²	tshjij¹
余	佛	国	清	净	庄	严	△	说
wji¹	nji²	ŋa²	njɨ²	mji¹	niow¹	tji¹	bju¹	iọ¹
为	△，	我	等	闻	已	誓	依	圆

说余佛土清净庄严，我等闻已誓当圆

17.24.4

·ja⁻	sə¹	phji¹	nji²	tśhjɨ¹	zjọ²	rjur¹	pjụ¹	thja¹
△	满	令	△。	尔	时，	世	尊	其
·jij¹	njɨ¹	yạ²	lew¹	rjɨr²	gji¹	sej¹	tha¹	lhjij²
之	二	十	一	亿	清	净	佛	国

满。尔时，世尊为其广说二十一亿清净佛土

17.24.5

𗾔	𗋽	𗋽	𗃆	𗁮	𗥾	𗣼	𗤁	𗿢
ŋowr²	lhə⁻	śjwo²	tshjij²	wạ²	rjir²	tshjij¹	wji¹	thji²
具	足	庄	严	广	所	说	为，	是

𗾔	𗥾	𗤻	𗤻	𗤺	𗥲	𗤜	𗥾	𗿢
tsjir¹	tshjij¹	zjọ²	rjir²	kjiw¹	kjɨ¹	ljij¹	·ja⁻	na¹
法	说	时	亿	岁	△	经。	阿	难！

具足庄严，说是法时经于亿岁。阿难！

17.24.6

𗼃	𗤺	𗱐	𗪊	𗾔	𗤻	𗱳	𗃉	𗤺
tsjir¹	do²	phji²	khjiw¹	thja¹	njɨ¹	ɣạ²	lew¹	rjir²
法	处	比	丘	彼	二	十	一	亿

𗤺	𗦳	𗧓	𗾔	𗤺	𗋽	𗥫	𗤺	𗤺
rjur¹	tha¹	lhjij²	·u²	rjur¹	śjwo²	sej¹	dạ²	to²
诸	佛	国	中	诸	严	净	事	悉

法处比丘于彼二十一亿诸佛土中所有严净之事悉

17.25.1

𗏁	𗤺	𗤾，	𗤺	𗤾	𗷫	𗨁	𗢲	𗤁
źji²	ɣjiw¹	ɣiwej¹	ɣjiw¹	ɣiwej¹	dźjwa¹	niow¹	ŋwə¹	kja²
皆	摄	受，	摄	受	已	既，	五	劫

𗫿	𗤺	𗤫	𗤂	𗤺	𗥾	𗿢	𗦳	𗤰
tśjij¹	sjwɨ¹	ljir²	djọ²	dzjɨ¹	·ja⁻	na¹	tha¹	·jij¹
正	思	惟	修	习。	阿	难	佛	之

皆摄受，既摄受已，满足五劫思惟修习。阿难白佛

17.25.2

𗤻	𗤁	𗤺！	𗶿！	𗾔	𗤺	𗤺	𗤖	𗥾
dạ²	ji²	rjur¹	pjụ¹	thja¹	rjur¹	kięj²	·jij¹	dzju²
言	白：	世	尊！	彼	世	界	自	在

庿	縇	懒	骰	磑	毅	祸	烝	敔？
njij²	mjor¹	ljij²	zjo̱²	tsew²	wa²	zjij¹	dźjij¹	lji¹
王	如	来	寿	量	何	许	住	也？

言：世尊！彼世间自在王如来寿量几何？

17.25.3

庬	讹	貈:	羆	絆	骰	磑	絅	骰
rjur¹	pju̱¹	da̱²	thja¹	tha¹	zjo̱²	tsew²	ljir¹	ɣa̱²
世	尊	告:	彼	佛	寿	量	四	十

羕	烝。	縢	蕠！	禔	勶	宅	罳	瓿
kja²	dźjij¹	·ja⁻	na¹	tsjir¹	do²	phji²	khjiw²	rjir²
劫	住。	阿	难！	法	处	比	丘	所

世尊告曰：彼佛寿量满四十劫。阿难！

17.25.4

纋	韇	絆	隃	纞，	羆	棡	骰	縱
ɣjiw¹	ɣiwej¹	tha¹	lhjij²	tja¹	thja¹	nji̱¹	ɣa̱²	rjir²
摄	受	佛	国	者，	彼	二	十	亿

絆	隃	轋	湴	祕。	纋	韇	敨	慨，
tha¹	lhjij²	su¹	gjij¹	dzjij¹	ɣjiw¹	ɣiwej¹	dźjwa¹	niow¹
佛	刹	胜	超	过。	摄	受	已	既，

彼二十一俱胝佛刹，法处比丘所摄佛国超过于彼。既摄受已，

17.25.5

庬	犚	毳	絠	庿	縇	懒	勶	縱
rjur¹	kha¹	·jij¹	dzju²	njij²	mjor¹	ljij²	do²	rjir²
世	间	自	在	王	如	来	所	△

蕍，	棡	钺	祈	藡	縢	簀	絍	猕
śji²	nji̱¹	rewr²	·jij¹	tśjiw²	tshwew¹	śja̱¹	dźjow¹	tśier
往，	双	足	之	顶	礼，	七	匝	右

往诣世间自在王如来所，顶礼双足，右绕七匝，

17.25.6

嬲	斳	扬	㽬	迩	㞕	㸫	祢	釹
ror²	tśhjwo¹	·ja⁻	njijr²	dźjij¹	rjur¹	pju¹	·jij¹	dą²
绕，	故	一	面	住	世	尊	之	言

犲	蕝	嬲	赙	甐	絝	烫	藬	絆
jɨ²	ŋa²	tśhja²	·iow¹	ŋowr²	lhə⁻	śjwo²	sej¹	tha¹
白：	我	德	功	具	足	严	净	佛

却住一面白言：世尊！我已摄受具足功德严净佛

17.26.1

陔	瓻	緂	鞡	嬲。	絆	釹：	羰	絲
lhjij²	rjɨr²	ɣjiw¹	ɣiwej¹	ŋa²	tha¹	dą²	dzjɨj¹	mjor¹
土	△	摄	受	△。	佛	言：	时	现

蔲	骸，	㭴	蔫	猭	嬲，	藗	祢	藏
thjɨ²	ŋwu²	nji²	źji²	tshjɨj¹	lew²	·ji¹	·jij¹	dja²
此	是，	汝	具	说	应，	众	之	△

土。佛言：今正是时，汝应具说，令众

17.26.2

絴	獮	庛，	㤰	骸	藗	祢	虲	蔫
njij¹	ljɨj²	phjo²	niow¹	tha²	·ji¹	·jij¹	tsjɨ¹	źji²
心	欢	令，	及	大	众	之	亦	皆

舩	猺	絆	陔	猠	緂	鞡	庛	欼。
lǫ¹	sə¹	tha¹	lhjij²	wjɨ²	ɣjiw¹	ɣiwej¹	phjo²	nja²
圆	满	佛	国	△	摄	受	令	△。

欢喜，亦令大众皆当摄受圆满佛土。

17.26.3

祴	斄	毛	甕	絆：	㣲	鏃	㞕	㸫
tsjɨr¹	do²	phji²	khjiw²	dą²	lew¹	tji¹	rjur¹	pju¹
法	处	比	丘	言：	唯	愿	世	尊

𗾈 𗋑 𗼃 𗴺 𗼃 𗀉 ，𘃨 𗉄 𗍫
tha² njij² tsej² wjɨ² nji² nja² ŋa² sjij¹ bu²
大 慈 留 △ 听 △ ， 我 今 胜

法处白言：唯愿世尊大慈留听，我今将说

17.26.4

𗫶 𗤋 𗤎 𘃨 。
gjij¹ tji¹ tshjij¹ ŋa²
殊 愿 说 △ 。

殊胜之愿。

17.26.5

𗥃 𘃨 𗤶 𗐯 𗦲 𗫶 𗣿 𘃨 𗫂 ，
tjij¹ ŋa² źji² phju² po¹ tjij¹ lja¹ ŋa² zjij¹
若 我 无 上 菩 提 证 △ 时，
𗋕 𗈪 𘉐 𗰜 𗜓 𗢤 𗣣 𗣼 𗴿
lhjij² ·u² dji¹ jɨj² śju¹ ·ju¹ sju² dzju² tshwew¹
国 中 地 狱 、 饿 鬼 、 畜 生 趣

若我证得无上菩提，国中有地狱、饿鬼、畜生趣者，

17.26.6

𗦠 ，𗰕 𗸉 𗦲 𗤶 𗦲 𗫶 𗍣 𗣿
dju¹ ku¹ tśjo⁻ źji² phju² po¹ tjij¹ mji¹ lja¹
有 ， 则 终 无 上 菩 提 不 证
𘃨 。 𗥃 𘃨 𗍬 𗟻 𘃨 𗫂 ，𗋕 𗈪
ŋa² tjij¹ ŋa² tha¹ śjij¹ ŋa² zjij¹ lhjij² ·u²
△ 。 若 我 佛 成 △ 时， 国 中

我终不取无上正觉。若我成佛，国中

17.27.1

糀	牔	散	皷	羇	鞴	寴	彦
ɲia²	tśhju¹	sọ¹	niow²	tshwew¹	kha¹	–	mjijr²
众	生	三	恶	趣	中	堕	者

荒，	绛	誳	牔	艤	愩	鞯	繇。
dju¹	ku¹	tśjo⁻	tśhja²	dwewr²	mji¹	lja¹	ŋa²
有，	则	终	正	觉	不	证	△。

众生有堕三恶趣者，我终不取正觉。

17.27.2

羕	繇	犇	蘱	繇	蔽，	陨	帋	糀
tjij¹	ŋa²	tha¹	śjij¹	ŋa²	zjij¹	lhjij²	·u²	ɲia²
若	我	佛	成	△	时，	国	中	有

牔	羕	杨	傩	蒤	蒶	缬	愩	绶，
tśhju¹	tjij¹	·ja⁻	tjij²	kie¹	γiej¹	tsə¹	mji¹	we²
情	若	一	样	金	真	色	不	为，

若我成佛，国中有情若不皆同真金色者，

17.27.3

绛	誳	牔	艤	愩	鞯	繇。
ku¹	tśjo⁻	tśhja²	dwewr²	mji¹	lja¹	ŋa²
则	终	正	觉	不	证	△。

不取正觉。

17.27.4

羕	繇	犇	蘱	繇	蔽，	陨	帋	糀
tjij¹	ŋa²	tha¹	śjij¹	ŋa²	zjij¹	lhjij²	·u²	ɲia²
若	我	佛	成	△	时，	国	中	有

牔	绛	缓	覝	憿	烮	越	荒，	绛
tśhju¹	mjor¹	lạ¹	do²	pha¹	lju̱²	tśjọ¹	dju¹	ku¹
情	容	貌	差	别	好	丑	有，	则

若我成佛，国中有情形貌差别有好丑者，

17.27.5

譴	絁	纙	帡	嵡	絓
tśjo⁻	tśhja²	dwewr²	mji¹	lja¹	ŋa²
终	正	觉	不	证	△

不取正觉。

17.27.6

羕	絓	绊	藕	絓	菝	隒	帉	糀
tjij¹	ŋa²	tha¹	śjij¹	ŋa²	zjij¹	lhjij²	·u²	ɲia²
若	我	佛	成	△	时	国	中	有

絥	翡	迩	祾	帡	絓	絾	巚	絥
tśhju¹	njwo²	dźjij¹	sjij²	mji¹	rjir¹	rjir²	nji²	rjir²
情	宿	住	智	不	得	乃	至	亿

若我成佛，国中有情不得宿念，下至不知亿

17.28.1

帡	彰	赺	絾	菝	藡	窥	叕
no¹	·jiw¹	thow¹	·jir²	tu¹	kja²	dạ²	mjɨ¹
那	由	他	百	千	劫	事	不

帗	绛	譴	絁	纙	帡	嵡	絓
nwə¹	ku¹	tśjo⁻	tśhja²	dwewr²	mji¹	lja¹	ŋa²
知	则	终	正	觉	不	证	△

那由他百千劫事者，不取正觉。

17.28.2

羕	絓	绊	藕	絓	菝	隒	帉	糀
tjij¹	ŋa²	tha¹	śjij¹	ŋa²	zjij¹	lhjij²	·u²	ɲia²
若	我	佛	成	△	时	国	中	有

絥	羕	朦	巅	帡	絓	絾	巚	絥
tśhju¹	tjij¹	mə¹	mej¹	mji¹	rjir¹	rjir²	nji²	rjir²
情	若	天	眼	不	得	乃	至	亿

若我成佛，国中有情若无天眼，乃至

17.28.3

慨	彨	陭	巍	孤	絆	隒	慨
no¹	·jiw¹	thow¹	·jir²	tụ¹	tha¹	lhjij²	mji¹
那	由	他	百	千	佛	国	不

蔽,	絳	詤	瓶	虂	慨	鞊	緶
ljij²	ku¹	tśjo⁻	tśhja²	dwewr²	mji¹	lja¹	ŋa²
见,	则	终	正	觉	不	证	△。

不见亿那由他百千佛国土者，不取正觉。

17.28.4

羡	緶	絆	蘮	緶	菼,	隒	帰	糒
tjij¹	ŋa²	tha¹	śjij¹	ŋa²	zjij¹	lhjij²	·u²	ɲia²
若	我	佛	成	△	时,	国	中	有

瓶	朕	岿	慨	鞁,	瓻	纖	縱	慨
tśhju¹	mə¹	nju¹	mji¹	rjir¹	rjir²	nji²	rjir²	no¹
情	天	耳	不	获,	乃	至	亿	那

若我成佛，国中有情不获天耳，乃至不闻亿那

17.28.5

彨	陭	巍	孤	耗	薇	慨	羡	糒
·jiw¹	thow¹	·jir²	tụ¹	·jụ¹	śja²	no¹	tjij¹	rewr²
由	他	百	千	踰	缮	那	彼	岸

絆	瓻	彣	禔	燊	烁	蔽,	絳	詤
tha¹	rjir²	tshjij¹	tsjir¹	mjɨ¹	tśhjɨ¹	mji¹	ku¹	tśjo⁻
佛	所	说	法	不	尔	闻,	则	终

由他百千踰缮那外佛说法者，

17.28.6

瓶	虂	慨	鞊	緶
tśhja²	dwewr²	mji¹	lja¹	ŋa²
正	觉	不	证	△。

不取正觉。

17.29.1

tjij¹	ŋa²	tha¹	śjij	ŋa²	zjij¹	lhjij²	·u²	ɲia²
若	我	佛	成	△	时，	国	中	有

tśhju¹	tsjij¹	njij¹	sjij²	mjij¹	rjir²	nji²	rjir²	no¹
情	他	心	智	无，	乃	至	亿	那

若我成佛，国中有情无他心智，乃至不知亿那

17.29.2

·jiw¹	thow¹	·jir²	tụ¹	tha¹	lhjij²	·u²	ɲia²	tśhju¹
由	他	百	千	佛	国	中	有	情

·jij¹	njij¹	dźjɨ̄	mjɨ¹	nwə¹	ku¹	tśjo̱	tśhja²	dwewr²
之	心	行	不	知，	则	终	正	觉

由他百千佛国土中有情心行者，

17.29.3

mji¹	ljạ¹	ŋa²
不	证	△。

不取正觉。

17.29.4

tjij¹	ŋa²	tha¹	śjij	ŋa²	zjij¹	lhjij²	·u²	ɲia²
若	我	佛	成	△	时，	国	中	有

tśhju¹	me̱²	mjijr²	·jij¹	dzju²	po¹	lo¹	dzu¹	tow¹
情	神	通	自	在	波	罗	蜜	多

若我成佛，国中有情不获神通自在波罗蜜多，

17.29.5

㤈	獲	揚	燴	滋	㷱	縱	㤈	彰
mji¹	rjir¹	·ja⁻	ljɨr²	ljɨj¹	zjɨj¹	rjir²	no¹	·jiw¹
不	获,	一	念	经	时	亿	那	由

他	釩	瓰	拌	隨	㦸	燊	縱,	绛
thow¹	·jir²	tụ¹	tha¹	lhjij²	dzjij¹	mji¹	rjir²	ku¹
他	百	千	佛	国	过	不	能,	则

于一念顷不能超过亿那由他百千佛刹者,

17.29.6

讄	絾	㦸	㤈	崭	絸。
tśjo⁻	tśhja²	dwewr²	mji¹	lja¹	ŋa²
终	正	觉	不	证	△。

不取正觉。

17.30.1

㲛	絸	拌	蕎	絸	㷱,	隨	帰	糒
tjij¹	ŋa²	tha¹	śjij¹	ŋa²	zjɨj¹	lhjij²	·u²	ɲia²
若	我	佛	成	△	时,	国	中	有

㲛	䏽	祢	絸	絸	祘	姊	㡌,	绛
tśhju¹	zjɨr¹	zjɨj¹	ŋa²	ŋa²	·jij¹	sjɨj²	śjwo¹	ku¹
情	少	分	我	我	之	想	起,	则

若我成佛,国中有情起于少分我我所想者,

17.30.2

讄	猻	燊	㤈	崭	絸。
tśjo⁻	po¹	tjɨj¹	mji¹	lja¹	ŋa²
终	菩	提	不	证	△。

不取菩提。

17.30.3

tjij¹	ŋa²	tha¹	śjij¹	ŋa²	zjij¹	lhjɨj²	·u²	nia²
若	我	佛	成	△	时，	国	中	有
tśhju¹	tjij¹	kjɨ¹	djij²	tśhja²	ka¹	dwewr²	mji¹	śjij¹
情	若	决	定	等	正	觉	不	成、

若我成佛，国中有情若不决定成等正觉、

17.30.4

tha²	djij²	phã¹	mji¹	lja¹	ku¹	tśjo⁻	po¹	tjij¹	mji¹	lja¹	ŋa²
大	涅	槃	不	证，	则	终	菩	提	不	证	△。

证大涅槃者，不取菩提。

17.30.5

tjij¹	ŋa²	tha¹	śjij¹	ŋa²	zjij¹	bji¹	swew¹	tsew²
若	我	佛	成	△	时，	光	明	限
dju¹	rjɨr²	nji²	rjir²	no¹	·jiw¹	thow¹	·jir²	tʉ¹
有，	乃	至	亿	那	由	他	百	千

若我成佛，光明有限，下至不照亿那由他百千

17.30.6

niow¹	sej¹	ŋew²	tha¹	lhjɨj²	mji¹	swew¹
及	算	数	佛	国	不	照，
ku¹	tśjo⁻	po¹	tjij¹	mji¹	lja¹	ŋa²
则	终	菩	提	不	证	△。

及算数佛刹者，不取菩提。

17.31.1

𗵜	𗥺	𗋽	𗅲	𗥺	𗼇	𗅳	𗼕	𗖻
tjij¹	ŋa²	tha¹	śjij¹	ŋa²	zjij¹	zjo²	tsew²	du²
若	我	佛	成	△	时，	寿	量	限
𗧎	𗆚	𗆍	𗥃	𗡜	𗥊	𗏁	𗇋	𗗥
dju¹	rjɨr²	njɨ²	kju¹	tśji²	rjir²	no¹	·jiw¹	thow¹
有，	乃	至	俱	胝	亿	那	由	他

若我成佛，寿量有限，乃至俱胝那由他

17.31.2

𗣼	𗦲	𗌱	𗰖	𗩾	𗏆	𗲆
·jir²	tụ¹	niow¹	sej¹	ŋew²	kja²	dźjij¹
百	千	及	算	数	劫	住，
𗐸	𗊱	𗤙	𗐱	𗌱	𗱽	𗥺
ku¹	tśjo⁻	po¹	tjij¹	mji¹	lja¹	ŋa²
则	终	菩	提	不	证	△。

百千及算数劫者，不取菩提。

17.31.3

𗵜	𗥺	𗋽	𗅲	𗥺	𗼇	𗢾	𗈪	𗊧
tjij¹	ŋa²	tha¹	śjij¹	ŋa²	zjij¹	lhjij²	·u²	yiẹ²
若	我	佛	成	△	时，	国	中	声
𗫡	𗩾	𗌺	𗤁	𗆧	𗍁	𗤀	𗦲	𗐺
mji¹	ŋew²	nwə¹	tji¹	djij²	mjij¹	sọ¹	tụ¹	tha²
闻	数	知	可	当	无，	三	千	大

若我成佛，国中声闻无有知其数者，假使三千大

17.31.4

𗦲	𗜳	𗟲	𗈪	𗫻	𗊴	𗌱	𗋲	𗐱
tụ¹	rjur¹	kiej²	·u²	ɲia²	tśhju¹	niow¹	rjur¹	tjij¹
千	世	界	中	有	情	及	诸	独

艬	龍	鮢	鏸	羽	叛	糠	嘉	骹
dwewr²	njij²	sə¹	·jir²	tu¹	kjiw¹	kha¹	·jij¹	sjij²
觉	△	满，	百	千	岁	中	自	智

千世界满中有情及诸缘觉，于百千岁尽其智

17.31.5

繆	蘱	鮢	骰	緻	牄	鏸	峅	帆
rjir²	bju¹	thjij²	kjir²	rjijr²	sej¹	bji²	tsji¹	nwə¹
才	故	何	敢	愿	计	算	亦	知

緂	移	羊	缄	蓂	帆	緂	移	虒
njwi²	mjijr²	djij²	mjij¹	tjij¹	nwə¹	njwi²	mjijr²	dju¹
能	者	当	无，	若	知	能	者	有，

算亦不能知。若有知者，

17.31.6

绛	訛	级	艬	憪	縗	缸
ku¹	tśjo⁻	tśhja²	dwewr²	mji¹	lja¹	ŋa²
则	终	正	觉	不	证	△。

不取正觉。

17.32.1

蓁	缸	弈	蘱	缸	菼，	隗	帰	糙
tjij¹	ŋa²	tha¹	śjij¹	ŋa²	zjij¹	lhjij²	·u²	nia²
若	我	佛	成	△	时，	国	中	有

彘	缴	铱	缄	蘱	菲	缴	移	羒
tśhju¹	lew¹	tji¹	yie¹	bju¹	we¹	lhjij²	mjijr²	rjir¹
情	唯	愿	力	依	生	受	者	除

若我成佛，国中有情寿量有限齐者，

17.32.2

㲇	骹	磠	骹	骫	绛	詪	玀	珧	㲇	鞒	綖。
niow¹	zjọ²	tsew²	du²	dju¹	ku¹	tśjo⁻	po¹	tjij¹	mji¹	lja¹	ŋa²
外，	寿	限	量	有，	则	终	菩	提	不	证	△。

不取菩提，唯除愿力而受生者。

17.32.3

蔫	綖	絴	蘜	綖	菼，	隵	屽	糀
tjij¹	ŋa²	tha¹	śjij¹	ŋa²	zjij¹	lhjij²	·u²	ɲia²
若	我	佛	成	△	时，	国	中	众

飛	蔫	綩	㲇	綒	骫	绛	詪	綖
tśhju¹	tjij¹	new²	mji¹	mjij²	dju¹	ku¹	tśjo⁻	tśhja²
生	若	善	不	名	有，	则	终	正

若我成佛，国中众生若有不善名者，

17.32.4

飺	㲇	鞒	綖。
dwewr²	mji¹	lja¹	ŋa²
觉	不	证	△。

不取正觉。

17.32.5

蔫	綖	絴	蘜	綖	菼，	羆	玀	峰
tjij¹	ŋa²	tha¹	śjij¹	ŋa²	zjij¹	thja¹	絶	綒
若	我	佛	成	△	时，	彼	无	量

隵	虒	屽	骹	絧	蔍	絴，	祗	綖
lhjij²	iọ¹	·u²	ŋew²	mjij¹	rjur¹	tha¹	źji²	ŋa²
国	土	中	数	无	诸	佛，	皆	我

若我成佛，彼无量刹中无数诸佛，

17.32.6

𗜰	𗢳	𗈕	𗥤	𗢳	𗥃	𗣼 ,
lhjij²	mji¹	yar²	bji²	mji¹	·jow²	śja²
国	不	惊	讶	不	赞	叹 ,

𘓨	𗤶	𗼜	𗤟	𗢳	𗣼	𘀈 。
ku¹	tśjo⁻	tśhja²	dwewr²	mji¹	lja¹	ŋa²
则	终	正	觉	不	证	△ 。

不共咨嗟称叹我国者，不取正觉。

17.33.1

𗦜	𗣼	𗼨	𗥃	𗤟	𗣔	𗤀 ,	𗤋	𘂤
tjij¹	ŋa²	źji²	phju²	dwewr²	lja¹	zjij¹	dzjij²	tha¹
若	我	无	上	觉	证	时 ,	余	佛

𗜰	𗥤	𗼜	𗤱	𗥃	𘃡	𗣭 ,	𗢳	𗹟
lhjij²	·u²	rjur¹	nia²	tśhju¹	djij¹	kha¹	mji¹	bja²
国	中	诸	有	情	类	中 ,	无	间

若我证得无上觉时，余佛刹中诸有情类，闻我名已，

17.33.2

𘁨	𘑗	𗥫	𗡮 、	𗥃	𗼨	𗢳	𗤱	𘏨
niow²	sjwij¹	rjɨr²	wji¹	tśhja²	tsjɨr¹	niow¹	rjur¹	śjɨj²
恶	业	△	为 、	正	法	及	诸	圣

𗊪	𘑭	𗣃	𗡪	𗥫	𗢳 ,	𗣼	𗘢	𘎨
dzjwo²	pjo¹	tsjij²	mjijr²	rjɨr²	niow¹	ŋa²	·jij¹	mjij²
人	谤	毁	者	除	外 ,	我	之	名

17.33.3

𗤋	𗢳 ,	𘉋	𗿤	𗤂	𗦗	𗫶	𗤚	𗤚
mji¹	niow¹	dźjij²	dźjij²	nɛw²	tśhji²	ŋwu²	twɛ²	twɛ²
闻	已 ,	所	有	善	根	以	续	续

𗧓	𘔼 ,	𗥃	𗜰	𗥤	𘛭	𗈍	𗣃 ,	𗥃

lji¹	tshwew¹	ŋa²	lhjij²	·u²	we̱¹	kiej²	mjijr²	rjir²
回	向,	我	国	中	生	欲	者,	乃

所有善根心心回向，愿生我国，乃

17.33.4

𗷬	𗍫	𗦲	𗇔	𗼩	𗦫	𗟻	𗎆,
nji²	ɣa̱²	ljɨr²	djo̱²	mjijr²	mji¹	we̱¹	lja¹
至	十	念	修	者	不	生	来,

𗣫	𗢳	𘒤	𗕾	𗦫	𗑱	𗷛。
ku¹	tśjo⁻	po¹	tjij¹	mji¹	lja¹	ŋa²
则	终	菩	提	不	证	△。

至十念若不生者，不取菩提，唯除造无间恶业、诽谤正法及诸圣人。

17.33.5

𗯨	𗷛	𘊾	𗡪	𗷛	𘋨,	𗰭	𗌚	𘎶
tjij¹	ŋa²	tha¹	śjij¹	ŋa²	zjij¹	dzjij²	rjijr²	lhjij²
若	我	佛	成	△	时,	他	方	刹

𗇔	𗉮	𗫂	𗠣	𗵰	𘒤	𗕾	𗷸	𗥃,
·u²	rjur¹	ɲia²	tśhju¹	nji²	po¹	tjij¹	njij¹	śjwo¹
中	诸	众	生	等	菩	提	心	发,

若我成佛，于他刹土有诸众生发菩提心，

17.33.6

𗷛	𗏣	𗍷	𘊁	𗦲	𗥃,	𗦫	𘄒	𗀖
ŋa²	do²	gji¹	sej¹	ljɨr²	śjwo¹	niow¹	nẹw²	tśhji²
我	所	清	净	念	起,	复	善	根

𗺉	𘊾	𘓱,	𗝘	𗰖	𘎶	𗇔	𗠁	𗟻
ŋwu²	lji̱¹	tshwew¹	źji²	lhejr²	lhjij²	·u²	wjij²	we̱¹
以	回	向,	极	乐	国	中	愿	生

及于我所起清净念，复以善根回向，愿生极乐，

17.34.1

蔬	劣	纖	羆	轶	姚	拨	礤	玻
nji²	ji²	tja¹	thja¹	dzjwo²	ka̱¹	bja²	·jij¹	zjij¹
△	谓	者，	彼	人	命	断	临	时，

姚	庞	羋	覮	孈	姟	羆	轶	孫
ŋa²	rjur¹	phji²	khjiw¹	·ji¹	rjir²	thja¹	dzjwo²	·jij¹
我	诸	比	丘	众	与	其	人	之

彼人临命终时，我与诸比丘众现其人

17.34.2

豀	爻	牧	薮	羱	雦	恍	骄
·ju²	rjir²	wjij²	śja²	tjij¹	thji²	mji¹	wjo¹
面	前	愿	现。	若	此	不	做

姚，	絳	譴	姚	蠶	恍	鞼	姚。
ŋa²	ku¹	tśjo⁻	tśhja²	dwewr²	mji¹	lja¹	ŋa²
△，	则	终	正	觉	不	证	△。

前。若不尔者，不取正觉。

17.34.3

羱	姚	絆	藋	姚	玻，	燚	峰	隟
tjij¹	ŋa²	tha¹	śjij¹	ŋa²	zjij¹	mji¹	pju¹	lhjij²
若	我	佛	成	△	时，	无	量	国

帰	迳	迳	糩	飛	姚	孫	谥	菽，
·u²	dźjij¹	dźjij¹	ɲia²	tśhju¹	ŋa²	·jij¹	mjij²	mji¹
中	所	有	众	生	我	之	名	闻，

若我成佛，无量国中所有众生闻说我名，

17.34.4

羡	滋	帉	敔	蠶	蘒	隟	敩	裒
·jij¹	new²	tśhji²	ŋwu²	źji²	lhejr²	lhjij²	rjijr²	lja̱¹
己	善	根	以	极	乐	国	方	回

𗵘。　𗱕　𗟳　𗂧　𗱋，　𗏇　𗾝　𗄣　𗟏
tshwew[1]　tjij[1]　mji[1]　we̱[1]　lja[1]　ku[1]　tśjo⁻　po[1]　tjij[1]
向。　若　不　生　来，　则　终　菩　提
以己善根回向极乐。若不生者，

17.34.5

𗟳　𗟳　𗵤。
mji[1]　lja[1]　ŋa[2]
不　证　△。
不取菩提。

17.34.6

𗱕　𗵤　𗱵　𗋕　𗵤　𗄻，　𗼄　𗊟　𗏞
tjij[1]　ŋa[2]　tha[1]　śjij[1]　ŋa[2]　zjij[1]　lhjij[2]　·u[2]　nia[2]
若　我　佛　成　△　时，　国　中　菩
𗁨　𗌗　𗥃　𗾈　𗰛　𗂍　𗟳　𗋕　𗝆，
tsjij[2]　źji[2]　so̱[1]　ya̱[2]　nji̱[1]　·jij[1]　mji[1]　śjij[1]　·jiw[2]
萨　皆　三　十　二　相　不　成　就，
若我成佛，国中菩萨皆不成就三十二相者，

17.35.1

𗏇　𗾝　𗋆　𗋕　𗟳　𗟳　𗵤。
ku[1]　tśjo⁻　tśhja[2]　dwewr[2]　mji[1]　lja[1]　ŋa[2]
则　终　正　觉　不　证　△。
不取菩提。

17.35.2

𗱕　𗵤　𗱵　𗋕　𗵤　𗄻，　𗼁　𗼄　𗲢
tjij[1]　ŋa[2]　tha[1]　śjij[1]　ŋa[2]　zjij[1]　thja[1]　lhjij[2]　io̱[1]
若　我　佛　成　△　时，　彼　国　土

·u²	dźjij¹	dźjij¹	nia²	tsjij²	lew¹	tha²	tji¹	rjur¹
中	所	有	菩	萨，	唯	大	愿	诸

若我成佛，于彼国中所有菩萨，

17.35.3

nia²	tsjij²	rjɨr²	niow¹	tha²	po¹	tjij¹	ɣa²	źji²
菩	萨	除	外，	大	菩	提	于	皆
lew¹	we̱¹	tśjej²	twe̱²	lu²	kjij¹	lhju̱²	rjur¹	nia²
一	生	补	续	阶	使	获。	诸	众

于大菩提咸悉位阶一生补处，唯除大愿诸菩萨等。为诸众

17.35.4

tśhju¹	nio̱w¹	khu¹	dźjij¹	zjir²	·jij¹	gjwi²	jɨr²	mji²
生	故	精	进	甲	△	著，	勤	利
ɣie²	rjijr²	dźjij¹	tha²	djij²	phã¹	rjijr²	djo̱	rjur¹
益	愿	行	大	涅	槃	愿	修，	诸

生被精进甲，勤行利益修大涅槃，

17.35.5

tha¹	lhjij²	rjijr²	da̱²	nia²	tsjij²	dźjɨ¹	rjijr²	dźjij¹
佛	国	愿	游	菩	萨	行	愿	行，
rjur¹	tha¹	mjor¹	ljij²	ŋowr²	ŋowr²	·jij¹	rjijr²	kju̱¹
诸	佛	如	来	一	切	之	愿	供

遍诸佛国行菩萨行，供养一切诸佛如来，

17.35.6

𗟰	𗾫	𗾫	𗟱	𘀛	𗘻	𗾲	𗃛	𗼃
tshwew¹	khjã²	khja²	bę¹	ŋew²	ɲia²	tsjij²	·jij¹	·jij
养，	恒	伽	沙	数	菩	萨	之	△

𗣼	𗟨	𗜅	𗜂	𗗙	𗜁	𗾆	𘊂	𘊝
gu¹	śjwo¹	źji²	phju²	dwewr²	rjijr²	dźjij¹	rjir²	djo²
起	立	最	上	觉	愿	住，	所	修

安立洹沙众生住无上觉，所修

17.36.1

𗤳	𘊴	𗼨	𗙴	𘋩	𘈩	𗾪	𘊋	𗥃
rjur¹	dźjɨ⁻	śji¹	su¹	gjij¹	bụ²	njɨ²	mę²	tśja¹
诸	行	前	于	殊	胜，	普	贤	道

𗤵	𗤶	𗊅	𗜕	𗟰	𗶭	𘋩	𘈗	𘈣
dźjij¹	dźjij¹	ŋwu²	lho⁻	ka²	djij²	rjir¹	tjij¹	thji²
行	行	以	出	离	当	得。	若	是

诸行复胜于前，行普贤道而得出离。若

17.36.2

𗦇	𗣲	𗤽，	𗤥	𗮀	𘀉	𗥃	𗣲	𗤀	𗥄。
sju²	mji¹	wji¹	ku¹	tśjo⁻	po¹	tjij¹	mji¹	lja¹	ŋa²
如	不	为，	则	终	菩	提	不	证	△。

不尔者，不取菩提。

17.36.3

𘈣	𗥄	𗭑	𗴴	𗥄	𘖢，	𘐆	𘗗	𗘻
tjij¹	ŋa²	tha¹	śjij¹	ŋa²	zjij¹	lhjij²	·u²	ɲia²
若	我	佛	成	△	时，	国	中	菩

𗾲	𗾳	𗾳	𘊼	𗟄	𗙲	𘋢	𘊂	𗾪
tsjij²	sjij¹	sjij¹	bjij²	ɣa¹	tsjij¹	rjijr²	rjir²	nji²
萨	今	朝	晨	朝	他	方	乃	至

若我成佛，国中菩萨每于晨朝供养他方乃至

17.36.4

叕	犕	繎	髋	彰	綂	羬	疺	庞
mjɨ¹	pju¹	rjir²	no¹	·jiw¹	thow¹	·jir²	tu¹	rjur¹
无	量	亿	那	由	他	百	千	诸

絆	祢	蕬	薥	蕤，	絆	敓	繊	蘱
tha¹	·jij¹	rjijr²	kju̱¹	tshwew¹	tha¹	pju̱¹	ɣie¹	bju¹
佛	之	愿	供	养，	佛	威	力	以

无量亿那由他百千诸佛，以佛威力

17.36.5

賦	庇	骈	蘱	熰	謆	蹊	揚	蘝
tsew²	tji¹	thji¹	dzjij¹	lhjwo¹	mər²	lhjij²	·ja⁻	njɨ²
斋	食	饮	时	还	本	国	△	到

帒	蒅	蘺	髋	帗，	絳	讕	貓	叕
lja¹	tjij¹	thjɨ²	mji¹	sju²	ku¹	tśjo⁻	po¹	tjij¹
来。	若	此	不	如，	则	终	菩	提

即以食前还到本国。若不尔者，

17.36.6

髋	糒	緋。
mji¹	lja¹	ŋa²
不	证	△。

不取菩提。

17.37.1

蒅	緋	絆	蓊	緋	㼆，	緋	祢	蹊
tjij¹	ŋa²	tha¹	śjij¹	ŋa²	zjij¹	ŋa²	·jij¹	lhjij²
若	我	佛	成	△	时，	我	之	国

帋	庞	糬	繎	蘱	瀫	庞	絆	数
·u²	rjur¹	nia²	tsjij²	·ji¹	dzjij²	rjur¹	tha¹	do²
中	诸	菩	萨	众，	余	诸	佛	所

若我成佛，于彼刹中诸菩萨众，所须种种供具，于诸佛所

17.37.2

new²	tśhji²	lji¹	śji¹	zjij¹	mə²	mə²	wo²	śjwo¹
善	根	殖	往	时，	种	种	应	须

kju¹	tshwew¹	gju²	nji²	thji²	sju²	tsə¹	djij¹	io¹
供	养	具	等，	是	如	色	类	圆

殖诸善根，如是色类

17.37.3

mjij²	swu²	ku¹	tśjo⁻	po¹	tjij¹	mji¹	lja¹	ŋa²
未	满，	则	终	菩	提	不	证	△。

不圆满者，不取菩提。

17.37.4

tjij¹	ŋa²	tha¹	śjij¹	ŋa²	zjij¹	lhjij²	·u²	ɲia²
若	我	佛	成	△	时，	国	中	菩

tsjij²	rjur¹	tsjir¹	tshji¹	tshjij¹	ŋowr²	ŋowr²	sjij²	rjir²
萨	诸	法	要	说，	一	切	智	与

若我当成佛时，国中菩萨说诸法要，

17.37.5

mji¹	bju¹	śjij¹	ku¹	tśjo⁻	po¹	tjij¹	mji¹	lja¹	ŋa²
不	随	顺，	则	终	菩	提	不	证	△。

不善顺入一切智者，不取菩提。

汉译文：

复次阿难！法处比丘赞佛德已，白言：世尊！我今发阿耨多罗三藐三菩提心，[1]惟愿如来为我演说如是等法，令于世间得无等等成大菩提，具摄清净庄严佛土。佛告比丘：汝应自摄清净佛国。法处比丘白佛言：[2]世尊！我无威力堪能摄受，唯愿如来说余佛土清净庄严，我等闻已誓当圆满。尔时，世尊为其广说二十一亿清净佛土具足庄严，[3]说是法时经于亿岁。阿难！法处比丘于彼二十一亿诸佛土中所有严净之事悉皆摄受，既摄受已，五劫正思惟修习。[4]阿难白佛言：世尊！彼世间自在王如来寿量几何？世尊告曰：彼佛寿量满四十劫。阿难！彼二十亿俱胝佛刹，[5]法处比丘所摄佛国超过于彼。既摄受已，往诣世间自在王如来所，顶礼双足，右绕七匝，却住一面白世尊言：[6]我已摄受具足功德严净佛土。佛言：今正是时，汝应具说，令众欢喜，亦令大众皆当摄受圆满佛土。法处比丘白言：[7]唯愿世尊大慈留听，我今将说殊胜之愿。

若我证得无上菩提，国中有地狱、饿鬼、畜生趣者，我终不取无上菩提。[8]

若我成佛，国中众生有堕三恶趣者，我终不取正觉。

若我成佛，国中有情若不皆同真金色者，终不取正觉。[9]

若我成佛，国中有情形貌差别有好丑者，终不取正觉。

若我成佛，国中有情不得宿住智，[10]下至不知亿那由他百千劫事者，终不取正觉。

若我成佛，国中有情若无天眼，乃至不见亿那由他百千佛国土者，终不取正觉。

若我成佛，国中有情不获天耳，乃至不闻亿那由他百千踰缮那彼岸佛说法者，[11]终不取正觉。

若我成佛，国中有情无他心智，乃至不知亿那由他百千佛国土中有情心行者，终不取正觉。

若我成佛，国中有情不获神通自在波罗蜜多，于一念顷不能超过亿那由他百千佛刹者，终不取正觉。

若我成佛，国中有情起于少分我我所想者，终不取菩提。

若我成佛，国中有情若不决定成等正觉、证大涅槃者，终不取菩提。

若我成佛，光明有限，下至不照亿那由他百千及算数佛刹者，终不取菩提。

　　若我成佛，寿量有限，乃至俱胝亿那由他百千及算数劫者，[12]终不取菩提。

　　若我成佛，国中声闻无有知其数者，假使三千大千世界满中有情及诸独觉，[13]于百千岁尽其智算亦不能知。若有知者，终不取正觉。

　　若我成佛，国中有情寿量有限齐者，终不取菩提，唯除愿力而受生者。

　　若我成佛，国中众生若有不善名者，[13]终不取正觉。

　　若我成佛，彼无量刹中无数诸佛，不共咨嗟称叹我国者，终不取正觉。

　　若我证得无上觉时，余佛刹中诸有情类，闻我名已，所有善根续续回向，[15]愿生我国，乃至十念若不生者，终不取菩提，唯除造无间恶业、诽谤正法及诸圣人。

　　若我成佛，于他刹土有诸众生发菩提心，及于我所起清净念，复以善根回向，愿生极乐，彼人临命终时，[16]我与诸比丘众现其人前。若不尔者，终不取正觉。

　　若我成佛，无量国中所有众生闻说我名，以己善根回向极乐。[17]若不生者，终不取菩提。

　　若我成佛，国中菩萨皆不成就三十二相者，终不取菩提。

　　若我成佛，于彼国中所有菩萨，[18]于大菩提咸悉位阶一生补处。[19]唯除大愿诸菩萨等。为诸众生被精进甲，勤行利益修大涅槃，遍诸佛国行菩萨行，供养一切诸佛如来，安立洹沙众生住无上觉，所修诸行复胜于前，行普贤道而得出离。若不尔者，终不取菩提。

　　若我成佛，国中菩萨每于晨朝供养他方乃至无量亿那由他百千诸佛，以佛威力即以食前还到本国。若不尔者，终不取菩提。

　　若我成佛，于彼刹中诸菩萨众，所须种种供具，于诸佛所殖诸善根，如是色类不圆满者，终不取菩提。

　　若我当成佛时，国中菩萨说诸法要，不善顺入一切智者，终不取菩提。

注释：

[1] 西夏本句上有"𗵐"（今）字，疑衍，№7377及汉文本皆未见。另，貌，№411音译作"𗼝"mjiw²，№7377音译作"𗾖"bia¹。在西田先生的韵母构拟方案中，此二字分属第1摄第4韵类（1.4–2.4）ufi

和第 4 摄第 18 韵类（1.18-2.15）a。阿耨多罗三藐三菩提，对译梵文 Anuttara-samyak-saṃbodhi，义为"无上正遍知"，梵文 myak 用西夏文"䴙"bia¹ 对译显然不如"𗤋"mjiw² 准确。①

[2]〔7〕"比丘"（𗅁𗅂）二字义汉文本未见。

[3]〔16〕〔18〕彼（𗓶），№ 7377 作"𗓰"（彼）。按，"𗓶"thja¹（彼）和"𗓰"thja²（彼）二字义相同、音相近，属近音通假中的"平上"对应。在西田先生的韵母构拟方案中，此二字皆属第 4 摄第 20 韵类（1.20-2.17）afi。

[4] 汉文本"五劫"上有"满足"二字。另，"正"（𗣼）字义汉文本未见。

[5] 亿（𗏁），汉文本作"一"。

[6] 汉文本"世尊"二字居下句首。

[8] 菩提（𗤱𗴂），汉文本作"正觉"。

[9] "终"（𗿢）字汉文本未作，此下皆同。

[10] 宿住智（𗽴𗰜𗕻），汉文本作"宿念"。

[11] 彼岸（𗆫𗑟），汉文本作"外"。

[12] "亿"（𗏁）字 № 7377 及汉文本皆未见。

[13] 独觉（𗪚𗴂），汉文本作"缘觉"。《瑜伽论记》卷 15，T42，p0482c："独觉地，若依梵语，名钵剌翳迦陀。（中略）后得道身出无佛世，性乐寂静，不欲杂居，修加行满，无师友教，自然独悟，永出世间，中行中果，故名独觉。或观待缘，而悟圣果，亦名缘觉。"

[14] 不善名，№ 411 译作"𗾟𗠇𗧓"（善不名），与西夏语法不合，"𗾟𗠇"二字倒。№ 7377 作"𗠇𗾟𗧓"（不善名），是。

[15] 续续（𗤋𗤋），汉文本作"心心"。

[17] 极（𗷪），№ 7377 作"𗮏"（皆）。按，"𗮏"ẓji²（皆）字于意不合，在此假借作"𗷪"ẓji²（极），此二字为同音通假。"𗷪𗆩"（极乐）二字于西夏佛经中常见，参看《佛说阿弥陀经》"极乐国土成就如是功德庄严"，西夏译作"𗷪𗆩𗼄𗰜𗺓𘃡𗉋𘊣𗗙𗅲𗣼𗕣"

① 孙伯君《〈佛说阿弥陀经〉的西夏译本》，《西夏研究》2011 年第 1 期。

（极乐国土是如德功庄严成就）。

［19］一生补处（[illegible]），№ 7377 作“[illegible]”（一生补续）。按，“[illegible]”twẹ^{1}（续、补）和“[illegible]”twẹ^{2}（续、补）二字义相同、音相近，属近音通假中的“平上”对应。在西田先生的韵母构拟方案中，此二字皆属第 13 摄第 66 韵类（1.65–2.58）ẹ。

西夏录文及对译：

17.37.6

[illegible]	[illegible]	[illegible]	[illegible]	[illegible]	[illegible]，	[illegible]	[illegible]	[illegible]
tjij^{1}	ŋa^{2}	tha^{1}	śjɨj^{1}	ŋa^{2}	zjịj^{1}	lhjịj^{2}	·u^{2}	wjɨ^{2}
若	我	佛	成	△	时，	国	中	所
[illegible]	[illegible]	[illegible]	[illegible]	[illegible]，	[illegible]	[illegible]	[illegible]	[illegible]
we̱^{1}	rjur^{1}	ɲia^{2}	tsjij^{2}	njɨ^{2}	tjij^{1}	no^{1}	lo^{1}	jã^{2}
生	诸	菩	萨	等，	若	那	罗	延

若我成佛，彼国所生诸菩萨等，若无那罗延

17.38.1

[illegible]	[illegible]	[illegible]	[illegible]，	[illegible]	[illegible]	[illegible]	[illegible]	[illegible]	[illegible]	[illegible]。
gjwɨ^{1}	lwo^{2}	ɣie^{1}	mjij^{1}	ku^{1}	tśjo^{-}	tśhja^{2}	dwewr^{2}	mji^{1}	ljạ^{1}	ŋa^{2}
坚	固	力	无，	则	终	正	觉	不	取	△。

坚固力者，不取正觉。

17.38.2

[illegible]	[illegible]	[illegible]	[illegible]	[illegible]	[illegible]，	[illegible]	[illegible]	[illegible]
tjij^{1}	ŋa^{2}	tha^{1}	śjɨj^{1}	ŋa^{2}	zjịj^{1}	lhjịj^{2}	·u^{2}	rjur^{1}
若	我	佛	成	△	时，	国	中	诸
[illegible]	[illegible]	[illegible]	[illegible]	[illegible]，	[illegible]	[illegible]	[illegible]	[illegible]
śjwo^{2}	tshjịj^{2}	gju^{2}	ŋowr^{2}	ŋowr^{2}	ɲia^{2}	tśhju^{1}	źji^{2}	nẹ^{1}
庄	严	具	一	切，	众	生	皆	演

若我成佛，周遍国中诸庄严具，无有众生能总演说，

17.38.3

絺	絭	羘	絘	鳎	黻	脁	繺	纖
tshjij¹	tji²	djij²	mjij¹	rjir²	nji²	mə¹	mej¹	dźjij²
说	可	能	无,	乃	至	天	眼	有

庡,	祔	羆	絃	蘱	繺	縥	豉	艵
mjijr²	tsji¹	thja¹	mə²	njijr²	tsə¹	la¹	bji¹	·jij¹
者,	亦	彼	种	诸	色	形	光	相

乃至有天眼者，不能了知所有杂类形色光相。

17.38.4

帗	豷	絭	羘	絘。	羴	帗	豷	繜
nwə¹	tsjij²	tji²	djij²	mjij¹	tjij¹	nwə¹	tsjij²	nẹ¹
知	了	可	能	不。	若	知	了	宣

絺	縿	庡	絘	繪	譈	貃	絭	繎
tshjij¹	njwi²	mjijr²	mjij¹	ku¹	tśjo⁻	po¹	tjij¹	mji¹
说	能	者	无,	则	终	菩	提	不

若有能知及总宣说者，

17.38.5

艵	絊。
lja¹	ŋa²
取	△。

不取菩提。

17.38.6

羴	絊	絒	蘱	絊	羰	頵	帴	絭
tjij¹	ŋa²	tha¹	śjij¹	ŋa²	zjij¹	lhjij²	·u²	mji¹
若	我	佛	成	△	时,	国	中	无

憍	繺	羊	羘	絀	緐	屁	繩	殈
pju¹	tsə¹	phu²	djij²	dzu²	bji²	bjij²	·jir²	tu̱¹
量	色	树	当	植,	下	高	百	千

若我成佛，国中具有无量色树，高百千

17.39.1

彨	溺	枇，	庞	糀	絀	繎	帆
·jiw¹	sjwɨ¹	rjar¹	rjur¹	ɲia²	tsjij²	kha¹	nẹw²	tśhji²
由	旬	远，	诸	菩	萨	中	善	根

瀰	糀	絸	纞	朓	絀	燚	絋	臶
źji²	kha¹	dźju²	tja¹	nwə¹	tsjij²	mji¹	njwi²	ku¹
最	中	劣	者，	知	了	不	能，	则

由旬，诸菩萨中有善根劣者，若不能了知，

17.39.2

諶	絨	爒	朓	鞢	絈。
tśjo⁻	tśhja²	dwewr²	mji¹	lja¹	ŋa²
终	正	觉	不	取	△。

不取正觉。

17.39.3

聚	絈	拌	蘒	絈	羧，	隃	帇	糀
tjij¹	ŋa²	tha¹	śjij¹	ŋa²	zjij¹	lhjij²	·u²	ɲia²
若	我	佛	成	△	时，	国	中	众

絀	潃	菠	蘲	觢	髟	絨	燃	鬖
tśhju¹	lwər²	lhejr²	do¹	tshjɨ¹	dzjij²	tśhjwij²	nẹ¹	tshjjj¹
生	经	典	读	诵，	师	治	演	说

若我成佛，国中众生读诵经典，教授敷演，

17.39.4

羧，	襂	绎	絠	朓	絋，	臶	諶	絾	燚	朓	絋	絈。
zjij¹	bụ²	nuə⁻	ŋwo²	mji¹	rjir¹	ku¹	tśjo⁻	po¹	tjij¹	mji¹	lja¹	ŋa²
时，	胜	辩	才	不	得，	则	终	菩	提	不	取	△。

若不获得胜辩才者，不取菩提。

17.39.5

蕤	纐	犇	蘜	纐	溅	隤	帰	糀
tjij¹	ŋa²	tha¹	śjij¹	ŋa²	zjij²	lhjij²	·u²	ɲia²
若	我	佛	成	△	时，	国	中	菩
㴱	禠	兂	絢	繹	㹦	㦎	蘜	㭪
tsjij²	źji²	bju²	mjij¹	nuə⁻	ŋwo²	mji¹	śjij¹	·jiw²
萨	皆	边	无	辩	才	不	成	就，

若我成佛，国中菩萨有不成就无边辩才者，

17.39.6

绛	譅	貊	㹦	㦎	鞢	纐
ku¹	tśjo⁻	po¹	tjij¹	mji¹	lja¹	ŋa²
则	终	菩	提	不	取	△ 。

不取菩提。

17.40.1

蕤	纐	犇	蘜	纐	溅	隤	帰	蘅
tjij¹	ŋa²	tha¹	śjij¹	ŋa²	zjij¹	lhjij²	·u²	sej¹
若	我	佛	成	△	时，	国	中	净
败	禠	㹽	㹦	絢，	㹦	㦧	㪅	絢
bji¹	źji²	ŋwer¹	ka¹	mjij¹	mjɨ¹	pju¹	ŋew²	mjij¹
光	遍	与	等	无，	无	量	数	无

若我成佛，国土光净遍无与等，彻照无量无数

17.40.2

㦎	㻒	㹽	絢	岿	犇	岿	㿷	纐
sew²	tshjij¹	tji²	mjij¹	rjur¹	tha¹	rjur¹	kiej²	zjir²
思	议	可	不	诸	佛	世	界	遍
㺃，	㺉	㺇	䉂	纐	㺘	薇	㹦	㻍
swew¹	swew¹	tjij¹	gu²	njijr²	swu²	śja²	rjir²	·ja⁻
照，	明	镜	中	面	像	现	与	一

不可思议诸佛世界，如明镜中现其面像。

17.40.3

[illegible] [illegible] [illegible]。 [illegible] [illegible] [illegible] [illegible]，

tjɨj^{2} djij^{2} we^{2} tjij^{1} thjɨ^{2} mji^{1} sju^{2}

样 当 是。 若 是 不 如，

[illegible] [illegible] [illegible] [illegible] [illegible] [illegible] [illegible]。

ku^{1} tśjo^{-} po^{1} tjɨj^{1} mji^{1} lja̱^{1} ŋa^{2}

则 终 菩 提 不 取 △。

若不尔者，不取菩提。

17.40.4

[illegible] [illegible] [illegible] [illegible] [illegible] [illegible]， [illegible] [illegible] [illegible]

tjij^{1} ŋa^{2} tha^{1} śjɨj^{1} ŋa^{2} zjij^{1} lhjij^{2} io̱^{1} ·u^{2}

若 我 佛 成 △ 时， 国 界 内

[illegible] [illegible] [illegible] [illegible] [illegible] [illegible] [illegible] [illegible] [illegible]

ljɨ^{2} niow^{1} tsho̱^{2} ŋa^{1} gu^{2} mjɨ^{1} pju̱^{1} mə^{2} śja^{1}

地 及 虚 空 中 无 量 种 香

若我成佛，国界之内地及虚空有无量种香，

17.40.5

[illegible] [illegible]， [illegible] [illegible] [illegible] [illegible] [illegible] [illegible] [illegible]

djij^{2} dju^{1} niow^{1} ·jir^{2} tu̥^{1} rjir^{2} ·jiw^{1} ·jiw^{1} no^{1}

当 有， 复 百 千 亿 那 由 他

[illegible] [illegible] [illegible] [illegible] [illegible] [illegible]， [illegible] [illegible] [illegible]

ŋew^{2} ·ji^{1} ljɨ^{1} śja^{1} ·jiw^{1} ·u^{2} śja^{1} lji^{2} tsho̱^{2}

数 众 宝 香 炉 中， 香 气 虚

复有百千亿那由他数众宝香炉，香气普熏遍虚

17.40.6

[illegible] [illegible] [illegible] [illegible] [illegible] [illegible]， [illegible] [illegible] [illegible]

ŋa^{1} kięj^{2} ·u^{2} rjijr^{2} me̱^{1} njwij^{1} thja^{1} śja^{1} bu̱^{2}

空 界 中 愿 馥 凝， 其 香 胜

縦,	辍	䐀	虄	祧,	鋒	憪	恍	糀
thjo̱¹	dzjwo²	mə¹	su¹	dzjij¹	mjor¹	ljij²	niow¹	ɲia²
殊,	人	天	超	过,	如	来	及	菩

空界，其香殊胜，超过人天，珍奉如来及菩

17.41.1

縗	孫	緞	羃	虀。	蘮	巃	恍
tsjij²	·jij¹	rjijr²	kju¹	tshwew¹	tjij¹	thji²	mji¹
萨	之	愿	供	奉。	若	是	不

㠜,	鋒	譴	貓	㲝	恍	鞢	緋。
sju²	ku¹	tśjo⁻	po¹	tjij¹	mji¹	lja¹	ŋa²
如,	则	终	菩	提	不	取	△。

萨众。若不尔者，不取菩提。

17.41.2

蘮	緋	狆	蕌	緋	癹,	庬	庬	贏
tjij¹	ŋa²	tha¹	śjɨj¹	ŋa²	zjij¹	rjur¹	rjur¹	śja¹
若	我	佛	成	△	时,	处	处	十

緞	㲝	憪	骹	絤	憪	彩	㲜	絤
rjijr²	mjɨ¹	pju¹	ŋew²	mjij¹	sew²	tshjij¹	tji²	mjij¹
方	无	量	数	无	思	议	可	不

若我成佛，周遍十方无量无数不可思议

17.41.3

緤	絤	庬	帒	庬	糀	縦	毢,	狆
ŋwer¹	mjij¹	kiej²	·u²	rjur¹	ɲia²	tśhju¹	djij¹	tha¹
等	无	界	中	诸	众	生	辈,	佛

彩	蓈	㲝	讝	蘿,	弰	絆	䖴	蓭
pju¹	bji¹	kjɨ¹	swew¹	bju¹	lju²	njij¹	no²	lhejr²
威	光	所	照	蒙,	身	心	安	乐

无等界众生之辈，蒙佛威光所照触者，身心安乐，

17.41.4

djij²	rjir¹	dzjwo²	mə¹	su¹	djij²	gjij¹	tjij¹	thjɨ²
当	得，	人	天	超	当	过。	若	是
mji¹	sju²	ku¹	tśjo⁻	tśhja²	dwewr²	mji¹	lja¹	ŋa²
不	如，	则	终	正	觉	不	取	△。

超过人天。若不尔者，不取正觉。

17.41.5

tjij¹	ŋa²	tha¹	śjij¹	ŋa²	zjij¹	mji¹	pjʉ¹	sew²
若	我	佛	成	我	时，	无	量	思
tshjij¹	tjɨ²	mjij¹	ŋwer¹	mjij¹	kiej²	rjur¹	tha¹	lhjij²
议	可	不	等	无	界	诸	佛	刹

若我成佛，无量不可思议无等界诸佛刹

17.41.6

·u²	ɲia²	tsjij²	djij¹	ŋa²	·jij¹	mjij²	mji¹	niow¹
中	菩	萨	辈，	我	之	名	闻	已，
tjij¹	we¹	ka²	mji¹	lja¹	thow¹	lo¹	nji¹	mji¹
若	生	离	不	证、	陀	罗	尼	不

中菩萨之辈，闻我名已，若不证得离生、获陀罗尼者，

17.42.1

rjir¹	ku¹	tśjo⁻	po¹	tjij¹	mji¹	lja¹	ŋa²
得，	则	终	菩	提	不	取	△。

不取正觉。

17.42.2

蘁	絖	絍	蘱	絖	羰,	莸	莸	散
tjij¹	ŋa²	tha¹	śjij¹	ŋa²	zjij¹	rjur¹	rjur¹	ŋew²
若	我	佛	成	△	时,	处	处	数
絧	槲	豼	絭	絧	絩	荄	羢	絧
mjij¹	sew²	tshjij¹	tji²	mjij¹	ŋwer¹	ka¹	tji²	mjij¹
无	思	议	可	不	等	平	有	无

若我成佛，周遍无数不可思议无有等量

17.42.3

莸	絍	隃	帰	綕	綕	蘁	絋	稨
rjur¹	tha¹	lhjij²	·u²	dźjij¹	dźjij¹	sji²	dzjwo²	ŋowr²
诸	佛	国	中	所	有	女	人	一
稨,	絖	孫	鹇	蘣	慨	諓	黹	絋
ŋowr²	ŋa²	·jij¹	mjij²	mji¹	niow¹	ba²	sej¹	dźiej²
切,	我	之	名	闻	已,	清	净	信

诸佛国中所有女人，闻我名已，得清净信，

17.42.4

荓	羕,	豼	絭	絴	故	玩,	羸	豸
djij²	rjir¹	po¹	tjij¹	njij¹	·jij¹	śjwo¹	mjij¹	lju²
当	得,	菩	提	心	△	发,	女	身
羕	繡	菱。	蘁	嬓	慨	散	蘁	豸
wjij²	dwər¹	ka²	tjij¹	ku¹	lja¹	zjo²	sji²	lju²
当	厌	患。	若	后	来	世	女	身

发菩提心，厌患女身。若于来世不舍女人身者，

17.42.5

慨	菱,	絳	諵	豼	絭	慨	鞣	絖。
mji¹	ka²	ku¹	tśjo⁻	po¹	tjij¹	mji¹	lja¹	ŋa²
不	舍,	则	终	菩	提	不	取	△。

不取菩提。

17.42.6

tjij¹	ŋa²	tha¹	śjij¹	ŋa²	zjij¹	mji¹	pjụ¹	ŋew²
若	我	佛	成	△	时，	无	量	数

mjij¹	sew²	tshjij¹	tji²	mjij¹	ŋwer¹	mjij¹	tha¹	lhjij²
无	思	议	可	不	等	无	佛	刹

若我成佛，无量无数不可思议无等佛刹

17.43.1

rjur¹	ɲia²	tsjij²	·ji¹	ŋa²	·jij¹	mjij²	mji¹	niow¹
诸	菩	萨	众，	我	之	名	闻	已，

wẹ¹	ka²	tsjịr¹	djij²	rjir¹	tjij¹	bụ²	thjọ¹	xiwã¹
生	离	法	当	得。	若	胜	殊	梵

菩萨之众，闻我名已，得离生法。若不修行殊胜梵

17.43.2

dźji⁻	mji¹	djọ²	dźjij¹	rjir²	nji²	tha²	po¹	tjij¹
行	不	修	行，	乃	至	大	菩	提

mjị¹	nji²	ku¹	tśjo⁻	tśhja²	dwewr²	mji¹	lja¹	ŋa²
未	到，	则	终	正	觉	不	取	△。

行，乃至到于大菩提者，不取正觉。

17.43.3

tjij¹	ŋa²	tha¹	śjij¹	ŋa²	zjij¹	rjur¹	rjur¹	śja¹
若	我	佛	成	△	时，	处	处	十

嫩	燚	峰	㸚	兹	絗	庞	丼	隓
rjijr²	mji¹	pjụ¹	ŋwer¹	ka¹	mjij¹	rjur¹	tha¹	lhjij²
方	无	量	平	等	无	诸	佛	刹

若我成佛，周遍十方无有等量诸佛刹中

17.43.4

帰	绖	绖	糀	缾，	綳	孤	緪	蕞
·u²	dźjij¹	dźjij¹	ɲia²	tsjij²	ŋa²	·jij¹	mjij¹	mji¹
中	所	有	菩	萨，	我	之	名	闻

烬，	庵	蘁	炻	祦，	誃	緰	絑	赦
niow¹	ŋwə¹	war²	lji²	nji¹	gji¹	sej¹	njij¹	ŋwu²
已，	五	体	地	投，	清	净	心	以

所有菩萨，闻我名已，五体投地，以清净心

17.43.5

糀	缾	觊	牅。	蒤	庞	绦	朕	耗
ɲia²	tsjij²	dźjɨ⁻	djọ²	tjij¹	rjur¹	dzjwo²	mə¹	thja²
菩	萨	行	修。	若	诸	人	天	其

孤	烬	絆	燚	縏	譴	缾	孅	烬
·jij¹	mji¹	dzjwɨ¹	tshwew¹	ku¹	tśjo⁻	tśhja²	dwewr²	mji¹
之	不	礼	敬，	则	终	正	觉	不

修菩萨行。若诸天人不礼敬者，不

17.43.6

觔	缾。
ljạ¹	ŋa²
取	△。

取正觉。

17.44.1

蘏	缑	纬	蘱	缑	癹	顡	帰	糋
tjij¹	ŋa²	tha¹	śjij¹	ŋa²	zjij¹	lhjij²	·u²	ɲia²
若	我	佛	成	△	时	国	中	众

粊	缈	缈	蘢	烖	糊	瀰	羊	糀
tśhju¹	śjwo¹	śjwo¹	lhwu¹	gjwi²	ljɨr²	bju¹	djij²	rjir¹
生	须	须	衣	服	念	随	当	得

若我成佛，国中众生所须衣服随念即至，

17.44.2

纬	毳	罃	称	蘱	蘱	懒	歘	絫
tha¹	phji²	khjiw²	·jij¹	nej²	nej²	ljij²	nja²	jɨ²
佛	比	丘	之	善	善	来	汝	谓

瀰	禠	蘢	羝	漱	杨	烖	絯	杨
bju¹	tsjɨr¹	lhwu¹	thja¹	śjij¹	·ja⁻	gjwi²	rjir²	·ja⁻
依	法	服	自	然	已	衣	与	一

如佛命善来比丘，法服自然在体。

17.44.3

骎	羊	綴	蘏	蓛	烷	杴	絑	誳	緗	絭	烷	糿	缑
tjij²	djij²	we²	tjij¹	thji²	mji¹	sju²	ku¹	tśjo⁻	po¹	tjij¹	mji¹	ljạ¹	ŋa²
样	当	是	若	是	不	如	则	终	菩	提	不	取	△

若不尔者，不取菩提。

17.44.4

蘏	缑	纬	蘱	缑	癹	庬	糊	粊
tjij¹	ŋa²	tha¹	śjij¹	ŋa²	zjij¹	rjur¹	ɲia²	tśhju¹
若	我	佛	成	△	时	诸	众	生

糷	缑	顡	帰	紆	帆	癹	蘧	豌
djij¹	ŋa²	lhjij²	·u²	we̱¹	lja¹	zjij¹	źjɨ²	·wu²
类	我	国	中	生	来	时	皆	资

若我成佛，诸众生类才生我国中，若不皆获资

17.44.5

[illegible]

gju^2 kjij^1 du^2 njɨj^1 sej^1 no^2 lhejr^2 djij^2 rjir^1

具 使 获， 心 净 安 乐 当 得，

[illegible]

rar^2 sji^1 rjir^1 mjijr^2 rjur^1 phji^2 khjiw^2 rjir^2 ·ja$^-$

漏 尽 得 者 诸 比 丘 与 一

具，心净安乐，如得漏尽诸比丘者。

17.44.6

[illegible]

tjɨj^2 djij^2 we^2 tjij^1 thjɨ^2 mji^1 sju^2 ku^1 tśjo$^-$ po^1 tjij^1 mji^1 ljạ^1 ŋa^2

样 当 是。若 是 不 如， 则 终 菩 提 不 取 △。

不取菩提。

17.45.1

[illegible]

tjij^1 ŋa^2 tha^1 śjɨj^1 ŋa^2 zjij^1 lhjij^2 ·u^2 ɲia^2

若 我 佛 成 △ 时， 国 中 众

[illegible]

tśhju^1 njɨj^1 bju^1 rjur^1 tha^1 sej^1 lhjij^2 bu̱^{2} gjij^1

生 心 随 诸 佛 净 国 胜 殊

若我成佛，国中群生随心欲见诸佛净国殊胜

17.45.2

[illegible]

śjwo^2 tshjij^2 ljij^2 kięj^2 ku^1 thja^1 ljị^1 phu^2 źjạ^1

庄 严 见 欲， 则 彼 宝 树 间

[illegible]

to^2 źji^2 wjij^2 śja^2 swew^1 tjɨj^1 gu^2 njijr^2 swu^2

悉 皆 愿 现， 明 镜 中 面 像

庄严，于宝树间悉皆出现，犹如明镜

17.45.3

śja²	rjir²	·ja⁻	tjɨj²	djij²	we²	tjij¹	thjɨ²	mji¹
现	与	一	样	当	是。	若	是	不

sju²	ku¹	tśjo⁻	po¹	tjɨj¹	mji¹	lja¹	ŋa²
如，	则	终	菩	提	不	取	△。

现其面像。若不尔者，不取菩提。

17.45.4

tjij¹	ŋa²	tha¹	śjij¹	ŋa²	zjij¹	dzjij²	tha¹	lhjij²
若	我	佛	成	△	时，	余	佛	刹

·u²	dźjij¹	dźjij¹	ɲia²	tśhju¹	ŋa²	·jij¹	mjij²	mji¹
中	所	有	众	生	我	之	名	闻

若我成佛，余佛刹中所有众生闻我名已，

17.45.5

niow¹	po¹	tjɨj¹	ɣa²	kjɨ¹	nji²	rjur¹	tśhji²	mji¹
已，	菩	提	于	乃	至，	诸	根	不

ŋowr²	tśhja²	·iow¹	mji¹	wạ²	ku¹	tśjo⁻	po¹	tjɨj¹
具、	德	用	非	广，	则	终	菩	提

乃至菩提，诸根有阙、德用非广者，

17.45.6

mji¹	lja¹	ŋa²
不	取	△。

不取菩提。

17.46.1

tjij¹	ŋa²	tha¹	śjij¹	ŋa²	zjij¹	dzjij²	tha¹	lhjij²
若	我	佛	成	△	时，	余	佛	刹

·u²	dźjij¹	dźjij¹	ɲia²	tsjij²	ŋa²	·jij¹	mjij²	mji¹
中	所	有	菩	萨	我	之	名	闻

若我成佛，余佛刹中所有菩萨闻我名

17.46.2

niow¹	tjij¹	sã¹	mej²	thji²	mjij²	dji²	ŋwu̠¹	dạ²
已，	若	三	摩	地	名	字	言	语

źji²	phjo²	kar²	mji¹	njwi²	niow¹	ɲia²	tsjij²	thja¹
皆	分	别	不	能，	又	菩	萨	彼

已，若不皆善分别胜三摩地名字语言，菩萨住彼

17.46.3

sã¹	mej²	thji²	kha¹	dźjij¹	·ja⁻	tśhia¹	no¹	ŋwu̠¹
三	摩	地	中	住，	一	刹	那	言

dạ²	dza²	zjij¹	mjɨ¹	pju¹	ŋew²	mjij¹	sew²	tshjɨj¹
说	顷	时，	无	量	数	无	思	议

三摩地中，于一刹那言说之顷，不能供养无量无数不可思议

17.46.4

tji²	mjij¹	ŋwer¹	mjij¹	rjur¹	tha¹	·jij¹	kju¹	tshwew¹
可	不	等	无	诸	佛	之	供	养

mjɨ¹ njwi² niow¹ tśhjiw¹ sã¹ mej² thji² ku¹ lja¹
不　　能，　又　　六　　三　　摩　　地　　现　　证

无等诸佛，又不现证六三摩地者，

17.46.5

mjɨ¹ njwi² ku¹ tśjo⁻ tśhja² dwewr² mji¹ lja¹ ŋa²
不　　能，　则　　终　　正　　觉　　不　　取　　△。

不取正觉。

17.46.6

tjij¹ ŋa² tha¹ śjij¹ ŋa² zjij¹ dzjij² tha¹ lhjij²
若　　我　　佛　　成　　△　　时，　余　　佛　　国

·u² rjur¹ ɲia² tsjij² nji² ŋa² mjij² mji¹ niow¹
中　　诸　　菩　　萨　　等　　我　　名　　闻　　已，

若我成佛，余佛土中有诸菩萨闻我名已，

17.47.1

ka̱¹ bja² niow¹ rjijr² tjij¹ ɣwie¹ lo⁻ nji¹ kha¹
命　　断　　后　　方，　若　　权　　贵　　家　　中

mji¹ we̱¹ ku¹ tśjo⁻ tśhja² dwewr² mji¹ lja¹ ŋa²
不　　生，　则　　终　　正　　觉　　不　　取　　△。

寿终之后，若不得生豪贵家者，不取正觉。

17.47.2

藐	縦	絆	藏	縦	瀫	骸	絆	隨
tjij¹	ŋa²	tha¹	śjɨj¹	ŋa²	zjij¹	dzjij²	tha¹	lhjij²
若	我	佛	成	△	时,	余	佛	刹

帰	逖	逖	糀	縦	縦	秨	緎	藙
·u²	dźjij¹	dźjɨj¹	ɲia²	tsjij²	ŋa²	·jij¹	mjij²	mji¹
中	所	有	菩	萨	我	之	名	闻

若我成佛，余佛刹中所有菩萨闻我名已，

17.47.3

慨,	藐	孅	糀	縦	絾	慨	牖	慨、
niow¹	tjij¹	dzjij¹	ɲia²	tsjij²	dźjɨ¯	mji¹	djǫ²	mji¹
已,	若	时	菩	萨	行	不	修	不、

謢	蒢	絳	瓶	縦	烫	慨	逖、	蕝
ba²	sej¹	njij¹	ljɨj²	tśhja²	ka¹	mji¹	dźjij¹	rjur¹
清	净	欢	喜	平	等	不	住、	诸

若不应时修菩萨行、清净欢喜得平等住、

17.47.4

薪	杬	慨	瓶	絳	謪
nęw²	tśhji²	mji¹	ŋowr²	ku¹	tśjo¯
善	根	不	具,	则	终

縦	孅	慨	鞣	縦。
tśhja²	dwewr²	mji¹	ljạ¹	ŋa²
正	觉	不	取	△。

具诸善根，不取正觉。

17.47.5

藐	縦	絆	藏	縦	瀫	雴	燄	糀
tjij¹	ŋa²	tha¹	śjɨj¹	ŋa²	zjij¹	tsjij¹	rjijr²	ɲia²
若	我	佛	成	△	时,	他	方	菩

𗹬	𗿒	𗤺	𗢳	𗤀,	𗫂	𗤋	𗱈	𗑚
tsjij²	ŋa²	·jij¹	mjij²	mji¹	źji²	tśhja²	ka¹	sã¹
萨	我	之	名	闻,	皆	平	等	三

若我成佛，他方菩萨闻我名已，皆得平等三

17.47.6

𗑣	𗢳	𗤸	𗤆	𗫸,	𗤆	𗤆	𗱈	𗢺
mej²	thji²	ɣa¹	djij²	rjir¹	thjɨ²	djij²	kha¹	dźjij¹
摩	地	门	当	得,	是	定	中	住

𗊲	𗤋	𗦳	𗆟	𗘈	𗰗	𗴹	𗤺	𗸿
·ju²	mji¹	pjụ¹	ŋwer¹	mjij¹	rjur¹	tha¹	·jij¹	rjijr²
常	无	量	等	无	诸	佛	之	愿

摩地门，住是定中常供无量无等诸佛，

17.48.1

𗱊	𗰛,	𗘜	𗤆	𗬆	𗤆	𗫘	𗨳	𗤆
kjụ¹	tshwew¹	po¹	tjij¹	ɣa²	kjɨ¹	njɨ²	zjọ²	tji¹
供	养,	菩	提	于	乃	至	寿	不

𗣼	𗭸	𗤿	𗤆	𗬆	𗭩	𗖵	𗵈	𗤋
lhji¹	lhjwo¹	tjij¹	thji²	mji¹	sju²	ku¹	tśjo⁻	tśhja²
退	转。	若	是	不	如,	则	终	正

乃至菩提终不退转。若不尔者，

17.48.2

𗭍	𗬆	𗭽	𗤺
dwewr²	mji¹	ljạ¹	ŋa²
觉	不	取	△。

不取正觉。

17.48.3

蒬	繝	絳	藡	繝	籹	魳	帏	糀
tjij¹	ŋa²	tha¹	śjij¹	ŋa²	zjij¹	lhjij²	·u²	nia²
若	我	佛	成	△	时,	国	中	菩

縦	苑	絹	毓	灘	藃	繆	禠	繼
tsjij²	twụ¹	gjwi¹	tji¹	bju¹	mji¹	wo²	tsjir¹	tja¹
萨	各	志	愿	随,	闻	义	法	者

若我成佛，国中菩萨随其志愿，所欲闻法

17.48.4

罷	瓶	犇	藃	蒬	瀡	牞	㣚
thja¹	śjij¹	djij²	mji¹	tjij¹	thjɨ²	mji¹	sju²
自	然	当	闻。	若	是	不	如,

絳	讔	繝	繶	牞	鞊	繝
ku¹	tśjo⁻	tśhja²	dwewr²	mji¹	lja¹	ŋa²
则	终	正	觉	不	取	△。

自然得闻。若不尔者，不取正觉。

17.48.5

蒬	繝	繺	縦	貓	豩	鞊	繝	籹,
tjij¹	ŋa²	źji²	phju²	po¹	tjij¹	lja¹	ŋa²	zjij¹
若	我	无	上	菩	提	证	△	时,

藃	絳	魳	帏	珍	珍	糀	縦	繝
dzjij²	tha¹	lhjij²	·u²	dźjij¹	dźjij¹	nia²	tsjij²	ŋa²
余	佛	刹	中	所	有	菩	萨	我

若我证得无上菩提，余佛刹中所有菩萨闻我名已，

17.48.6

孫	縐	藃	牞,	夏	顅	殞	麓	訪
·jij¹	mjij²	mji¹	niow¹	·ja⁻	dụ²	tow¹	lo¹	sã¹
之	名	闻	已,	阿	耨	多	罗	三

mjiw² sã¹ po¹ tjij¹ lhji¹ lhjwo¹ dju¹ ku¹ tśjo⁻
藐　三　菩　提　退　转　有，　则　终

于阿耨多罗三藐三菩提有退转者，

17.49.1

tśhja²　dwewr²　mji¹　lja¹　ŋa²
正　　觉　　不　取　△。

不取正觉。

17.49.2

tjij¹　ŋa²　tha¹　śjij¹　ŋa²　zjij¹　dzjij²　tha¹　lhjij²
若　我　佛　成　△　时，　余　佛　国

·u²　dźjij¹　dźjij¹　nia²　tsjij¹　tjij¹　ŋa²　·jij¹　mjij²
中　所　有　菩　萨，　若　我　之　名

若我成佛，余佛国中所有菩萨，若闻我名，

17.49.3

mji¹　niow¹　dzjij¹　bju¹　lew¹　njɨ¹　sọ¹　zẹw²　mji¹
闻　已，　时　应　一　二　三　忍　不

rjir¹　rjur¹　tha¹　tsjir¹　ɣa¹　mji¹　lhji¹　lhjwo¹　ku¹
获，　诸　佛　法　门　不　退　转　则

应时不获一二三忍，于诸佛法不能现证不退转者，

17.49.4

糺	絁	絃,	絳	譴	貓	燚	憵	糺	絁。
lja¹	ŋa²	njwi²	ku¹	tśjo⁻	po¹	tjij¹	mji¹	lja¹	ŋa²
证	我	能,	则	终	菩	提	不	取	△。

不取菩提。

汉译文:

若我成佛,彼国所生诸菩萨等,若无那罗延坚固力者,终不取正觉。

若我成佛,国中诸庄严具,[1]无有众生能总演说,乃至有天眼者,不能了知所有杂类形色光相。若无有能知及总宣说者,[2]终不取菩提。

若我成佛,国中具有无量色树,高百千由旬,诸菩萨中有善根劣者,若不能了知,终不取正觉。

若我成佛,国中众生读诵经典,教授敷演,[3]若不获得胜辩才者,终不取菩提。

若我成佛,国中菩萨有不成就无边辩才者,终不取菩提。

若我成佛,国土光净遍无与等,彻照无量无数不可思议诸佛世界,[4]如明镜中现其面像,[5]若不尔者,终不取菩提。

若我成佛,国界之内地及虚空有无量种香,复有百千亿那由他数众宝香炉,香气普熏遍虚空界,其香殊胜,超过人天,珍奉如来及菩萨众。若不尔者,终不取菩提。

若我成佛,周遍十方无量无数不可思议无等界众生之辈,[6]蒙佛威光所照触者,身心安乐,超过人天。若不尔者,终不取正觉。

若我成佛,无量不可思议无等界诸佛刹中菩萨之辈,[7]闻我名已,若不证得离生、获陀罗尼者,终不取菩提。[8]

若我成佛,周遍无数不可思议无有等量诸佛国中所有女人,闻我名已,得清净信,发菩提心,厌患女身。若于来世不舍女人身者,终不取菩提。

若我成佛,无量无数不可思议无等佛刹菩萨之众,闻我名已,得离生法。若不修行殊胜梵行,乃至未到大菩提者,[9]终不取正觉。

若我成佛,周遍十方无有等量诸佛刹中所有菩萨,闻我名已,五体投地,以清净心修菩萨行。若诸天人不礼敬者,终不取正觉。

若我成佛，国中众生所须衣服随念即至，如佛命善来比丘，法服自然在体。若不尔者，终不取菩提。

若我成佛，诸众生类才生我国中，[10]若不皆获资具，心净安乐，如得漏尽诸比丘者。若不尔者，[11]终不取菩提。

若我成佛，国中群生随心欲见诸佛净国殊胜庄严，于宝树间悉皆出现，犹如明镜现其面像。[12]若不尔者，终不取菩提。

若我成佛，余佛刹中所有众生闻我名已，[13]乃至菩提，诸根有阙、德用非广者，终不取菩提。

若我成佛，余佛刹中所有菩萨闻我名已，若不皆善分别三摩地名字语言，[14]菩萨住彼三摩地中，[15]于一刹那言说之顷，不能供养无量无数不可思议无等诸佛，又不现证六三摩地者，[16]终不取正觉。

若我成佛，余佛土中有诸菩萨闻我名已，[17]寿终之后，若不得生豪贵家者，终不取正觉。

若我成佛，余佛刹中所有菩萨闻我名已，若不时不修菩萨行、不清净欢喜平等住、不具诸善根，[18]终不取正觉。

若我成佛，他方菩萨闻我名已，皆得平等三摩地门，[19]住是定中常供无量无等诸佛，乃至菩提终不退转。若不尔者，终不取正觉。

若我成佛，国中菩萨随其志愿，所欲闻法自然得闻。[20]若不尔者，终不取正觉。

若我证得无上菩提，余佛刹中所有菩萨闻我名已，于阿耨多罗三藐三菩提有退转者，[21]终不取正觉。

若我成佛，余佛国中所有菩萨，若闻我名已，[22]应时不获一二三忍，于诸佛法不能现证不退转者，[23]终不取菩提。[24]

注释：

[1] 汉文本句上有"周遍"二字，西夏本未见。

[2] "无"（絼）字义汉文本未作，据文意，西夏本是。

[3] 教，№ 411 译作"𗼨"（师）。按，"𗼨"dzjij²（师）字于意不合，在此假借作"𗼨"dzjij²（教），此二字为同音通假。参看 № 7377 正作"𗼨"（教）。

[4] 照，№ 411 译作"𗦎"swew¹（明），№ 7377 作"𗧓"swew¹（照）。

二字声韵相同、义相近，用若同音通假。

［5］［12］明，№ 411 译作"𗟵"swew¹（照），№ 7377 作"𗙻"swew¹（明），二字声韵相同、义相近，用若同音通假。

［6］周遍，西夏译作"𗣼𗣼"，字面意思是"处处，一切"。

［7］№ 7377"𗤛𗤛"（菩萨）上疑衍"𗣼"（诸）字，№ 411 及汉文本皆未见。

［8］菩提（𗢛𗤛），№ 411 与 № 7377 同，汉文本作"正觉"。

［9］未到（𗣼𗤛），汉文本作"到于"。

［10］［13］№ 7377"𗧓"（国）下疑脱"𗗙"（中）字，№ 411 及汉文本皆作。

［11］若不尔者（𗗙𗤛𗣼𗣤），汉文本未见。此四字于上下文多次出现，此处汉文本疑脱。

［14］摩，№ 411 音译作"𗛟"mej²［昧］，№ 7377 音译作"𗵘"mo²［摩］。在西田先生的韵母构拟方案中，此二字分属第 1 摄第 3 韵（1.3–2.3）iuɨ 和 第 9 摄 第 50 韵 类（1.49–2.42）ɔɨ。 另，汉文本"三摩地"上有"胜"字。

［15］［16］［19］摩，№ 411 音译作"𗛟"mej²［昧］，№ 7377 音译作"𗵘"mo²［摩］。

［17］闻我名已（𗰜𗤛𗣼𗣼）。参看上下文可知，"𗤛"（我）下疑脱或省略"𗗙"（之）字未作，№ 7377 作。

［18］此句汉文本作"若不应时修菩萨行、清净欢喜得平等住、具诸善根"，"不"字总摄三个分句。

［20］所欲闻法，西夏译作"𗣼𗣼𗣼𗣤"（闻义法者）。按，"𗣼"wo²（义、理）字于意不合，在此疑假借作"𗤛"wo²（应、可），此二字为同音通假。

［21］藐，№ 411 音译作"𗣼"mjiw²，№ 7377 音译作"𗣼"bia¹。在西田先生的韵母构拟方案中，此二字分属第 1 摄第 4 韵类（1.4–2.4）uɨ，第 4 摄第 18 韵类（1.18–2.15）a。

［22］"已"（𗣼）字义汉文本未见。

［23］于诸佛法，№ 411 译作"𗣼𗣤𗣼𗣼"（诸佛法门）。按，"𗣼"ɣa¹（门）字于意不合，在此假借作"𗣼"ɣa²（于），此二字属近音

通假的"平上"对应。参看 № 7377 正作"蕊絆襶粃"（诸佛法于）。在西田先生的韵母构拟方案中，此二字皆属第 4 摄第 17 韵类（1.17–2.14）ɑɦ。

［24］№ 7377 "纰"（我）下有"劜"（谓）字。

西夏录文及对译：

17.49.5

猻	羑	絆	獙	蘢	孤	劜	羆	襶	燚
tśhjɨ¹	zjo̲²	tha¹	·ja⁻	na¹	·jij¹	ji²	thja¹	tsjɨr¹	do²
尔	时，	佛	阿	难	之	告：	彼	法	处
phji²	khjiw²	rjur¹	rjur¹	kha¹	·jij¹	dzju²	njij²	ku¹	
罪	罫	蕊	蕊	獙	蒜	絲	庸	絳	
比	丘	诸	世	间	自	在	王	如	

尔时，佛告阿难：彼法处比丘于世间自在王如

17.49.6

焮	獙	亥	雦	毓	秬	緂，	絆
ljij²	·ju²	rjir²	thjɨ²	tji¹	śjwo¹	niow¹	tha¹
来	面	前	此	愿	发	故，	佛
pjṵ¹	me̲²	bju¹	lja¹	da̲²	rjir²	tshjij¹	
敊	奻	藏	汯	豺	獙	羑：	
威	神	依	颂	言	乃	说：	

来前发此愿已，承佛威神而说颂曰：

17.50.1

纵	絆	獙	亥	散	毓	秬，
sjij¹	tha¹	·ju²	rjir²	tha²	tji¹	śjwo¹
今	佛	面	前	弘	誓	发，
ku̲¹	źji²	phju²	po¹	tjij¹	lja¹	njɨ²
当	无	上	菩	提	证	日，

今对如来发弘誓，当证无上菩提日，

17.50.2

蕤	庞	絖	毓	慨	雒	縫
tjij¹	rjur¹	phju²	tji¹	mji¹	sə¹	ku¹
若	诸	上	愿	不	满	故,
佟	纖	羰	絎	弸	慨	羰
ɣa²	ɣie¹	ŋwer¹	mjij¹	pju¹	mji¹	lja¹
十	力	等	无	尊	不	取。

若不满足诸上愿，不取十力无等尊。

17.50.3

禰	骰	姚	巅	庞	骰	麵
lu²	tśji¹	gju²	kji¹	rjur¹	tśji¹	ka²
贫	穷	济	拔	诸	苦	离,
庞	姍	甌	繠	羝	羨	祗
rjur¹	kha¹	gjij¹	dwewr²	no²	lhejr²	phji¹
世	间	利	觉	安	乐	令,

心或不堪常行施，广济贫穷免诸苦，

17.50.4

獥	巅	慨	甋	矝	絃	縫
·ju²	thji²	mji¹	dźjij¹	mji¹	njwi²	ku¹
常	此	不	行	不	能	故,
庞	姚	禩	庸	慨	羰	絃
rjur¹	gju²	tsjir¹	njij²	mji¹	lja¹	ŋa²
世	救	法	王	不	证	△。

利益世间使安乐，不成救世之法王。

17.50.5

絃	菝	蠹	鐅	貓	矝	羰
ŋa²	lhejr²	·ju²	dzu²	po¹	tjij¹	lja¹
我	道	场	坐	菩	提	证,

𗣼	𗏁	𗥃	𗍏	𗗙	𗢌	𗇋
mjij²	dźjwow¹	śja¹	rjijr²	kiej²	mjɨ¹	pjụ¹
名	闻	十	方	界	无	量

我证菩提坐道场，名闻不遍十方界，

17.50.6

𗊬	𗢮	𗋽	𗼓	𗰖	𗰖	𗧀
bju²	mjij¹	tha¹	lhjij²	mji¹	mji¹	ku¹
边	无	佛	刹	不	闻	故

𗣼	𗤁	𗙩	𗼨	𗰖	𗧀	𗅋
ɣa²	ɣie¹	rjur¹	pjụ¹	mji¹	ljạ¹	ŋa²
十	力	世	尊	不	取	△

无量无边异佛刹，不取十力世中尊。

17.51.1

𗾟	𗢯	𗩾	𗤽	𗴿	𗢌	𗐎
śji¹	źji²	phju²	tha²	po¹	tjij¹	tshwew¹
先	无	上	大	菩	提	趣

𗧀	𗤊	𗐜	𗤁	𗤼	𗐯	𘃡
rjur¹	kiej²	mjɨ²	kju¹	niow¹	nji¹	phji¹
诸	欲	境	求	为	家	弃

方趣无上大菩提，出家为求于欲境，

17.51.2

𗙩	𗜓	𗣀	𗥦	𗛻	𗢯	𗧀
thja¹	ljɨr²	dźji⁻	źjir¹	dźjwow¹	mjij¹	ku¹
彼	念	行	慧	显	无	故

𗧀	𗹙	𗤁	𗝠	𗝠	𗰖	𗍺
rjur¹	·jar²	ŋwə¹	dzjwo²	dzjij²	mji¹	wji¹
调	御	天	人	师	不	作

于彼念慧行无有，不作调御天人师。

17.51.3

絴	孫	燚	燰	敭	羊	羮
tha¹	·jij¹	mjɨ¹	pjụ¹	bji¹	djij²	rjir¹
佛	之	无	量	光	愿	获

羸	撒	絴	顇	嵟	縚	穊
śja¹	rjijr²	tha¹	lhjij²	źji²	kjij¹	swew¹
十	方	佛	国	普	使	照

愿获如来无量光，普照十方诸佛土，

17.51.4

燗	茷	屏	福	福	牧	羴
lej²	tshja̱¹	lə²	ŋowr²	ŋowr²	wjij²	dzjar²
贪	恚	痴	一	切	能	灭

茺	糊	茺	緻	藑	晵	緂
rjur¹	kha¹	rjur¹	niow²	tshwew¹	·jij	phja¹
世	间	诸	恶	趣	亦	断

能灭一切贪恚痴，亦断世间诸恶趣。

17.51.5

敭	茆	莃	禐	燚	羊	凝
bji¹	sej¹	źjɨr¹	mej¹	phie²	djij²	njwi²
光	净	慧	眼	开	愿	能

茺	莸	糊	緻	祗	羊	補
rjur¹	dju¹	kha¹	wja̱¹	nja̱¹	djij²	go²
诸	有	中	暗	冥	当	破

愿得光开净慧眼，于诸有中破冥暗，

17.51.6

茺	緲	牧	羴	絠	燚	緂
rjur¹	ljij²	wjij²	dzjar²	wjɨ²	tji¹	rjir²
诸	难	能	灭	使	无	余

dzjwo²	mə¹	kha¹	dźjij¹	tha²	pjụ¹	mjijr²
人	天	中	处	大	威	者。

除灭诸难使无余，安处天人大威者。

17.52.1

mər²	dźjɨ¯	djọ²	dzjɨj²	ba²	sej¹	we²
本	行	修	习	清	净	成
mji¹	pjụ¹	bụ²	pjụ¹	bji¹	lhjụ²	rjir¹
无	量	胜	威	光	获	得，

修习本行已清净，获得无量胜威光，

17.52.2

be²	lhjị²	rjur¹	mə¹	mo²	nji¹	mə²
日	月	诸	天	摩	尼	火，
bji¹	swew¹	ŋowr²	ŋowr²	źji²	·jwɨ¹	t–²
光	明	一	切	皆	映	蔽。

日月诸天摩尼火，所有光晖皆映蔽。

17.52.3

źji²	bụ²	gor¹	kiej²	djọ²	dźjij¹	niow¹
皆	胜	丈	夫	修	行	已，
thja¹	sjwi¹	lụ²	kha¹	lwu²	·ụ²	we²
彼	贫	穷	中	伏	藏	为，

最胜丈夫修行已，于彼贫穷为伏藏，

17.52.4

𗼑	𗣼	𗣀	𗤀	𗦫	𗾑	𗍱
nẹw²	tsjir¹	io̗¹	sə¹	ŋwer¹	ka¹	mjij¹
善	法	圆	满	等	平	无

𗤁	𗄣	𗤀	𗜓	𗢸	𗥃	𗧀
rjur¹	tha²	·ji¹	kha¹	ka²	tśjij²	kwə²
诸	大	众	中	师	子	吼

圆满善法无等伦，于大众中师子吼。

17.52.5

𗣱	𗰖	𗤴	𗣽	𗦱	𗧠	𗿀
njwo²	thja¹	śjij¹	sjij²	·jij¹	kjụ¹	tshwew¹
昔	自	然	智	相	供	养

𗤴	𗤶	𗤁	𗥁	𗢋	𗧠	𗇋
źji²	bụ²	rjur¹	źjịr¹	ŋur¹	kjụ¹	nio̗w¹
最	胜	诸	慧	蕴	求	为

往昔供养自然智，多劫勤修诸苦行，

17.52.6

𗧕	𗆄	𗤁	𗆼	𗤐	𗰜	𗁣
rejr²	tsewr¹	rjur¹	tśji¹	dźji⁻	jir²	djo̗²
多	劫	诸	苦	行	勤	修

𗦲	𗠱	𗤀	𗍸	𗤳	𗱕	𗾑
mər²	tji¹	sə¹	lhə⁻	dzjwo²	mə¹	pjụ¹
本	愿	满	足	人	天	尊

为求最胜诸慧蕴，满足本愿天人尊。

17.53.1

𗤿	𗆀	𗥜	𗆭	𗼑	𗠝	𗍱
ku¹	ljij²	nwə¹	ljij²	ɣie²	lụ²	mjij¹
如	来	知	见	障	碍	无

慨	犹	禰	禰	禔	縦	嶷,
dźiəj²	tśhjo¹	ŋowr²	ŋowr²	źji²	tsjij²	njwi²
为	有	一	切	皆	了	能,

如来知见无所碍，一切有为皆能了，

17.53.2

毓	縦	叕	絹	瓕	俶	骹,
tji¹	ŋa²	ŋwer¹	mjij¹	źji²	bu̱²	sjij²
愿	我	等	无	最	胜	智,
屁	髟	螽	移	羊	緺	縦。
śio¹	dzjij²	źjɨr¹	ɣiej¹	djij²	we²	ŋa²
导	师	实	真	当	成	我。

愿我当成无与等，最胜智者真导师。

17.53.3

蒶	縦	燃	散	貅	夅	鞼,
tjij¹	ŋa²	ku̱¹	tha²	po¹	tjij¹	lja̱¹
若	我	当	大	菩	提	证,
滩	珧	散	毓	舱	縦	絳,
thjɨ²	sju²	tha²	tji¹	io̱¹	sə¹	ku¹
是	如	大	誓	圆	满	实,

我若当证大菩提，如斯弘誓实圆满，

17.53.4

散	疤	散	疤	膌	羊	菽,
so̱¹	tu̱¹	tha²	tu̱¹	kiej²	djij²	mju²
三	千	大	千	界	愿	动,
腠	縦	薟	辭	縦	蒲	斓
mə¹	·ji¹	ŋa¹	gu²	wja̱¹	njij²	dzju̱²
天	众	空	中	花	△	雨。

愿动三千大千界，天众空中皆雨花。

17.53.5

殽	荽	鹋	婄	祥	毲	菽
tśhjɨ¹	zjo²	tha²	ljɨ²	djij²	sar¹	mju²
尔	时	大	地	当	震	动
mə¹	wjạ¹	tshow¹	bar¹	ŋa¹	gu²	sə¹
朕	滋	豸	犵	巍	辭	桃
天	花	乐	鼓	空	中	满

是时大地咸震动，天花鼓乐满虚空，

17.53.6

慨	韏	㸑	渀	蔎	蘦	瓛
niow¹	tśja¹	thã¹	sjij¹	nji¹	śja¹	dzjụ²
并	栴	檀	细	末	香	雨
kụ¹	lja¹	kjɨ¹	djij²	tha¹	we²	ji²
后	来	必	定	佛	作	谓

并雨栴檀细末香，唱言未来当作佛。

汉译文：

尔时，佛告阿难：彼法处比丘于世间自在王如来前发此愿已，[1]承佛威神而说颂曰：[2]

今对如来发弘誓，[3]　当证无上菩提日，
若不满足诸上愿，　不取十力无等尊。
心或不堪常行施，　广济贫穷免诸苦，
利益世间使安乐，　不成救世之法王。
我证菩提坐道场，　名闻不遍十方界，
无量无边异佛刹，　不取十力世中尊。
方趣无上大菩提，　出家为求于欲境，
于彼念慧行无有，[4]　不作调御天人师。
愿获如来无量光，[5]　普照十方诸佛土，
能灭一切贪恚痴，　亦断世间诸恶趣。

愿得光开净慧眼，　　于诸有中破冥暗，[6]
除灭诸难使无余，　　安处天人大威者。
修习本行已清净，　　获得无量胜威光，
日月诸天摩尼火，　　所有光晖皆映蔽。
最胜丈夫修行已，[7]　于彼贫穷为伏藏，
圆满善法无等伦，　　于大众中师子吼。[8]
往昔供养自然智，　　多劫勤修诸苦行，
为求最胜诸慧蕴，　　满足本愿天人尊。
如来知见无所碍，　　一切有为皆能了，
愿我当成无与等，　　最胜智者真导师。
我若当证大菩提，　　如斯弘誓实圆满，
愿动三千大千界，　　天众空中皆雨花。
是时大地咸震动，[9]　天花鼓乐满虚空，
并雨栴檀细末香，　　唱言未来当作佛。

注释：

[1] 已，西夏译作"𘃣"（因）。按，"𘃣"（因）字于意不合，在
　　此假借作"𗉀"niow¹（已），此二字为同音通假。参看上文
　　17.9.1"能善了知有情及土"，西夏译作"𗴮𗵐𘃣𗣼𗴷𗟲𗤶𗤶"（有
　　情因土皆知了善）。

[2] 威神（𗣼𘝯），№ 7377 作"𘏨𘝯"（尊神）。按，"𘏨"pju¹（尊）字
　　于意不合，在此假借作"𗣼"pju¹（威），此二字为同音通假。参看
　　下文 18.8.6"究竟威神力"，西夏译作"𗵒𗗚𗣼𘝯𗢭"（究竟威神力）。

[3][5] 如来，西夏译作"𘘚"（佛）。

[4] 于彼念慧行无有，№ 411 译作"𗼨𗡤𗤶𗧀𗵜𘞌𗙼"（彼念行慧显无
　　故），№ 7377 作"𗼨𗡤𗧀𗤶𗜳𘞌𗙼"（彼念慧行艺无故）。

[6] 暗，№ 411 译作"𗤀"（花），为"𗤀"（暗）字形讹。参看 №
　　7377 作"𗤀"（暗），是。

[7] 最胜，№ 411 译作"𗹙𗗔"（皆胜）。按，"𗹙"źji²（皆）字于意
　　不合，在此假借作"𘔟"źji²（最），此二字为同音通假。参看 №
　　7377 正作"𘔟𗗔"（最胜）。另见本经下文 18.18.5"最胜丈夫其

心正直"，西夏译作"𗈁𗗊𗩾𗙸𗵽𘃡𘈩"（最胜丈夫心意正直）。

［8］于大众中（𗜐𗴺𘍞𗙴），№7377作"𗣼𗴺𘍞𗙴"（世大众中）。按，"𗣼"rjur[1]（世）字于意不合，在此假借作"𗜐"rjur[1]（诸），此二字为同音通假。

［9］是时大地咸震动，№411译作"𘓷𗤁𘄒𗡪𗵧𘒤𘟛"（尔时大地当震动），№7377作"𘓷𗉮𘄒𗡪𗪊𘒤𘟛"（尔时大地皆震动），两本略有不同。

西夏录文及对译：

17.54.1

𗒹	𗖔	𗾔	𗰜	𗒀	𗴿	𗗙	𗙏	𗐫
tha[1]	·ja⁻	na[1]	·jij[1]	ji̱[2]	thja[1]	tsjir[1]	do[2]	phji[2]
佛	阿	难	之	告：	彼	法	处	比

𗧌	𗜐	𗙴	𗦀	𘑲	𗊈	𗡪	𗟰	𗁶
khjiw[2]	rjur[1]	kha[1]	·jij[1]	dzju[2]	njij[2]	ku[1]	ljij[2]	niow[1]
丘	诸	间	自	在	王	如	来，	及

佛告阿难：彼法处比丘于世间自在王如来，及

17.54.2

𗜐	𘌕	𗤋	𗢳	𗹖	𗦲	𗁅	𘒣	𗿟
rjur[1]	dzjwo[2]	me[1]	ljij[2]	xiwã[1]	śia[1]	mẽ[1]	pho[1]	lo[1]
诸	天	人、	魔、	梵、	沙	门、	婆	罗

𗁅	𘊱	𘀗	𘄢	𘉋	𗴢	𗴺	𘋧	𗭼
mẽ[1]	nji̱[2]	·ju[2]	rjir[2]	thji̱[1]	sju[2]	tha[2]	ŋwu[1]	tji[1]
门	等	面	前，	是	如	大	誓	愿

诸天人、魔、梵、沙门、婆罗门等前，广发如是大弘誓愿，

17.54.3

𗰟	𗫪	𗼍	𗎭	𗮔	𗜐	𗙴	𘊝	𗰜
·ja⁻	śjwo[1]	dja[2]	śjij[1]	·jiw[2]	rjur[1]	kha[1]	zji̱r[1]	dju[1]
△	发，	已	成	就	世	间	稀	有。

thja¹　tji¹　śjwo¹　dźjwa¹　mə²　mə²　tśhja²　·iow¹　ŋowr²
彼　　愿　　发　　已，　　种　　种　　德　　功，　具

皆已成就世间稀有。发是愿已，如实安住种种功德，具

17.54.4

lhə⁻　śjwo²　tshjij²　pju¹　tśhja²　wa²　tha²　ba²　sej¹
足　　庄　　严，　　威　　德　　广　　大，　　清　　净

tha¹　lhjij²　źjɨr¹　bju¹　no²　dźjij¹　thji²　sju²　nia²
佛　　国，　　实　　如　　安　　住。　　如　　是　　菩

足庄严，威德广大，清净佛土。修习如是

17.54.5

tsjij²　dźjɨ⁻　rjir²　djǫ²　zjǫ²　mjɨ¹　pju¹　ŋew²　mjij¹
萨　　行　　△　　修　　时，　　无　　量　　数　　无

sew²　tshjij¹　tji²　mjij¹　ŋwer¹　ŋwer¹　mji¹　dju¹　rjir²
思　　议　　可　　不　　等　　等　　无　　有　　亿

菩萨行时，经于无量无数不可思议无有等等亿

17.54.6

no¹　·jiw¹　thow¹　·jir²　tu¹　tsewr¹　kha¹　lej²　tshja¹
那　　由　　他　　百　　千　　劫　　内，　　贪　　瞋

niow¹　lə²　kiej²　tśju¹　kwow²　sjij²　śjwo¹　mjij²　djij²
及　　痴　　欲　　害　　恚　　想　　起　　未　　曾，

那由他百千劫内，初未曾起贪瞋及痴欲害恚想，

17.55.1

tsə¹	ɣie²	lji²	wji¹	tsjụ¹	sjij²	mji¹	śjwo¹	rjur¹
色	声	香	味	触	想	不	起。	诸

ɲia²	tśhju¹	ɣa²	·ju²	dzu¹	dzjwɨ¹	ŋwe¹	–	low²
众	生	于	常	乐	爱	敬,	亲	属

不起色声香味触想。于诸众生常乐爱敬，犹如亲属，

17.55.2

wjɨ²	sju²	tsjir²	rjar¹	wə¹	nẹw²	·ja⁻	we²	dźjij¹
犹	如,	性	气	柔	能	已	处	住

lji²	kju¹	śjij²	mjijr²	·jij¹	phji¹	bju¹	źji²	khjow¹
易。	求	索	者	之	意	如	皆	予,

其性温和易可同处。有来求者不逆其意，

17.55.3

nẹw²	ŋwu²	dzjụ¹	dzjij²	thja²	·jij¹	phji¹	źji²	njij¹
善	以	劝	谕	其	之	意	皆	心

bju¹	śjɨj¹	·wu²	gju²	śjwo¹	śjwo¹	kjɨ¹	wo²	zjij¹
从,	成	祐	具	所	须	△	义	时

善言劝谕无不从心，资养所须趣支身命。

17.55.4

lhjwi¹	lju²	kạ¹	·jur¹	khjij¹	zjir¹	kiẹj²	lhə⁻	nwə¹
取	身	命	养	育。	少	欲	足	知

·ju2 mjij1 sej1 dzu1 njij1 phji1 bju1 dźjwo1 lạ1

常　闲　净　乐，　心　意　聪　明　矫

少欲知足常乐虚闲，禀识聪明而无矫妄。

17.55.5

ljor1 mji1 dju1 tsjir2 rjar1 wə1 lhji1 lhjwɨ2 niow2

妄　无　有。　性　气　柔　软　暴　恶

mji1 dju1 rjur1 ɲia2 tśhju1 ɣa2 ·ju2 njij2 wju1

无　有，　诸　有　情　于　常　慈　悯

其性调顺无有暴恶，于诸有情常怀慈忍。

17.55.6

zew2 tśhju1 njij1 mji1 – lạ1 low2 ljij1 tsjɨ1

忍　怀。　心　不　诳　妄　懈　怠　亦

mjij1 new2 dạ2 ŋwu2 tśhjwɨj1 rjir2 rjur1 tsjir1 phiow1

无，　善　言　以　禁　止　诸　法　白

心不诈诳亦无懈怠，善言策进求诸白法。

17.56.1

kjụ1 rjur1 ɲia2 tśhju1 źji2 ·jij1 niow1 kjir1 ·jiw2

求。　诸　众　生　普　持　为　勇　猛

mji1 lhji1 rjur1 kha1 ·jij1 gjij1 ɣie2 tha2 tji1

无　退，　世　间　之　利　益　大　愿

普为群生勇猛无退，利益世间大愿圆满。

17.56.2

𗟲	𗹙	𗏁	𗄈	𗂪	𗰖	𗟨	𗦻	𘝞
io¹	sə¹	dzjij²	lhji²	tshji²	ljij¹	tha¹	tsjir¹	sjwɨ¹
圆	满。	师	长	奉	事	佛	法	僧

𗤍，	𗦎	𗤌	𗤐	𗐛	𗑗	𗑐	𗤇	𗤈，
bju¹	nia²	tsjij²	dźji⁻	ɣa²	·ju²	gjwɨ¹	zjir²	gjwi²
敬，	菩	萨	行	于	常	甲	胄	被，

奉事师长敬佛法僧，于菩萨行常被甲胄，

17.56.3

𗾗	𗾘	𗇛	𘒞	𗦸	𗰜	𘝦	𗝠	𗦸
kjur²	tji¹	mjij¹	sej¹	rjur¹	la¹	zjij¹	ka²	rjur¹
志	愿	寂	静	诸	染	著	离。	诸

𗦎	𗥃	𗥑	𗑗	𗤇	𗝖	𗧄	𗆑，	𗦸
nia²	tśhju¹	·jij¹	·ju²	tsjir¹	phiow¹	djo²	phji¹	rjur¹
众	生	之	常	法	白	修	令，	诸

志乐寂静离诸染著。为令众生常修白法，

17.56.4

𗘺	𗦻	𗂬	𗄊	𗤌	𗰭	𗬰，	𗤷	𗾰
new²	tsjir¹	kha¹	źji²	phju²	yu¹	we²	ŋa¹	·jij¹
善	法	中	最	上	首	为，	空	相

𗤇	𗾘	𗤇、	𗒹	𗤇	𗥃	𗤇、	𗊰	𗤇
mjij¹	tji¹	mjij¹	wji¹	mjij¹	we¹	mjij¹	śjwo¹	mjij¹
无	愿	无、	作	无	生	无、	起	不

于善法中而为上首，住空无相无愿、无作无生、不起

17.56.5

𗫻	𗤇	𗑐	𗆊，	𗤕	𗿒	𗄹	𗤇。	𘝵
dzjar²	mjij¹	ɣa²	dźjij¹	pju¹	gjiw¹	khwej¹	mjij¹	niow¹
灭	不	于	住，	不	敬	慢	无。	而

thja¹　tśhja²　mjijr²　tśhju¹　tśhju¹　tśja¹　dźjij¹　zjij¹　·ju²
彼　　正　　士　　众　　生　　道　　行　　时，　常
不灭，无有憍慢。而彼正士行菩萨道时，常

17.56.6
ŋwu̱¹　da̱²　·wejr²　ŋwu̱¹　da̱²　ŋwu²　·jij¹　tsjij¹　mji¹
言　语　护，　言　语　以　己　他　不
tśju¹　·ju²　da̱²　sjwɨj¹　ŋwu²　·jij¹　gjij¹　mjɨ¹　gjij¹
害，　常　语　业　以　己　利　他　利。
护语言，不以语言害他及己，常以语业利己及人。

17.57.1
tjij¹　njij²　we²　niow¹　rjur¹　gjij²　nji¹　kha¹　śjɨ¹
若　王　为　及　诸　村　室　中　往
zjij¹　rjur¹　tsə¹　kjɨ¹　ljij²　njij¹　la¹　lew²　mjij¹
时，　诸　色　△　见　心　染　所　无，
若入王城及诸村落，虽见诸色心无所染，

17.57.2
ba²　sej¹　njij¹　ŋwu²　mji¹　dzu¹　mji¹　tshja̱¹　nia²
清　净　心　以　不　爱　不　恚。　菩
tsjij²　tśhjɨ¹　zjij¹　thã¹　po¹　lo¹　bji²　ɣa²　·jij¹
萨　尔　时　檀　波　罗　蜜　于　自
以清净心不爱不恚。菩萨尔时于檀波罗蜜起自

17.57.3

𘃎	𗧓	𗝆	𗝆	𘉊	𗰗	𗗿	𗦇	𗧀
dźji	śjwo¹	niow¹	niow¹	bji¹	·jij¹	tsji¹	zji¹	mji¹
行	起	已，	又	他	之	亦	施	布

𗑠	𗩾	𗷛	𘂗	𗵆	𗂸	𗭷	𗋒
dźjij¹	phji¹	śiə¹	po¹	lo¹	bji²	rjir²	nji²	pa²
行	令。	尸	波	罗	蜜	乃	至	般

行已，又能令他行于惠施。于尸波罗蜜乃至般

17.57.4

𗤞	𗷛	𗵆	𗂸	𗪙	𗰛，	𗹙	𗤀	𗑱
rja²	po¹	lo¹	bji²	tow¹	ɣa²	śjij²	śji¹	sju²
若	波	罗	蜜	多	于，	圣	前	如

𗂲	𘃎	𗢭	𗧓	𗴠	𗤀	𘀄	𗮔。	𘇂
nji¹	dźji	gu¹	śjwo¹	to²	źji²	io¹	sə¹	thji²
二	行	发	起	悉	皆	圆	满。	是

若波罗蜜，起前二行皆悉圆满。

17.57.5

𗑱	𗫡	𗊱	𗼈	𗦻	𗤷	𗝆	𗦳	𘄀
sju²	rjur¹	new²	tśhji²	śjij¹	·jiw²	niow¹	ku¹	ljo²
如	诸	善	根	成	就	由，	则	所

𗿦	𗾈	𗼃	𘃨	𗵧	𗤷	𗝆	𗩭	𗣾
wjɨ²	we¹	twu̥¹	mji¹	pju̥¹	·jiw²	no¹	·jiw¹	thow¹
△	生	处	无	量	亿	那	由	他

由成如是诸善根故，所生之处有无量亿那由他

17.57.6

𘃸	𗏹	𗯨	𗗊	𗴪	𗤴	𗣩	𗗙，	𗝆	𗤫
·jir²	tu̥¹	lwu²	lhwu¹	thja¹	śjij¹	tsu²	śja²	niow¹	mji¹
百	千	伏	藏	自	然	涌	现，	复	无

𗥃	𗦳	𗀔	𗼃	𗥃	𗢩	𗀔	𗀔	𗀔
pju¹	ŋew²	mjij¹	sew²	tshjij¹	tji²	mjij¹	ŋwer¹	mjij¹
量	数	无	思	议	可	不	等	无

百千伏藏自然涌出，复令无量无数不可思议无等

17.58.1

𗆈	𗀔	𗼻	𗢳	𗢳	𗟲	𗣼	𗀔	𗵈
bju²	mjij¹	rjur¹	ɲia²	tśhju¹	djij¹	·jij¹	·ja⁻	du²
边	无	诸	众	生	类	之	阿	耨

𗑣	𗵦	𗂧	𗢳	𗂧	𗹦	𗢩	𗣼	𗂼
tow¹	lo¹	sã¹	mjiw²	sã¹	po¹	tjɨj¹	no²	dźjij¹
多	罗	三	藐	三	菩	提	安	住

无边诸众生类安住阿耨多罗三藐三菩提。

17.58.2

𗦇。	𗵐	𗖨	𗆈	𗀔	𗼻	𗢳	𗥃	𗏆
phji¹。	thjɨ²	sju²	bju²	mjij¹	rjur¹	ɲia²	tsjij²	·ji¹
令。	是	如	边	无	诸	菩	萨	众

𗼻	𗣼	𗑾	𗣼	𗼻	𗵑	𗼃	𗣼	𗥃
rjur¹	thjo̱¹	dźji¹	śjwo¹	rjur¹	mjor¹	ljij²	·jij¹	kju¹
诸	妙	行	起	诸	如	来	之	供

如是无边诸菩萨众起诸妙行，供

17.58.3

𗬋	𗀈	𗵈	𗦗	𗣼	𗹦	𗾈	𗵦	𗏆
tshwew¹	dzjwɨ¹	lhejr²	ɣa²	śjwo¹	tha¹	śjij¹	ɣa²	kjɨ¹
养	尊	敬	于	起	佛	成	于	乃

𗾈,	𗣼	𗬋	𗦆	𗟲	𗏆	𗦳	𗟱	𗥃
nji²,	źji²	ŋwu¹	da̱²	phjo²	kar²	ŋwu²	nwə¹	tsjij²
至，	皆	言	语	分	别	以	知	了

养奉事于诸世尊乃至成佛，皆不可以语言分别之所能知。

17.58.4

𗯿	𗧾	𗀝	𗢳	𗗙	𗥤	𗤀	𗣼	𗋦
pju¹	njwi¹	lji¹	tjij¹	dźiej²	njij¹	śji¹	dzjwɨ¹	·ja²
不	能	也。	或	轮	王、	释	帝、	焰

𗼛	𗴮	𗊴	𗰖	𗴮	𘂄	𗺓	𗷮	𗴮
mo²	mə¹	tew¹	śie¹	mə¹	wjɨ¹	dji²	ŋwe¹	mə¹
摩	天、	兜	率	天、	变	化	乐	天、

或作轮王、帝释、苏焰摩天、兜率陀天、善化天、

17.58.5

𗸰	𘂄	𗾞	𗿟	𗴮	𗽻	𗋧	𘃡	𗥤
tsjij¹	dji²	·jij¹	dzju²	mə¹	tha²	xiwã¹	ŋwə¹	njij²
他	化	自	在	天、	大	梵	天	王

𗴜	𘜶	𗦀	𗼇	𗀝	𗥦	𗀖	𗿎	𗤁
wji¹	źji²	rjur¹	tha¹	·jij¹	tshji²	ljij¹	kju¹	tshwew¹
作,	皆	诸	佛	之	奉	事	供	养,

他化自在天、大梵天王，皆能奉事供养诸佛，

17.58.6

𗂺	𗼇	𗀖	𗠵	𗼣	𗗙	𗤓	𗆜	𗧾。
niow¹	tha¹	·jij¹	ɣju¹	tsjir¹	dźiej²	dej¹	phji¹	njwi²
及	佛	之	请	法	轮	转	令	能。

𗢳	𗂰	𗺯	𗡊	𗥤	𗂺	𗀖	𘀞	𗊠、
tjij¹	·jã¹	xu¹	thji¹	njij²	niow¹	rjur¹	phə¹	bjij¹
若	阎	浮	提	王	及	诸	长	者、

及能请佛转于法轮。若作阎浮提王及诸长者、

17.59.1

𗽻	𘑲	𗝥	𗮕	𗫂	𗯿	𗥰	𘎑	𘊄,
tha²	bji²	pho¹	lo¹	mẽ¹	tśhia¹	tji²	lji¹	njɨ²
大	臣、	婆	罗	门、	刹	帝	利	等,

[illegible] [illegible] [illegible] [illegible] [illegible] [illegible] [illegible] [illegible] [illegible]
rjur^{1} mə^{2} sjwɨ^{1} kha^{1} tsjɨ^{1} źji^{2} rjur^{1} tha^{1} ·jij^{1}
诸 种 种 中 亦 皆 诸 佛 之

宰官、婆罗门、刹帝力等，诸种姓中皆能尊重供养诸佛，

17.59.2

[illegible] [illegible] [illegible] [illegible] [illegible]， [illegible] [illegible] [illegible] [illegible]。
pjụ^{1} bju̱^{1} kjụ^{1} tshwew^{1} njwi^{2} niow^{1} mjɨ^{1} pjụ^{1} tsji̱r^{1}
尊 重 供 养 能， 又 无 量 法
[illegible] [illegible] [illegible] [illegible]。 [illegible] [illegible] [illegible] [illegible] [illegible]
ɣa^{1} nẹ^{1} tshjii̱^{1} njwi^{2} thjɨ^{2} niow^{1} rjijr^{2} tśjo^{-} rjur^{1}
门 演 说 能。 此 后 方 永 世

又能演说无量法门。从此永弃世间，

17.59.3

[illegible] [illegible]， [illegible] [illegible] [illegible] [illegible]。 [illegible] [illegible] [illegible]
kha^{1} phjɨ^{1} źji^{2} phju^{2} dwewr^{2} śjɨj^{1} niow^{1} thja^{1} ɲia^{2}
间 弃， 无 上 觉 成。 然 彼 菩
[illegible] [illegible] [illegible] [illegible] [illegible]、 [illegible] [illegible]、 [illegible] [illegible]、
tsjij^{2} phju^{2} thjo̱^{1} lhwu^{1} gjwi^{2} gjwɨr^{1} lju̱^{2} phjo^{2} dzji^{1}
萨 上 妙 衣 服、 卧 具、 饮 食、

成无上觉。然彼菩萨能以上妙衣服、卧具、饮食、

17.59.4

[illegible] [illegible] [illegible]， [illegible] [illegible] [illegible] [illegible] [illegible] [illegible]
sju^{2} tsə̣^{1} ŋwu^{2} ·jij^{1} ·ja^{-} zjọ^{2} ɣa^{2} mjor^{1} ljij^{2}
医 药 以， 己 △ 寿 于 如 来
[illegible] [illegible] [illegible] [illegible] [illegible] [illegible] [illegible] [illegible] [illegible]。
ŋowr^{2} ŋowr^{2} ·jij^{1} kjụ^{1} tshwew^{1} no^{2} lhejr^{2} dźjij^{1} rjir^{1}
一 切 之 供 养 安 乐 住 得。

医药，尽形供养一切如来得安乐住。

17.59.5

𗼕	𗲰	𗵒	𗵒	𗝣	𗏹	𗼒	𗖵	𘄴,
thji²	sju²	mə²	mə²	io̱¹	sə¹	nḛw²	tśhji²	tja¹
是	如	种	种	圆	满	善	根	者,

𗀔	𗥤	𗀖	𗏾	𗄾	𘄱	𘏚	𗦎	𗟲。
ŋwu̱¹	da̱²	ŋwu²	nia̱²	ljow²	sji¹	phji¹	pju̱¹	njwi²
言	语	以	边	际	尽	令	非	能。

如是种种圆满善根，非以语言能尽边际。

17.59.6

𗗳	𗒝	𗥷	𗷖	𗰀	𗌫	𘗠	𗦛	𗫂
lja²	·u²	·ju²	tśja¹	thã¹	thjo̱¹	śja¹	to²	thja¹
口	中	常	栴	檀	妙	香	出,	其

𗫂	𗏶	𗦎	𗲆	𗹙	𗮔	𗣼	𗦟	𗣺
śja¹	lji²	mji¹	pju̱¹	ŋew²	mjij¹	rjir¹	nji²	rjir²
香	气	无	量	数	无	乃	至	亿

口中常出栴檀妙香，其香普熏无量无数乃至亿

17.60.1

𗠁	𗴺	𗋽	𗯴	𗤡	𗏵	𗄛	𗉬	𗿟,
no¹	·jiw¹	thow¹	·jir²	tu̱¹	rjur¹	kie̱j²	zjir²	me̱¹
那	由	他	百	千	世	界	普	熏,

𗠁	𘈧	𗢭	𗖸	𗖸	𗒝	𘔼	𗔦	𗍺
niow¹	mej²	dźjwo²	ŋowr²	ŋowr²	·u²	dzjwo²	su¹	dzjij¹
复	毛	孔	一	切	中	人	于	过

那由他百千世界，复从一切毛孔出过人天

17.60.2

𗴺	𗒟	𗄈	𗦎	𗼕	𗌫	𘗠	𗏶	𗦛。
·jiw¹	po¹	lo¹	wja̱¹	phju²	thjo̱¹	śja¹	lji²	to²
优	钵	罗	花	上	妙	香	气	出。

ljo̱² wji̱² we̱¹ twu̱¹ ·jij¹ lju¹ ŋa² śjwo² śjwo²
随　　所　　生　　处，　自　　身　　好　　端　　严

优钵罗花上妙香气。随所生处，相好端严

17.60.3

rjar¹ gjij¹ io̱¹ sə¹ niow¹ rjur¹ ·wu² gju² ·jij¹
殊　　胜　　圆　　满。　又　　诸　　资　　具　　自

dzju² po¹ lo¹ bji² tow¹ rjir¹ ku¹ wo² śjwo¹
在　　波　　罗　　蜜　　多　　得，　则　　理　　用

殊胜圆满。又得诸资具自在波罗蜜多，一切服用

17.60.4

ŋowr² ŋowr² to² źji² ŋowr² lhə⁻ thji² tja¹ rjur¹
一　　切　　悉　　皆　　具　　足，　此　　者　　诸

lji̱¹ śja¹ wja̱¹ lji̱¹ dźjow¹ źiə² ɣja² phju² thjo̱¹
宝　　香　　花　　幢　　幡　　缯　　盖，　上　　妙

周遍无乏。所谓诸宝香花幢幡缯盖，上妙

17.60.5

lhwu¹ gjwi² phjo² dzji¹ sju² tsə¹ niow¹ rjur¹ lwu²
衣　　服　　饮　　食　　汤　　药，　及　　诸　　伏

·u̱² ŋwu² thjo̱¹ ŋa² śjwo¹ śjwo¹ źji² ɲia² tsjij²
藏　　是　　珍　　妙　　所　　须，　皆　　从　　菩　　萨

衣服饮食汤药，及诸伏藏珍玩所须，皆从菩萨

17.60.6

𗥃	𗏁	𗏹	𗿒	𘝚	𗿥	𗤁	𗂧	𗤁
·jij¹	pja̱¹	·u²	thja¹	śjij¹	wji²	to²	lju²	źji²
之	掌	中	自	然	△	出，	身	皆

𗦫	𗥃	𗏹	𗥃	𘄞	𗄊	𗦎	𗂷	𗂷
mej²	dźjwo²	·u²	dzjwo²	mə¹	tshow¹	γiẹ²	ŋowr²	ŋowr²
毛	孔	中	人	天	音	乐	一	切

掌中自然流出，身诸毛孔流出一切人天音乐。

17.61.1

𗤁	𗒲	𗷅	𗷉	𗤟	𗧯	𗤰	𘝵	𘌕
to²	thji²	·jiw¹	niọw¹	bju¹	mji̱¹	pju¹	ŋew²	mjij¹
出。	是	由	因	缘，	无	量	数	无

𗧟	𗦎	𗋽	𘌕	𗥃	𘋩	𗪺	𗤰	𗥃
sew²	tshjij¹	tji²	mjij¹	rjur¹	ṇia²	tśhju¹	nji²	·jij¹
思	议	可	不	诸	众	生	等	之

由是因缘，能令无量无数不可思议诸众生等

17.61.2

𗩉	𗋽	𗪙	𗼑	𘇚	𗿒	𘇚	𘊝	𗴪
·ja⁻	du²	tow¹	lo¹	sã¹	mjiw²	sã¹	po¹	tjij¹
阿	耨	多	罗	三	藐	三	菩	提

𗴷	𗾞	𗿓	𗣼	𘈷	𘄞	𗄭	𗧯	𗕑
no²	dźjij¹	phji¹	njwi²	·ja⁻	na¹	ŋa²	sjij¹	tsjir¹
安	住	令	能。	阿	难!	我	今	法

安住阿耨多罗三藐三菩提。阿难! 我今已说法

17.61.3

𗤋	𘋩	𗥃	𗥃	𗰔	𗿒	𘃰	𗾰	𗿒	𗧯	𘄞
do²	ṇia²	tsjij²	·jij¹	mər²	rjir²	djọ²	dźji⁻	rjir²	tshjij¹	ŋa²
处	菩	萨	之	本	所	修	行	△	说	△。

处菩萨本所修行。

汉译文:

佛告阿难: 彼法处比丘于世间自在王如来,[1]及诸天人、魔、梵、沙门、婆罗门等前, 广发如是大弘誓愿,[2]皆已成就世间稀有。[3]发是愿已, 如实安住种种功德, 具足庄严, 威德广大, 清净佛土。修习如是菩萨行时, 经于无量无数不可思议无有等等亿那由他百千劫内, 初未曾起贪瞋及痴欲害恚想, 不起色声香味触想。于诸众生常乐爱敬, 犹如亲属, 其性温和易可同处。[4]有来求者不逆其意,[5]善言劝谕无不从心, 资养所须趣支身命。少欲知足常乐虚闲, 禀识聪明而无矫妄。其性调顺无有暴恶, 于诸有情常怀慈忍。心不诈谄亦无懈怠,[6]善言策进求诸白法。普为群生勇猛无退,[7]利益世间大愿圆满。奉事师长敬佛法僧,[8]于菩萨行常被甲胄, 志乐寂静离诸染著。为令众生常修白法, 于善法中而为上首, 住空无相无愿、无作无生、不起不灭, 无有憍慢。而彼正士行菩萨道时,[9]常护语言, 不以语言害他及己, 常以语业自利利他。[10]若入王城及诸村落,[11]虽见诸色心无所染, 以清净心不爱不恚。菩萨尔时于檀波罗蜜起自行已, 又能令他行于惠施。于尸波罗蜜乃至般若波罗蜜, 起前二行皆悉圆满。[12]由成如是诸善根故, 所生之处有无量亿那由他百千伏藏自然涌出, 复令无量无数不可思议无等无边诸众生类, 安住阿耨多罗三藐三菩提。[13]如是无边诸菩萨众起诸妙行, 供养奉事于诸如来乃至成佛,[14]皆不可以语言分别之所能知。或作轮王、帝释、焰摩天、[15]兜率天、[16]乐变化天、[17]他化自在天、大梵天王, 皆能奉事供养诸佛, 及能请佛转于法轮。若作阎浮提王及诸长者、[18]宰官、[19]婆罗门、刹帝利等, 诸种姓中皆能尊重供养诸佛,[20]又能演说无量法门。从此永弃世间, 成无上觉。然彼菩萨能以上妙衣服、卧具、[21]饮食、[22]医药, 尽形供养一切如来得安乐住。如是种种圆满善根, 非以语言能尽边际。[23]口中常出栴檀妙香, 其香普熏无量无数乃至亿那由他百千世界, 复从一切毛孔出过人优钵罗花上妙香气。[24]随所生处, 相好端严殊胜圆满。又得诸资具自在波罗蜜多, 一切服用周遍无乏。[25]所谓诸宝香花幢幡缯盖,[26]上妙衣服饮食汤药,[27]及诸伏藏珍玩所须, 皆从菩萨掌中自然流出, 身诸毛孔流出一切人天音乐。[28]由是因缘, 能令无量无数不可思议诸众生等, 安住阿耨多罗三藐三菩提。[29]阿难! 我今已说法处菩萨本所修行。

注释：

［1］世，№ 411 译作"□"（诸）。按，"□" rjur¹（诸）字于意不合，在此假借作"□" rjur¹（世），此二字为同音通假。参看 № 7377 正作"□"（世）。

［2］大弘，№ 411 译作"□"（大），№ 7377 作"□□"（弘大），此本疑有脱文。

［3］皆已，№ 411 译作"□"（已），№ 7377 作"□□"（皆已），此本疑有脱文。

［4］温和（□□），№ 7377 作"□□"（孝和）。按，"□" wə¹（孝）字于意不合，在此假借作"□" wə¹（柔），此二字属近音通假中的"同一韵摄"。在西田先生的韵母构拟方案中，此二字皆为第 5 摄第 32 韵类（1.31）ʉN。

［5］不逆其意，西夏译作"□□□□"，字面意思是"随意皆予"，两者义通，皆言"顺应其意"。

［6］懈怠（□□），№ 7377 作"□□"（懈悟）。按，"□" ljij¹（悟）字于意不合，在此假借作"□" ljij¹（怠），此二字为同音通假。"□□"二字连用表"懈怠"义于西夏佛经中常见，参看《无量寿经》"憍慢懈怠者"，西夏译作"□□□□□"（不恭懈怠者）①。

［7］普为群生勇猛无退（□□□□□□□□□），"□"（持），№ 7377 作"□"（之）。按，"□" ·jij¹（之）字于意不合，在此假借作"□" ·jij¹（持），此二字属近音通假中的"同一韵摄"。在西田先生的韵母构拟方案中，此二字皆为第 7 摄，分属第 37 韵类（1.36-2.33）efi，ʷefi 和第 40 韵类（1.39-2.35）ĩefi。

［8］僧，№ 411 译作"□"（何），№ 7377 作"□"（僧）。按，"□" sjwɨ¹（何）于意不合，在此疑假借作"□" sẽ¹（僧）。在西田先生的韵母构拟方案中，此二字分属第 1 摄第 3 韵类（1.3-2.3）ĩufi 和第 3 摄第 15 韵类（1.15-2.13）əN，ʷəN。

［9］菩萨，№ 411 译作"□□"（众生），№ 7377 作"□□"（菩萨），此本疑误。

［10］自利利他（□□□□），汉文本作"利己及人"。两者义通。

---

① 孙颖新:《西夏文〈无量寿经〉研究》，中国社会科学出版社，2018，第 40 页。

［11］城，№ 411 译作“[illegible]”（为）。按，“[illegible]” we^{2}（为）字于意不合，在此假借作“[illegible]” we^{2}（城），此二字为同音通假。参看 № 7377 正作“[illegible]”（城）。

［12］起前二行，№ 411 译作“[illegible]”（圣前如二行起生），“[illegible]”（圣）字，№ 7377 作“[illegible]”（亦）。

［13］［29］藐，№ 411 音译作“[illegible]” mjiw^{2}，№ 7377 音译作“[illegible]” bia^{1}。在西田先生的韵母构拟方案中，此二字分属第 1 摄第 4 韵类（1.4–2.4）uɦ 和第 4 摄第 18 韵类（1.18–2.15）a。

［14］如来（[illegible]），汉文本作“世尊”。

［15］焰摩天（[illegible]），汉文本作“苏焰摩天”。

［16］兜率天（[illegible]），汉文本作“兜率陀天”。

［17］乐变化天（[illegible]），汉文本作“善化天”。

［18］阎浮提王（[illegible]），№ 7377 疑脱“[illegible]”（提）字，此本与汉文本皆作。

［19］宰官，西夏译作“[illegible]”，字面意思是“大臣”。

［20］种姓，№ 411 作“[illegible]”（种种）。按，“[illegible]” mə^{2}（种）字于意不合，在此假借作“[illegible]” mə^{2}（姓），此二字为同音通假。参看 № 7377 正作“[illegible]”（姓种）。另，上文 17.16.6“大地种姓佛”西夏译作“[illegible]”（大地姓种佛）。

［21］卧具（[illegible]），№ 7377 作“[illegible]” lju^{1}（席）。“[illegible]” lju̱^{2}（卧具）和“[illegible]” lju^{1}（席）二字义相近、音相近，属近音通假中的“同一韵摄”。在西田先生的韵母构拟方案中，此二字皆为第 1 摄，分属第 7 韵类（1.7–2.6）ǐuɦ 和第 3 韵类（1.3–2.3）ǐuɦ。

［22］［27］饮食（[illegible]），№ 7377 作“[illegible]”（饮食）。按，“[illegible]” dzji^{2}（食）、“[illegible]” dzji^{1}（食）二字义相同、音相近，属近音通假中的“平上”对应。在西田先生的韵母构拟方案中，此二字皆为第 2 摄，分属第 11 韵类（1.11–2.10）iɦ，^{w}iɦ 和第 10 韵类（1.10–2.9）i。龚煌城先生在《西夏语的音韵转换与语音构拟》一文中指出：R.10（1.10–2.9）和 R.11（1.11–2.10）主要元音相同，① 介音无别，

① 龚煌城先生所引用的西夏语音是索孚洛诺夫（1968：II，pp.276~403）的拟音，对于第 10 韵和 11 韵的构拟西田龙雄与索孚洛诺夫并无二致。

也就是说这两个韵的韵母并没有什么区别。[①] 因此，我们把 2.10 与 1.10 列为“平上”对应。另，“药”字，№ 411 译作“[illegible]” sju^{2}（药），№ 7377 作“[illegible]” tser^{1}（医、治）。按，“[illegible]”（医、治）为动词，用在此二处不合语法，校改作名词“[illegible]”（药），是。

［23］边，№ 411 译作“[illegible]” nia̱^{2}（琉璃），№ 7377 作“[illegible]” bju^{2}（边）。

［24］汉文本“人”下有“天”字，西夏本未见。另，“优”字，№ 411 音译作“[illegible]” ·jiw^{1}［由］，№ 7377 音译作“[illegible]” ·jiw^{2}［由］，此二字皆属第 8 摄第 46 韵类（1.45–2.40）ĭəw，仅在声调不同，为平上对应的近音字。

［25］周遍无乏，西夏译作“[illegible][illegible][illegible][illegible]”，字面意思是“悉皆具足”。两者义通，仅在表述不同。

［26］香花，№ 411 译作“[illegible][illegible]”（［舍］花）。按，“[illegible]” śja^{1}［舍］字于意不合，在此假借作“[illegible]” śja^{1}（香），此二字为同音通假。参看 № 7377 正作“[illegible]”（香）。另见上文 17.59.6“妙香”，西夏译作“[illegible][illegible]”（妙香）。

［28］身诸毛孔，№ 411 译作“[illegible][illegible][illegible][illegible][illegible]”（身皆毛孔中）。按，“[illegible]” źji^{2}（皆）为副词，用在“[illegible]”（身）与“[illegible][illegible]”（毛孔）两个名词之间，不合西夏语法，在此假借作形容词“[illegible]”zjir^{2}（遍），此二字属近音通假中的“平卷舌”。在西田先生的韵母构拟方案中，此二字分属第 2 摄第 11 韵类（1.11–2.10）iɦ，^{w}iɦ 和第 18 摄第 82 韵类（1.79–2.72）ir。参看 № 7377 正作“[illegible][illegible][illegible][illegible][illegible]”（身遍毛孔中）。

西夏录文及对译：

17.61.4

[illegible]	[illegible]，	[illegible]	[illegible]	[illegible]	[illegible]	[illegible]	[illegible]：	[illegible]
tśhjɨ^{1}	zjọ^{2}	·ja^{-}	na^{1}	tha^{1}	·jij^{1}	dạ^{2}	jɨ^{2}	rjur^{1}
尔	时，	阿	难	佛	之	白	言：	世
[illegible]！	[illegible]	[illegible]	[illegible]	[illegible]	[illegible]	[illegible]	[illegible]	[illegible]

① 龚煌城：《西夏语言文字研究论集》，民族出版社，2005，第 89 页。

pju¹　thja¹　tsjir¹　do²　nia²　tsjij²　po¹　tjij¹　śjij¹
尊！　彼　　法　　处　菩　　萨　　菩　提　　成

尔时，阿难白佛言：世尊！彼法处菩萨成菩提

17.61.5

tja¹　wji²　rar²　ŋwu²　mo²　mjij²　ljij²　ŋwu²　lji¹
者，　过　去　　是　　耶？　未　　来　　是　　耶？

thji²　wji²　tsjij¹　rjijr²　rjur¹　kiej²　·u²　mjor¹　mja¹
是　　今　　他　　方　　世　　界　　中　现　　△

者，为过去耶？为未来耶？为今现在他方世界耶？

17.61.6

dźjij¹　tha¹　·ja‾　na¹　·jij¹　ji²　thji²　ɣa²　śjwo¹
住？　佛　阿　　难　　之　　告：　此　于　起

lji²　rjijr²　ɣa²　khji²　rjir²　tha¹　lhjij²　tjij¹　ɣa²
西　　方　　十　　万　　亿　　佛　　刹，　彼　于

佛告阿难：西方去此十万亿佛刹，彼有

17.62.1

rjur¹　kiej²　gji²　wjij²　mjij²　tja¹　źji²　lhejr²　tsjir¹
世　　界　　一　有　　名　　曰　　极　乐。　法

do²　phji²　khjiw²　thja¹　·u²　tha¹　dja²　we²　mjij²
处　比　　丘　　彼　　中　佛　　已　　成，　名

世界名曰极乐。法处比丘在彼成佛，

17.62.2

繎	燊	雄	讖	發	燊	雄	翈	緂
tja¹	mjɨ¹	pjụ¹	thjɨ²	wjɨ²	mjɨ¹	pjụ¹	tsjij²	tsjij²
曰	无	量，	是	今	无	量	菩	萨
毦	祀	蔽	纇	絉	緂	鼺	敍，	縫
niow¹	ɣiẹ²	mji¹	·ji¹	dzjwị¹	lhejr²	·wiọ¹	tɕjɨ¹	mjor¹
及	声	闻	众	恭	敬	围	绕，	现

号无量寿，今现在说法，无量菩萨及声闻众恭敬围绕。

17.62.3

禩	姦	綾。	灇	蒬！	羆	絆	祢	敗
tsjɨr¹	tshjij¹	djij²	·ja⁻	na¹	thja¹	tha¹	·jij¹	bji¹
法	说	△。	阿	难！	彼	佛	之	光
穒	燊	雄	裞	絹	頠	姦	敍	絹
swew¹	mji¹	pjụ¹	ŋew²	mjij¹	sew²	tshjij¹	tji²	mjij¹
明	无	量	数	无	思	议	可	不

阿难！彼佛光明普照佛刹无量无数不可思议，

17.62.4

絆	顮	絋	穢，	綖	纞	菸	姦，	羆
tha¹	lhjij²	zjir²	swew¹	ŋa²	sjij¹	ljow²	tshjij¹	thja¹
佛	刹	普	照，	我	今	略	说，	彼
敗	翍	嫩	絊	緂	尯	敍	靫	羰
bji¹	wjɨ²	rjijr²	khjã²	khja²	bẹ¹	ŋew²	njɨ²	sju²
光	东	方	恒	河	沙	数	等	如

我今略说，光照东方如恒河沙等国土，

17.62.5

顮	舵	帰	穢，	甍	㶧	蘂	嫩	絗
lhjij²	iọ¹	·u²	swew¹	zjɨr¹	lji²	lja¹	rjijr²	ljɨr¹
国	土	中	照，	南	西	北	方	四

dzjɨj² phju² khju¹ tsjɨ¹ źji² thja¹ wjɨ² sju² lew¹

维　上　下，　亦　皆　彼　如　是，　唯

南西北方四维上下，亦复如是，唯

17.62.6

rjur¹ tha¹ mər² tji¹ pju¹ me² ŋwu² kjɨ¹ ·wu²

诸　佛　本　愿　威　神　以　所　祐

bjɨj² rjɨr² niow¹ to² źji² swew¹ swew¹ thja¹ rjur¹

助　除　外，　悉　皆　耀　照。　彼　诸

除诸佛本愿威神所加，悉皆照烛。是诸

17.63.1

tha¹ bji¹ tjɨj¹ ·ja⁻ la² ·jij dzjɨj¹ zjɨj¹ tjɨj¹

佛　光，　或　一　寻　△　过　时，　或

·ja⁻ ·jiw¹ sjwɨ¹ rjar¹ rjɨr² njɨ¹ rjɨr² no¹ ·jiw¹

一　由　旬　远　乃　至　亿　那　由

佛光，或有加一寻者，或有加一由旬乃至亿那由

17.63.2

thow¹ ·jir² tụ¹ ·jiw¹ sjwɨ¹ rjar¹ tjɨj¹ tha¹ lhjɨj²

他　百　千　由　旬　远，　或　佛　国

zjɨr² źji² swew¹ ·ja⁻ na¹ thjɨ² wo² niow¹ ku¹

普　皆　照。　阿　难，　是　义　故，　则

他百千由旬光者，或普照佛刹者。阿难，以是义故，

17.63.3

骹	羧	憳	絆	慨	骹	豾	羸	豾
zjo²	mjɨ¹	pju̠¹	tha¹	niow¹	do²	mjij²	dju¹	mjij²
寿	无	量	佛	复	异	名	有，	名

纖	羧	憳	骹、	死	絎	骹、	豝	絎
tja¹	mjɨ¹	pju̠¹	bji¹	bju²	mjij¹	bji¹	zjij¹	mjij¹
曰	无	量	光、	边	无	光、	著	无

无量寿佛复有异名，谓无量光、无边光、无著

17.63.4

骹、	纮	絎	骹、	擬	席	亥	亥	骹、
bji¹	ɣie²	mjij¹	bji¹	swew¹	njij²	śjwo²	lju²	bji¹
光、	碍	无	光、	照	王	端	严	光、

羸	骹、	嬰	骹、	骹、	郋	紪	傓	豸
dzu¹	bji¹	de²	bji¹	bji¹	bjo̠¹	lew²	sew²	tshjij¹
爱	光、	喜	光、	光	观	可、	思	议

光、无碍光、光照王端严光、爱光、喜光、可观光、不思议

17.63.5

絎	骹、	縗	絎	骹、	憳	豟	叕	絎
mjij¹	bji¹	ŋwer¹	mjij¹	bji¹	pju̠¹	kar¹	tji²	mjij¹
不	光、	等	无	光、	量	称	可	不

骹、	刻	傜	豿	骹、	獦	傜	豿	骹、
bji¹	be²	·jwɨ¹	t–²	bji¹	lhji²	·jwɨ¹	t–²	bji¹
光、	日	映	蔽	光、	月	映	蔽	光、

光、无等光、不可称量光、映蔽日光、映蔽月光、

17.63.6

刻	獦	禰	骹、	煬	祁	祂	荒	骹。
be²	lhji²	·jij¹	bji¹	swew¹	lhjo¹	phji¹	sji²	bji¹
日	月	之	光	明	失	令	用	光。

thja2 ·jij1 bji1 swew1 gji1 sej1 wạ2 tha2 ɲia2
彼 之 光 明 清 净 广 大， 众

掩夺日月光。彼之光明清净广大，

17.64.1

tśhju ·jij1 ʑji2 lju2 njij1 de2 lhejr2 phji1 niow1
生 之 普 身 心 悦 乐 令 故，

dzjij2 tha1 lhjij2 ŋowr2 ŋowr2 ·u2 ŋwə2 we1 ·ja2
余 佛 刹 一 切 中 天、 龙、 夜

普令众生身心悦乐，复令一切余佛刹中天、龙、夜

17.64.2

khja2 ·ja⁻ sew2 lo1 nji2 ·jij1 tsji1 ʑji2 njij1
叉、 阿 修 罗 等 之 亦 皆 欢

ljij2 phji1 ·ja⁻ na1 ŋa2 sjwo2 tha1 ·jij1 bji1
悦 令。 阿 难！ 我 彼 佛 之 光

叉、阿修罗等皆得欢悦。阿难！我今开示彼佛光

17.64.3

swew1 ʑji2 phie2 nej2 ku1 ·ja⁻ kja2 wjij2
明 皆 开 示， 则 一 劫 愿

rar2 tsji1 tshjij1 sji1 pjụ2 njwi2 ŋa2
过 亦 说 尽 不 能 △。

明，满足一劫说不能尽。

17.64.4

niow¹	tśjɨ¹	·ja⁻	na¹	thja¹	zjo̱²	mji¹	pjụ¹	mjor¹
复	次	阿	难!	彼	寿	无	量	如

ljij²	·jij¹	rjur¹	ɣie̱²	mji¹	·ji¹	pjụ¹	dza²	ŋwu²
来	之	诸	声	闻	众	量	称	以

复次阿难！彼无量寿如来，诸声闻众不可称量

17.64.5

bju²	ljow²	nwə¹	tji²	mjij¹	lji¹	tji¹	tjij¹	phji²
边	际	知	可	不	也。	假	若	比

khjiw²	rjir²	no¹	·jiw¹	thow¹	·jir²	tụ¹	ŋew²	pjụ¹
丘	亿	那	由	他	百	千	数	量

知其边际。假使比丘满亿那由他百千数量，

17.64.6

djij²	dju¹	źji²	tha²	bo̱²	khjã²	ljij¹	me̱²	mjijr²
当	有，	皆	大	目	捷	连	神	通

·jij¹	dzju²	djij²	rjir¹	tji¹	tjij¹	bjij²	ɣa¹	dja²
自	在	当	得，	假	若	晨	朝	△

皆如大目捷连神通自在，于晨朝时

17.65.1

wor¹	tha²	tụ¹	rjur¹	kie̱²	zjir²	da̱²	tsej²	ljij¹
起	大	千	世	界	遍	游、	须	臾

𗾀　𗧀　𗸑　𗹉　𗤁　𗏁　𗈈　𗤁　𘝃
zjij¹　·ji²　mər²　do²　nji²　lja¹　thja¹　nji²　rjir²
时　　复　　本　　处　　至　　来，　彼　　等　　亿

周历大千世界、须臾之顷还至本处，彼经亿

17.65.2

𗁎　𗡪　𗳒　𘝃　𗑱　𗏇　𗀔　𘝃　𗤁
no¹　·jiw¹　thow¹　·jir²　tu̱¹　kjiw¹　kha¹　rjir²　nji²
那　　由　　他　　百　　千　　岁　　中　　乃　　至
𗁅　𗆅　𗭣　𘝃　𗤁　𗆠　𗆠　𘝃　𗯄
gju¹　dzjar²　ɣa²　rjir²　nji²　gu²　gu²　me²　mjijr²
度　　灭　　于　　乃　　至　　共　　共　　神　　通

那由他百千岁数

17.65.3

𗊮　𗥃　𗴫　𗤦　𗊲　𗱒　𗙴　𘃪　𗥅
ŋwu²　thjij²　kjir²　tśjo⁻　mji¹　pju¹　tha¹　·jij¹　yu¹
以　　何　　敢　　永　　无　　量　　佛　　之　　初
𗥆　𗵘　𗾔　𗪉　𘄴　𘝃　𗤁　𗎮　𗥄，
ljwu²　kha¹　rjur¹　ɣie̱²　mji¹　·ji¹　rjijr²　sej¹　bji²
会　　中　　诸　　声　　闻　　众　　欲　　计　　算，

欲共计算无量寿佛初会之中诸声闻众，尽其神力乃至灭度，

17.65.4

𗖵　𘝃　𗦻　𗵘　𗤝　𗖵　𗱒　𗁎、　𗑱
tsji¹　·jir²　phia²　kha¹　lew¹　tsji̱¹　pju¹　nwə¹　tu̱¹
亦　　百　　分　　中　　一　　亦　　不　　知、　千
𗦻　𘝃　𗑱　𗦻　𘝃　𗤁　𗈁　𗾔　𗁎
phia　·jir²　tu̱¹　phia　rjir²　nji²　·u²　po¹　nji¹
分　　百　　千　　分　　乃　　至　　邬　　波　　尼

于百分中不知其一、于千分百千分乃至邬波尼

17.65.5

𗾈	𗳒	𗭴	𗠝	𗱈	𗥃	𗈜	𗗙。	𗁮
śia¹	thã¹	phia	kha	tsji¹	lew¹	pju̱	nwə¹	·ja⁻
杀	昙	分	中	亦	一	不	知。	阿

𗅲!	𗥑	𗅳	𗙴	𗄛	𗙾	𗅲	𗨃	𗣓
na¹	dzjo̱¹	sju²	tha²	njow²	djɨj¹	na¹	·jar¹	khjɨ²
难!	譬	如	大	海	浅	深	八	万

杀昙分中亦不知其一。阿难！譬如大海深八万

17.65.6

𗉼	𗓽	𗅋	𗤁	𗅵,	𗡮	𗁨	𗣫	𗣫
ljɨr¹	tu̱¹	·jiw¹	sjwi¹	rjar¹	mej¹	ŋwu²	ŋa̱²	ŋa̱²
四	千	由	旬	远,	目	以	好	好

𗈥	𗱈	𗲲	𗈨	𗈜	𗗙。	𗥛	𗤿	𗰂
·ju̱¹	tsji¹	bju²	ljow²	pju̱	nwə¹	tji¹	tjij¹	gor¹
观	亦	边	际	不	知。	假	若	丈

四千由旬，以目极观不知边际。若有丈

17.66.1

𗫜	𗥃	𗡮	𗤥	𗈑	𗦮	𗥾	𗭴	𗾝,
kiej²	lew¹	mej²	biej²	dji¹	ŋwə¹	ɣa²	phia	wji¹
夫	一	毛	厘	分	五	十	分	为,

𗗙⁻	𗭴	𗈦	𗤿	𗙴	𗄛	𗤙	𗠝	𗗙⁻
·ja⁻	phia	dji²	lhjwi¹	tha²	njow²	zjɨr²	kha¹	·ja⁻
一	分	与	取	大	海	水	中	一

夫析一毛端为五十分，以其一分于大海中沾取一

17.66.2

𗷒	𗤙	𗤿	𗁮	𗅲!	𗾈	𗤙	𗷒	𗙴
gjiwr²	zjɨr²	lhjwi¹	·ja⁻	na¹	thja¹	zjɨr²	gjiwr²	tha²
滴	水	取。	阿	难!	彼	水	滴	大

𗼨	𘀗	𗟲	𗗙	𗥴	𗑝	𗧘	𗗙	𗾔
ŋjow²	rjir²	dzjọ¹	ku¹	ljɨ¹	kjɨ¹	rejr²	ljɨ¹	·ja⁻
海	与	譬，	则	何	所	多	也？	阿

滴。阿难！彼之水滴比于大海，何者为多？阿

17.66.3

𗼨	𗊱	𗓽	𗋽	𗺉	𗥴	𗥩	𗰜	𗣼
na¹	dạ²	tụ¹	·jiw¹	sjwɨ¹	rjar²	zjɨr²	lhjwi¹	thja¹
难	言：	千	由	旬	远	水	取，	彼

𗅁	𗀔	𗑱	𗵒	𗧭	𗍫	𗭪	𗤁	𗝿
tsjɨ¹	ɣiə¹	njij²	ŋwu²	niow¹	·ja⁻	phia	mej²	biej²
亦	稀	少	为，	而	一	分	毛	厘

难白言：假使取千由旬水，犹以为少，况以毛端一分

17.66.4

𗼨	𗥩	𗝿	𘀗	𗟲	𗥼	𗧘	𗋹	𗃛
ɣa²	zjɨr²	thja¹	rjir²	dzjọ¹	tji²	ljọ²	wjij²	tha¹
于	水	彼	与	譬	可	何	有！	佛

𗊱	𗾔	𗼨	𗢳	𗒹	𗤜	𗴢	𗴬	𗾿
dạ²	·ja⁻	na¹	·jij¹	jɨ²	tji¹	tjij¹	phji²	khjiw²
告	阿	难	之	谓：	假	使	比	丘

而可方之！佛告阿难：假使比丘

17.66.5

𗥩	𗧭	𗝿	𗏆	𗒹	𗓽	𗧘	𗱚	𘕕
rjir²	no¹	·jiw¹	thow¹	·jir²	tụ¹	ŋew²	pjụ¹	djij²
亿	那	由	他	百	千	数	量	当

𗣼	𗤁	𗤜	𘀗	𗢳	𗒹	𗵒	𗴢	𘝵
djụ¹	źji²	tha²	bọ²	khjã²	ljij¹	sju²	djij²	we²
有，	皆	大	目	捷	连	如	当	是，

满亿那由他百千数量，皆如大目捷连，

17.66.6

綖	殟	棇	彮	嫍	綬	緳	氇	縼
·jir²	tụ¹	no¹	·jiw¹	thow¹	kjiw¹	kha¹	źji²	gu²
百	千	那	由	他	岁	中	皆	共

羕	敊	燚	熢	緣	憗	稦	縗	縭
thja¹	zjọ²	mjǐ¹	pjụ¹	mjor¹	ljij²	·jij¹	yu¹	ljwu²
彼	寿	无	量	如	来	之	初	会

经百千亿那由他岁，皆共算数彼无量寿如来初会

17.67.1

祀	菽	彬	羅	蘒	縗	散	熢	纖
ɤiẹ²	mji¹	sej¹	bji¹	dja²	sjwij¹	ŋew²	pjụ¹	tja¹
声	闻	算	数	已	明	数	量	者

怴	舵	秇	羕	揚	厳	秌	敊	燚
mej²	biej²	tśhja¹	zjir²	·ja⁻	gjiwr²	sju²	dzjij²	pjụ¹
毛	毫	上	水	一	滴	如	余	不

声闻，所知数量如彼毛端一滴之水，余不

17.67.2

觚	纖	散	犞	羕	秌	蔑	貐	缪
nwə¹	tja¹	tha²	ŋjow²	zjir²	sju²	rjur¹	po¹	tsa¹
测	者	大	海	水	如	诸	菩	萨

蘒	郊	缪	岢	羕	縌	秌	彬	羅
ma²	ŋa²	tsa¹	tsji¹	thja¹	wji²	sju²	sej¹	bji¹
摩	诃	萨	亦	彼	犹	如	算	计

测者犹如大海。诸菩萨摩诃萨众亦复如是，非以算计

17.67.3

赦	觚	叕	緷	散	縀	蘒	羕	絆
ŋwu²	nwə¹	tji²	mjij¹	lji¹	·ja⁻	na¹	thja¹	tha¹
以	知	可	不	也	阿	难	彼	佛

䎫	䋽	㲾	䠼	㲽	䋞	㲽	䎫	䎮
zjọ²	tsew²	mji¹	pjụ¹	bju²	mjij¹	kja²	ŋew²	ŋwu²
寿	量	无	量	边	无，	劫	数	以

之所能知。阿难！彼佛寿命无量无边，不可知其劫数

17.67.4

䄲	㲅	㳰	㲾	㲽	䎮	䄍	䄃、	䊏
dźjo¹	wjij¹	nwə¹	tjị²	mjij¹	ljɨ¹	ɣiẹ²	mji¹	tsjij²
长	短	知	可	不	也；	声	闻、	菩

㲴	㳷	㲊	䥺	䐀	䄼	䎫	䋽	㲀
tsjij²	niow¹	rjur¹	dzjwo²	mə¹	·jij¹	zjọ²	tsew²	tsjɨ¹
萨	及	诸	天	人	之	寿	量	亦

多少；声闻、菩萨及诸天人寿量亦尔。

17.67.5

䍞	䍦	䑎	䋅	䒨	䌺	䄼	䍕	㲡
thja¹	wjɨ²	sju²	·ja⁻	na¹	tha¹	·jij¹	dạ²	ji²
彼	犹	如。	阿	难	佛	之	言	曰：

㿟	䍧	䍞	䌺	㿟	㲾	䑠	䍇	䍊
rjur¹	pjụ¹	thja¹	tha¹	rjur¹	to²	śja²	ɣa²	śjwo¹
世	尊！	彼	佛	世	出	现	于	起

阿难白佛言：世尊！彼佛出世于今几时，

17.67.6

䑕	㲾	䍊	㲾	䒄	䌼	䒊	㲞	䌾，
thjɨ²	wjɨ²	ɣa²	kji¹	nji²	wa²	dzjɨj¹	zjɨj¹	we²
此	刻	于	乃	至	何	时	时	为，

䑕	䑎	䎫	䋽	㲾	䠼	䒀	䎜？	㲾
thjɨ²	sju²	zjọ²	tsew²	mji¹	pjụ¹	tshjɨj¹	nja²	tha¹
是	如	寿	量	无	量	能	△？	佛

能得如是无量寿命？佛

17.68.1

嬼	蘿	孤	劦 :	羆	绯	豥	韭	䶄
·ja⁻	na¹	·jij¹	ji²	thja¹	tha¹	wjɨ²	we̱¹	ɣa²
阿	难	之	告 :	彼	佛	△	生	于

祘	臧	絭	䶄	絭	皫	皲	蔽	裆
śjwo¹	thjɨ²	wjɨ²	ɣa²	kjɨ¹	njɨ²	ɣa²	kja²	tśjij¹
起	此	刻	于	乃	至	十	劫	正

告阿难：彼佛受生经今十劫。

17.68.2

翎 。	嬼	蘿 !	羆	緉	羁	崴	崕	絭
we²	·ja⁻	na¹	thja¹	źji²	lhejr²	rjur¹	kiej²	mjɨ¹
为 。	阿	难 !	彼	极	乐	世	界	无

嶵	绊	賗	颊	绮	絭	皲	隠	惵
pju¹	tśhja²	·iow¹	ŋowr²	lhə⁻	śjwo²	tshjij²	lhjɨj²	·u²
量	德	功	具	足	庄	严	国	中

复次阿难！彼极乐界无量功德具足庄严，国土

17.68.3

羁	䶄 ,	隣	腠	絭	皲 ,	嫅	瓿	嬰
nej²	źiejr²	dzjwo²	mə¹	wejr¹	ljij¹	njɨj¹	phji¹	de²
安	居 ,	人	天	茂	盛 ,	心	意	喜

羁 ,	皫	氍	羁	氆 ,	貖	瓻	疏	牃
lhejr²	·ju²	no²	nej²	rjir¹	dji¹	jij²	sju²	dzju²
乐 ,	常	安	稳	得 ,	地	狱 、	畜	生

丰稳，天人炽盛，志意和适，常得安隐，无有地狱、畜生

17.68.4

惄	羚	敞	席	崕	祇	絹 。	惄	牋
niow¹	·ja²	mo²	njij²	kiej²	źji²	mjij¹	niow¹	mə²
及	琰	魔	王	界	皆	无 。	及	种

糁	蘥	庞	庞	瓞	䌛,	糁	糁	飐
mə²	śja¹	rjur¹	rjur¹	me̱¹	lew²	mə²	mə²	thjọ¹
种	香	处	处	馥	芬,	种	种	妙

及琰魔王界。有种种香周遍芬馥，种种妙

17.68.5

㷎	祇	禐	龘	鸁。	薋	敠	敠	庞
wja¹	to²	źji²	sjir¹	swu²	śja¹	lji̱¹	dźjow¹	rjur¹
花	尽	皆	充	满。	七	宝	幢	诸

庞	烤	嫰,	羗	敠	敩	秕	庞	雞
rjur¹	bio¹	khji̱²	thja¹	lji̱¹	dźjow¹	ɣa²	rjur¹	lji̱¹
诸	行	列,	其	宝	幢	上	诸	幡

花亦皆充满。有七宝幢周布行列，其宝幢上悬诸幡

17.68.6

龘	烛	嫲	敠	䶊	释,	絕	砥	庞
ɣja²	niow¹	·ji¹	lji̱¹	·jur²	·o¹	·jir²	tụ¹	rjur¹
盖	及	众	宝	铃	悬,	百	千	诸

飐	糁	嫲	觓	絎。	嫐	龍!	羗	绛
thjọ¹	mə²	tsə¹	ŋowr²	lhə⁻	·ja⁻	na¹	thja¹	mjor¹
妙	杂	色	具	足。	阿	难!	彼	如

盖及众宝铃，具足百千诸妙杂色。阿难！彼如

17.69.1

㷎	隳	帰	庞	敠	羋	㳀,	蘱	稀
ljij²	lhjij²	·u²	rjur¹	lji̱¹	phu²	rejr²	tjij¹	kie¹
来	国	中	诸	宝	树	多,	或	金

蒏、	絀	释、	嫼	嬎、	敪	諰	纹	琶、
nər²	ŋwo²	phiow¹	nia²	ɣji̱¹	pho¹	lji¹	nji²	njij¹
黄、	银	白、	琉	璃、	颇	梨	珠	赤、

来国多诸宝树，或纯黄金、白银、琉璃、颇梨、赤珠、

17.69.2

𗹙	𗱲、	𗾭	𗙷，	𗋽	𗰖	𗶇	𗸮	𗑣
nji²	kjɨ¹	ɤjiw²	phu²	dźjij¹	dzu²	lew¹	ljij¹	tjij¹
珠	玛、	玉	树，	唯	立	一	宝	独

𗔀	𗇤	𗥃	𗸮	𘄒	𗄽	𗰜，	𗡪	𗡪
ŋwu²	śjij¹	dzjij²	ljij¹	rjir²	mji¹	lwu¹	tśhiow¹	tśhiow¹
以	成	余	宝	与	不	杂，	或	或

马瑙、玉树，唯一宝成不杂余宝，或

17.69.3

𗣀	𗸮	𗥑	𗹙	𗥹	𗸮	𗔀	𗰀	𗍫
njɨ¹	ljij¹	rjir²	nji²	śja¹	ljij¹	ŋwu²	śjwo²	tshjij²
二	宝	乃	至	七	宝	以	庄	严。

𗍁	𗷋！	𗢳	𗥉	𗄹	𗙷	𗤙，	𗄹	𗔀
·ja⁻	na¹	thja¹	·u²	kie¹	phu²	tja¹	kie¹	ŋwu²
阿	难！	彼	中	金	树	者，	金	以

以二宝乃至七宝庄严。阿难！彼金为树者，以金

17.69.4

𗢦	𗥢	𗥾，	𗁬	𗔀	𗒹	𘄒	𗧤	𗭪
tśhji²	kạ²	we²	ŋwo²	ŋwu²	bạ²	niow¹	wja¹	mjạ¹
根	茎	为，	银	以	叶	及	花	果

𗥾。	𗁬	𗙷	𗤙，	𗁬	𗔀	𗢦	𗥢	𗥾
we²	ŋwo²	phu²	tja¹	ŋwo²	ŋwu²	tśhji²	kạ²	we²
为。	银	树	者，	银	以	根	茎	为，

为根茎，白银为叶及以花果。白银之树，银为根茎，

17.69.5

𗄹	𗔀	𗒹	𘄒	𗧤	𗭪	𗥾	𗹙	𗱲
kie¹	ŋwu²	bạ²	niow¹	wja¹	mjạ¹	we²	nji²	kjɨ¹
金	以	叶	及	花	果	为。	珠	玛

phu²	tja¹	nji²	kji¹	ŋwu²	tśhji²	kạ²	we²	ɣjiw²
树	者，	珠	玛	以	根	茎	为，	玉

黄金为叶及以花果。马瑙之树，马瑙根茎，美玉

17.69.6

ŋwu²	bạ²	niow¹	wja¹	mja¹	we²	thjo¹	ɣjiw²	phu²
以	叶	及	花	果	为。	美	玉	树

tja¹	ɣjiw²	ŋwu²	tśhji²	kạ²	we²	śjạ¹	lji¹	ŋwu²
者，	玉	以	根	茎	为，	七	宝	以

为叶及以花果。美玉树者，玉为根茎，七宝

17.70.1

bạ²	niow¹	rjur¹	wja¹	mja¹	we²	tśhiow¹	tśhiow¹	kie¹
叶	及	诸	花	果	为。	或	或	金

phu²	kie¹	ŋwu²	tśhji²	we²	ŋwo²	ŋwu²	kạ²	we²
树，	金	以	根	为，	银	以	茎	为，

为叶及诸花果。或有金树，黄金为根，白银为茎，

17.70.2

nia²	ɣjɨ¹	ŋwu²	war²	we²	pho¹	lji¹	ŋwu²	śiew¹
琉	璃	以	枝	为，	玻	璨	以	条

we²	nji²	njij¹	ŋwu²	bạ²	we²	nji²	kji¹	ŋwu²
为，	珠	赤	以	叶	为，	珠	玛	以

琉璃为枝，颇梨为条，赤珠为叶，马瑙

17.70.3

𗵷	𗼆	𗾅	𗴄	𗰜	𗼆	𗏵	𗏵	𗴾
wjạ¹	we²	ɣjiw²	ŋwu²	mjạ¹	we²	tśhiọw¹	tśhiọw¹	ŋwo²
花	为,	玉	以	果	为。	或	或	银

𗰔	𗴄	𗓟	𗼆	𗫂	𗴄	𗎁	𗼆	𗄑
phu²	ŋwu²	tśhji²	we²	kie¹	ŋwu²	kạ²	we²	dzjij²
树,	以	根	为,	金	以	茎	为,	余

为花，美玉为果。或有银树，以银为根，黄金为茎，余

17.70.4

𗴄	𗀸	𗾅	𗗚	𗼜	𗘂	𗒘	𗫂	𗰔
ŋwu²	war²	mjạ¹	njɨ¹	tja¹	wer¹	śjij¹	kie¹	phu²
以	枝	果	等	装	饰	顺	金	树

𗼧	𗹦	𗬊	𗸰	𗰔	𗎿	𗬊	𗸰	𗴄
rjir²	ləw²	niạ²	ɣjɨ¹	phu²	tja¹	niạ²	ɣjɨ¹	ŋwu²
与	同。	琉	璃	树	者,	琉	璃	以

枝果等饰同金树。琉璃树者，琉璃

17.70.5

𗓟	𗼆	𗫂	𗴄	𗎁	𗼆	𗾅	𗴄	𗀸
tśhji²	we²	kie¹	ŋwu²	kạ²	we²	ŋwo²	ŋwu²	war²
根	为,	金	以	茎	为,	银	以	枝

𗼆	𗀘	𗫴	𗗚	𗴄	𗼆	𗋑	𗘂	𗘂
we²	ljɨ¹	pho¹	ljɨ¹	ŋwu²	śiew¹	we²	nji²	njij¹
为	也,	颇	梨	以	条	为,	珠	赤

为根，黄金为茎，白银为枝，颇梨为条，赤珠

17.70.6

𗴄	𗀸	𗼆	𗘂	𗶷	𗴄	𗵷	𗼆	𗾅
ŋwu²	war²	we²	nji²	phe¹	ŋwu²	wjạ¹	we²	ɣjiw²
以	叶	为,	珠	玛	以	花	为,	玉

ŋwu²	mja̱¹	we²	pho¹	lji¹	nji²	ɣiej¹	nji²	kji̱¹
以	果	为。	颇	梨、	珠	真、	珠	玛

为叶，马瑙为花，美玉为果。颇梨、真珠、马瑙

17.71.1

nji²	phu²	rjur¹	lji̱¹	ŋwu²	tśji¹	bju¹	tja¹	wer¹
等	树，	诸	宝	以	次	依	装	饰

śjij¹	tja¹	źji²	nia²	ɣji̱¹	phu²	rjir²	ləw²	niow¹
顺	者	皆	琉	璃	树	与	同。	复

等树，诸宝转饰皆若琉璃。复

17.71.2

ɣjiw²	phu²	tja¹	ɣjiw²	ŋwu²	tśhji²	we²	kie¹	ŋwu²
玉	树	者，	玉	以	根	为，	金	以

ka̱²	we²	ŋwo²	ŋwu²	war²	we²	nia²	ɣji̱¹	ŋwu²
茎	为，	银	以	枝	为，	琉	璃	以

有玉树，玉为其根，黄金为茎，白银为枝，琉璃

17.71.3

śiew¹	we²	pho¹	lji¹	ŋwu²	ba̱²	we²	nji²	njij¹
条	为，	颇	梨	以	叶	为，	珠	赤

ŋwu²	wja̱¹	we²	nji²	kji̱¹	ŋwu²	mja¹	we²	niow¹
以	花	为	珠	玛	以	果	为。	复

为条，颇梨为叶，赤珠为花，马瑙为果。复

17.71.4

絿	䏆	䏞	䏊	䏘	䏘	䉣	䑆	䏸
mji¹	pju¹	mo²	nji¹	nji²	nji²	lji¹	śjwo²	tshjij²
无	量	摩	尼	珠	等	宝	庄	严

羢	䏮	䑜	䏿	䑁	䑅	䑁	䒝	䉣
phu²	thja¹	lhjij²	io¹	zjir²	sə¹	thja¹	rjur¹	lji¹
树,	其	国	土	周	遍。	其	诸	宝

有无量摩尼珠等宝庄严树,周遍其国。是诸宝

17.71.5

羢	䏞	㑮	䑒	䑒	䑅	䘭	䌿	㛧,
phu²	bji¹	swew¹	rjij²	rjij²	rjur¹	kha¹	dzjo̜¹	mjij¹
树	光	辉	赫	奕	世	中	比	无,

𧾷	䉣	㲉	䑺	䑁	䑟	䏠	䚟,	䑁
śja¹	lji¹	rer²	ŋwu²	thja¹	tśhja¹	lə¹	ɣja²	thja¹
七	宝	网	以	其	上	而	覆,	其

树光辉赫奕世无能比,以七宝罗网而覆其上,其

17.71.6

㲉	䊒	䐱	䑳	麷	䉱	㼛	㺍。
rer²	wə¹	lhji¹	tu¹	lo¹	bə¹	mej²	sju²
网	柔	软	兜	罗	绵	绵	如。

网柔软如兜罗绵。

汉译文:

尔时,阿难白佛言:世尊!彼法处菩萨成菩提者,为过去耶?[1]为未来耶?为今现在他方世界耶?佛告阿难:西方去此十万亿佛刹,彼有世界名曰极乐。法处比丘在彼成佛,号无量,[2]今现在说法,无量菩萨及声闻众恭敬围绕。阿难!彼佛光明普照佛刹无量无数不可思议,我今略说,[3]光照东方如恒河沙等国土,南西北方四维上下,亦复如是,唯除诸佛本愿威神所加,悉皆照烛。[4]是诸佛光,或有加一寻者,[5]或有加一由旬乃至亿

那由他百千由旬光者，或普照佛刹者。阿难，以是义故，无量寿佛复有异名，谓无量光、无边光、无著光、无碍光、照王端严光、^[6]爱光、喜光、可观光、不思议光、无等光、不可称量光、映蔽日光、映蔽月光、掩夺日月光。彼之光明清净广大，普令众生身心悦乐，复令一切余佛刹中天、龙、夜叉、阿修罗等皆得欢悦。阿难！我今开示彼佛光明，满足一劫说不能尽。

复次阿难！彼无量寿如来，诸声闻众不可称量知其边际。假使比丘满亿那由他百千数量，皆如大目揵连神通自在，于晨朝时周历大千世界、须臾之顷还至本处，彼经亿那由他百千岁数欲共计算无量寿佛初会之中诸声闻众，尽其神力乃至灭度，于百分中不知其一、于千分百千分乃至邬波尼杀昙分中亦不知其一。阿难！譬如大海深八万四千由旬，以目极观不知边际。若有丈夫析一毛端为五十分，以其一分于大海中沾取一滴。阿难！彼之水滴比于大海，何者为多？阿难白言：假使取千由旬水，犹以为少，况以毛端一分而可方之！

佛告阿难：假使比丘满亿那由他百千数量，皆如大目揵连，经百千那由他岁，^[7]皆共算数彼无量寿如来初会声闻，所知数量如彼毛端一滴之水，余不测者犹如大海。诸菩萨摩诃萨众亦复如是，非以算计之所能知。阿难！彼佛寿命无量无边，不可知其劫数多少；声闻、菩萨及诸天人寿量亦尔。阿难白佛言：世尊！彼佛出世于今几时，能得如是无量寿命？佛告阿难：彼佛受生经今十劫。复次阿难！彼极乐界无量功德具足庄严，国土丰稔，天人炽盛，志意和适，常得安隐，无有地狱、畜生及琰魔王界。有种种香周遍芬馥，种种妙花亦皆充满。有七宝幢周布行列，^[8]其宝幢上悬诸幡盖及众宝铃，具足百千诸妙杂色。阿难！彼如来国多诸宝树，或纯黄金、白银、琉璃、颇梨、赤珠、马瑙、玉树，唯一宝成不杂余宝，或以二宝乃至七宝庄严。阿难！彼金为树者，以金为根茎，白银为叶及以花果。白银之树，银为根茎，黄金为叶及以花果。马瑙之树，马瑙根茎，美玉为叶及以花果。美玉树者，玉为根茎，七宝为叶及诸花果。或有金树，黄金为根，白银为茎，琉璃为枝，颇梨为条，赤珠为叶，马瑙为花，美玉为果。或有银树，以为根，^[9]黄金为茎，余枝果等饰同金树。琉璃树者，琉璃为根，黄金为茎，白银为枝，颇梨为条，赤珠为叶，马瑙为花，美玉为果。颇梨、真珠、马瑙等树，诸宝转饰皆若琉璃。复有玉树，玉为其根，黄金为茎，白银为枝，琉璃为条，颇梨为叶，赤珠为花，马瑙为果。复有无量摩尼珠等宝庄严树，周遍其国。是诸宝树光辉赫奕世无能比，以七宝罗网而覆其上，其网柔软如兜罗绵。

注释：

[1] 耶，№ 411 译作"畋"[摩]。按，"畋"mo^2[摩]字于意不合，在此假借作"瓥"mo^2（乎、耶），此二字为同音通假。参看 № 7377 正作"瓥"（乎、耶）。

[2] 汉文本句下有"寿"字。

[3] 略说，西夏译作"菽豹"（边说）。按，"菽"ljow^2（边）字于意不合，在此假借作"酼"ljow^2（微），此二字为同音通假。参看下文 18.21.5"略说"，西夏译作"酼酼瓻豹"（微略乃说）。

[4] 照烛，西夏译作"傷懱"，字面意思是"照耀"。

[5] 或有加一寻者，№ 411 译作"羬杨觲戏祓祕"（或一寻△过时）。"祓"zjij^1（时）字于意不合，在此假借作"酼"zjij^1（若干），此二字为同音通假。参看 № 7377 正作"羬杨觲戏祓酼"（或一寻△过许）。

[6] 汉文本句上有"光"字，西夏本未作。

[7] 汉文本"百千"下有"亿"字。

[8] 行列（綵緻），№ 7377 作"綵毗"（行陡）。按，"毗"khji^2（陡）字于意不合，在此假借作"緻"khji^2（列），此二字为同音通假。

[9] "以"（赦）下脱"银"（綐）字，汉文本作"以银为根"。

西夏录文及对译：

17.72.1

恻	粼	籔	龖！	骸	鉖	憏	緈	貊
niow^1	tśji^1	·ja$^-$	na^1	zjo̱^{2}	mji^1	pju^1	tha^1	po^1
复	次	阿	难！	寿	无	量	佛	菩

鉖	羘	絣	絲	毛	骸	絮	緻	廗
tjij^1	phu^2	dzu̱^{2}	bji^2	bjij^2	ɣa^2	tśhjiw^1	rjir^2	·jiw^1
提	树	植，	下	高	十	六	亿	由

复次阿难！无量寿佛有菩提树，高十六亿由

17.72.2

𗼻	𗣼,	𗪒	𗼟	𗉳	𗉵	𗿒	𗋽	𗥃
sjwɨ¹	rjar¹	phu²	ka̱²	bji²	bjij²	ŋwə¹	tu¹	·jiw¹
旬	远，	树	茎	下	高	五	千	由

𗼻	𗣼,	𗴒	𗗼	𗑗	𗾈	𗿈	𗒀	𗇦。
sjwɨ¹	rjar¹	tshjɨj¹	mja¹	tsjɨ¹	thji²	rjir²	·ja⁻	tjɨj²
旬	远，	细	粗	亦	此	与	一	样。

旬，枝叶垂布八亿由旬。树本隆起高五千由旬，周圆亦尔。

17.72.3

𗗙	𗢯	𗧰	𗒀	𗑣	𗵽	𗤶	𗉾	𗋽
war²	ba̱²	wja̱¹	mja¹	·ju²	mjɨ¹	pju¹	·jir²	tu¹
枝	叶	花	果	常	无	量	百	千

𗵣	𗵣	𗤟	𗤶	𗱯,	𗀔	𗵼	𗑑	𗫴
mə²	mə²	thjo̱¹	tsə¹	·o¹	niow¹	rjur¹	kiwej²	lji¹
种	种	妙	色	有，	及	诸	珍	宝

其条叶花果常有无量百千种种妙色，及诸珍宝

17.72.4

𗥃	𗣼	𗈁	𗀔	𗆧,	𗾈	𗧥	𗾟	𗉳
ŋwu²	rjar¹	gjij¹	śjwo²	tshjɨj²	thji²	tja¹	lhji²	bji¹
以	殊	胜	庄	严，	此	者	月	光

𗵣	𗣳	𗫴、	𗵻	𗓁	𗅳	𗿅	𗨺	𗫴、
mo²	nji¹	lji¹	śji²	kja¹	phji¹	lẽ¹	khja²	lji¹
摩	尼	宝、	释	迦	毘	楞	伽	宝、

殊胜庄严，谓月光摩尼宝、释迦毘楞伽宝、

17.72.5

𗀏	𗥤	𗵣	𗣳	𗫴、	𗢆	𗑐	𗣖	𗧰
njij¹	njij²	mo²	nji¹	lji¹	ŋjow²	·u²	lju¹	rar²
心	王	摩	尼	宝、	海	中	流	注

皴	祓	皴	祇	皴	傷	纎	縏	鍬
mo²	nji¹	lji¹	ŋwu²	bji¹	swew¹	nji²	swew¹	dzjwo²
摩	尼	宝，	以	光	辉	遍	照	人

心王摩尼宝、海乘流注摩尼宝，光辉遍照超过人

17.72.6

胅	穮	祗。	羠	庬	牂	祕	庬	穮
mə¹	su¹	dzjij¹	thja¹	rjur¹	phu¹	tśhja¹	rjur¹	kie¹
天	超	过。	其	诸	树	上	诸	金

庻	狋	皴	殶	祋	皴	庬	庬	弨
wjij²	·o¹	lji¹	·jir²	rer²	xjwij²	rjur¹	rjur¹	śjwo²
锁	垂	宝	璎	珞	悬	处	处	庄

天。于其树上有诸金锁垂宝璎珞周遍庄

17.73.1

祓，	颣	纎	祋	蕿	覀	皴、	霏	弨
tshjij²	thji²	tja¹	lu¹	tśja¹	kja²	lji¹	ba¹	tshow¹
严，	此	者	卢	遮	迦	宝、	末	瑳

皴，	愫	殶	祥	瓻	纎	弦	穮	鞁
lji¹	niow¹	njij¹	phiow¹	ŋwər¹	tsə¹	nji²	ɣiej¹	nji²
宝，	及	赤	白	青	色	珠	真	等

严，谓卢遮迦宝、末瑳宝，及赤白青色真珠等

17.73.2

皴	祇	殶	祋	緆。	鞁	殤	鼬	鴋
lji¹	ŋwu²	·jir²	rer²	we²	ka²	tśjij²	djij²	tśiow¹
宝	以	璎	珞	为。	师	子	云	聚

皴	鞁	祇	庻	緆，	庬	皴	藂	觑
lji¹	nji²	ŋwu²	wjij²	we²	rjur¹	lji¹	dzji²	kiwej¹
宝	等	以	锁	为，	诸	宝	柱	装

宝以为璎珞。有师子云聚宝等以为其锁，饰诸宝柱。

17.73.3

㒖。	㳖	䤄	䄄	㢈	䄄	䥄	㺄	㞪
wer¹	niow¹	kie¹	ɣiej¹	nji²	dza¹	lji¹	ʑju¹	khu¹
饰。	又	金	真	珠	杂	宝	铃	铎
䄄	䄄	㦖	䥄	䄄	㢈	䄄	㢈	㢈
ŋwu²	rer²	we²	lji¹	wjij²	śjwo²	tshjij²	thja¹	tśhja
以	网	为，	宝	锁	庄	严	其	上

又以纯金真珠杂宝铃铎以为其网，庄严宝锁弥覆其上，

17.73.4

㦖	㺄，	㢈	䥄	㦖	㢈	㢈	㦖	䥄
lə¹	ɣja²	pho¹	lji¹	khji²	dji²	lhji²	pha¹	lji¹
弥	覆，	颇	梨	万	字	月	半	宝
㢈	·㦖	㢈	㦖	㦖，	㢈	㺄	䥄	㦖
nji²	·jij¹	gu²	dźjwɨ¹	tja¹	zjir¹	lji¹	lji¹	mju²
等	自	互	相	饰，	微	风	吹	动

以颇梨万字半月宝等互相饰，微风吹动

17.73.5

㦖	㦖	㢈	㦖，	㢈	㦖	㺄	㺄	㢈
mə²	mə²	ɣiẹ²	to²	tụ¹	rjur¹	kiẹj²	·u²	rjur¹
种	种	声	出，	千	世	界	中	诸
㺄	㢈	㢈	㢈	㦖	㦖	㦖	㦖，	㦖
ɲia²	tśhju¹	nji²	·jij¹	dzu¹	do²	pha¹	bju¹	ʑji²
众	生	等	之	乐	差	别	随，	甚

出种种声，令千世界诸众生等随乐差别，于甚

17.73.6

㦖	㢈	㺄	㢈	㦖	㢈	㦖	㺄。	㦖
na¹	tsjir¹	ɣa²	wẹ¹	mjij¹	zẹw²	ljạ²	phji¹	·ja⁻
深	法	于	生	无	忍	证	令。	阿

蕥！	羆	覼	窥	覠	帰	慶	糊	㕔
na¹	thja¹	tụ¹	rjur¹	kiej²	·u²	rjur¹	ɲia²	tśhju¹
难！	彼	千	世	界	中	诸	有	情

深法证无生忍。阿难！彼千世界诸有情

17.74.1

鞍	瀡	祀	蓹	慨，	慨	㣮	燃	繙
nji²	thji²	ɣie²	mji¹	niow¹	mji¹	lhji¹	lhjwo¹	źji²
等	此	音	闻	已，	不	退	转	无

纮	貓	歒	愆，	慨	燚	峰	骹	绢
phju²	po¹	tjij¹	dźjij¹	niow¹	mji¹	pjụ¹	ŋew²	mjij¹
上	菩	提	住，	及	无	量	数	无

等闻此音已，住不退转无上菩提，及无量无数

17.74.2

糊	㕔	裴	绢	禩	豺	飛。
ɲia²	tśhju¹	wẹ¹	mjij¹	tsjir¹	zẹw²	rjir²
有	情	生	无	法	忍	得。

有情得无生法忍。

17.74.3

慨	鐖	獭	蕥！	刻	羲	糊	㕔	貓
niow¹	tśjɨ¹	·ja⁻	na¹	tjɨ¹	tjij¹	ɲia²	tśhju¹	po¹
复	次	阿	难！	如	若	众	生	菩

歒	莘	荿、	祀	蓹、	瞱	豺、	愆	婻
tjij¹	phu²	ljij²	ɣiẹ²	mji¹	lji²	dwewr²	mja⁻	wji¹
提	树	见、	声	闻、	香	嗅、	果	味

复次阿难！若有众生见菩提树、闻声、嗅香、尝其果味、

17.74.4

kji¹	·ju¹	bji¹	rar²	khju¹	rar²	phu²	tśhja²	·iow¹
所	尝、	光	影	下	过、	树	德	功

ljɨr²	thji²	·jiw¹	niow¹	bju¹	djij²	phã¹	ɣa²	kji¹
念，	此	因	缘	由	涅	槃	于	乃

触其光影、念树功德，由此因缘乃至涅槃，

17.74.5

nji²	ŋwə¹	tśhji²	ŋo²	mjij¹	njij¹	mji¹	ŋewr¹	khiẹ¹
至，	五	根	患	无，	心	无	乱	散，

źji²	·ja⁻	dụ²	tow¹	lo¹	sã¹	mjiw²	sã¹	po¹
皆	阿	耨	多	罗	三	藐	三	菩

五根无患，心无散乱，皆于阿耨多罗三藐三菩

17.74.6

tjij¹	ɣa²	mji¹	lhji¹	lhjwo¹	rjir²	niow¹	thja¹	po¹
提	于	不	退	转	得。	复	彼	菩

tjij¹	phu²	ljij²	niow¹	ku¹	sọ¹	mə²	zẹw²	rjir²
提	树	见	故，	则	三	种	忍	获。

提得不退转。复由见彼菩提树故，获三种忍。

17.75.1

sọ¹	tja¹	thjij²	sjo²	lew¹	tja¹	ɣiẹ²	bju¹	zẹw²
三	者	何	云？	一	者	声	随	忍，

楄	纖	濑	灉	剶,	散	纖	非	絗
nji̱¹	tja¹	śjij¹	bju¹	zew²	so̱¹	tja¹	we̱¹	mjij¹
二	者	顺	随	忍,	三	者	生	无

何等为三？一者随声忍，二者随顺忍，三者无生

17.75.2

禠	剶。	旘	纖	散	焱	嶒	羊	孺
tsjɨr¹	zew²	thji²	tja¹	zjo̱²	mji̱¹	pju̱¹	tha¹	·jij¹
法	忍。	此	者	寿	无	量	佛	之

磉	辍	敠	烋	瓶	縦	赦,	慨	羪
mər²	tji¹	pju̱¹	me̱²	·wu²	bjij²	ŋwu²	niow¹	njwo²
本	愿	威	神	祐	助	以,	及	往

法忍。此皆无量寿佛本愿威神见所加，及往

17.75.3

瓲	牖	祈	蒂,	絗	鏻	焱	絗、	桅
rjɨr²	djo̱²	mjij¹	sej¹	dzjo̱²	ka̱r¹	tji²	mjij¹	to²
△	修	闲	静,	譬	量	处	无、	悉

桅	蘵	旰、	牖	散	纖、	纖	鞊	纖、
źji¹	–	dzji̱²	djo̱²	dzji̱²	njwi²	ɣjiw¹	ɣiwej¹	njwi²
皆	全	俱、	修	习	善、	摄	受	善、

修静虑，无比喻故、无缺减故、善修习故、善摄受故、

17.75.4

蘏	纖	纖	縦	散。
śjɨj¹	·jiw²	njwi²	nio̱w¹	lji̱¹
成	就	善	故	也。

善成就故。

17.75.5

嬲	嬔	矛	濊	菇	蒯	詨	斊	磢	瓡
tha²	lji̱¹	tśiow¹	lwər²	lhejr²	–	ya²	śja̱¹	tsew²	lej¹
大	宝	积	契	经	卷	十	七	第	石

《大宝积经》卷第十七　石

汉译文：

复次阿难！无量寿佛有菩提树，高十六亿由旬。[1]树本隆起高五千由旬，周圆亦尔。[2]其条叶花果常有无量百千种种妙色，及诸珍宝殊胜庄严，谓月光摩尼宝、释迦毘楞伽宝、心王摩尼宝、海乘流注摩尼宝，[3]光辉遍照超过人天。于其树上有诸金锁垂宝璎珞周遍庄严，谓卢遮迦宝、末瑳宝，及赤白青色真珠等宝以为璎珞。有师子云聚宝等以为其锁，饰诸宝柱。又以纯金真珠杂宝铃铎以为其网，庄严宝锁弥覆其上，以颇梨万字半月宝等互相映饰，微风吹动出种种声，令千世界诸众生等随乐差别，于甚深法证无生忍。阿难！彼千世界诸有情等闻此音已，住不退转无上菩提，及无量无数有情得无生法忍。

复次阿难！若有众生见菩提树、闻声、嗅香、尝其果味、触其光影、念树功德，由此因缘乃至涅槃，五根无患，心无散乱，皆于阿耨多罗三藐三菩提得不退转。复由见彼菩提树故，获三种忍。何等为三？一者随声忍，二者随顺忍，三者无生法忍。此皆无量寿佛本愿威神见所加，及往修静虑，无比喻故、[4]无缺减故、[5]善修习故、善摄受故、善成就故。

《大宝积经》卷第十七　石[6]

注释：

[1] 汉文本此下有"枝叶垂布八亿由旬"一句，西夏本未见。

[2] 周圆，西夏译作"嬔怴"，字面意思是"细粗"。

[3] 乘，西夏译作"幂"（中）。按，"幂"·u²（中）字于意不合，在此假借作"蕤"·u²（乘），此二字属近音通假中的"松紧喉"。在西田先生的韵母构拟方案中，"幂"、"蕤"二字分属第1摄第1韵类（1.1–2.1）u 和第10摄第59韵类（1.58–2.51）u̱。

［4］无比喻故（𘈧𗾔𘕤𗗙），№ 7377 作"𘈧𗙴𘕤𗗙"（喻权处无）。按，"𗙴" kar¹（秤、权）字于意不合，在此假借作"𗾔" kar¹（计、量），此二字为同音通假。

［5］无缺减故，西夏译作"𗼩𗼩𘜶𗬩"，字面意思是"悉皆俱全"。两者义通，仅在表述不同。

［6］西夏本尾题下有"𘝵" lej¹（石）字，是西夏藏经的帙号，目前尚无法综合考证。

二 西夏文《无量寿如来会》第五之二

西夏录文及对译：

7377.18.1.1

𗦤	𗵘	𗋔	𗩾	𘅂	𘃡	𗼻	𘋥	𗰻
tha²	lji̱	tśiow¹	lwər²	lhejr²	–	ɣa²	·jar¹	tsew²
大	宝	积	经	契	卷	十	八	第

《大宝积经》卷第十八①

7377.18.1.2

𗕀	𗵒	𗣼	𗄼	𗖼	𗿒	𗾞	𗊬
tshjwu¹	mə²	io̱¹	njwi²	dźji̱¹	·jir¹	tsjir¹	dzjo²
天	生	圆	能	番	禄	式	法

𗁧	𗁮	𗅆	𗦫	𗣀	𗰚	𗢳		
lhjij²	tśji̱¹	ŋwə¹	ljij²	dzow¹	ljow¹	zji̱¹		
国	正	皇	后	太	梁	氏		

天生圆能禄番式法正国皇太后梁氏

---

① 卷首据初译本 № 7377 所录，原件为梵夹装，"7377.18.1.2"指的是 № 7377 第 18 卷第 1 叶第 2 行。为区别校译本 № 414，卷首部分皆冠以 7377。

7377.18.1.3

絁	絃	须	殠	魥	豩	荍
tśhja²	·jiw²	low²	wə¹	ljo¹	lhu²	·ju²
德	就	国	主	福	增	民

祬	傷	散	蔽	烮	繊	㦲
tśjɨj¹	swew¹	tha²	ŋwə¹	dzjwɨ¹	ŋwe²	mji¹
正	明	大	皇	帝	崽	名

就德主国增福正民大明皇帝崽名

7377.18.1.4

骹	爒	㦳	綹	㦲	瓵	弥	桸
zjǫ²	mjɨ¹	pjǫ¹	ljwu²	ŋwə¹	tsew²	·jij¹	njɨ¹
寿	无	量	会	五	第	之	二

《无量寿会》第五之二

7377.18.1.5

㦲	絃	㣺	蘸!	靫	㣺	㣺	㦲	帰,	㦲
niow¹	tśjɨ¹	·ja⁻	na¹	thja²	źji²	lhejr²	kiej²	·u²	rjur¹
复	次	阿	难!	彼	极	乐	界	中,	诸

藏	絃	崴	㣺	㦲	散	㣺	㣺	㦲
rar¹	nja¹	śjow¹	tśjɨ¹	ŋər¹	tha²	śjow¹	tśjɨ¹	ŋər¹
山	黑、	铁	围	山、	大	铁	围	山、

复次阿难！彼极乐界，无诸黑山、铁围山、大铁围山、

7377.18.1.6

緂	龊	㦲	靫	㦲	絹。	㣺	蘸	绊	弥
thjǫ¹	so²	ŋər¹	njɨ²	źji²	mjij¹	·ja⁻	na¹	tha¹	·jij¹
妙	高	山	等	皆	无。	阿	难	佛	之

孝	㦲	崴	澁!	玭	絧	蔽	膁	膀、
da²	jɨ²	rjur¹	pjǫ¹	thja¹	ljɨ¹	ŋwə¹	njij²	mə¹
言	曰:	世	尊!	其	四	天	王	天、

妙高山等。阿难白佛言：世尊！其四天王天、

7377.18.1.7

𗥃	𗥃	𗥃	𗥃	𗥃	𗥃	𗥃	𗥃	𗥃
sọ¹	ɣa²	sọ¹	mə¹	tja¹	rjur¹	ŋər¹	lji¹	mjij¹	wa²
三	十	三	天	者，	诸	山	既	无，	何

𗥃	𗥃	𗥃	𗥃	𗥃	𗥃	𗥃	𗥃	𗥃
ɣa²	bju¹	gji²	lji¹	tha¹	·ja⁻	na¹	·jij¹	ji²	nji²
于	依	靠	也？	佛	阿	难	之	告：	汝

三十三天，既无诸山，依何而住？佛告阿难：于汝

7377.18.1.8

𗥃	𗥃	𗥃	𗥃	𗥃	𗥃	𗥃	𗥃	𗥃
phji¹	ɣa²	thjij²	sjo²	thjọ¹	so²	ŋər¹	su¹	bji¹	bjij²
意	于	何	云？	妙	高	山	超	上	高

𗥃	𗥃	𗥃	𗥃	𗥃	𗥃	𗥃	𗥃	𗥃
·ja²	mo²	mə¹	rjɨr²	nji²	tsjij¹	dji²	·jij¹	dzju²	mə¹
夜	摩	天，	乃	至	他	化	自	在	天，

意云何？妙高已上有夜摩天，乃至他化自在天，

7377.18.1.9

𗥃	𗥃	𗥃	𗥃	𗥃	𗥃	𗥃	𗥃	𗥃
niow¹	tsə¹	kiej²	rjur¹	mə¹	nji²	wjij²	wa²	ɣa²	bju¹
及	色	界	诸	天	等，	有	何	于	依

𗥃	𗥃	𗥃	𗥃	𗥃	𗥃	𗥃	𗥃	𗥃
gji²	lji¹	·ja⁻	na¹	tha¹	·jij¹	dạ²	ji²	rjur¹	pju²
靠	也？	阿	难	佛	之	言	曰：	世	尊！

及色界诸天等，依何而住？阿难白佛言：世尊！

7377.18.1.10

𗥃	𗥃	𗥃	𗥃	𗥃	𗥃	𗥃	𗥃	𗥃
sew²	tshjij¹	tji²	mjij¹	sjwij¹	ɣie¹	bju¹	tśhjwo¹	thji²	sju²
思	议	可	不	业	力	依	故	是	如

𗅲	𗼃	𘗽	𗼇	𘉍	𗼒	𗼧	𘈩	𗼷
lji¹	tha¹	·ja⁻	na¹	·jij¹	jɨ²	sew²	tshjij¹	mjij¹
也。	佛	阿	难	之	语：	思	议	不

不可思议业力所致。佛语阿难：不思议

7377.18.1.11

𗼷	𘉑	𘈖	𗼇	𗼭	𘈘	𗅳	𗑣	𗼭
sjwɨj¹	tja¹	nja²	nwə¹	nja²	mo²	ku̱²	da̱²	mjɨ¹	nwə¹
业	者，	汝	知	△	耶？	答	言：	不	知

𗼭	𗼃	𘗽	𗼇	𘉍	𗼒	𘈣	𗼃	𗼦	𗑠
ŋa²	tha¹	·ja⁻	na¹	·jij¹	jɨ²	rjur¹	tha¹	niow¹	dźja̰²
我。	佛	阿	难	之	告：	诸	佛	及	众

业，汝可知耶？答言：不也。佛告阿难：诸佛及众

7377.18.1.12

𘊟	𘉍	𗍫	𗾚	𗼷	𘉑	𘉑	𘈖	𗙼	𗼭
tśhju¹	·jij¹	nẹw²	tśhji²	sjwɨj¹	ɣie¹	tja¹	nja²	·ja⁻	nwə¹
生	之	善	根	业	力	者，	汝	△	知

𗼭	𗅳	𗑣	𗼧	𗼭	𗼭	𘈣	𗖰	𗼭
nja²	ku̱²	da̱²	mjɨ¹	nwə¹	ŋa²	rjur¹	pju̱¹	ŋa²
△？	答	言：	不	知	我。	世	尊！	我

生善根业力，汝可知耶？答言：不也。世尊！我

7377.18.1.13

𘉑	𗾖	𗡜	𘊻	𗥃	𗦳	𗼃	𘈩	𘈩	𗅲
sjij¹	thjɨ²	tsjir¹	kha¹	dźjir¹	·jiw²	njij¹	mjij¹	mjij²	ljij²
今	此	法	中	实	疑	心	无，	未	来

𗑠	𘊟	𘉍	𗦃	𗤎	𗁅	𗀆	𘊻	𗾖
dźja̰²	tśhju¹	·jij¹	·jiw²	rer²	phja¹	kiej²	niow¹	thjɨ²
众	生	之	疑	网	断	欲	为，	此

今于此法中实无所惑，为破未来疑网，故发斯问。

7377.18.1.14

𗦩	𗣼	𗃫	𗫂	𗀖。	𗭴	𗴿	𗅲	𗇋	𗀂：
·jir¹	dạ²	·ja⁻	śjwi¹	ŋạ²	tha¹	·ja⁻	na¹	·jij¹	jɨ²
问	语	△	发	△。	佛	阿	难	之	告：

𗈁	𗼋	𗫲	𗴿	𗁇，	𗟲	𗆟	𗧓	𗂼
thja²	źji²	lhejr²	kiej²	·u²	njow²	kjɨ¹	mji¹	wjij²
彼	极	乐	界	中，	海	△	无	有

佛告阿难：彼极乐界，其地无海

7377.18.1.15

𗬐	𗀝	𗃆	𗭮。	𗀝	𗃆	𗰱	𗮝	𗉛	𗫴
rjur¹	mja¹	zjɨr²	tśhju¹	mja¹	zjɨr²	tśhjɨ¹	tja¹	ɣạ²	·jiw¹
诸	河	水	有。	河	水	狭	者	十	由

𗰰	𗀎，	𗼤	𗗙	𗫴	𗦻	𗫴	𗰰	𗀎。
sjwɨ¹	rjar¹	djij¹	twụ¹	ɣạ²	njɨ²	·jiw¹	sjwɨ¹	rjar¹
旬	远，	浅	各	十	二	由	旬	远。

而有诸河。河之狭者满十由旬，水之浅者十二由旬。

7377.18.1.16

𗮱	𗊅	𗬐	𗀝	𗃆	𗅲	𗼧	𗫺	𗫲，
thji²	sju²	rjur¹	mja¹	zjɨr²	na¹	wạ²	rjir²	tja¹
是	如	诸	河	水	深	广	量	者，

𗥑	𗦻	𗫴、	𗆅	𗫴	𗭮	𗧀	𗂼	𗫴
tjij¹	njɨ¹	ɣạ²	sọ¹	ɣạ²	rjir²	njɨ²	·jir²	·jiw¹
若	二	十、	三	十	乃	至	百	由

如是诸河深广之量，或二十、三十乃至百

7377.18.1.17

sjwɨ¹	rjar¹	tjij¹	ʑji¹	kha¹	na¹	wạ²	tja¹	tụ¹	·jiw¹
旬	远，	若	极	中	深	广	者，	千	由

sjwɨ¹	rjar¹	thja¹	zjɨr²	ba²	dạ²	·jar¹	tśhja²	·iow¹
旬	远。	其	水	清	冷	八	德	功

数，或有极深广者，至千由旬。其水清冷具八功德，

7377.18.1.18

ŋowr²	na¹	wạ²	·ju²	rar²	ʑji²	thjo¹	ɣiẹ²	to²
具，	深	广	恒	流	微	妙	音	出，

dzjọ¹	rjur¹	mə¹	·jij¹	·jir²	tụ¹	tshow¹	ɣiẹ²	sju²
譬	诸	天	之	百	千	伎	乐	若，

浚流恒激出微妙音，譬若诸天百千伎乐，

7377.18.1.19

thja¹	ɣiẹ²	no²	lhejr²	rjur¹	kiẹj²	zjir²	ʑji²	mji¹	rjur¹
其	声	安	乐	世	界	遍	普	闻。	诸

thjo¹	wjạ¹	ŋạ²	zjɨr²	śjij¹	bju¹	lju¹	ljɨ¹	lhjɨ¹
妙	花	名	水	自	然	流，	风	和

安乐世界其声普闻。有诸名花沿流而下，和风

7377.18.1.20

zjir¹	mju²	mə²	mə²	ljɨ²	ŋạ²	dźjij¹	to²	thja¹
微	动	种	种	香	好	仅	出。	彼

nji^1　rewr^2　ɣa^2　tɕja^1　thã^1　phu^2　dʑjij^1　dzu^2　war^2
两　　岸　　于　　栴　　檀　　树　　仅　　植　　条

微动出种种香。居两岸边多栴檀树，修条

7377.18.1.21

dʑjo^1　bạ^2　dwu^2　dʑjwi^1　tɕhja^1　phə^1　tɕja^1　mja^1　zjir^2
修　　叶　　密　　相　　　于　　交　　络　　河　　水

tɕhja^1　pjụ^2　wjạ^1　□　mjạ^1　zjij^1　tsə^1　bji^1　ɕjwo^2
上，　冠　　花　　□　果　　结　　色　　光　　美

密叶交覆于河，结实开花芳辉可玩，

7377.18.1.22

ŋạ^2　dʑiã^2　tɕhju^1　khej^1　lhejr^2　phji^1　bju^1　lja^1　–
好，　群　　生　　游　　乐　　意　　随　　来　　往，

tɕhiow^1　tɕhiow^1　zjir^2　kha^1　dzjwɨ^1　dzjiw^1　khej^1　·u^2　thja^1
或　　　或　　　水　　中　　沐　　浴　　嬉　　戏，　彼

群生游乐随意往来，或有涉河濯流嬉戏，

7377.18.1.23

rjur^1　mə^1　zjir^2　dzjwo^2　·jij^1　ɕjij^1　wji^1　djij^1　na^1　tsja^1
诸　　天　　水　　人　　　之　　顺　　为，　浅　　深　　温

dạ^2　dzjwo^2　njij^1　bju^1　lhə$^-$　·ja$^-$　na^1　thja^2　tha^2
寒　　人　　　心　　从　　足。　阿　　难！　彼　　大

感诸天水善顺物宜，深浅寒温曲从人好。阿难！大

7377.18.1.24

𗙴	𗥃	𗙽	𗾟	𗆀	𗗙	𗢣	𗙴	𗏁	𗰛
mja¹	zjɨr²	kie¹	bẹ¹	ŋwu²	wji²	kụ²	rjur¹	mə¹	śja¹
河	水	金	砂	以	底	下	诸	天	香

𗗙	𗙴	𗏴	𗸐	𗾴	𗵒	𗱕	𗥃	𗱕
dju¹	rjur¹	kha¹	dzjọ¹	mjij¹	lji¹	bju¹	zjɨr²	śjij¹
有	世	间	喻	无	风	随	水	顺

河之下地布金砂，有诸天香世无能喻，随风

7377.18.1.25

𗼻	𗟀	𗌵	𗑗	𗏁	𗍫	𗢣	𗰜	𗵒
lji²	ŋa²	mẹ¹	lew²	mə¹	mã¹	thow¹	lo¹	wjạ¹
香	好	馥	芬	天	曼	陀	罗	花

𗰜	𗵣	𗰜	𗵒	𗵑	𗍔	𗢣	𗵒	𗏱
·jiw²	pa²	lo¹	wjạ¹	po¹	thew²	mo²	wjạ¹	kju¹
优	钵	罗	花	波	头	摩	花	拘

散馥杂水流芬。天曼陀罗花、优钵罗花、波头摩花、拘

7377.18.1.26

𗙵	𗍔	𗵒	𗘝	𗢣	𗤱	𗵒	𗥃	𗿢
wər¹	thew²	wjạ¹	xjwi¹	thow¹	lji¹	wjạ¹	zjɨr²	tśhja¹
物	头	花	芬	陀	利	花	水	上

𗷘	𗖰	𗯮	𗱢	𗵯	𗰜	𗰀	𗷅
nja¹	lhu¹	niow¹	tśjɨ¹	·ja⁻	na¹	thja²	lhjij²
满	添	复	次	阿	难	彼	国

物头华、芬陀利花，弥覆其上。复次阿难！彼国

7377.18.1.27

𗰜	𗣼	𗲲	𗲲	𗵷	𗵑	𗙴	𗥃	𗙵
·ji¹	dzjwo²	no²	no²	khej¹	dźjij¹	mja¹	zjɨr²	bju²
众	人	或	时	游	览	河	水	边

𗗔,	𗖰	𗖰	𗇀	𗣼	𗣊	𗗟	𗤘	𗍐
dzji²	tśhi o̱w¹	tśhi o̱w¹	zjir²	lju¹	rar²	ɣiẹ²	mji¹	mji¹
聚,	或	或	水	激	流	声	闻	不

人众，或时游览同萃河滨，有不愿闻激流之响，

7377.18.1.28

𗸮,	𗤁	𗼈	𗰛	𘓨	𗥤	𗏹	𗤘	𗇃
kiej²	ku¹	mə¹	nju¹	kjɨ¹	rjir¹	tśjo⁻	mji¹	tśhjɨ¹
愿,	故	天	耳	虽	获	终	不	彼

𗤘	𗖰	𗖰	𗤘	𗸮,	𗤁	𗷸	𗉜	𗓽
mji¹	tśhi o̱w¹	tśhi o̱w¹	mji¹	kiej²	ku¹	tśhjɨ²	rjar²	·jir¹
闻。	或	或	闻	愿,	故	立	即	百

虽获天耳终竟不闻。或有愿闻，即时领悟百

7377.18.1.29

𗡺	𗦲	𗴿	𗴲	𗒹	𗗟	𗤘,	𘑨	𗆫
tu¹	khjɨ²	mə²	njij¹	·o²	ɣiẹ²	mji¹	thjɨ²	tja¹
千	万	种	心	爱	声	闻,	此	者

𗐫	𗹙	𘄷	𗗟、	𗤋	𗵘	𗗟、	𗏁	𗡝
tha¹	tsjir¹	sẽ¹	ɣiẹ²	śjã¹	djɨj¹	ɣiẹ²	tsjir²	mjij¹
佛	法	僧	声、	禅	定	声、	性	无

千万种喜爱之声，所谓佛法僧声、止息之声、无性

7377.18.2.1

𗗟、	𘔼	𘊐	𗖰	𗗟、	𘞽	𗘢	𗄈	𘃝
ɣiẹ²	po¹	lo¹	bji²	ɣiẹ²	ɣa²	ɣie¹	ljɨr¹	lew²
声、	波	罗	蜜	声、	十	力	四	所

𗱀	𗡝	𗗟、	𗥃	𘝞	𗗟、	𘒏	𗡝	𗗟、
le²	mjij¹	ɣiẹ²	me²	mjijr²	ɣiẹ²	wji¹	mjij¹	ɣiẹ²
畏	无	声、	神	通	声、	作	无	声、

声、波罗蜜声、十力四无所畏声、神通声、无作声、

7377.18.2.2

ㄴ	ㄴ	ㄴ	ㄴ	ㄴ	ㄴ	ㄴ	ㄴ	ㄴ	ㄴ
γie^2	$mjij^1$	$dzjar^2$	$mjij^1$	γie^2	$mjij^1$	sej^1	γie^2	bju^2	$mjij^1$
声	无	灭	无	声、	寂	静	声、	边	寂
sej^1	γie^2	$\acute{z}ji^2$	$mjij^1$	sej^1	γie^2	tha^2	$njij^2$	tha^2	$wju\underset{.}{}$
静	声、	极	寂	静	声、	大	慈	大	悲

无生无灭声、寂静声、边寂静声、极寂静声、大慈大悲

7377.18.2.3

ㄴ	ㄴ	ㄴ	ㄴ	ㄴ	ㄴ	ㄴ	ㄴ	ㄴ	ㄴ
γie^2	$we\underset{.}{}^1$	$mjij^1$	$tsjir^1$	$z\underset{.}{e}w^2$	γie^2	$t\acute{s}jiw^2$	pho^1	lu^2	$\gamma iwej^1$
声、	生	无	法	忍	声、	顶	灌	位	受
γie^2	$thji\underset{.}{}^2$	sju^2	$m\rho^2$	$m\rho^2$	γie^2	mji^1	$niow^1$	$w\underset{.}{a}^2$	tha^2
声,	是	如	种	种	声	闻	已,	广	大

声、无生法忍声、灌顶受位声，得闻如是种种声已，获得广大

7377.18.2.4

ㄴ	ㄴ	ㄴ	ㄴ	ㄴ	ㄴ	ㄴ	ㄴ	ㄴ	ㄴ
dzu^1	ηwe^1	de^2	$ljij^2$	$lhju\underset{.}{}^2$	$rjir^1$	$niow^1$	bjo^1	$thju\underset{.}{}$	$rjir^2$
爱	乐	欢	悦	获	得,	而	观	察	与
bju^1	$\acute{s}jij^1$	$dw\rho r^1$	ka^2	$rjir^2$	bju^1	$\acute{s}jij^1$	$dzjar^2$	$ljij^2$	
相	应、	厌	离	与	相	应、	灭	坏	

爱乐欢悦，而与观察相应、厌离相应、灭坏相应、

7377.18.2.5

ㄴ	ㄴ	ㄴ	ㄴ	ㄴ	ㄴ	ㄴ	ㄴ	ㄴ	ㄴ
$rjir^2$	bju^1	$\acute{s}jij^1$	sej^1	sej^1	$rjir^2$	bju^1	$\acute{s}jij^1$	bju^2	sej^1
与	相	应、	寂	静	与	相	应、	边	寂

蒸	羡	襏	滊、	繉	祈	蒸	羡	襏	滊、
sej[1]	rjir[2]	bju[1]	śjij[1]	ẓji[2]	sej[1]	sej[1]	rjir[2]	bju[1]	śjij[1]
静	与	相	应、	极	寂	静	与	相	应、

寂静相应、边寂静相应、极寂静相应、

7377.18.2.6

繆	羈	羡	襏	滊、	纬	禔	滩	羡	襏	滊、
wo[2]	tshwew[1]	rjir[2]	bju[1]	śjij[1]	tha[1]	tsjir[1]	sẽ[1]	rjir[2]	bju[1]	śjij[1]
义	味	与	相	应、	佛	法	僧	与	相	应、

繖	澼	絗	羡	襏	滊、	敎	縫	羡	襏	滊、
ɣie[1]	le[2]	mjij[1]	rjir[2]	bju[1]	śjij[1]	me[2]	mjijr[2]	rjir[2]	bju[1]	śjij[1]
力	畏	无	与	相	应、	神	通	与	相	应、

义味相应、佛法僧相应、力无畏相应、神通相应、

7377.18.2.7

燃	怴	羡	襏	滊、	狝	羡	羡	襏	滊、
śjã[1]	djɨj[2]	rjir[2]	bju[1]	śjij[1]	po[1]	tjɨj[1]	rjir[2]	bju[1]	śjij[1]
禅	定	与	相	应、	菩	提	与	相	应、

祀	蒣	羡	襏	滊、	多	婊	羡	襏	滊、
ɣie[2]	mji[1]	rjir[2]	bju[1]	śjij[1]	djij[2]	phã[1]	rjir[2]	bju[1]	śjij[1]
声	闻	与	相	应、	涅	槃	与	相	应。

止息相应、菩提相应、声闻相应、涅槃相应。

7377.18.2.8

慨	滋	猯	蕬！	靴	繉	薭	糺	荒	帰，
niow[1]	tśjɨ[1]	·ja⁻	na[1]	thja[2]	ẓji[2]	lhejr[2]	rjur[1]	kiej[2]	·u[2]
复	次	阿	难！	彼	极	乐	世	界	中，

荒	嫰	羈	嫰	慨	蒣，	羕	縫	愭
rjur[1]	niow[2]	tshwew[1]	mjij[1]	mji[1]	mji[1]	thja[1]	ɣie[2]	lʊ[2]
诸	恶	趣	名	不	闻，	彼	障	碍

复次阿难！彼极乐世界，不闻诸恶趣名，边无障碍

7377.18.2.9

$ źjɨ^1 \quad njɨ^2 \quad pho^1 \quad ·jwɨ^1 \quad mjɨj^2 \quad mjɨj^1 \quad dji^1 \quad jɨj^2 \quad śju^1 \quad ·ju^1 $

烦　恼　覆　蔽　名　无、　地　狱　鬼　魔

$ sju^2 \quad dzju^2 \quad mjɨj^2 \quad mjɨj^1 \quad ·jar^1 \quad njir^1 \quad mjɨj^2 \quad mjɨj^1 \quad niow^1 \quad tśji^1 $

畜　生　名　无、　八　难　名　无，　亦　苦

烦恼覆蔽名、无有地狱琰摩畜生名、边无八难名，亦无苦

7377.18.2.10

$ lhjij^2 \quad tsjɨ^1 \quad mjɨj^1 \quad mji^1 \quad lhejr^2 \quad mji^1 \quad tśji^1 \quad lhjij^2 \quad mjɨj^2 \quad mjɨj^1 \quad dź^- $

受　亦　无、　不　乐　不　苦　受　名　无。　虚

$ thu^1 \quad phjij^1 \quad tśji^1 \quad tsji^1 \quad mjɨj^1 \quad niow^1 \quad źjɨr^1 \quad tśji^1 \quad ljo̱^2 \quad dju^1 $

言　辞　苦　亦　无，　复　实　苦　何　有？

受、不苦不乐受名。尚无假设，何况实苦？

7377.18.2.11

$ thji^2 \quad niow^1 \quad thja^2 \quad lhjij^2 \quad źji^1 \quad lhejr^2 \quad mjɨj^2 \quad we^2 \quad ·ja^- \quad na^1 $

此　故　彼　国　极　乐　名　为。　阿　难！

$ ŋa^2 \quad sjij^1 \quad źji^2 \quad lhejr^2 \quad ·jiw^1 \quad niow^1 \quad ljow^2 \quad tshjij^1 \quad tjij^1 $

我　今　极　乐　因　缘　略　说，　若

是故彼国名为极乐。阿难！我今略说极乐因缘，若

7377.18.2.12

$ wa̱^2 \quad tshjij^1 \quad ku^1 \quad tsewr^1 \quad djij^1 \quad sji^1 \quad tsji^1 \quad tshjij^1 \quad mji^1 \quad sji^1 $

广　说　则　劫　当　尽　亦　说　不　尽

𗾉。	𗤁	𗫂	𗏵	𗆀!	𗥹	𗱚	𗼨	𗪺	𗑢
ljɨ¹	niow¹	tśjɨ¹	·ja˜	na¹	thja²	źji²	lhejr²	rjur¹	kiej²
也。	复	次	阿	难!	彼	极	乐	世	界

广说者穷劫不尽。复次阿难! 彼极乐世界

7377.18.2.13

𗮰	𗌺	𗤿	𗫭	𗕿	𗣼	𗫭	𗤐	𗣼	𗫭
·u²	dźjã²	tśhju¹	tjij¹	ɣu¹	we̜¹	tjij¹	mjor¹	we̜¹	tjij¹
中	众	生，	或	先	生、	或	现	生、	或

𗣪	𗣼	𗹛	𗅡	𗼃	𗉛	𗰖	𗒜	𗺌
ku¹	we̜¹	lew²	mjij¹	źji²	thjɨ²	sju²	rjur¹	thjo¹
后	生	所	无，	皆	是	如	诸	妙

所有众生，或已生、或现生、或当生，皆得如是诸妙

7377.18.2.14

𗒫	𗗆	𗤐	𗦜	𗥃	𗥃	𗫂	𗪚	𗣼	𗥷
tsə¹	lju̜¹	mjor¹	la¹	śjwo²	śjwo²	me̜¹	mjijr¹	·jij¹	dzju²
色	身，	貌	形	端	庄，	神	通	自	在

𗦻	𗝠	𗣼	𗗠	𗈪	𗈪	𗈪	𗠉	𗈪
rjir²	ljo¹	ɣie¹	ŋowr²	lhə˜	mə²	mə²	mji¹	pju̜²
得，	福	力	具	足，	种	种	宫	殿

色身，形貌端正，神通自在，福力具足，受用种种宫殿

7377.18.2.15

𗹏	𗒹	𗨁	𗤋	𗦸	𗜀	𗹏	𗰔	𗗟	𗟟
·io²	bo¹	lhwu¹	gjwi²	tji¹	dzji²	śja¹	wja̜¹	·jɨr²	rer²
园	林、	衣	服	饮	食、	香	华	璎	珞

𗠰	𗤟	𗥃	𗷖	𗉛	𗉛	𗮫	𗤮	𗰣
wji¹	ɣiwej¹	phji¹	bju¹	śjwo²	śjwo¹	źji²	ljɨr²	lja¹
用	受，	意	随	所	须	皆	念	来，

园林、衣服饮食、香华璎珞，随意所须悉皆如念，

7377.18.2.16

𗼋	𗥃	𗰖	𗭪	𗒠	𗋖	𗩈	𗒹	𗗙	𗼃
tsjij¹	dji²	·jij¹	dzju²	rjur¹	mə¹	rjir²	·ja⁻	tjɨj²	ljɨ¹
他	化	自	在	诸	天	与	一	样	也。

譬如他化自在诸天。

汉译文：

《大宝积经》卷第十八

天生圆能禄番式法正国皇太后梁氏

就德主国增福正民大明皇帝崈名

《无量寿会》第五之二

复次阿难！彼极乐界，无诸黑山、铁围山、大铁围山、妙高山等。阿难白佛言：世尊！其四天王天、三十三天，既无诸山，依何而住？佛告阿难：于汝意云何？妙高已上有夜摩天，乃至他化自在天，及色界诸天等，依何而住？阿难白佛言：世尊！不可思议业力所致。佛语阿难：不思议业，汝可知耶？答言：不也。佛告阿难：诸佛及众生善根业力，汝可知耶？答言：不也。世尊！我今于此法中实无所惑，为破未来众生疑网，故发斯问。[1]

佛告阿难：彼极乐界，其地无海而有诸河。河之狭者满十由旬，水之浅者十二由旬。如是诸河深广之量，或二十、三十乃至百由旬远，[2]或有极深广者，至千由旬。其水清冷具八功德，浚流恒激出微妙音，譬若诸天百千伎乐，安乐世界其声普闻。有诸名华沿流而下，[3]和风微动出种种香。居两岸边多栴檀树，修条密叶交覆于河，结实开华芳辉可玩，群生游乐随意往来，或有涉河濯流嬉戏，感诸天水善顺物宜，深浅寒温曲从人好。阿难！大河之下地布金砂，有诸天香世无能喻，随风散馥杂水流馝。天曼陀罗花、优钵罗花、波头摩花、拘物头花、芬陀利花，弥覆其上。

复次阿难！彼国人众，或时游览同萃河滨。有不愿闻激流之响，虽获天耳终竟不闻。或有愿闻，即时领悟百千万种喜爱之声，所谓佛法僧声、止息之声、[4]无性声、波罗蜜声、十力四无所畏声、神通声、无作声、无生无灭声、[5]寂静声、边寂静声、极寂静声、大慈大悲声、无生法忍声、灌顶受位声，得闻如是种种声已，获得广大爱乐欢悦，而与观察相应、厌离相应、灭坏相应、寂静相应、边寂静相应、极寂静相应、义味相应、佛法僧相应、力无畏相应、神通相应、止息相应、菩提相应、声闻相应、涅槃相应。

复次阿难！彼极乐世界，不闻诸恶趣名，边无障碍烦恼覆蔽名、[6]无有地狱琰摩畜生名、无八难名，[7]亦无苦受、不苦不乐受名。尚无假设，[8]何况实苦？是故彼国名为极乐。阿难！我今略说极乐因缘，[9]若广说者穷劫不尽。

复次阿难！彼极乐世界所有众生，或已生、或现生、或当生，皆得如是诸妙色身，形貌端正，神通自在，福力具足，受用种种宫殿园林、衣服饮食、香华璎珞，随意所须悉皆如念，譬如他化自在诸天。

注释：

[1]"众生"（𗼦𗴺）二字义汉文本未作。

[2]百由旬远（𗼻𗾔𗼷𗼩），汉文本作"百数"，概承上文，故表意较简。

[3]沿流而下，西夏译作"𗿧𗴽𗾅𗼵"，字面意思是"水自然流"。

[4]止息，西夏译作"𗼆𗼊"，字面意思是"禅定"。

[5]无生无灭声，西夏译作"𗼟𗶓𗼦𗶓𗼟"（声无灭无声），疑误。汉文本"无生无灭"，指"无为法、常法"，是。

[6]边，西夏作"𗼩"（彼）。皆指上述彼岸极乐世界。

[7]汉文本句上有"边"字。

[8]假设，西夏译作"𗼉𗶓𗼱"，字面意思是"虚言辞"。

[9]略说，西夏译作"𗼽𗶏"（边说）。按，"𗼽" ljow² （边）字于意不合，在此假借作"𗶏" ljow²（微），此二字为同音通假。参看下文 18.21.5"略说"，西夏译作"𗶏𗶏𗼷𗶏"（微略乃说）。

西夏录文及对译：

7377.18.2.17

𗼋	𗼌	𗼍	𗼎！	𗼏	𗼐	𗼑	𗼒	𗼓	𗼔
niow¹	tśjɨ¹	·ja⁻	na¹	thja²	tha¹	lhjij²	·u²	sjij¹	ŋa²

复　次　阿　难!　彼　佛　国　中　细　好

tji^1　kji^1　dju^1　rjur^1　dźiã^2　tśhju^1　djij^1　źji^2　mji^1　tśhji^1

食　△　有,　诸　有　情　类　皆　无　彼

复次阿难！彼佛国中有微细食，诸有情类尝无

7377.18.2.18

thji^1　tsjij^1　dji^2　·jij^1　dzju^2　mə^1　sju^2　ljir^2　bju^1　źji^2

饮,　他　化　自　在　天　如　念　随　皆

lja^1　thji^2　sju^2　tji^1　dzji^2　gu^2　xja^1　thwụ^1　dzji^1

来,　是　如　食　饮　同　即　同　食

噉者，如第六天随所思念，如是饮食即同食已，

7377.18.2.19

niow^1　tsə^1　ɣie^1　lhu^1　dzja^1　njạ^2　niow^2　mji^1　we^2　niow^1

复　色　力　增　长　秽　恶　无　为。　复

mji^1　pjụ^1　phji^1　bju^1　thjọ^1　śja^1　ma^2　śja^1　mẹ^2　śja^1

无　量　意　如　妙　香、　涂　香、　末　香

色力增长而无便秽。复有无量如意妙香、涂香、末香，

7377.18.2.20

dju^1　thja^1　lji^2　thja^2　tha^1　lhjij^2　·u^2　zjir^2　źji^2　mẹ^1

有,　其　香　彼　佛　国　中　遍　皆　馥

niow^1　wjạ^1　lju^2　dźjow^1　lji^1　tsjɨ^1　rjur^1　rjur^1　źji^2　sə^1

及　花　散　幢　幡　亦　一　切　皆　满。

其香普熏彼佛国界，及散花幢幡亦皆遍满。

7377.18.2.21

刻	羱	羗	蘵	豖	骹	緩	絳	骹	毹	蘨
tjɨ¹	tjij¹	thja¹	śja¹	lji²	dwewr²	kiej²	ku¹	dwewr²	tjɨ¹	bju¹
如	若	其	香	味	闻	欲	则	闻	愿	随

翩	骹	羱	慨	緩	絳	譐	慨	骹	旅
xja¹	dwewr²	tjij¹	mji¹	kiej²	ku¹	tśjo⁻	mji¹	dwewr²	lji¹
即	闻，	或	不	乐	则	终	不	闻	也。

其有欲闻香者随愿即闻，或不乐者终无所受。

7377.18.2.22

慨	爻	㥁	絥	緵	薨	羾、	敥	舵	薤
niow¹	mji¹	pju¹	phju²	thjo¹	lhwu¹	gjwi²	lji¹	pju²	khjwɨ¹
复	无	量	上	妙	衣	服、	宝	冠	腕

薤、	旆	蘠	殁	祾、	殁	巍	絑	絷	旐
tśiə²	nju¹	mja¹	·jɨr²	rer²	wjạ¹	rer²	zu²	kụ¹	dju¹
钏、	耳	环	璎	珞、	花	鬘	系	缚	有，

复有无量上妙衣服、宝冠环钏、耳珰璎珞、花鬘带锁，

7377.18.2.23

菴	敥	赦	㕚	骹，	爻	㥁	歑	傷	羷
rjur¹	lji¹	ŋwu²	śjwo²	tshjij²	mji¹	pju¹	bji¹	swew¹	·jɨr²
诸	宝	以	庄	严，	无	量	光	明	百

弬	緵	纅	薨	薨	豗	綹	羗	澌	㣲
tụ¹	thjo¹	tsə¹	to²	źji²	ŋowr²	lhə⁻	thja¹	śjij¹	·ju²
千	妙	色，	悉	皆	具	足，	自	然	常

诸宝庄严，无量光明百千妙色，悉皆具足，自然

7377.18.2.24

[illegible]

ljụ^{2} ɣa^{2} ·o^{1} niow^{1} kie^{1} ŋwo^{2} nji^{2} ɣiej^{1} thjo̱^{1} ljɨ̣^{1} rer^{2}

身 在。 有 复 金 银 珠 真 妙 宝 网，

[illegible]

rjur^{1} ljɨ̣^{1} źju̱^{1} xjwɨ̣j^{2} ɣu^{1} mji̱j^{1} tjạ^{1} wer^{1} tjij^{1} rjur^{1}

诸 宝 铃 悬， 首 尾 装 饰。 若 诸

在身。复有金银真珠妙宝之网，悬诸宝铃，周遍严饰。若诸

7377.18.2.25

[illegible]

dźiã^{2} tśhju^{1} śjwo^{1} śjwo^{1} mji̱^{1} pjụ^{2} du^{1} rjɨr^{2} njɨ^{2} nji̱j^{1} kjɨ^{1}

有 情 所 须 宫 殿 楼 阁 等， 心 所

[illegible]

dzu^{1} bju^{1} bji̱^{2} bjij^{2} dźjo^{1} wji̱j^{1} tśhjɨ^{1} low^{2} khjwị^{2} dzjɨj^{2}

乐 随 下 高 长 短、 狭 广 圆 方，

有情所须宫殿楼阁等，随所乐欲高下长短、广狭方圆，

7377.18.2.26

[illegible]

niow^{1} rjur^{1} dźjwi^{2} lu^{2} thja^{1} tśhja̱^{1} thjo̱^{1} lhwu^{1} ·ji̱r^{2} mə^{2}

及 诸 床 座 其 上 妙 衣 张， 种

[illegible]

mə^{2} ljɨ̣^{1} ŋwu^{2} tjạ^{1} wer^{1} śjwo^{2} tshjij^{2} dźiã^{2} tśhju^{1} ·ju^{2}

种 宝 以 装 饰 庄 严， 众 生 面

及诸床座妙衣敷上，以种种宝而严饰之，于众生前

7377.18.2.27

[illegible]

rjir^{2} thja^{1} śjij^{1} to^{2} śja^{2} dzjwo^{2} źji^{2} ·jij^{1} twụ^{1} mji̱^{1} ·u^{2}

前 自 然 出 现， 人 皆 自 各 宫 中，

㢆	㢆	㢆	㢆	㢆	㢆	㢆	㢆	㢆
dźjij¹	nji²	ji²	niow¹	tśji¹	·ja⁻	na¹	źji²	lhejr²	lhjij²
处	△	谓	复	次	阿	难!	极	乐	国

自然出现，人皆自谓各处其宫。复次阿难！极乐国

7377.18.2.28

㢆	㢆	㢆	㢆	㢆	㢆	㢆	㢆	㢆,	㢆
·u²	dźjij¹	dźjij¹	dźiã²	tśhju¹	do²	pha¹	·jij¹	mjij¹	dzjij²
中	所	有	众	生	差	别	相	无,	余
㢆	㢆	㢆	㢆	㢆	㢆	㢆	㢆	㢆	
rjijr²	tjij²	bju¹	dzjwo²	mə¹	mjij²	do²	lji⁺	·ja⁻	
方	俗	顺	人	天	名	异	也。	阿	

土所有众生无差别相，顺余方俗有天人名。阿

7377.18.3.1

㢆!	㢆	㢆	㢆	㢆	㢆	㢆	㢆	㢆,	㢆
na¹	dzjǫ¹	sju²	bji²	tśji¹	pa¹	tśhiə¹	kja¹	dzjwo²	dźiej²
难!	譬	如	下	贱	半	挓	迦	人,	轮
㢆	㢆	㢆	㢆	㢆	㢆,	㢆	㢆	㢆?	㢆
dej¹	njij²	rjir²	dzjǫ¹	tji²	mjij¹	thjij²	sjo²	lji⁺	pjų¹
转	王	与	谕	可	无,	何	云	也?	威

难! 譬如下贱半挓迦人，对于轮王则无可谕，威

7377.18.3.2

㢆	㢆	㢆	㢆	㢆	㢆	㢆	㢆。	㢆	㢆
bji¹	tśhja²	·iow¹	to²	źji²	mji¹	dźjij²	lji⁺	niow¹	śji²
光	德	功	悉	皆	不	有	也。	又	释
㢆	㢆	㢆	㢆	㢆,	㢆	㢆	㢆	㢆	
ŋwə¹	dzjwɨ¹	tśhjiw¹	tsew²	mə¹	pjų¹	bji¹	nji²	djij¹	rjir²
天	帝	六	第	天,	威	光	等	类	与

光德望悉皆无有。又如帝释方第六天，威光等类

7377.18.3.3

dzjǫ¹	tjị²	mjij¹	thjij²	sjo²	ljɨ¹	·iọ²	bo¹	mjị¹	pjụ²
谕	可	无，	何	云	也？	园	林	宫	殿、

lhwu¹	gjwi²	tjạ¹	wer¹	pjụ¹	ɣwie¹	·jij¹	dzju²	mẹ²	mjijr²
衣	服	装	饰，	尊	贵	自	在，	神	通

皆所不及，园苑宫殿、衣服杂饰，尊贵自在，阶位神通

7377.18.3.4

bjị²	bjij²	niow¹	wjɨ¹	djị²	dạ²	źji²	thja¹	mjɨ¹	–	lew¹
下	高	及	变	化	事	皆	其	未	及，	唯

tsjịr¹	lhejr²	lhjij²	tja¹	do²	pha¹	mjij¹	ljɨ¹	·ja⁻	na¹
法	乐	受	者	差	别	无	也。	阿	难

及以变化不可为比，唯受法乐则无差别。阿难

7377.18.3.5

nwə¹	lew²	thja¹	lhjij²	dźiã̄²	tśhju¹	tja¹	tsjij¹	dji²	·jij¹
知	应，	彼	国	有	情	者	他	化	自

dzju²	ŋwə¹	njij²	rjir²	·ja⁻	tjɨj²	·ja⁻	na¹	thja²	źji²
在	天	王	与	一	样。	阿	难！	彼	极

应知，彼国有情犹如他化自在天王。阿难！彼极

7377.18.3.6

lhejr²	kiẹj²	·u²	sjij¹	sjij¹	bjij²	ɣa¹
乐	界	中，	今	今	晨	朝，

𗫂　𗋋　𗒘　𘃝，　𗄽　𗼻
yu¹　mjij¹　ljir¹　rjijr²　lji¹　lhji¹
头　　尾　　四　　方，　风　　和

乐界，于晨朝时，周遍四方，和风

西夏录文及对译：

18.1.1

𗅱　𘜶　𗗙　𗏁　𗗙　𗑠，　𗣼　𗅱　𗍳　𘂧　𘄏
zjir¹　mju²　mji¹　lji¹　mji¹　ŋewr¹　rjur¹　dza¹　wja̱¹　lji¹　mə²
微①　动　不　回　不　乱，　诸　杂　花　吹　种

𘄏　𗢸　𗔆，　𗫲　𗢸　𗒮　𗷝　𗂧　𗰖　𗸐。
mə²　lji²　to²　thja¹　lji²　lhjij²　io¹　zjir¹　ẑji²　me¹
种　香　出，　其　香　国　土　遍　皆　馥。

微动不逆不乱，吹诸杂花种种香气，其香普熏周遍国界。

18.1.2

𗩾　𗫂　𗋵　𗋵　𗑠　𗼻　𗜓　𘃝，　𘗣　𘞒
ɲia²　tśhju¹　ŋowr²　ŋowr²　lji¹　lhji¹　lju²　lhji̱¹　no²　lhejr²
有　情　一　切　风　柔　身　触，　安　和

de²　lhejr²　dzjar²　sji¹　djij²　rjir¹　mjijr²　phji²　khjiw²　wji²
喜　乐，　灭　尽　定　得　者　比　丘　犹

一切有情为风触身，安和调适，犹如比丘得灭尽定。

18.1.3

𘃝。　𗒮　𗑠　𘂧　𘜶　𗅥　𗩳　𗢺　𘄏，　𗍳　𗲠
sju²　thja¹　lji¹　lji¹　mju²　śja¹　lji̱¹　phu²　bo¹　wja̱¹　gji¹
如。　其　风　吹　动　七　宝　树　林，　华　利

---

① №411号佚卷首，残本自"𗅱"（微）字始。

𗷝	𗼃	𗗙	𗿒	𗰜	𗟲	𗤁	𗫂	𗫂	𗾄
tśiow¹	we²	śjạ	dzjwo²	bji²	bjij²	zjij¹	mə²	mə²	tsə²
聚	成	七	人	下	高	量,	种	种	色

其风吹动七宝树林，华飘成聚高七人量，种种色

18.1.4

𗕎	𗦛	𗦓	𗗙	𗑾	𘒣	𗤎	𗤴	𗿒	𗌖	𗄊
bji¹	tha¹	lhjij²	zjir²	swew¹	lã²	dzjọ¹	sju²	dzjwo²	dju¹	ljɨ¹
光	佛	国	遍	照	曜。	譬	如	人	有	地

𗯴	𗷲	𘔼	𘊝	𗾱	𗔊	𗐱	𘏲	𗄊	𗷝	𗖻
tśhjạ¹	wjạ¹	·jir²	niow¹	lạ¹	ŋwu²	tər¹	tśhjạ²	djij¹	we²	phji¹
上	花	张	而	手	以	按	正	平	成	令,

光照曜佛土。譬如有人以花布地手按令平，

18.1.5

𗴿	𗾄	𗷲	𗫻	𗑣	𗫻	𗙴	𗆼	𘐀	𗢳	𗷲
dza¹	tsə¹	wjạ¹	bju¹	tśjɨ¹	bju¹	tjạ¹	wer¹	thja²	rjur¹	wjạ¹
杂	色	花	随	次	依	装	饰。	彼	诸	花

𗷝	𗥃	𗤁	𗥤	𗫞	𗤴	𗥤	𗷲	𗤁	𘍵	𗿵
tśiow¹	tsjɨ¹	źji²	thja¹	wjɨ²	sju²	thja¹	wjạ¹	źji²	thjọ¹	wạ¹
聚	亦	皆	彼	犹	如,	其	花	微	妙	广

随杂色花间错分布。彼诸花聚亦复如是，其花微妙广

18.1.6

𗦛	𗯯	𗦱	𗦍	𘜶	𗍫	𗒛	𗤴	𗍦	𗢳	𗩾
tha²	wə¹	lhji¹	tu¹	lo¹	bə¹	mej²	sju²	tjij¹	rjur¹	ɲia²
大	柔	软	兜	罗	绵	绵	如,	若	诸	有

𗵘	𗥤	𗷲	𗵒	𗵹	𘚆	𗄒	𗤁	𗄛	𗏹
tśhju¹	thja¹	wjạ¹	lej²	twụ¹	ljir¹	dzjiw²	zjij¹	dzjij²	khjɨ¹
情	彼	花	蹈	各	四	宽	许	陷	足,

大柔软如兜罗绵，若诸有情足蹈彼花没深四指，

18.1.7

豺	蔓	荗	綖	繡	祧	綯。	巍	嬐	徶	怢,
·ja⁻	dji²	zjɨj¹	·jɨ²	śji¹	sju²	we²	bjij²	dzjij¹	rar²	niow¹
准	备	时	复	初	如	为。	晨	时	过	已,

羆	絺	羆	蕝	嘉	綷	縦	綴,	縦	綟	綴
thja¹	wja¹	thja¹	śjij¹	·jij¹	ljɨ²	khju¹	bu¹	wja¹	kjwi¹	bu¹
其	花	其	然	自	地	下	没,	花	旧	没

随其举足还复如初。过晨朝已，其花自然没入于地，旧花既没，

18.2.1

怢,	敱	綷	謗	蓎,	綖	縦	憳	豺
niow¹	tha²	ljɨ²	gji¹	sej¹	·ji²	wja¹	sjiw¹	gji¹
既,	大	地	清	净,	更	花	新	利

宬	宬	禠	蟻。	蔍	祧	姚	耗、	虆
rjur¹	rjur¹	źji²	nji²	thjɨ²	sju²	ljɨ²	ljij²	lej²
诸	诸	周	遍。	是	如	午	午、	晚

繖、	戴	繖	戴	辭	戴	鬪,
ɤu¹	śjwo¹	ɤu¹	śjwo¹	gu²	śjwo¹	mjij²
夕、	晚	初	晚	中	晚	后,

大地清净，更雨新花还复周遍。如是中时、晡时、初中后夜，

18.2.2

縦	豺	务	綯,	禠	羆	縦	祧。	縦	蔍!	縦
wja¹	gji¹	tśiow¹	we²	źji²	thja¹	wjɨ²	sju²	·ja⁻	na¹	wa²
花	利	聚	成,	皆	彼	犹	如。	阿	难!	广

敱	娞	綖	禰	禰	蟻	襂	宬	宬	帰	綖
tha²	kiwej²	ljɨ¹	ŋowr¹	ŋowr²	źji²	lhejr²	rjur¹	kiej²	·u²	wjɨ²
大	珍	宝	一	切,	极	乐	世	界	中	△

飘花成聚，亦复如是。阿难！一切广大珍奇之宝，无有不生极乐界者。

18.2.3

骸	緻	纖	緸。	纞	藐!	靴	犇	隳	屌	萫
mjij²	to²	tja¹	mjij¹	·ja⁻	na¹	thja²	tha¹	lhjij²	·u²	śjạ¹
不	生	者	无。	阿	难！	彼	佛	国	中	七

緻	緻	蓏	蔬，	蔬	蔬	緻	蓏	緻	幡	绲
lji¹	wjạ¹	sej¹	dju¹	lji¹	lji¹	wjạ¹	sej¹	mji¹	pjụ¹	·jir²
宝	花	莲	有，	一	一	花	莲	无	量	百

阿难！彼佛国中有七宝莲花，——莲花有无量百

18.2.4

豩	緻	嘟	译，	豩	嘟	緻	幡	绲	豩	娰
tụ¹	rjir²	bạ²	·o¹	thja¹	bạ²	mji¹	pjụ¹	·jir²	tụ¹	kiwej²
千	亿	叶	有，	其	叶	无	量	百	千	珍

緻	巃	纗	译，	绲	豩	贁	骸	缀	緻	湫
lji¹	do²	tsə¹	·o¹	·jir²	tụ¹	mo²	nji¹	thjọ¹	lji¹	ŋwu²
宝	异	色	有，	百	千	摩	尼	妙	宝	以

千亿叶，其叶有无量百千珍奇异色，以百千摩尼妙宝

18.2.5

糀	骸，	緻	骸	湫	骸	緻	藲	菀	醧。	纞
śjwo²	tshjij²	lji¹	rer²	ŋwu²	lə¹	gie̤¹	bju¹	tjạ¹	wer¹	·ja⁻
庄	严，	宝	网	以	覆	转	相	装	饰。	阿

藐!	豩	緻	蓏	緻	蒻	乖	彰	瀻	靴，	蒻
na¹	thja¹	wjạ¹	sej¹	rjir²	tjij¹	khwə¹	·jiw¹	sjwɨ¹	rjar¹	tjij¹
难！	彼	花	莲	量	或	半	由	旬	远，	或

庄严，覆以宝网转相映饰。阿难！彼莲花量或半由旬，或

18.2.6

刻	榀	散	緺	豩	纖	绲	豩	彰	瀻	靴。
lew¹	nji¹	sọ¹	ljir¹	rjir²	nji²	·jir²	tụ¹	·jiw¹	sjwɨ¹	rjar¹
一	二	三	四	乃	至	百	千	由	旬	远。

𗰖 𗫸 𗫸 𗭊 𗑠 𗢭 𗥃 𗤋 𗬒 𗹬 𗗚
thja¹ lji¹ lji¹ sọ¹ ɤa² tśhjiw¹ rjir² no¹ ·jiw¹ thow¹ ·jir²
彼　一　一　三　十　六　亿　那　由　他　百

一二三四乃至百千由旬者。是一一花出三十六亿那由他百

18.2.7

𗏆 𗥃 𗤼 𗃛，𗫸 𗫸 𗥃 𗢦 𗭊 𗑠
tu¹ bji¹ swew¹ to² lji¹ lji¹ bji¹ kha¹ sọ¹ ɤa²
千　光　明　出，　一　　一　　光　中　三　十

𗢭 𗥃 𗤋 𗬒 𗹬 𗗚 𗏆① 𗗔 𗣼 𗰗
tśhjiw¹ rjir² no¹ ·jiw¹ thow¹ ·jir² tu¹ rjur¹ tha¹ ljụ²
六　亿　那　由　他　百　千　诸　佛　身

𗃛② 𗥦 𗢭 𗴴 𗑛，𗑠 𗢭 𗣗 𗑠 𗤓
to² kie¹ tsə¹ wjɨ² sju² sọ¹ ɤa² njɨ¹ tha² gor¹
出　金　色　犹　如，　三　十　二　大　丈

𗫐 𗫁、𗥃 𗑠 𗤻 𗃣，𘃎
kiej² ·jij¹ ·jar¹ ɤa² mə² ŋạ² bụ²
夫　相、八　十　种　好，　胜

千光明，一一光中出三十六亿那由他百千诸佛，身如金色，具三十二
大丈夫相、八十随好，

18.3.1

𗣜 𗴼 𗫸，𗗚 𗏆 𗥃 𗣿 𗫐 𗗔 𗤼。
gjij¹ śjwo² tshjɨj² ·jir² tu¹ bji¹ wjạ² rjur¹ kiej² zjir² swew¹
殊　庄　严，　百　千　光　放　世　界　普　照。

𗰖 𗗔 𗣼 𗵐，𗏁 𗸯 𗖵 𗫤 𗆐 𗷞
thja¹ rjur¹ tha¹ nji² źji² mji¹ pjụ¹ ɲia² tśhju¹ ·jij¹
彼　诸　佛　等，　皆　无　量　有　情　之

殊胜庄严，放百千光普照世界。是诸佛等，现往东方为众说法，皆为
安立无量有情

---

① "𗥃𗤼𗃛𗫸𗫸𗥃𗢦𗭊𗑠𗢭𗥃𗤋𗬒𗹬𗗚𗏆"为校对所增补，列于本行之右，此处录作一行。
② "𗣼𗃛"二字疑倒。

18.3.2

𗿂	𗥃	𘎑	𗟲	𘃽	𗤁	𗥰	𘌤	𗿉	𘓺	𗬑
gu¹	śjwo¹	tha¹	tsjɨr¹	kha¹	dźjij¹	phji¹	niọw¹	ku¹	wjɨ²	rjijr²
起	立，	佛	法	中	住	令	因，	则	东	方

𗼺	𗹲	𗗿	𗟲	𘊡	𘃸	𗭪	𗬑	𗬞	
śjɨ¹	·ji¹	·jij¹	tsjɨr¹	tshjɨj¹	zjɨr¹	lji²	lja¹	rjijr²	ljɨr¹
往	众	之	法	说，	南	西	北	方	四

于佛法中，南西北方四

18.3.3

𗭩	𗥃	𗻘	𘞍	𗹦	𗵒	𘐑	𘄢	𗢭	𘓺	𗔋
dzjij²	phju²	khju¹	tsjɨ¹	źji²	thja¹	wjɨ²	sju²	niọw¹	tśjɨ¹	·ja⁻
维	上	下	亦	皆	彼	犹	如。	复	次	阿

𗿒	𗾈	𗬗	𗤉	𗹦	𗥷	𘎟	𗯿	𗭩	𘜶
na¹	źji²	lhejr²	rjur¹	kiej²	·u²	mur¹	na¹	mji¹	dju¹
难！	极	乐	世	界	中	黑	暗	无	有，

维上下亦复如是。复次阿难！极乐世界无有昏闇，

18.3.4

𘃽	𗠇	𘞍	𗑱，	𘏇	𘉞	𗴿	𗜓	𗹦	𗹦	𗭩
mə¹	bji¹	tsjɨ¹	mjij¹	rar²	mə²	rewr¹	śjwa¹	thja¹	źji²	mji¹
火	光	亦	无，	源	泉	泽	湖	彼	皆	非

𘎑	𘔂	𘒙	𘓄	𘊩	𘕜	𘘯	𗬑	𗹇	𗸯
wjij²	nji¹	kjɨr²	·iọ²	bo¹	dźjij¹	zjij¹	mjij²	niọw¹	dźju²	sjwij¹
有，	家	室	苑	林	住	著	名，	及	明	显

亦无火光，涌泉陂湖彼皆非有，亦无住著家室林苑之名，及表示

18.3.5

𗤁	𘀘	𗢭	𗷦	𘊵	𘁨	𗹦	𗑱，	𗭩	𘗠	𗴋
jwir¹	·jij¹	zji¹	lji²	swu²	nji²	źji²	mjij¹	niọw¹	be²	lhji²
相	像	幼	童	类	等	皆	无，	亦	日	月

絖	豸	竟	帯	蒇	絗 。	絳	憮	疏	隊
njɨ²	gjɨ²	·jɨj¹	tsjɨ¹	źjɨ²	mjij¹	mjor¹	ljij²	·wu²	bjij²
昼	夜	像	亦	皆	无。	如	来	祐	助

之像幼童色类，亦无日月昼夜之像。

18.3.6

豝	憥	蒝	蒝	燚	絣	藏	憥	蒐	颎
rjɨr²	niow¹	ŋowr²	ŋowr²	do²	dźju²	la²	mji¹	dju¹	mjij²	dji²
除	外，	一	切	处	结	草	无	有，	名	号

帯	絗。	絜	蘵	蘬	覆	糲	鉱	蒝	蘪
tsjɨ¹	mjij¹	·ja⁻	na¹	thja²	lhjij²	nia²	tśhju¹	tjij¹	wjɨ²
亦	无。	阿	难！	彼	国	众	生	若	△

于一切处标式既无，亦无名号，唯除如来所加威者。阿难！彼国众
生若

18.4.1

棐，	絳	蒇	蒇	纗	斺	絲	绬	蹴	骏	毭
we̱¹	ku¹	to²	źjɨ²	źjɨ²	phju²	po¹	tjɨj¹	ɣwə²	dźjwa¹	djɨj²
生，	则	悉	皆	无	上	菩	提	前	竟	涅

緄	燚	蘬 。	絥	媲	骏？	蹴	祬	懫	毭
phã¹	do²	njɨ²	thjij²	sjo²	ljɨ¹	tjij¹	dow¹	djɨj²	tśiow¹
槃	处	到。	何	云	故？	若	邪	定	聚

当生者，皆悉究竟无上菩提到涅槃处。何以故？若邪定聚

18.4.2

憮	憥	懫	毭	疹，	毴	絳	憥	纗	蘪	蒐
niow¹	mji¹	djɨj²	tśiow¹	mjijr¹	thja¹	·jiw¹	nwə¹	tsjij²	gu¹	śjwo¹
及	不	定	聚	者，	彼	因	知	了	建	立

燚	絩	骏。	絜	蘬！	绬	绤	絥	嬢	毵	骏
mji¹	njwi²	ljɨ¹	·ja⁻	na¹	wjɨ²	rjijr²	khjã²	khja²	be̱¹	ŋew²
不	能	也。	阿	难！	东	方	恒	伽	沙	数

及不定聚，不能了知建立彼因故。阿难！东方如恒沙

18.4.3

𗼦	𘜶	𗦻	𗯨	𗯨	𘜶	𗰛	𘊬	𗗙	𗦻
rjur¹	kiej²	sju²	lji¹	lji¹	kiej²	·u²	khjã²	khja²	bẹ¹ ŋew²
世	界	如	一	一	界	中	恒	伽	沙 数
𗦻	𗦺	𗧀	𗿗	𗼦	𗦺	𗾫	𗊬	𗗥	𗗙
sju²	tha¹	dźjij¹	thja²	rjur¹	tha¹	nji²	·jij¹	twụ¹	·ja⁻ mji¹
如	佛	处	彼	诸	佛	等	自	各	阿 弥

界，一一界中如恒沙佛，彼诸佛等各各称叹阿弥

18.4.4

𗹬	𗦺	𗗙	𗤁	𗠋	𗼅	𗗙	𗤻	𗿷	𗋽
thow¹	tha¹	·jij¹	mji¹	pjụ¹	tśhja²	·iow¹	·jow²	śja²	zjir¹ lji²
陀	佛	之	无	量	德	功	称	叹	南 西
𗈜	𗄭	𗦼	𗊬	𗼦	𗤓	𘜶	𗦺	𗉖	𗦤
lja¹	rjiir²	ljir¹	dzjij²	phju²	khju¹	rjur¹	tha¹	tsji¹	źji²
北	方	四	维	上	下	诸	佛	亦	皆

陀佛无量功德，南西北方四维上下诸佛

18.4.5

𗊡	𗁬	𗦻	𗤻	𗿷	𘄡	𗏁	𗯨	𗄻	𗄭 𗦺
thja¹	wji²	sju²	·jow²	śja²	thjij¹	sjo²	lji¹	tsjir¹	rjiir² tha¹
彼	犹	如	称	赞	何	云	故	他	方 佛
𗈪	𗰛	𗐽	𘄡	𗠋	𗤁	𗰛	𗼅	𗗙	𘎑
lhjij²	·u²	ɲia²	tśhju¹	zjọ²	mji¹	pjụ¹	mjor¹	ljij²	·jij¹ mjij²
国	中	众	生	寿	无	量	如	来	之 名

称赞亦复如是。何以故？他方佛国所有众生闻无量寿如来名号，

18.4.6

𗗙	𘄡	𗕾	𗸂	𗗄	𗹾	𗇋	𗤙	𗫿	𗩈
mji¹	rjɨr²	nji²	·ja⁻	ljir²	zjij¹	sej¹	dźjej²	njij¹	śjwo¹ njij¹
闻	乃	至	一	念	时	净	信	心	发 心

𗼩	𗝒	𗀉	𗢩	𗢩	𗢩	𗿒	𗜓	𗟻	𗣓
ljij²	dzu¹	ŋwe¹	dźjij²	dźjij²	new²	tśhji²	ŋwu²	lji¹	tshwew¹
喜	爱	乐，	所	有	善	根	以	回	向

乃至能发一念净信，欢喜爱乐，所有善根回向

18.4.7

𗤎	𗏣	𗎱	𗣼	𗒹	𗼓	𗖵	𗟷，	𗄻	𗆉	𗏣
zjọ²	mji¹	pjụ¹	tha¹	lhjij²	·u²	we¹	kiej²	ku¹	ŋwə¹	mji¹
寿	无	量	佛	国	中	生	愿，	则	五	无

𗄊	𗒟	𗕿	𗸷	𗼭	𗤂	𗏣	𗐝	𗇁	𗾈
bja²	dzwej¹	wji¹	tśhja²	tsjir¹	pjo¹	tsjij²	niow¹	śjij²	dzjwo²
间	罪	为、	正	法	诽	毁	及	圣	人

愿生无量寿国者，随愿皆生，

18.5.1

𗤀	𗤂	𗥽	𗤆	𗏣	𗀔	𗠇	𗾈	𗬹	𗥃	𗣽
·jij¹	pjo¹	mjijr¹	rjir²	niow¹	thja¹	rjur¹	dzjwo²	nji²	źji²	phju²
之	谤	者	除	外，	彼	诸	人	等	无	上

𗴾	𗝒	𗼨	𗏣	𗼭	𗼮	𗏣	𗛣	𗄀	𗤀
po¹	tjij¹	γa²	kji¹	nji²	źji²	mji¹	lhji¹	lhjwo¹	rjir¹	lji¹
菩	提	于	△	至	皆	不	退	转	得	也

得不退转乃至无上正等菩提，除五无间、诽毁正法及谤圣者。

汉译文：

复次阿难！彼佛国中有微细食，诸有情类尝无噉者，[1]如他化自在天随念皆来，[2]如是饮食即同食已，色力增长而无便秽。复有无量如意妙香、涂香、末香，其香普熏彼佛国界，及散花幢幡亦皆遍满。其有欲闻香者随愿即闻，或不乐者终无所受。复有无量上妙衣服、宝冠环钏、耳珰璎珞、花鬘捆索，[3]诸宝庄严，无量光明百千妙色，悉皆具足，自然在身。复有金银真珠妙宝之网，悬诸宝铃，周遍严饰。[4]若诸有情所须宫殿楼阁等，随所乐欲高下长短、广狭方圆，及诸床座妙衣敷上，以种种宝而严饰

之，于众生前自然出现，人皆自谓各处其宫。复次阿难！极乐国土所有众生无差别相，顺余方俗有天人名。[5]阿难！譬如下贱半挓迦人，对于轮王则无可谕，何以故？[6]威光德望悉皆无有。又如帝释方第六天，威光等类皆所不及，何以故？[7]园苑宫殿、衣服杂饰，尊贵自在，阶位神通及以变化不可为比，唯受法乐则无差别。阿难应知，彼国有情犹如他化自在天王。

阿难！彼极乐界，于晨朝时，周遍四方，和风微动不逆不乱，吹诸杂花种种香气，其香普熏周遍国界。一切有情为风触身，安和调适，犹如比丘得灭尽定。其风吹动七宝树林，华飘成聚高七人量，种种色光照曜佛土。譬如有人以花布地手按令平，随杂色花间错分布。[8]彼诸花聚亦复如是，[9]其花微妙广大柔软如兜罗绵，若诸有情足蹈彼花没深四指，随其举足还复如初。[10]过晨朝已，其花自然没入于地，旧花既没，大地清净，更雨新花还复周遍。如是中时、晡时、初中后夜，飘花成聚，亦复如是。阿难！一切广大珍奇之宝，无有不生极乐界者。

阿难！彼佛国中有七宝莲花，一一莲花有无量百千亿叶，其叶有无量百千珍奇异色，以百千摩尼妙宝庄严，覆以宝网转相映饰。阿难！彼莲花量或半由旬，或一二三四乃至百千由旬者。是一一出三十六亿那由他百千光明，[11]一一光中出三十六亿那由他百千诸佛，身如金色，具三十二大丈夫相、八十种好，[12]殊胜庄严，放百千光普照世界。是诸佛等，现往东方为众说法，皆为安立无量有情于佛法中，南西北方四维上下亦复如是。

复次阿难！极乐世界无有昏闇，亦无火光，涌泉陂湖彼皆非有，[13]亦无住着家室林苑之名，及表示之像幼童色类，[14]亦无日月昼夜之像。于一切处标式既无，[15]亦无名号，唯除如来所加威者。[16]阿难！彼国众生若当生者，皆悉究竟无上菩提到涅槃处。何以故？若邪定聚及不定聚，不能了知建立彼因故。阿难！东方如恒沙界，一一界中如恒沙佛，彼诸佛等各各称叹阿弥陀佛无量功德，南西北方四维上下诸佛称赞亦复如是。何以故？他方佛国所有众生闻无量寿如来名号，乃至能发一念净信，欢喜爱乐，所有善根回向愿生无量寿国者，[17]得不退转乃至无上正等菩提，除五无间、诽毁正法及谤圣者。

注释：

[1]噉，西夏译作"𦧇"（饮、服）。按，"𦧇"thji¹（饮、服）字于意

不合，在此疑假借作"□"tji[1]（食），此二字属近音通假中的"松紧喉"。在西田先生的韵母构拟方案中，此二字分属第 2 摄第 11 韵类（1.11-2.10）ifi，ʷifi 和第 13 摄第 68 韵类（1.67-2.60）i̯，ʷi̯。

[2] 他化自在天（□□□□□），汉文本作"第六天"。两者皆指欲界六天之第六，略名"他化天"。《佛祖统纪》二曰："诸经云：魔波旬在六欲顶，别有宫殿。今因果经乃为自在天王，如此则当第六天。有此两异，盖是译者用义之不同也。"另，"随念皆来"（□□□□），汉文本作"随所思念"，两者义通。

[3] 捆索（□□），汉文本作"带锁"，两者义通。

[4] 周遍，西夏译作"□□"，字面意思是"首尾"。

[5] 有天人名，西夏译作"□□□□"，字面意思是"异天人名"。按，"□"do[2]（异）字于意不合，在此疑假借作"□"dju[1]（有）。在西田先生的韵母构拟方案中，此二字分属第 9 摄第 50 韵类（1.49-2.42）ɔfi 和第 1 摄第 3 韵类（1.3-2.3）。此前我们遇到的译音字"□"mej[2]［昧］和"□"mo[2]［摩］二字亦同属第 1 摄第 3 韵类（1.3-2.3）i̯ufi 和第 9 摄第 50 韵类（1.49-2.42）ɔfi。

[6][7] "何以故"（□□□）三字义汉文本未见。

[8] 间错，西夏译作"□□"，字面意思是"次依"。下文此二字亦用于对译汉文本"次第、转相"。

[9] 彼（□），№ 7377 作"□"（彼）。按，"□"thja[2]（彼）和"□"thja[2]（彼）二字音义皆同，为同音通假。

[10][13] 彼（□），№ 7377 作"□"（彼）。按，"□"thja[1]（彼）和"□"thja[2]（彼）二字义相同、音相近，属近音通假中的"平上"对应。在西田先生的韵母构拟方案中，此二字皆属第 4 摄第 20 韵类（1.20-2.17）afi。

[11] "一一"（□□）下疑脱"花"字义，汉文本作"一一花出"。参看下文"一一光中出"，西夏译作"□□□□……□"（一一光中……出）。

[12] 八十种好（□□□□），汉文本作"八十随好"。两者皆指"八十随形好"。

［14］幼童（𗾒𗧒），№ 7377 作“𗾒𗣩”（幼盛）。按，“𗣩”lji¹（兴盛）字于意不合，在此假借作“𗧒”lji²（儿童）。在西田先生的韵母构拟方案中，此二字皆属第 2 摄第 10 韵类（1.10–2.9）i，为近音通假的“平上”对应。

［15］标式，西夏译作“𗖰𗏩”，字面意思是“结草”。

［16］加威，西夏译作“𗙫𘝶”，字面意思是“祐助”。

［17］汉文本句下有“随愿皆生”四字，西夏本未见。

西夏录文及对译：

18.5.2

𗹢	𗂤	𗆤	𗜈	𗣼	𗫨	𗧒	𘕿	𘓝	𗨙	𗗚
·ja⁻	na¹	tjɨ¹	tjij¹	ɲia²	tśhju¹	dzjij²	tha¹	lhjij²	·u²	po¹
阿	难	如	若	众	生	他	佛	刹	中	菩

𗄒	𗷀	𗰞	𗷀	𗍫	𗠟	𗭼	𗂰	𗟭	𘕿	𗧒
tjij¹	njij¹	śjwo¹	njij¹	tji¹	ŋwu²	zjọ²	mjɨ¹	pju¹	tha¹	ljir²
提	心	发	心	诚	以	寿	无	量	佛	念

阿难！若有众生于他佛刹发菩提心，专念无量寿佛，

18.5.3

𗿷	𗧾	𗫭	𗜈	𗮔	𗜪	𗧤	𗷀	𗰞	𗣩	𘋪
niow¹	·ju²	·ji¹	rejr²	neẉ²	tśhji²	lji¹	njij¹	śjwo¹	ljɨ¹	tshwew¹
及	恒	众	多	善	根	种	心	发	回	向

𗎮	𘓝	𗨙	𗍊	𗤋	𘗽	𗋡	𗼻	𗬡	𗠋	𗏩
thja²	lhjij²	·u²	wẹ¹	kiej²	ku¹	tha¹	dzjwo²	kạ¹	bja¹	·jij¹
彼	国	中	生	愿	则	彼	人	命	断	临

及恒种殖众多善根，发心回向愿生彼国。是人临命终时，

18.5.4

𗴒	𗭼	𗂰	𗟭	𘕿	𗺒	𗓋	𗍫	𗫭	𗰜	𗄻
zjij¹	zjọ²	mjɨ¹	pju¹	tha¹	phji²	khjiw²	·ji¹	rjir²	śji¹	kụ¹
时	寿	无	量	佛	比	丘	众	与	前	后

𗹠 𗧸 𗼱 𗋕 𗌏 𗏁 𘜶, 𗤓 𗑗 𗼻 𗰔
·wio̱¹ tśjɨ¹ thja¹ dzjwo² ·ju² rjir¹ śja² tśhji² rjar² mjor¹ ljij²
围 绕 其 人 面 前 现, 立 即 如 来

无量寿佛与比丘众前后围绕现其人前，即随如来

18.5.5

𗑠 𗌒 𗅲 𗤛 𗁐 𗾔, 𗟲 𗜓 𗟠 𗤱, 𗦜
pha¹ thja² lhjij² ·u² wji² we¹ mji¹ lhji¹ lhjwo¹ rjir¹ ku¹
别 彼 国 中 △ 生, 不 退 转 得, 后

𗤩 𗵘 𗺉 𗦰 𗎼 𗾔 𗥃. 𗣼 𘕂 𗹚 𗤁!
źji² phju² tśhja² kwej¹ po¹ tjij¹ lja̱¹ ·ja¹ na¹ thji² niow¹
无 上 正 等 菩 提 证. 阿 难 是 故!

往生彼国，得不退转，当证无上正等菩提。是故阿难！

18.5.6

𗣼 𗸰 𗁅 𗧘、𗸰 𗀅 𗋕, 𗤩 𗬀 𗉜 𗴮
tjij¹ nẹw² gor¹ gji² nẹw² sji² dzjwo² źji² lhejr² rjur¹ kiẹj²
若 善 男 子、善 女 人, 极 乐 世 界

𗁐 𗾔、𗤛 𗦰 𗈁 𗣫 𘜶 𗹢、𗰔 𗤩 𗵘
·u² we¹ zjo̱² mji¹ pjṳ¹ tha¹ ljij² kiẹj² ku¹ źji² phju²
中 生、寿 无 量 佛 见 欲, 则 无 上

若有善男子、善女人，愿生极乐世界、欲见无量寿佛者，应发无上

18.5.7

𗎼 𗤛 𗥕 𗙴 𗥝, 𗟲 𗥕 𗺉 𗦲 𗤩
po¹ tjij¹ njij¹ śjwo¹ lew² niow¹ njij¹ tji¹ ŋwu² źji²
菩 提 心 发 应, 复 心 诚 以 极

𗬀 𗅲 𗎳、𗸰 𗦜 𗃛 𗁐 𗟲 𗥀 𗾟
lhejr² lhjij² ljɨr² nẹw² tśhji¹ dṳ¹ dzji² niow¹ ljɨ¹ tshwew¹
乐 国 念、善 根 积 集 复 回 向

菩提心，复当专念极乐国土，积集善根应持回向，

18.6.1

[illegible]

wji^{1} thjɨ^{2} nio̱w^{1} tha^{1} ljij^{2} thja^{2} lhjịj^{2} ·u^{2} we̱^{1} źji^{2} phju^{2}

为， 此 由 佛 见 彼 国 中 生， 无 上

[illegible]

po^{1} tjɨj^{1} ɣa^{2} njɨ^{2} mji^{1} lhji̱^{1} lhjwo^{1} rjir^{1} ·ja^{-} na^{1} tjij^{1}

菩 提 于 至 不 退 转 得。 阿 难！ 若

由此见佛生彼国中，得不退转乃至无上菩提。阿难！若

18.6.2

[illegible]

dzjij^{2} lhjịj^{2} ·u^{2} ɲia^{2} tśhju^{1} po^{1} tjɨj^{1} njịj^{1} śjwo^{1} njịj^{1} tjị^{1}

他 国 中 众 生 菩 提 心 发， 心 诚

[illegible]

ŋwu^{2} zjọ^{2} mjɨ^{1} pjụ^{1} tha^{1} mji^{1} ljɨ̣r^{2} ·ji^{1} rejr^{2} ne̱w^{2} tśhji^{2}

以 寿 无 量 佛 不 念， 众 多 善 根

他国众生发菩提心，虽不专念无量寿佛，亦非恒种众多善根，

18.6.3

[illegible]

kjɨ^{1} mjij^{2} ljị^{1} ·jij^{1} rjɨr^{2} djọ^{2} dźjij^{1} rjur^{1} ne̱w^{2} tśhja^{2} ·iow^{1}

△ 未 种，已 △ 修 行 诸 善 德 功

[illegible]

bju^{1} thja^{2} tha^{1} rjijr^{2} ljɨ̱^{1} tshwew^{1} we̱^{1} śjɨ^{1} kię̱j^{2} ku^{1} thja^{1}

随， 彼 佛 方 回 向 生 往 欲。 则 此

随己修行诸善功德，回向彼佛愿欲往生。

18.6.4

[illegible]

dzjwo^{2} ka̱^{1} bja^{2} ·jij^{1} zjij^{1} zjọ^{2} mjɨ^{1} pjụ^{1} tha^{1} xja^{1} dji̱^{2}

人 命 断 临 时， 寿 无 量 佛 即 化

𘀗	𗌮	𗒀	𗥃	𗔇	·ji¹	rjir²	śji¹	ku¹	·wio̱	tśji¹
lju²	tha¹	wja²	phji²	khjiw²	·ji¹	rjir²	śji¹	ku¹	·wio̱	tśji¹
身	佛	遣	比	丘	众	与	前	后	围	绕

此人临命终时，无量寿佛即遣化身，与比丘众前后围绕，

18.6.5

𗼨	𗏁	𗂸	𗧒	𗌮	𗢳	𘊐	𗰭	𗦎	𗌮	𗒀
thja¹	dja²	wjɨ¹	dji²	tha¹	bji¹	swew¹	·jij¹	ŋa²	tha¹	ɣiej¹
其	△	变	化	佛	光	明	相	好	佛	真

𗤒	𗅋	𗥦	𗼨	𗘤	𘓞	𗤒	𗴾	𗊏	𗱈	𘟃
rjir²	mji¹	do²	thja¹	dzjwo²	·ju²	rjir²	śja²	ɣjiw¹	ɣiwej¹	śio¹
与	无	异	其	人	面	前	现	摄	受	引

其所化佛光明相好与真无异，现其人前摄受导引。

18.6.6

𗬊	𗅲	𗂸	𗧒	𗌮	𗅁	𗉣	𗩱	𗗚	𗢭	𘉋
nej²	tśhji²	rjar²	dji²	tha¹	pha¹	thja²	lhjij²	·u²	we¹	źji²
导	立	即	化	佛	别	其	国	中	生	无

𗏹	𘃚	𗤒	𘔼	𗅋	𗦌	𗗚	𗵽	𗰖	𗝠	𗀊
phju²	po¹	tjij¹	ɣa²	mji¹	lhji̱¹	lhjwo¹	rjir¹	·ja⁻	na¹	tji¹
上	菩	提	于	不	退	转	得	阿	难	如

即随化佛往生其国，得不退转无上菩提。阿难！若

18.6.7

𗁬	𘏚	𗒀	𗘮	𗂰	𘚛	𗨙	𗾫	𗵽	𗝛	𘞪
tjij¹	ɲia²	tśhju¹	tha²	·u²	bju¹	dźjij²	gji¹	sej¹	njij¹	ŋwu²
若	众	生	大	乘	随	住	清	净	心	以

𗝠	𗅋	𘋔	𗏁	𗂸	𗗚	𗤒	𗗚	𗝣	𘄽	𗝠
zjo²	mji¹	pju¹	ku¹	ljij²	rjijr²	rjir²	njɨ¹	ɣa²	dźjow¹	zjo²
寿	无	量	如	来	向	乃	至	十	遍	寿

有众生住大乘者，以清净心向无量寿如来，乃至十念

18.7.1

mji¹	pjụ¹	tha¹	mjij²	tshjɨ¹	thja¹	lhjij²	·u²	wẹ¹	źji²	na¹	tsjɨr¹
无	量	佛	名	念	彼	国	中	生	甚	深	法

mji¹	kiẹj²	xja¹	dźiej²	tsjij²	śjwo¹	njij¹	·jiw²	ljij¹	mjij¹	rjɨr²
闻	欲	即	信	解	生	心	疑	惑	无	乃

念无量寿佛，愿生其国，闻甚深法即生信解，心无疑惑。乃

18.7.2

nji²	·ja⁻	ljɨr²	sej¹	njij¹	lhjụ²	rjir¹	·ja⁻	ljir²	njij¹	śjwo¹
至	一	念	净	心	获	得	一	念	心	发

zjọ²	mji¹	pjụ¹	tha¹	mjij²	tshjɨ¹	ku¹	thja¹	dzjwo²	kạ¹	bja²
寿	无	量	佛	名	念	则	此	人	命	终

至获得一念净心，发一念心念无量寿佛，此人临命终

18.7.3

·jij¹	zjij¹	mjij¹	kjɨ¹	mjij¹	sju²	zjọ²	mji¹	pjụ¹	tha¹	ljij²
临	时	梦	△	梦	如	寿	无	量	佛	见

kjɨ¹	djij²	thja²	lhjij²	·u²	wẹ¹	źji²	phjụ²	po¹	tjij¹	ɣa²
一	定	彼	国	中	生	无	上	菩	提	于

时，如在梦中见无量寿佛，定生彼国，得不退转无上菩提。

18.7.4

mji¹	lhjɨ¹	lhjwo¹	rjir¹	·ja⁻	na¹	thjɨ²	wo²	gjij¹	niọw¹	ku¹
不	退	转	得	阿	难	此	义	利	故	则

𘚺	𗦀	𗾪	𗦭	𗫂	𗧓	𘚺	𗦭	𘎑	𘎑	𗼮
mjɨ¹	pjụ¹	ŋew²	mjij¹	sew²	tshjij¹	tji²	mjij¹	ŋwer²	ŋwer¹	mjɨ¹
无	量	数	无	思	议	可	不	等	等	无

阿难！以此义利故，无量无数不可思议无有等等无

18.7.5

𗴿	𗐹	𗦭	𗁬	𗰱	𗮅	𗕑	𗃀	𗆧	𗫰	𗴿
dju¹	bju²	mjij¹	rjur¹	kiẹ²	·u²	rjur¹	tha¹	mjor¹	ljij²	to²
有	边	无	世	界	中	诸	佛	如	来，	悉

𗴿	𗐹	𘚺	𗦀	𗃀	𗮃	𗱤	𘜶	𘝞	𘄒	𗾪
źji²	zjọ²	mjɨ¹	pjụ¹	tha¹	·jij¹	tśhja²	·iow¹	·jow²	śja²	ljɨ¹
皆	寿	无	量	佛	之	德	功	称	赞	也。

边世界诸佛如来，皆共称赞无量寿佛所有功德。

18.7.6

𗃀	𗧓	𘝞	𗦾	𗷝	𗫌	𗆧	𗰜	𘝞	𗧇	𗾪
tha¹	·ja⁻	na¹	·jij¹	ji²	wjɨ¹	rjijr²	khjã²	khja²	bẹ¹	ŋew²
佛	阿	难	之	告：	东	方	恒	伽	沙	数

𗫆	𗁬	𗰱	𗾪	𗾪	𗰱	𗮅	𗆧	𗧇	𗫰	𗾪
sju²	rjur¹	kiẹ²	ljɨ¹	ljɨ¹	kiẹ²	·u²	khjã²	khja²	bẹ¹	ŋew²
如	世	界，	一	一	界	中	恒	伽	沙	数

佛告阿难：东方如恒河沙界，一一界中有如恒沙

18.7.7

𗫆	𗘲	𘓓	𘝿	𗷝	𘚺	𗦀	𗃀	𗼮	𗕑	𘜍
sju²	ɲia²	tsjij²	dźjij¹	zjọ²	mjɨ¹	pjụ¹	tha¹	niow¹	rjur¹	śjij²
如	菩	萨	住，	寿	无	量	佛	及	诸	圣

𗰖	𗦾	𘓓	𗫩	𗎹	𗭴	𗰱	𗼮	𗃀	𘝞	𗱤
·ji¹	·jij¹	bjo¹	mej¹	kjụ¹	tshwew¹	kiẹ²	niow¹	tha¹	do²	rjir²
众	之	瞻	观	供	养	欲	为	佛	所	△

菩萨，为欲瞻礼供养无量寿佛及诸圣众来诣佛所，

18.8.1

ljij²	zjɨr¹	lji²	lja¹	rjijr²	ljir¹	dzjij²	phju²	khju¹	tsjɨ¹	źji²	thja¹
来，	南	西	北	方	四	维	上	下	亦	皆	彼

wjɨ²	sju²	tśhji¹	zjǫ²	rjur¹	pju¹	tśhjwo¹	lja¹	dạ²	rjir²	tshjɨj¹
犹	如。	尔	时，	世	尊	而	颂	说	△	曰：

南西北方四维上下亦复如是。尔时，世尊而说颂曰：

18.8.2

wjɨ²	rjijr²	rjur¹	tha¹	lhjij²	ŋew²	khjã²	khja²	bẹ¹	sju²
东	方	诸	佛	国，	数	恒	伽	沙	如，

thji²	sju²	tha¹	lhjij²	·u²	bẹ¹	ŋew²	ɲia²	tsjij²	·ji¹
是	如	佛	国	中，	沙	数	菩	萨	众，

东方诸佛刹，数如恒河沙，如是佛土中，恒沙菩萨众，

18.8.3

mẹ²	mjijr²	śja²	ŋwu²	ljij²	zjǫ²	mjɨ¹	pju¹	tha¹	tshwew¹
神	通	现	以	来，	寿	无	量	佛	礼，

sǫ¹	rjijr²	rjur¹	śjij²	·ji¹	tśja¹	tshwew¹	tsjɨ¹	·ja⁻	tjɨj²
三	方	诸	圣	众，	礼	敬	亦	一	样。

皆现神通来，礼无量寿佛，三方诸圣众，礼觐亦同归。

18.8.4

thja¹	bẹ¹	ŋew²	kiej²	·u²	tśja¹	bji¹	rjur¹	nuǝ⁻	ljɨ¹
彼	沙	数	界	中，	道	光	诸	辩	论，

𗙴 𗧟 𗣼 𗤋 𗧽, 𗘰 𗬉 𗬝 𗖅 𗕨。
na¹ śjã¹ djij² biej¹ lhejr² ljir¹ le² mjij¹ njij¹ dźjij¹
深 禅 定 快 乐, 四 畏 无 心 住。

彼于沙界中，道光诸辩论，住深禅定乐，四无所畏心。

18.8.5

𗾺 𗀚 𗵒 𗤋 𗝹, 𗬝 𗐀 𘜶 𗹙 𗼱,
·jij¹ twụ¹ ·ji¹ thjo¹ wja¹ njij¹ ·o² śja¹ ŋa² zow²
各 自 众 妙 花, 心 悦 香 名 受,

𗺌 𗒹 𗾴 𗣫 𗴡, 𗈍 𗙖 𗋽 𗌣 𗥃,
niow¹ rjur¹ mə¹ tshow¹ khu¹ ·jir² tụ¹ śjwi̱² ɣie² ŋwu²
并 诸 天 乐 奏, 百 千 和 音 以,

各赏众妙花，名香皆可悦，并奏诸天乐，百千和雅音，

18.8.6

𗹙 𗤻 𗣼 𗉮 𗣓, 𗐭 𘋩 𘍰 𘈖 𗭀。
śja¹ rjijr² mjij² dźjwow¹ mjijr² ŋwə¹ dzjwo² dzjij² kjụ¹ tshwew¹
十 方 名 扬 者, 天 人 师 供 养。

𗭾 𗃌 𗬱 𗍫 𗱕, 𗪜 𗣲 𗎫 𗤀 𗴴,
źji² dźjwa¹ pjụ¹ me² ɣie¹ rjur¹ tsjir¹ ɣa¹ ɣiew¹ njwi²
究 竟 威 神 力, 诸 法 门 学 善,

以献天人师，名闻十方者。究竟威神力，善学诸法门，

18.8.7

𗧾 𗧾 𘈖 𗭀 𘌒, 𘖄 𗘫 𗺌 𘍐 𗑉,
mə² mə² kjụ¹ tshwew¹ kha¹ jir² djọ² mji¹ dwər¹ ·jar²
种 种 供 养 中, 勤 修 无 懈 倦,

𗆟 𗼻 𗯭 𘀠 𗐭, 𗪜 𗝹 𗹐 𗠁 𗥃,
tśhja² ·iow¹ sjij² źjir¹ bji¹ rjur¹ na¹ nja¹ go² njwi²
德 功 智 慧 光, 诸 暗 黑 破 能,

种种供养中，勤修无懈倦，功德智慧景，能破诸幽冥，

18.9.1

źji²	pjụ¹	bjụ¹	njij¹	ŋwu²	kiwej²	thjọ¹	kjụ¹	gju²	mji¹
皆	尊	重	心	以	珍	妙	供	器	施

thja²	bụ²	gjij¹	lhjij¹	·u²	ɲia²	tsjij¹	bju²	mjij¹	bjọ¹
彼	胜	殊	国	中	菩	萨	边	无	观

咸以尊重心，奉诸珍妙供。彼观殊胜刹，菩萨众无边，

18.9.2

tjị¹	xja¹	po¹	tjij¹	śjij¹	sej¹	kiej²	źji²	lhejr²	sju²
愿	速	菩	提	成	净	界	安	乐	如

rjur¹	pjụ¹	kiej²	ŋwe¹	nwə¹	wạ²	tha²	sew²	tshjịj¹	mjij¹
世	尊	欲	乐	知	广	大	思	议	不

愿速成菩提，净界如安乐。世尊知欲乐，广大不思议，

18.9.3

kie¹	tsə¹	zjɨr¹	djij¹	śja²	tjị¹	bju¹	śjij¹	nja²	jɨ²
金	容	微	笑	现	愿	如	成	汝	告

rjur¹	tsjir¹	wjị¹	dji²	sju²	tha¹	lhjij¹	mjij¹	dźiwe¹	tsjij²
诸	法	变	幻	如	佛	国	梦	响	了

微笑现金容，告成如所愿。了诸法如幻，佛国犹梦响，

18.9.4

·ju²	tjị¹	śjwo¹	śjwo²	tshjij²	kụ¹	źji²	ljɨr¹	lhjij²	śjij¹
恒	誓	发	庄	严	当	微	妙	土	成

糀	絖	毓	孅	赦，	梺	猕	爒	剢	牖，
ȵia²	tsjij²	tji¹	ɣie¹	ŋwu²	bu̱²	po¹	tjɨj¹	dźjɨ̄	djo̱²
菩	萨	愿	力	以，	胜	菩	提	行	修，

恒发誓庄严，当成微妙土。菩萨以愿力，修胜菩提行，

18.9.5

旐	蒸	毢	桃	牃，	庞	散	毓	絴	喺。
lhjij²	rar²	swu²	sju²	nwə¹	rjur¹	tha²	tji¹	njij¹	śjwo¹
国	影	像	如	知，	诸	弘	誓	心	发。
刻	袲	孅	諐	薜，	梺	死	絅	旐	棊
tji¹	tjij¹	njɨ²	gji¹	sej¹	bu̱²	bju²	mjij¹	lhjij²	kju¹
如	若	遍	清	净，	胜	无	边	国	求，

知土如影像，发诸弘誓心。若求遍清净，殊胜无边刹，

18.9.6

絴	蕛	絖	嫊	藃，	毢	霶	旐	縎	缓。
tha¹	śjij¹	tśhja²	mjij²	mji¹	no²	lhejr²	lhjij²	we̱¹	kiej²
佛	成	德	名	闻，	安	乐	国	生	愿。
刻	袲	庞	糀	絖	絴	燂	薜	旐	棊
tji¹	tjij¹	rjur¹	ȵia²	tsjij²	njij¹	tji¹	sej¹	lhjij²	kju¹
如	若	诸	菩	萨，	心	诚	净	国	求，

闻佛圣德名，愿生安乐国。若有诸菩萨，志求清净土，

18.9.7

毢	霶	旐	縎	缓，	禖	絖	絅	牃	絖。
no²	lhejr²	lhjij²	we̱¹	kiej²	tsjɨr¹	ŋa²	mjij¹	nwə¹	tsjij²
安	乐	国	生	愿，	法	我	无	知	了。

了知法无我，愿生安乐国。

18.10.1

niow¹	tśjɨ¹	·ja⁻	na¹	źji²	lhejr²	rjur¹	kiej²	·u²	dźjɨj¹
复	次	阿	难！	极	乐	世	界	中	所
dźjɨj¹	ɲia²	tsjij²	lew¹	tha²	tji¹	ka²	tśjij²	kwə²	tha²
有	菩	萨，	唯	大	愿	师	子	吼	大

复次阿难！极乐世界所有菩萨，于无上菩提皆悉安住一生补处，唯除
大愿能师子吼

18.10.2

gjwɨ¹	zjir²	gjwi²	ma²	ŋa̧²	tsa¹	·ji¹	ɲia²	tśhju²	gju¹	niow¹
坚	甲	胄	摩	诃	萨	众	群	生	度	为
tha²	djɨj²	phã¹	djo̧²	mjijr²	rjir²	niow¹	źji²	phju²	po¹	tjij¹
大	涅	槃	修	者	除	外，	无	上	菩	提

擐大甲胄摩诃萨众为度群生修大涅槃者。

18.10.3

ɣa²	to²	źji²	lew¹	wȩ¹	tśiej²	twȩ¹	no²	dźjɨj¹	niow¹
于	皆	悉	一	生	补	续	安	住。	复
tśjɨ¹	·ja⁻	na¹	thja²	tha¹	lhjij²	·u²	rjur¹	yiȩ²	mji¹
次	阿	难！	彼	佛	国	中	诸	声	闻

复次阿难！彼佛刹中诸声闻

18.10.4

·ji¹	źji²	lju²	bji¹	dju¹	ɣu¹	mjij¹	twu̧¹	·ja⁻	la²	rjar¹
众，	皆	身	光	有	头	尾	各	一	寻	远

gji² swew¹ ɲia² tsjij² bji¹ tja¹ ·jir² tụ¹ la² rjar¹
时　照。　菩　萨　光　者　百　千　寻　远

众，皆有身光能照一寻。菩萨光照极百千寻，

18.10.5

swew¹ lew¹ njɨ¹ ɲia² tsjij² ·jij¹ bji¹ swew¹ ·ju² sọ¹ tụ¹
照，　一　二　菩　萨　之　光　明　常　三　千

tha² tụ¹ rjur¹ kiej² ·u² swew¹ ·ja⁻ na¹ tha¹ ·jij¹ dạ²
大　千　世　界　中　照。　阿　难　佛　之　言

除二菩萨光明常照三千大千世界。阿难白佛言：

18.10.6

jɨ² rjur¹ pjụ¹ thja¹ njɨ¹ ɲia² tsjij² mjij² tja¹ thjij² sjo²
谓：　世　尊！　彼　二　菩　萨　名　者　何　云？

tha¹ ·ja⁻ na¹ ·jij¹ jɨ² nji² sjij¹ dji² nji² thja²
佛　阿　难　之　谓：　汝　今　谛　听！　彼

世尊！彼二菩萨名为何等？佛告阿难：汝今谛听！彼

18.10.7

njɨ¹ ɲia² tsjij² lew¹ mjij² bjọ¹ ·jij¹ dzju² njɨ¹ mjij² tha²
二　菩　萨，　一　名　观　自　在，　二　名　大

ɣwie¹ jie¹ ·ja⁻ na¹ thja¹ njɨ¹ ɲia² tsjij² thjɨ¹ sọ² pho¹
势　至。　阿　难！　彼　二　菩　萨　此　婆　婆

二菩萨，一名观自在，二名大势至。阿难！此二菩萨从娑婆

18.11.1

𗐋	𗐾	𗧓	𗟲	𗣪	𗡥	𗋽	𗧓	𗋽	𗤋	。	𗙴
rjur¹	kiej²	·u²	zjǫ²	sji¹	thja²	lhjij²	·u²	wji²	we̱¹		·ja⁻
世	界	中	寿	尽	彼	国	中	已	生		阿

𗈁	𗡥	𗤅	𗐋	𗧓	𗤋	𗙴	𗰛	𗌤			
na¹	thja²	źji²	lhejr²	kiej²	·u²	wji²	we̱¹	ɲia²	tsjij²		
难	彼	极	乐	界	中	所	生	菩	萨		

世界舍寿量已往生彼国。阿难！彼极乐界所生菩萨

18.11.2

𗤅	𗾊	𗣜	𗟱	𗼻	𗐂	𗸷	𗨗	𗤙	𗵒		
tja¹	źji²	sǫ¹	ɣa²	nji̱¹	·jij¹	ŋowr²	lju²	kwǝr¹	wǝ¹		
者	皆	三	十	二	相	具	身	体	柔		

𗰛	𗐋	𗍁	𗧃	𗣈	𗟱	𗕭	𗤨	𗪔	𗐴		
lhji̱¹	rjur¹	tśhji²	bju¹	gja̱²	sjij²	źjir¹	ne̱w²	ɣjir¹	do²		
软	诸	根	聪	利	智	慧	善	巧	差		

皆具三十二相、肤体柔软、诸根聪利、智慧善巧，

18.11.3

𗢸	𗤻	𗳌	𗤐	𗤝	𗤋	𗱽	𗧤	𗼻	𗋭	𗮷	
pha¹	tsji̱r¹	ɣa²	mji¹	nwǝ¹	tsjij²	mjij¹	śja̱¹	djij²	me̱²	mjijr²	
别	法	于	不	知	了	无	禅	定	神	通	

𗾊	𗥫	𗑗	𗤎	𗤋	𗤍	𗍁	𗧞	𗵒	𗷒		
źji²	khe̱j¹	·u²	njwi²	tśhja²	bji¹	tśhji²	lwǝj¹	djij¹	lji̱¹		
皆	游	戏	能	德	薄	根	钝	类	并		

于差别法无不了知，禅定神通善能游戏，皆非薄德钝根之流。

18.11.4

𗣼	𗡥	𗤋	𗌤	𗣫	𗤅	𗜍	𗰔	𗩱	𗦬	𗼻	
nja̱²	thja²	ɲia²	tsjij²	kha¹	ɣu¹	ze̱w²	rjir¹	mjijr²	tjij¹	nji̱¹	
非	彼	菩	萨	中	初	忍	得	者	或	二	

𗭢	𗫻	𗃛	𗫭	𗄿	𗦴	𗂩	𗅺		𗤇	𗤇
tsew²	zew²	rjir¹	mjijr²	mjɨ¹	pju¹	bju²	mjij¹		tśhiow¹	tśhiow¹
第	忍	得	者	无	量	边	无		或	或

彼菩萨中有得初忍或第二忍者无量无边，或

18.11.5

𗟶	𗅺	𗤒	𗫻	𗃛	𗃛	𗭢	𗅋		𗎫	𗁠	𗣼	𗫷
we¹	mjij¹	tsjir¹	zew²	lja̱¹	rjir¹	·ja⁻	na¹		thja²	lhjij²	·u²	nia²
生	无	法	忍	证	得	阿	难		彼	国	中	菩

𗏵	𗤿	𗤻	𗫓	𗄒	𗆉	𗤥	𗮔	𗆛	𗼨	
tsjij²	po¹	tjij¹	ɣa²	kji¹	nji²	niow²	tshwew¹	kha¹	mji¹	lji¹
萨	菩	提	于	乃	至	恶	趣	中	不	堕

有证得无生法忍。阿难！彼国菩萨，乃至菩提不堕恶趣，

18.11.6

𗤻	𗅇	𗲠	𗁠	𗣼	𗤤	𗫝	𗐽	𗼨	𗉅	𗎆
lew¹	ŋwə¹	niəj¹	lhjij²	·u²	to²	śja²	rjir²	niow¹	ljo²	wji²
唯	五	浊	刹	中	出	现	除	外	何	△

𗟶	𗾞	𗋽	𗏵	𗏵	𗩴	𗭢	𗁥		𗎫	𗁠	𗣼
we¹	twu̱¹	njwo²	ka̱¹	tsjij²	njwi²	·ja⁻	na¹		thja²	lhjij²	·u²
生	处	宿	命	了	能	阿	难		彼	国	中

生生之处能了宿命，唯除五浊刹中出现于世。阿难！彼国

18.11.7

𗣼	𗏵	𗦿	𗦿	𗂼	𗤥		𗤒	𗫭	𗄿	𗦴	𗂩
nia²	tsjij²	sjij¹	sjij¹	bjij²	ɣa¹		tsjir¹	rjijr²	mjɨ¹	pju¹	·jir²
菩	萨	今	晨	朝	明		他	方	无	量	百

𗍫	𗴾	𗋽	𗾺	𗴴	𗬥	𗾩	𗰜	𗴴	𗴰	
tu̱¹	rjur¹	tha¹	·jij¹	kju¹	tshwew¹	śjɨ¹	phji¹	bju¹	śjwo¹	
千	诸	佛	之	供	养	往	意	随	所	

菩萨皆于晨朝供养他方无量百千诸佛，随所希求

18.12.1

𗼦	𗰜	𗰜	𗁅	𗀔	𗴄	𗴅	𗦴	𗴅	𗥫	𗼻
śjwo¹	mə²	mə²	wjạ¹	rer²	ma²	śja¹	mẹ²	śja¹	dźjow¹	ljɨ¹
须	种	种	花	鬘、	涂	香、	末	香、	幢	幡、

𗾒	𗅆	𗆮	𗱔	𗒹	𗤌	𗢸	𗣫	𗤸	𗤃
źiə²	ɣja²	niow¹	rjur¹	tshow¹	ɣiẹ²	tha¹	mẹ²	ɣie¹	bju¹
缯	盖	及	诸	音	乐，	佛	神	力	以

种种花鬘、涂香、末香、幢幡、缯盖及诸音乐，以佛神力

18.12.2

𗴌	𗊎	𗏹	𗁅	𗒹	𗤌	𗰜	𗼳	𗖊	𗒀	𗅪
źji²	lạ¹	·u²	to²	rjur¹	tha¹	·jij¹	kjụ¹	tshwew¹	thjɨ²	sju²
皆	手	中	现	诸	佛	之	供	养。	是	如

𗼳	𗄾	𗁅	𗎮	𗳜	𗴕	𗥑	𗿷	𗿈	𗿷
kjụ¹	gju²	wạ²	tha²	źji²	lhejr²	ŋew²	mjij¹	bju²	mjij¹
供	具	广	大	甚	安，	数	无	边	无，

皆现手中供养诸佛。如是供具广大甚多，无数无边，

18.12.3

𗼙	𗣓	𗤅	𗿷	𗙱	𗰖	𗰜	𗰜	𗁅	𗷛	𗼳
sew²	tshjij¹	tji²	mjij¹	tjɨ¹	tjij¹	mə²	mə²	wjạ¹	ṇa²	kjụ¹
思	议	可	不。	如	若	种	种	花	名	求

𗧾	𗸲	𗁅	𗤸	𗧊	𗰲	𗧬	𗱷	𗥫	𗴽
kiẹj²	thja¹	wjạ¹	mjɨ¹	pjụ¹	·jir²	tụ¹	bji¹	tsə¹	·o¹
欲，	彼	花	无	量	百	千	光	色	有，

不可思议。若复乐求种种名花，花有无量百千光色，

18.12.4

𗴌	𗊎	𗏹	𗁅	𗒹	𗤌	𗴕	𗆬	𗵒	𗴅	𗸲
źji²	lạ¹	·u²	to²	rjur¹	tha¹	tśhja¹	lju²	·ja⁻	na¹	thja¹
皆	手	中	现	诸	佛	奉	散。	阿	难！	其

𗴺 𗀚 𗂸 𗆗 𗁬 𗙭 𗤁 𗂸 𗏁 𗭪
wji² lju² wjạ¹ tśhjɨ² rjar² ŋa¹ gu² – wjạ¹ ɣja²
所 散 花 立 即 空 中 变 花 盖

皆现手中奉散诸佛。阿难！其所散花，即于空中变成花盖，

18.12.5

𗤋，𗭪 𗙈 𗒅 𗡪 𗙉 𗉛 𗂸 𗏭 𗁬 𗙭，𗳌
śjɨj¹ ɣja² kha¹ źji² ŋwu² tja¹ io¹ ɣạ² ·jiw¹ sjwɨ¹ rjar² tjij¹
成， 盖 中 最 小 者 周 十 由 旬 远， 若

𗂸 𗤁 𗙉 𗏁 𗏭 𗀚 𗒅 𗆗 𗴺 𗀚 𗂸 𗦣
wjạ¹ sjiw¹ ŋwu² mji¹ sar² lju² ku¹ śji¹ wjɨ² lju² ·wjạ¹ tśjo⁻
花 新 以 不 散 洒， 则 前 所 散 花 终

盖之小者满十由旬，若不更以新花重散，前所散花终

18.12.6

𗏁 𗢲 𗈷。𗴺 𗣥！𗤊 𗤊 𗂸 𗭪 𗉛 𗨳
mji¹ gji¹ ljɨ¹ ·ja⁻ na¹ tśhiow¹ tśhiow¹ wjạ¹ ɣja² io¹ njɨ¹
不 利 落。 阿 难！ 或 或 花 盖 周 二

𗂸 𗏭 𗁬 𗙭，𗫛 𗭪 𗤁 𗂸 𗠇 𗂸
ɣạ² ·jiw¹ sjwɨ¹ rjar¹ thjɨ² sju² sọ¹ ɣạ² ljɨr¹ ɣa²
十 由 旬 远， 是 如 三 十 四 十

不堕落。阿难！或有花盖满二十由旬，如是三十四十

18.12.7

𗖎 𗒅 𗁬 𗭪 𗂸 𗏭，𗤊 𗠇 𗤊 𗉛 𗳒
rjɨr² nji² tụ¹ ·jiw¹ sjwɨ¹ rjar¹ tjij¹ ljɨr¹ mja¹ io¹ rjɨr²
乃 至 千 由 旬 远， 或 四 洲 周 与

𗳒 𗤊 𗤊 𗏁 𗤊 𗤁 𗤊，𗖎 𗒅 𗂸
rjɨr² ka¹ tjij¹ ŋwu² tụ¹ gu² tụ¹ rjɨr² nji² sọ¹
量 等 或 小 千 中 千， 乃 至 三

乃至千由旬，或等四洲或遍小千中千，乃至三

18.13.1

tụ¹	tha²	tụ¹	rjur¹	kieʲ²	rjir²	rjir²	ka¹	thja¹	rjur¹	nia²
千	大	千	世	界	与	量	等。	彼	诸	菩

tsjij²	zjɨr¹	dju¹	njij¹	śjwo¹	tha²	de²	dzu¹	rjir¹	thja¹
萨	稀	有	心	生，	大	喜	爱	得，	彼

千大千世界。此诸菩萨生稀有心，得大喜爱，

18.13.2

sjij¹	bjij²	ɣa¹	mjɨ¹	pjụ¹	·jir²	tụ¹	rjir²	no¹	·jiw¹	thow¹
晨	朝	明	无	量	百	千	亿	那	由	他

tha¹	·jij¹	tshji¹	ljij¹	kjụ¹	tshwew¹	pjụ¹	bjụ¹	·jow²	śja²	niow¹
佛	之	奉	事	供	养、	尊	重	赞	叹，	及

于晨朝时奉事供养、尊重赞叹无量百千亿那由他佛，及

18.13.3

rjur¹	nẹw²	tśhji²	rjɨr²	lji¹	tśhji²	rjar²	thja¹	sjij¹	mər²	lhjij²
诸	善	根	已	种，	立	即	彼	晨	本	国

wjɨ²	lhjwo¹	thjɨ²	tja¹	źji²	zjọ²	mjɨ¹	pjụ¹	tha¹	mər²	tji¹
△	还。	此	者	皆	寿	无	量	佛	本	愿

种诸善根已，即于晨朝还到本国。此皆由无量寿佛本愿

18.13.4

·wu²	bjij²	ŋwu²	niow¹	mjor¹	ljij²	·jij¹	rjɨr²	kjụ¹	tshwew¹	nẹw²
祐	助	是，	及	如	来	之	△	供	养	善

𗣼	𗤁	𗤁	𗫂	𗧤	𗦻	𗷨	𗡪	𗊲	𗭼	𗦻
tśhji²	twẹ²	twẹ²	źji²	–	dzjɨ²	lji¹	djọ	dzjɨ²	njwi²	lji¹
根	相	续，	皆	全	俱	故、	修	习	善	故、

加威，及曾供如来善根相续，无缺减故、善修习故、

18.13.5

𗦩	𗫔	𗭼	𗦻	𗤄	𗆧	𗭼	𗦻
ɣjiw¹	ɣiwej¹	njwi²	lji¹	śjij¹	·jiw²	njwi²	lji¹
摄	取	善	故、	成	就	善	故。

善摄取故、善成就故。

汉译文：

阿难！若有众生于他佛刹发菩提心，专念无量寿佛，及恒种殖众多善根，发心回向愿生彼国。是人临命终时，无量寿佛与比丘众前后围绕现其人前，即随如来往生彼国，得不退转，当证无上正等菩提。是故阿难！若有善男子、善女人，愿生极乐世界、欲见无量寿佛者，应发无上菩提心，复当专念极乐国土，积集善根应持回向，由此见佛生彼国中，得不退转乃至无上菩提。[1]阿难！若他国众生发菩提心，虽不专念无量寿佛，亦非恒种众多善根，随己修行诸善功德，回向彼佛愿欲往生。此人临命终时，无量寿佛即遣化身佛，[2]与比丘众前后围绕，其所化佛光明相好与真无异，现其人前摄受导引。即随化佛往生其国，得不退转无上菩提。阿难！若有众生住大乘者，以清净心向无量寿如来，乃至十念念无量寿佛，[3]愿生其国，闻甚深法即生信解，心无疑惑。乃至获得一念净心，发一念心念无量寿佛，此人临命终时，如在梦中见无量寿佛，定生彼国，得不退转无上菩提。阿难！以此义利故，无量无数不可思议无有等等无边世界诸佛如来，皆共称赞无量寿佛所有功德。

佛告阿难：东方如恒河沙界，一一界中有如恒沙菩萨，为欲瞻礼供养无量寿佛及诸圣众来诣佛所，南西北方四维上下亦复如是。

尔时，世尊而说颂曰：

东方诸佛刹，　　数如恒河沙，

如是佛土中，　　恒沙菩萨众，

皆现神通来，	礼无量寿佛，
三方诸圣众，	礼觐亦同归。
彼于沙界中，	道光诸辩论，
住深禅定乐，	四无所畏心。
各赍众妙花，	名香皆可悦，
并奏诸天乐，	百千和雅音，
以献天人师，	名闻十方者。
究竟威神力，	善学诸法门，
种种供养中，	勤修无懈倦，
功德智慧景，	能破诸幽冥，
咸以尊重心，	奉诸珍妙供。
彼观殊胜刹，	菩萨众无边，
愿速成菩提，	净界如安乐。
世尊知欲乐，	广大不思议，
微笑现金容，	告成如所愿。
了诸法如幻，	佛国犹梦响，
恒发誓庄严，	当成微妙土。
菩萨以愿力，	修胜菩提行，
知土如影像，	发诸弘誓心。
若求遍清净，	殊胜无边刹，
闻佛圣德名，[4]	愿生安乐国。
若有诸菩萨，	志求清净土，
了知法无我，	愿生安乐国。

复次阿难！极乐世界所有菩萨，于无上菩提皆悉安住一生补处，唯除大愿能师子吼擐大甲胄摩诃萨众为度群生修大涅槃者。复次阿难！彼佛刹中诸声闻众，皆有身光能照一寻。菩萨光照极百千寻，除二菩萨光明常照三千大千世界。[5]阿难白佛言：世尊！彼二菩萨名为何等？佛告阿难：汝今谛听！彼二菩萨，一名观自在，二名大势至。阿难！此二菩萨从娑婆世界舍寿量已往生彼国。阿难！彼极乐界所生菩萨皆具三十二相，肤体柔软、诸根聪利、智慧善巧，于差别法无不了知，禅定神通善能游戏，皆非薄德钝根之流。彼菩萨中有得初忍或第二忍者无量无边，或有证得无生法

忍。阿难！彼国菩萨，乃至菩提不堕恶趣，生生之处能了宿命，唯除五浊刹中出现于世。阿难！彼国菩萨皆于晨朝供养他方无量百千诸佛，随所希求种种花鬘、涂香、末香、幢幡、缯盖及诸音乐，以佛神力皆现手中供养诸佛。如是供具广大甚多，[6] 无数无边，不可思议。若复乐求种种名花，花有无量百千光色，皆现手中奉散诸佛。阿难！其所散花，即于空中变成花盖，盖之小者满十由旬，若不更以新花重散，前所散花终不堕落。阿难！或有花盖满二十由旬，如是三十四十乃至千由旬，或等四洲或遍小千中千，乃至三千大千世界。此诸菩萨生稀有心，得大喜爱，于晨朝时奉事供养、尊重赞叹无量百千亿那由他佛，及种诸善根已，即于晨朝还到本国。此皆由无量寿佛本愿加威，及曾供如来善根相续，无缺减故、善修习故、善摄取故、善成就故。

注释：

[1] 乃至，№ 414 译作"𗰖𗰟"（于至），№ 7377 "𗰖"（于）下有"𗒹"（乃、所）字。

[2] 后一"佛"字汉文本未作。

[3] 十念，西夏译作"𗰗𗣼"，字面意思是"十遍"。

[4] 闻佛圣德名，№ 414 译作"𗦋𗤀𗼇𗫴𗊬"（佛成德名闻）。按，"𗤀" śjij¹（成）字于意不合，在此假借作"𗼽" śjij²（圣），此二字属近音通假的"平上"对应。参看 № 7377 正作"𗦋𗼽𗫴𗊬"（佛圣德名闻）。在西田先生的韵母构拟方案中，此二字皆属第 7 摄第 43 韵类（1.42–2.37）ïeɴ。

[5] 除，西夏译作"𗤆"（一）。按，"𗤆" lew¹（一）字于意不合，在此疑假借作"𗥃" lew¹（唯），此二字为同音通假。

[6] 甚多，№ 414 译作"𗱕𗄈"（甚安）。按，"𗄈" lhejr²（安乐）字于意不合，在此假借作"𗣼" rejr²（多）。参看 № 7377 正作"𗱕𗣼"（甚多）。另见《无量寿经》"甚多无数"，西夏译作"𗱕𗣼𗉰𗝓"（甚多数无）。

西夏录文及对译：

18.13.6

𗁹	𗤒	𗥉	𗥃	𗋽	𗥰	𗍁	𗋺	𗀔	𗥰	𘝾
niow¹	tśjɨ¹	·ja⁻	na¹	thja²	źji²	lhejr²	kiej²	·u²	rjur¹	ɲia²
复	次	阿	难！	彼	极	乐	界	中	诸	菩

𗥉	𗦳	𗤁	𗤊	𗥰	𗍁	𗍁	𗇐	𗇐
tsjij²	·ji¹	rjɨr²	tshjɨj¹	ŋwu¹	da̱²	ŋowr¹	ŋowr²	sjij²	rjɨr²
萨	众，	所	说	语	言	一	切	智	与

复次阿难！彼极乐界诸菩萨众，所说语言与一切智

18.13.7

bju¹	śjij¹	wji¹	ɣiwej¹	·wu²	gju²	źji²	ɣjiw¹	ɣiwej¹	mjij¹	tha¹
相	应，	用	受	护	具	皆	摄	取	无，	佛

lhjij²	zjɨr²	da̱²	dzu¹	mjij¹	dwər¹	mjij¹	niow¹	dzu¹	kju¹
国	遍	游	爱	无	厌	无，	亦	希	求

相应，于所受用皆无摄取，遍游佛刹无爱无厌，亦无希求。

18.14.1

mji¹	dzu¹	kju¹	sjij²	mjij¹	·jij¹	sẽ¹	mjij¹	źji¹	njɨ²	sjij²
无。	希	求	想	不，	自	想	无、	烦	恼	想

mjij¹	ŋa²	sẽ¹	mjij¹	·jijr¹	ɣwej¹	ljwu¹	nu¹	ljwij¹	tshja¹
无、	我	想	无、	斗	诤	违	逆	怨	瞋

不希求想，无自想、无烦恼想、无我想、无斗诤相违怨瞋之想。

18.14.2

sjij²	mjij¹	thjij²	sjo²	lji¹	thja²	rjur¹	ɲia²	tsjij²	ɲia²	tśhju¹
想	无。	何	云	故？	彼	诸	菩	萨	众	生

𗰓	𗰓	𗱵	𗦂	𗏵	𗑱	𗵘	𗫂	𘕿	𗫸
ŋowr²	ŋowr²	ɣa²	tha²	njij²	wju̱	gjij¹	ɣie²	njij¹	dju¹
一	切	于	大	慈	悲	利	益	心	有

何以故？彼诸菩萨于一切众生有大慈悲利益心故，

18.14.3

𗧜,	𗝒	𗢌	𗫂	𘕿	𗫸	𘄒	𗩱	𗫸	𗪒	𗿳
lji¹	wə¹	lhji¹	ɣie²	mjij¹	njij¹	mji¹	niəj¹	njij¹	tshja̱¹	ʑi̱¹
故,	柔	软	碍	无	心、	不	浊	心、	忿	恨

𘕿	𗫸	𘄽	𘕽	𗤱	𘎮	𗌦	𘕿	𗫸	𗪙
mjij¹	njij¹	tśhja²	ka¹	rjur¹	·jar²	mjij¹	sej¹	njij¹	zȩw²
无	心、	平	等	调	伏	寂	静	心、	忍

有柔软无障碍心、不浊心、无忿恨心，有平等调伏寂静之心、忍

18.14.4

𗫸、	𗪙	𗌦	𘎮	𗫸,	𘕽	𗤊	𘓦	𗌦	𘂎	𗟠
njij¹	zȩw²	rjur¹	·jar²	njij¹	ka¹	śio¹	nej²	sej¹	ŋewr¹	khiȩ¹
心、	忍	调	伏	心,	等	引	导	净	散	乱

𘕿	𗫸	𗁜	𗿖	𘕿	𗫸	𗌦	𗫸、	𘛁	𗌦	𗫸、
mjij¹	njij¹	lə¹	ɣja²	mjij¹	njij¹	sej¹	njij¹	ʑji²	sej¹	njij¹
无	心、	覆	蔽	无	心、	净	心、	极	净	心、

心、忍调伏心，有等引澄净无散乱心、无覆蔽心、净心、极净心、

18.14.5

𗐹	𗐹	𗫸、	𗓏	𘕿	𗫸、	𗦂	𗦐	𘄽	𗫸、	𗰣
swew¹	swew¹	njij¹	lhji²	mjij¹	njij¹	tha²	pju¹	tśhja²	njij¹	nȩw²
照	曜	心、	尘	无	心、	大	威	德	心、	善

𗫸、	𘁭	𗦂	𗫸、	𗁜	𘕿	𗫸、	𘛁	𗙏	𗫸、
njij¹	wa̱²	tha²	njij¹	dzjo̱	mjij¹	njij¹	ʑji²	na¹	njij¹
心、	广	大	心、	比	无	心、	甚	深	心、

照曜心、无尘心、大威德心、善心、广大心、无比心、甚深心、

18.14.6

tsjɨr¹　dzu¹　njɨj¹　de²　njɨj¹　tsjɨr¹　nᴇw²　phji¹　njɨj¹　zow²　zjɨj¹
法　爱　心、　喜　心　法、　善　意　心、　执　著

ŋowr²　ŋowr²　tja¹　ka²　njɨj¹　nia²　tśhju¹　ŋowr²　ŋowr²　·jij¹　źji¹
一　切　者　离　心、　众　生　一　切　之　烦

爱法心、喜法心、善意心、舍离一切执著心、断一切众生烦

18.14.7

njɨ　phja¹　njɨj¹　niow²　tshwew¹　ŋowr²　ŋowr²　tjɨj¹　njɨj¹　dju¹　ljɨ¹
恼　断　心、　恶　趣　一　切　闭　心　有　故、

sjɨj²　źjɨr¹　dźjɨ¹　dźjɨj¹　niow¹　mjɨ¹　pju¹　tśhja²　·iow¹　śjɨj¹
智　慧　行　行　已，　无　量　德　功　成

恼心、闭一切恶趣心故，行智慧行已，成就无量功德，

18.15.1

·jiw²　śjã¹　djɨj²　dwewr¹　·jiw¹　źji²　nᴇ¹　tshjɨj¹　njwi¹　·ju²　źji²　phju²
就，　禅　定　觉　因　最　演　说　能，　常　无　上

po¹　tjɨj¹　źji¹　·u²　jɨr²　phie²　tśhjɨj¹　djɔ²　tśhji¹　mej¹　nia²
菩　提　游　戏，　勤　演　说　修。　肉　眼　菩

于禅定觉分善能演说，而常游戏无上菩提，勤修敷演。肉眼

18.15.2

dzjɨj²　tsjɨr¹　gjɨj¹　·iow¹　·ji¹　mə¹　mej¹　to²　śja²　rjur¹　tha¹
习　选　择　功　众，　天　眼　出　现　诸　佛

𗁜 𗰖 𗪾 𗗙 𗼋 𗼅 𗯴 𗆍 𗱸 𗢳

lhjij² mej¹ tsjir¹ mej¹ gji¹ sej¹ rjur¹ zjij¹ ka² njwi²

国 观 法 眼 清 净 诸 著 离 能

发生能有简择，天眼出现鉴诸佛土，法眼清净能离诸著，

18.15.3

𗿷 𗰖 𗴮 𗗙 𗇂 𗤧 𗥤 𗑠 𗴦 𗰖 𗹭

źjir¹ mej¹ mjijr² dar¹ lhjo¹ rewr² ɣa² nji¹ tha¹ mej¹ śjɨj¹

慧 眼 通 达 彼 岸 于 到 佛 眼 成

𗒹 𗌰 𗤱 𗋕 𗈁 𗋽 𗁦 𗿷 𗑱 𗹦

·jiw² dwewr² tśji¹ phie² nej² yie² mjij¹ źjir¹ śjwo¹ mji¹

就 觉 悟 开 示 碍 无 慧 生 他

慧眼通达到于彼岸，佛眼成就觉悟开示，生无碍慧

18.15.4

𗷾 𗴮 𗥹 𗒛 𗰗 𗗟 𗥃 𗤁 𗥤 𗆫 𗅥

·jij¹ wa² tshjij¹ so¹ kiej² io¹ ·u² tśhja² ka¹ jir² djo²

之 广 说 三 界 内 中 平 等 勤 修

𗀕 𗀕 𗇋 𗁉 𗲲 𗅤 𗑠 𗥃 𗥃 𗷾

·jij¹ ·jij¹ rjur¹ ·jar² niow¹ nia² tśhju¹ ŋowr² ŋowr² ·jij¹

自 我 调 伏 亦 有 情 一 切 之

为他广说。于三界中平等勤修，既自调伏，亦能调伏一切有情，

18.15.5

𗝞 𗇋 𗁉 𗢳 𗣼 𗒴 𗋽 𗵘 𗒟 𗰜 𗼋

tsji¹ rjur¹ ·jar² njwi² bu² śja¹ mo² thow¹ rjir¹ phji¹ tsjir¹

亦 调 伏 能 胜 奢 摩 他 得 令 法

𗥃 𗥃 𗤧 𗭴 𗢳 𗑱 𗗠 𗦤 𗨙 𗠉

ŋowr² ŋowr² ɣa² rjir¹ lew² mjij¹ lja¹ thjo̱¹ yjir¹ ŋwu¹

一 切 于 得 所 无 证 妙 巧 言

能令获得胜奢摩他。于一切法证无所得，善能说法言辞巧妙，

18.15.6

dą² ŋwu² tsjịr¹ tshjịj¹ njwi² jịr² ŋwu² rjur¹ tha¹ ŋowr² ŋowr²
辞 以 法 说 能， 勤 以 诸 佛 一 切

·jịj¹ kjụ¹ tshewr¹ ɲia² tśhju¹ ŋowr² ŋowr² ·jịj¹ źji¹ njɨ² ŋowr²
之 供 养， 有 情 一 切 之 烦 恼 一

勤修供养一切诸佛，摧伏有情一切烦恼，

18.15.7

ŋowr² rjur¹ ·jar² njwi² rjur¹ mjor¹ ljịj² ·jịj¹ njịj¹ ·o² lew²
切 调 伏 能， 诸 如 来 之 心 悦 所

we² ku¹ tśhjwo¹ thjị² sju² thjị² sju² sjwɨ¹ sjịj² njwi²
为， 则 故 是 如 是 如 思 惟 能。

为诸如来之所悦可，而能如是如是思惟。

18.16.1

thjị² sju² sjwɨ¹ sjịj² zjịj¹ rjur¹ tsjịr¹ ŋowr² ŋowr² dzjị² njwi²
是 如 思 惟 时， 诸 法 一 切 集 能

ljịj² njwi² źji² rjir¹ lew² mjịj¹ tśier¹ ·ju² sjịj² ŋwu²
见 能， 皆 得 所 无， 方 便 智 以

作是思惟时，能集能见一切诸法，皆无所得，以方便智

18.16.2

dzjar² tsjịr¹ dźjị¹ djọ² dźjịj¹ wo² mji¹ wo² tshewr¹ nja² lhjwi¹
灭 法 行 修 行， 理 非 理 趣 非 取

phji¹　nwə¹　njwi¹　thja¹　wo²　tshwew¹　mji¹　wo²　tshwew¹　nja̱²
舍　　知　　善　　　彼　　理　　趣　　　非　　理　　趣　　　非
修行灭法，善知取舍理非理趣，于理趣非理趣中

18.16.3
kha¹　źji²　n̤ew²　ɣjir¹　rjir¹　rjur¹　ŋwu̠¹　da̱²　ɣa²　njij¹　mji¹
中　　皆　　善　　巧　　得　　　世　　语　　言　　于　　心　　不
dzu¹　ji²　rjur¹　lho⁻　lwər²　lhejr²　źjir¹　dźiej²　jir²　djo²
爱　　乐　　世　　出　　经　　典　　　诚　　信　　　勤　　修
皆得善巧。于世语言心不爱乐，出世经典诚信勤修，

18.16.4
rjur¹　tsjir¹　ŋowr²　ŋowr²　n̤ew²　ɣjir¹　tjo¹　·ju²　tsjir¹　ŋowr²　ŋowr²
诸　　法　　　一　　　切　　　善　　巧　　寻　　求　　法　　　一　　　切
kju̠¹　lhu¹　dzja¹　nwə¹　tsjij²　tsjir¹　mər²　ɣa²　mjij¹　źjir¹
求　　增　　长　　　知　　了　　　法　　　本　　于　　无　　实
善巧寻求一切诸法，求一切法增长了知。知法本无实不可得，

18.16.5
rjir¹　tji²　mjij¹　nwə¹　rjir¹　dźjij¹　tji²　tsji̱¹　lhjwi¹　phji¹　mji¹
得　　可　　不　　　知　　所　　行　　　处　　亦　　取　　　舍　　无
dju¹　nar²　ŋo²　bie²　thjij²　rjur¹　tśhja²　·iow¹　dźjij¹　mər²
有　　老　　病　　解　　脱　　　诸　　德　　　功　　住　　　本
于所行处亦无取舍，解脱老病住诸功德，

18.16.6

ɣa²	njij²	me̱²	mjɨjr²	no²	dźjɨj¹	na¹	tsjɨr¹	jɨr²	djo̱²	źji²
于	从	神	通	安	住，	深	法	勤	修，	甚

na¹	tsjɨr¹	ɣa²	lhji¹	lhjwo¹	njij¹	mjij¹	tsjij²	gie¹	tsjɨr¹
深	法	于	退	转	心	无，	解	难	法

从本已来安住神通，勤修深法，于甚深法而无退转，于难解法

18.16.7

ɣa²	źji²	tsjij²	dar¹	njwi²	lew¹	.u̱²	tśja¹	rjɨr¹	·jiw²	ljɨj¹
于	悉	通	达	能，	一	乘	道	得	疑	惑

mji¹	dju¹	tha¹	tśhja²	tsjɨr¹	ɣa²	mjɨ¹	mji¹	tha²	thja¹	śjij¹
无	有。	佛	正	法	于	他	不	由	自	然

悉能通达，得一乘道无有疑惑。于佛教法不由

18.17.1

·jij¹	tsjij²	sjij²	źjɨr¹	tho̱²	na¹	tha²	njow²	wjɨ²	sju²
自	悟，	智	慧	幽	深	大	海	犹	如，

po¹	tjij¹	so²	wa̱¹	sju²	mji¹	rjɨr²	dzjo̱²	·jij¹	lju¹
菩	提	高	广	须	弥	与	喻，	自	身

他悟，其智宏深譬之巨海，菩提高广喻若须弥，自身

18.17.2

pju̱¹	bji¹	be²	lhji²	su¹	dzjij¹	wjɨ²	sjwɨ¹	sjij²	zjij¹	źjɨr¹
威	光	日	月	超	过。	所	思	惟	时	慧

孩	瓾	瓾	絴	祥	襕	飊	孩	耄	瓶	钪
rjir²	bju¹	śjij¹	njij¹	phiow¹	sej¹	rur²	wji¹	ŋər¹	wjɨ²	sju²
与	相	应	心	白	洁	净	雪	山	犹	如

威光超于日月。凡所思择与慧相应，犹如雪山其心洁白。

18.17.3

皲	孱	赦	劜	緔	紑	赚	瓾	凝	粥	穊
bji¹	swew¹	ŋwu²	bju²	mjij¹	tśhja²	·iow¹	nji²	swew¹	źji¹	nji²
光	明	以	边	无	德	功	普	照	烦	恼

蔬	孩	藘	瓶	钪	緢	骹	徐	耕	襸	紭
sji¹	pju²	mə¹	wji²	sju²	nẹw²	niow²	·jij¹	mju²	ljij¹	lew²
薪	燃	烧	犹	如	善	恶	之	动	摇	所

光明普照无边功德，烧烦恼薪方之于火。不为善恶之所动摇，

18.17.4

愓	绐	絴	瀀	祈	襕	散	絋	瓶	钪	粥
mji¹	we²	njij¹	·ju²	mjij¹	sej¹	tha²	lji²	wji²	sju²	źji¹
不	为	心	常	寂	静	大	地	犹	如	烦

穊	絅	藁	骰	襕	纱	钪	絴	綳	紭
nji²	zwər¹	ɣor²	ba²	sej¹	zjɨr²	sju²	njij¹	wə¹	lew²
惑	洗	涤	清	净	水	如	心	属	所

心静常安犹如大地。洗涤烦惑如清净水，心无所主

18.17.5

緔	絏	藘	瓶	钪	岷	耢	愓	幽	絏	靴
mjij¹	dzjọ¹	mə¹	wji²	sju²	rjur¹	kha¹	mji¹	zjij¹	dzjọ¹	lji¹
无	如	火	犹	如	世	间	不	著	如	风

瓶	钪	岷	糊	紑	缨	散	絋	瓶	钪
wji²	sju²	rjur¹	nia²	tśhju¹	·jur¹	tha²	lji²	wji²	sju²
犹	如	诸	有	情	养	大	地	犹	如

犹如火，不著世间犹如风，养诸有情犹如地，

18.17.6

rjur¹	rjur¹	kiej¹	bjo¹	tshọ²	ŋa¹	wjɨ¹	sju²	nia²	tśhju¹	.ụ²
诸	世	界	观	虚	空	犹	如。	众	生	荷

wạ²	dzẹj¹	ŋa²	wjɨ²	sju²	rjur¹	tsjɨr¹	mji¹	la¹	wjạ¹
载	乘	良	犹	如，	世	法	不	染	花

观诸世界如虚空。荷载众生犹如良乘，不染世法

18.17.7

sej¹	wjɨ²	sju²	tsjɨr¹	ɣiẹ²	nẹ¹	tshjɨj¹	mə¹	dji¹	sju²	tsjɨr¹
莲	犹	如，	法	音	畅	说	天	雷	如，	法

ŋowr²	ŋowr²	dew²	lhjij²	dew²	wjɨ²	sju²	bji¹	mẹ²	śjij²
一	切	雨	国	雨	犹	如，	光	贤	圣

譬之莲花，远畅法音犹如雷震，雨一切法方之大雨，光蔽贤圣

18.18.1

.jwɨ¹	thja¹	tha²	śji¹	sju²	njij¹	rjur¹	.jar²	njwe²	tha²	we¹
蔽	彼	大	仙	如，	心	调	伏	能	大	龙

bju²	sju²	kjir¹	.jiw²	le²	mjij¹	ka²	tśjij²	njij²	sju²
象	如，	勇	猛	畏	无	师	子	王	如，

犹彼大仙，善能调伏如大龙象，勇猛无畏如师子王，

18.18.2

nia²	tśhju¹	.jij¹	pho¹	.wejr²	mẹ²	kju¹	thow¹	phu²	sju²	dow¹
众	生	之	覆	护	尼	拘	陀	树	如，	邪

[illegible]
ljɨ̣^{1} mju̱^{2} mjɨ^{1} wjɨ̣^{2} śjow^{1} tśjɨ̣^{1} ŋər^{1} sju^{2} njij^{2} mjɨ^{1}
论 动 不 能 铁 围 山 如， 慈 无

覆护众生如尼拘陀树，他论不动如铁围山，修慈无

18.18.3

[illegible]
pjụ^{1} djọ^{2} khjã^{2} khja^{2} mja^{1} sju^{2} rjur^{1} ne̱w^{2} njij^{2} tsji̱r^{1}
量 修 恒 伽 河 如。 诸 善 王 法
[illegible]
śji^{1} śio^{1} we^{2} njwi^{2} tha^{2} xiwã^{1} mə^{1} sju^{2} tśiow^{1} dzjɨ̣^{2}
前 导 为 能 大 梵 天 如， 聚 积

量如彼恒河。诸善法王能为前导如大梵天，无所聚积

18.18.4

[illegible]
mji^{1} dju^{1} dźjwow^{1} we^{1} wjɨ^{2} sju^{2} dow^{1} ljɨ̣^{1} dźjwu^{1} wə̣^{1}
无 有 飞 鸟 犹 如， 邪 论 摧 伏
[illegible]
kie^{1} dzjwɨ^{2} njij^{2} sju^{2} zjɨ̱r^{1} dju^{1} ber^{2} gie^{1} ·jiw^{2} thã^{1}
金 翅 王 如， 稀 有 遇 难 优 昙

犹如飞鸟，摧伏他论如金翅王，难遇稀有如优昙

18.18.5

[illegible]
wją^{1} sju^{2} źji^{2} bu̱^{2} go̱r^{1} kiej^{2} njij^{1} phji^{1} tśhja^{2} twụ^{1} low^{2}
花 如。 最 胜 丈 夫 心 意 正 直， 懈
[illegible]
ljij^{1} mji^{1} dju^{1} ne̱w^{2} dźjɨ$^{-}$ djọ^{2} dźjij^{1} njwi^{2} thja^{1} rjur^{1}
怠 无 有 善 行 修 行 能， 彼 诸

花。最胜丈夫其心正直，无有懈怠能善修行，于诸

18.18.6

𗗊 𗼑 𗵈 𘃽 𗹦 𗤙， 𗆐 𗔸 𗴖 𘝞

ljij²	kha¹	nęw²	ɣjɨr¹	kjɨ¹	djij²	wə¹	lhjɨ¹	pjo¹	zęw²
见	中	善	巧	决	定，	柔	和	忍	辱

𗘂 𘃉 𗦎 𗋽， 𗼓 𗥚 𗦺 𗗙 𗼈 𗵜

źɨ¹	sew¹	njij¹	mjij¹	tsjɨr¹	·jɨr¹	dwər¹	mjij¹	tsjɨr¹	kjų¹
嫉	妒	无	心，	法	问	厌	无	法	求

见中善巧决定，柔和忍辱无嫉妒心。论法无厌求法

18.18.7

𗧘 𗑱， 𗤢 𗼈 𗤜 𗵦 𗆧 𗈁 𗗙 𘜍 𘈩。

mji¹	·jar²	·ju²	tsjɨr¹	nę¹	tshjɨj¹	ɲia²	tśhju²	·jij¹	gjij¹	ɣie²
不	倦，	常	法	演	说	众	生	之	利	益。

𗥃 𗸁 𗴖 𗧘 𗓰 𗱉 𗸟， 𗴺 𗼈

kie¹	nia²	ɣjɨ¹	sju²	·u²	djir²	swew¹	bę¹	rjur¹	tsjɨr¹
戒	琉	璃	若	内	外	明	洁，	诸	法

不倦，常勤演说利益众生。戒若琉璃内外明洁，

18.19.1

𗾟 𗼣 𘀈 𗗚 𗼺 𗀝， 𘃽 𗤢 𗤢 𗐼

mji¹	njwi²	bu²	ljɨ¹	we²	phji¹	rjɨr²	tshjɨj¹	tshjɨj¹	da²
闻	善	胜	宝	为	令，	所	说	说	言

𗵈 𗟼 𗂧 𗀝。 𗤙 𘘚 𗵜 𗆧 𗤙 𗼈

·ji¹	de²	wə¹	phji¹	sjij²	źjir¹	ɣie¹	ŋwu²	tha²	tsjɨr¹
众	悦	伏	令。	智	慧	力	以	大	法

善闻诸法而为胜宝，其所说言令众悦伏。以智慧力建大法

18.19.2

𗷀 𗵦 𘂧 𗵜 𗑗 𗵈 𗵜 𗱧 𗤙 𗤢

dźjow¹	śjwo¹	tha²	tsjɨr¹	kwə²	mə¹	tha²	tsjɨr¹	bar¹	tsjų¹	·ju²
幢	建、	大	法	螺	吹、	大	法	鼓	击，	常

𗾩	𗟀	𗓋	𗑗	𗗊	𗼻	𗜍	𗼋	𗖍	𗽛
jir²	djo̱²	ŋwe¹	rjur¹	tsjɨr¹	dźju¹	śjwo¹	sjij²	źjɨr¹	bji¹
勤	修	乐	诸	法	表	建	智	慧	光

幢、吹大法螺、击大法鼓，常乐勤修建诸法表。由智慧光

18.19.3

𗫶	𗵜	𗥤	𗥌	𗣼	𗹟	𗣔	𗽀	𗾫	𗾵
niow¹	njij¹	lha²	śjij¹	mjij¹	·ji¹	dźjar²	lju²	ka²	njwo²
由	心	迷	惑	无	众	过	失	离	损

𗾾	𗑭	𗣼	𗤁	𗫊	𗵜	𗙴	𗑗	𗾤	𗣈
tśju¹	tsjɨ¹	mjij¹	sej¹	dźjij¹	njij¹	ŋwu²	rjur¹	tśior²	la¹
害	亦	无	净	淳	心	以	诸	秽	染

心无迷惑，远众过失亦无损害。以淳净心离诸秽染，

18.19.4

𗾫	𗫌	𗑆	𗤋	𗼙	𗜏	𗥩	𗥀	𗾫	𗗠
ka²	·ju²	zji¹	mji¹	dźjij¹	tśjo⁻	lej²	lhju¹	ka²	tsjɨr²
离	常	惠	施	行	永	贪	悭	离	性

𗤁	𗥐	𗌮	𗫌	𗥈	𗫌	𗤍	𗽀	𗣼	𗳼
rjar¹	wə²	lhji¹	·ju²	bju¹	·ju²	tśhju¹	njij¹	mjij¹	djij²
气	柔	和	常	敬	常	怀	心	寂	定

常行惠施永舍悭贪，禀性温和常怀惭耻。其心寂定

18.19.5

𗼋	𗽛	𗓇	𗽀	𗑗	𗤚	𗥯	𗳛	𗤰	𗤍
sjij²	źjɨr¹	swew¹	tsjij²	rjur¹	kha¹	tjij¹	we²	nia²	tśhju¹
智	慧	明	察	世	间	灯	作	众	生

𗤶	𗟀	𗥹	𗔟	𗫶	𗜈	𗿦	𗥹	𗣈	𗤁
na¹	go²	gjij¹	·jur¹	lhjij²	wo²	bu²	gjij¹	ljo¹	rjar¹
暗	除	利	养	受	义	胜	殊	福	田

智慧明察，作世间灯破众生闇，堪受利养殊胜福田，

18.19.6

tha²	śio¹	dzjij²	we²	ɲia²	tśhju¹	·jij¹	źi²	gju²	dzu¹
大	导	师	为	众	生	之	遍	济。	爱
khie¹	khwa¹	ka²	njij¹	sej¹	sjwɨ¹	mjij¹	kjir¹	·jiw²	
憎	远	离	心	净	忧	无,	勇	猛	

为大导师周济群物。远离憎爱心净无忧，勇进

18.19.7

mji¹	kja̱¹	tha²	tsjir¹	gja¹	bju²	we²	dji¹	jij²	nwə¹
无	怖	大	法	将	军	为,	地	狱	知
tsjij²	·jij¹	tsjir¹	rjur¹	·jar²	ɲia²	tśhju¹	·jij¹	gjij¹	ɣie²
了	自	他	调	伏,	有	情	之	利	益

无怖为大法将，了知地狱调伏自他，利益有情

18.20.1

phji¹	so̱¹	ror²	tśjo⁻	ka²	me²	mjijr²	khej¹	dźjij¹	·jiw¹
舍，	三	垢	永	离	神	通	游	戏,	因
ɣie¹	niow¹	ɣie¹	tji¹	ɣie¹	gu¹	śjwo¹	ɣie¹	rjur¹	mur¹
力、	缘	力、	愿	力、	起	发	力、	世	俗

（拔诸毒箭，为世间解、为世间师，引导群生）舍（诸爱著），永离三
垢游戏神通，因力、缘力、愿力、发起力、世俗

18.20.2

羉、	綴	羏	羉、	繝	桅	羉、	觔	賧	鎣	羉、
ɣie¹	to²	wẹ¹	ɣie¹	nẹw²	tśhji¹	ɣie¹	sã¹	mo²	thji²	ɣie¹
力、	出	生	力、	善	根	力、	三	摩	地	力、

蒙	羉、	繎	羉、	繎	羉、	勢	羉、	觌	荒
mji¹	ɣie¹	dźjịr¹	ɣie¹	kie¹	ɣie¹	zew²	ɣie¹	khu¹	dźjij¹
闻	力、	舍	力、	戒	力、	忍	力、	精	进

力、出生力、善根力、三摩地力、闻力、舍力、戒力、忍力、精进

18.20.3

羉、	惔	羉、	羑	繎	蚝	賧	蟜	羉、	恈	譣
ɣie¹	djij²	ɣie¹	źjr¹	ɣiew¹	śja¹	mo²	thow¹	ɣie¹	phji¹	pa²
力、	定	力、	慧	力、	奢	摩	他	力、	毘	钵

蟜	恻	羉、	效	缝	羉、	惼	羉、	繟	羉、	欻
śja¹	no¹	ɣie¹	me²	mjijr²	ɣie¹	ljir²	ɣie¹	dwewr²	ɣie¹	tha²
舍	那	力、	神	通	力、	念	力、	觉	力、	大

力、定力、慧力、奢摩他力、毘钵舍那力、神通力、念力、觉力、

18.20.4

儊	蕬	禰	禰	孫	舒	报	羉,	慨	禰
ljij²	gja¹	ŋowr²	ŋowr²	·jij¹	rjur¹	·jar²	ɣie¹	niow¹	dow¹
魔	军	一	切	之	摧	伏	力,	并	邪

鬆	骱	葬	羉、	豞	褫	獬	禰	禰	儊
ljị¹	dźjwu¹	wə¹	ɣie¹	źji¹	njị²	ljwij¹	ŋowr²	ŋowr²	ljij²
论	破	伏	力、	烦	恼	怨	一	切	破

摧伏一切大魔军力，并他论法力、能破一切烦恼怨

18.20.5

荒	羉	慨	祔	觔	欻	羉,	繎	敊	鄶
sji²	ɣie¹	niow¹	bụ²	gjij¹	tha²	ɣie¹	·ji¹	pju¹	ljo
△	力	及	胜	殊	大	力,	众	威	福

𗾔　　𗆀，　𗢛　𗵽　𘜶　𘜶，　��　𗁅　𘃽　𗿒，

ŋowr² lhə⁻ ·jij¹ ŋa² śjwo² śjwo² sjij² dźjir¹ nua⁻ ŋwo²

具　足，　相　好　庄　严，　智　慧　辩　才，

力及殊胜大力，威福具足，相好端严，智慧辩才，

18.20.6

𗤏　𗓦　𗭪　𗼫。　𗒹　𗙴　𗤎　𘋠，　𗧉　𗥃

new² tśhji¹ io¹ sə¹ .ã¹ sej¹ wạ² dźjo¹ dzjwo² dzu¹

善　根　圆　满。　目　净　广　长，　人　爱

𗥃　𗥃，　𗵧　𗤁　𗤙　𗙴，　𗤋　𗤣　𘃵

lew² we² ljụ² kwər¹ gji¹ sej¹ ·jij¹ bjij¹ khwa¹

所　成，　身　体　清　洁，　自　慢　远

善根圆满。目净修广，人所爱乐，其身清洁，远

18.20.7

𗹬。　𗋽　𗢺　𗿒　𗌦　𗰖　𘜶　𗢛　𗵽　𗵽，　𗼫

ka² pjụ¹ bjụ¹ njjj¹ ŋwu² rjur¹ tha¹ ·jij¹ tshji² ljij¹ thja¹

离。　尊　重　心　以　诸　佛　之　奉　事　彼

𗰖　𘜶　𗥁　𘁥　𗤏　𗓦　𗤎。　𘉞　𗵽　𗺉

rjur¹ tha¹ do² ·ji¹ new² tśhji² ljị¹ mjị̈ gjiw¹ khwej¹

诸　佛　处　众　善　本　植。　不　敬　慢

离贡高。以尊重心奉事诸佛，于诸佛所植众善本。拔除憍慢，

18.21.1

𗤏，　𗧉　𗥃　𗼫　𗹬，　𗰖　𗵧　𗤋　𘃵，　𗧤　𗤣

phja¹ lej² tshjạ¹ lə² ka² bụ¹ gjij¹ gjụ² rjur¹ bju¹ wo²

断，　贪　瞋　痴　离，　胜　殊　吉　祥，　应　供

𗤁　𗥃。　𗰖　𗵽　𗤎　𘋠，　𗙴　𘉞　𘉞　𗺉，　𗵧

kha¹ dźji² bụ² sjij² mjị̈² dźjij¹ dźjir¹ bji¹ swew¹ rjij¹ njij¹

中　最。　胜　智　境　住，　慧　光　光　明，　心

离贪瞋痴，殊胜吉祥，应供中最。住胜智境，赫奕慧光，心

18.21.2

𗈇 𗥰 𗆪 𗴻 𗜓 𗢯 𗴻 𗭪 𗟲 𗪊
ljɨj² njij¹ śjwo¹ kjir¹ ·jiw² le² mjij¹ ljo¹ sjij² ŋowr² lha⁻
欢 喜 生， 勇 猛 畏 无， 福 智 具 足，

𗀆 𗡥 𗼞 𗼫 𗤎 𗤎 𗟲 𗟭 𗥤 𗏵
tsew² du² mji¹ dju¹ lew¹ mji¹ lew² tshjij¹ ŋwu² nia²
限 量 无 有， 但 闻 所 说， 以 众

生欢喜，雄猛无畏，福智具足，无有滞限，但说所闻

18.21.3

𗥰 𗖵 𗥤 𗑝 𗥤 𗟲 𗟲 𗑾 𗅆 𗓳 𗆧
tɕhju¹ ·jij¹ phie² nej² tshjij¹ mji¹ mji¹ tsjir¹ bju¹ źji² nwə¹
生 之 开 示， 说 闻 闻 法 随 皆 解

𗥤 𗒹 𗑗 𗆧 𗱸 𗴻 𗜓 𗖃 𗴻
tsjij² njwi² po¹ tjij¹ ·jiw¹ tsjir¹ kjir¹ ·jiw² jir² djọ²
了 能。 菩 提 因 法 勇 猛 勤 修，

开示群物，随所闻法皆能解了。于菩提分法勇猛勤修，

18.21.4

𗀉 𗙴 𗥤 𗴻 𗱸 𗴻 𗆧 𗆧 𗸰 𗆧
·ju² ŋa¹ ·jij¹ mjij¹ tji¹ mjij¹ niow¹ mji¹ we̠¹ mji¹
常 空 相 无 愿 无 及 不 生 不

𗝓 𗤀 𗱦 𗧤 𗦜 𗅋 𗿷 𗣿 𗉛 𗑗
dzjar² rjur¹ sã¹ mo² thji² no² dźjij¹ lhejr² lhjọr¹ zjir²
灭 诸 三 摩 地 安 住， 道 场 遍

空无相愿而常安住及不生不灭诸三摩地，行遍道场

18.21.5

dźjij¹	njɨ¹	.u²	mji²	khwa¹	·ja⁻	na¹	ŋa²	sjij¹	thja²	źji²
行	二	乘	境	远。	阿	难！	我	今	彼	极

lhejr²	kiej²	·u²	we¹	śjɨ¹	mjijr²	po¹	tsa¹	ma²	ŋa²
乐	界	中	生	往	者	菩	萨	摩	诃

远二乘境。阿难！我今略说彼极乐界所生菩萨摩诃

18.21.6

tsa¹	·ji¹	·jij¹	źjir¹	ɣiej¹	tśhja²	·iow¹	to²	źji²	thji²	sju²
萨	众	之	实	真	德	功，	悉	皆	是	如，

ljow²	zjij¹	rjir¹	tshjij¹	ŋa²	·ja⁻	na¹	tjij¹	ŋa²	zjọ²
微	略	乃	说	△。	阿	难！	若	我	寿

萨众真实功德，悉皆如是。阿难！假令我身住寿

18.21.7

tsew²	·jir²	tụ¹	rjir²	no¹	·jiw¹	thow¹	kja²	dźjij¹	ɣie²	mjij¹
量	百	千	亿	那	由	他	劫	住，	碍	无

nuə⁻	ŋwu²	thja²	rjur¹	po¹	tsa¹	ma²	ŋa²	tsa¹	njɨ²
辩	以	彼	诸	菩	萨	摩	诃	萨	等

百千亿那由他劫，以无碍辩欲具称扬彼诸菩萨摩诃萨等

18.22.1

·jij¹	źjir¹	ɣiej¹	tśhja²	·iow¹	rjijr²	tshjij¹	ŋa²	tsji¹	sji¹	tji²
之	实	真	德	功	愿	说	我	亦	尽	不

縐	統	鏻	蘥	縗	揚	骸	黮	軼	庞
mjij¹	lji¹	·ja⁻	na¹	ŋa²	·ja⁻	zjo²	ɣa²	thja²	rjur¹
可	也。	阿	难!	我	△	寿	于	彼	诸

真实功德不可穷尽。阿难! 彼诸

18.22.2

獙	骸	蕤	靝	骸	靵	穧	眺	燚	燚	統
po¹	tsa¹	ma²	ŋa²	tsa¹	nji²	·jij¹	nwə¹	mji̵²	njwi²	lji¹
菩	萨	摩	诃	萨	等	之	知	不	能	也。

菩萨摩诃萨等, 尽其寿量亦不能知。

汉译文:

复次阿难! 彼极乐界诸菩萨众, 所说语言与一切智相应, 于所受用皆无摄取, 遍游佛刹无爱无厌, 亦无希求。不希求想、无自想、无烦恼想、无我想、无斗诤相违怨瞋之想。何以故? 彼诸菩萨于一切众生有大慈悲利益心故, 有柔软无障碍心、不浊心、无忿恨心, 有平等调伏寂静之心、忍心、忍调伏心, 有等引澄净无散乱心、无覆蔽心、净心、极净心、照曜心、无尘心、大威德心、善心、广大心、无比心、甚深心、爱法心、喜法心、[1]善意心、舍离一切执著心、断一切众生烦恼心、闭一切恶趣心故, 行智慧行已, 成就无量功德, 于禅定觉分善能演说, 而常游戏无上菩提, 勤修敷演。[2]肉眼发生能有简择, [3]天眼出现鉴诸佛土, 法眼清净能离诸著, 慧眼通达到于彼岸, 佛眼成就觉悟开示, 生无碍慧为他广说。于三界中平等勤修, 既自调伏, 亦能调伏一切有情, 能令获得胜奢摩他。于一切法证无所得, 善能说法言辞巧妙, 勤修供养一切诸佛, 摧伏一切有情一切烦恼, [4]为诸如来之所悦可, 而能如是如是思惟。作是思惟时, 能集能见一切诸法, 皆无所得, 以方便智修行灭法, 善知取舍理非理趣, 于理趣非理趣中皆得善巧。于世语言心不爱乐, 出世经典诚信勤修, 善巧寻求一切诸法, 求一切法增长了知。知法本无实不可得, 于所行处亦无取舍, 解脱老病住诸功德, 从本已来安住神通, 勤修深法, 于甚深法而无退转, 于难解法悉能通达, 得一乘道无有疑惑。于佛教法不由他自然悟, [5]其智宏深譬之巨海, 菩提高广喻若须弥, 自身威光超于日月。凡所思择与慧相应，犹如雪山其心洁白。光明普照无边功德，烧烦恼薪方之于火。不为善恶之所动摇，心静常安犹如大地。洗涤烦惑如清净水，心无所主犹如火，不著世间犹如风，养诸有情犹如地，观诸世界如虚空。荷载众生犹如良乘，不染世法譬之莲花，远畅法音犹如雷震，雨一切法方之大雨，[6]光蔽贤圣犹彼大仙，善能调伏如大龙象，勇猛无畏如师子王，覆护众生如尼拘陀树，邪论不动如铁围山，[7]修慈无量如彼恒河。诸善法王能为前导如大梵天，无所聚积犹如飞鸟，摧伏他论如金翅王，难遇稀有如优昙花。最胜丈夫其心正直，无有懈怠能善修行，[8]于诸见中善巧决定，柔和忍辱无嫉妒心，论法无厌求法不倦，常勤演说利益众生。戒若琉璃内外明洁，善闻诸法而为胜宝，其所说言令众悦伏。以智慧力建大法幢、吹大法螺、击大法鼓，常乐勤修建诸法表。[9]由智慧光心无迷惑，远众过失亦无损害。以淳净心离诸秽染，常行惠施永舍悭贪，禀性温和常怀惭耻。[10]其心寂定智慧明察，[11]作世间灯破众生闇，堪受利养殊胜福田，为大导师周济群物。远离憎爱心净无忧，勇进无怖为大法将，了知地狱调伏自他，利益有情（拔诸毒箭，为世间解、为世间师，引导群生）舍（诸爱著），[12]永离三垢游戏神通，因力、缘力、愿力、发起力、世俗力、出生力、善根力、三摩地力、闻力、舍力、戒力、忍力、精进力、定力、慧力、奢摩他力、毘钵舍那力、神通力、念力、觉力、摧伏一切大魔军力，并他论法力，能破一切烦恼怨力及殊胜大力，威福具足，相好端严，智慧辩才，善根圆满。目净修广，人所爱乐，其身清洁，远离贡高。以尊重心奉事诸佛，于诸佛所植众善本。拔除憍慢，离贪瞋痴，殊胜吉祥，应供中最。住胜智境，赫奕慧光，心生欢喜，雄猛无畏，福智具足，无有滞限，但说所闻开示群物，随所闻法皆能解了。于菩提因法勇猛勤修，[13]空无相无愿而常安住及不生不灭诸三摩地，[14]行遍道场远二乘境。阿难！我今略说彼极乐界所生菩萨摩诃萨众真实功德悉皆如是。[15]阿难！假令我住寿百千亿那由他劫，[16]以无碍辩欲具称扬彼诸菩萨摩诃萨等真实功德不可穷尽。阿难！彼诸菩萨摩诃萨等，尽其寿量亦不能知。

注释：

[１] 喜法心，西夏译作"𘟍𘄒𘂛"（喜心法），三字疑舛，№ 7377 同　　误。据西夏语法和上下文，当作"𘂛𘟍𘄒"（法喜心）。参看《无

量寿经》"喜法心",西夏译作"〇〇〇"。

[2] 敷演,西夏译作"〇〇"(演说)。

[3] 肉眼发生能有简择,西夏译作"〇〇〇〇〇〇〇",字面意思是"肉眼菩习选择功众"。

[4] 上一"一切"二字汉文本未作。

[5] 〇〇(于他)二字,№7377作"〇〇"(他于),疑倒。汉文本作"于佛教法不由他悟",此本是。另,"自然"(〇〇)二字汉文本未作。

[6] 大雨,西夏译作"〇〇"(国雨)。按,"〇"lhjij^2(国)字于意不合,在此假借作"〇"ljij^2(大),此二字为"近音通假"中的"同一韵摄",在西田先生的韵母构拟方案中,二字皆属第11摄第62韵类(1.61–2.54)ε。

[7] 他论,西夏译作"〇〇",字面意思是"邪论",下同。

[8] 懈怠(〇〇),№7377作"〇〇"(懈悟)。按,"〇"ljij^1(悟)字于意不合,在此假借作"〇"ljij^1(怠),此二字为同音通假。

[9] 勤修,№414译作"〇〇"(勤修),№7377作"〇〇"(修勤),疑倒。据汉文本及上下文,此本是。

[10] 禀性,西夏译作"〇〇",字面意思是"性气",《掌中珠》"性气不同"作"〇〇〇〇"。另,"常怀渐耻",西夏译作"〇〇〇〇",字面意思是"常怀常敬"。

[11] 其心寂定,№414译作"〇〇〇"(心寂定),"〇"(心)下疑脱"〇"(意)字。№7377作"〇〇〇〇"(心意寂定),是。

[12] (拔诸毒箭,为世间解、为世间师,引导群生)舍(诸爱著),№7377作"〇〇〇〇,〇〇〇〇、〇〇〇〇、〇〇〇〇〇〇"(诸毒箭拔,世间解为、世间师为,群生引导诸爱著),№414脱。

[13] 菩提因法(〇〇〇〇),汉文本作"菩提分法",梵文Bodhyaṅga。《同良贲疏》上一曰:"菩提分法者,菩提云觉,正是所求。分者因也,亦支分义。"

[14] 空无相无愿(〇〇〇〇〇),汉文本作"空无相愿",疑脱后一"无"字。

[15] 略说,№414译作"〇〇〇〇"(微略乃说),№7377作"〇〇

瓩岔"（边略乃说）。按，"荔" ljow² （边）字于意不合，在此假
借作"譺" ljow²（微），此二字为同音通假。

［16］汉文本"我"下有"身"字，西夏本未见。

西夏录文及对译：

18.22.3

𗧇	𗦠	𗢸	𗊣	𗉛	𗥃	𗧼	𗦲	𗥦	𗤶	𗥑
tśhji¹	zjọ²	rjur¹	pjụ¹	·ja⁻	na¹	·jij¹	dạ²	ji²	thji²	tja¹
尔	时，	世	尊	阿	难	之	言	告：	此	者

𗥦	𗤟	𗊶	𗵀	𗧼	𗣲	𗤴	𗢸	𗆈	𗦨
zjọ²	mjɨ¹	pjụ¹	tha¹	·jij¹	źji²	lhejr²	rjur¹	kiej²	ŋwu²
寿	无	量	佛	之	极	乐	世	界	是。

尔时，世尊告阿难言：此是无量寿佛极乐世界。

18.22.4

𗣔	𗤘	𗊵	𗤈	𗢭	𗤌	𗠆	𗤭	𗥀	𗤸	𗣞
nji²	dzụ²	tjị²	·ja⁻	wor¹	pjạ¹	phjọ²	dzjwị¹	lhejr²	ŋwə¹	war²
汝	坐	处	△	起，	掌	合	恭	敬，	五	体

𗧖	𗣔	𗥠	𗵀	𗤙	𗤟	𗥇	𗦲	𗣲	𗥠	𗵀
lji²	njɨ¹	thja²	tha¹	rjijr²	tśja¹	kjɨ¹	tshjwu¹	nja²	thja²	tha¹
地	投，	彼	佛	方	礼	△	拜	△。	彼	佛

汝应从坐而起，合掌恭敬，五体投地，为佛作礼。彼佛

18.22.5

𗤴	𗤐	𗦜	𗥇	𗥦	𗤟	𗣲	𗧖	𗧖	𗥇
mjij²	dźjwow¹	śja¹	rjijr²	źji²	mji¹	thja²	lji¹	lji¹	rjijr²
名	称	十	方	遍	闻，	彼	一	一	方

𗏹	𗤟	𗢸	𗵀	𗥦	𗥧	𗵁	𗥧	𗥦	𗣨
bẹ¹	ŋew²	rjur¹	tha¹	yie²	mjij¹	bja²	mjij¹	źji²	gu²
沙	数	诸	佛	碍	无	断	无，	皆	共

名称遍满十方，彼一一方恒沙诸佛皆共

18.22.6

聸	薮	矝	㸚	㶧	蘸	綹	叕	㪍	毡	閲
·jow²	śja²	tśhji¹	dzjij¹	·ja⁻	na¹	dzu̱²	tji²	·ja⁻	wor¹	źji¹
称	赞	尔	时	阿	难	坐	处	△	起	左

㠡	靴	㻂	㽦	㦤	㸄	茘	鬏	㺟	㳀
wa̱¹	pha¹	gjwi²	njijr²	lji²	rjijr²	tshwew¹	pja̱¹	phjo²	dzjwi̱¹	lhejr²
肩	半	服	面	西	方	向	掌	合	恭	敬

称赞，无碍无断。是时，阿难即从坐起，偏袒右肩，西面合掌，

18.22.7

㢤	蓏	矝	㦬	㳷	孫	㹈	㤾	㿦	㲍	㸚
ŋwə¹	war²	lji²	nji¹	tha¹	·jij¹	da̱²	ji²	rjur¹	pju¹	ŋa²
五	体	地	投	佛	之	言	白	世	尊	我

㺦	㺠	茘	㢤	㿬	㪍	㸄	㤾	絳	㤿
sjij¹	źji²	lhejr²	rjur¹	kiej²	zjo̱²	mji¹	pju̱¹	mjor¹	ljij²
今	极	乐	世	界	寿	无	量	如	来

五体投地，白佛言：世尊！我今欲见极乐世界无量寿如来，

18.23.1

孫	藂	綷	㢤	㸄	絳	絚	㿧	㳀	㤿	彭
·jij¹	ljij²	kiej²	niow¹	mji̱¹	pju¹	·jir²	tu̱¹	rjir²	no¹	·jiw¹
之	见	欲	并	无	量	百	千	亿	那	由

㠌	孫	㢤	糤	㳀	㸚	薽	㽦	䶃	㸄	㸛
thow¹	tha¹	niow¹	ɲia¹	tsjij²	·ji¹	rjur¹	ne̱w²	tśhji¹	lji¹	kju¹
他	佛	及	菩	萨	众	诸	善	根	种	供

并供养奉事无量百千亿那由他佛及菩萨众，种诸善根。

18.23.2

蒩	㽦	㤴	㸛	蒩	綷	㳀	㤾	㸚	㦤	㸄	㪍
tshwew¹	tshji²	ljij¹	kju¹	tshwew¹	kiej²	ŋa²	ji²	dzjij¹	zjo̱²	mji¹	pju¹
养	奉	事	供	养	欲	我	谓	时	寿	无	量

tha^1　tśhjɨ^2　rjar^2　pjạ^1　·u^2　　tha^2　bji^1　swew^1　wjạ^2　·jir^2　tu^1
佛　　立　　即　　掌　　中　　　大　　光　　明　　放，　百　千

时，无量寿佛即于掌中放大光明，遍照百千

18.23.3

kju^1　tśji^2　no^1　·jiw^1　thow^1　lhjij^2　źji^2　swew^1　thja^2　rjur^1
俱　　胝　　那　　由　　他　　国　　皆　　照。　彼　　诸

tha^1　lhjij^2　·u^2　ŋwu^2　khwej^2　rjur^1　ŋər^1　rar^1　njạ^1　ljɨ^1
佛　　国　　中　　小　　大　　诸　　山、　山　　黑、　宝

俱胝那由他刹。彼诸佛刹所有大小诸山、黑山、宝

18.23.4

ŋər^1　sju^2　mji^1　ŋər^1　mji^1　lew^1　ŋər^1　tha^2　mji^1　lew^1　ŋər^1　bo̲^{2}
山、　须　　弥　　山、　迷　　卢　　山、　大　　迷　　卢　　山、　目

tśjĩ^1　ljĩ^1　thow^1　ŋər^1　ma^2　ŋạ^2　bo̲^{2}　tśjĩ^1　ljĩ^1　thow^1　ŋər^1　śjow^1
真　　邻　　陀　　山、　摩　　诃　　目　　真　　邻　　陀　　山、　铁

山、须弥卢山、迷卢山、大迷卢山、目真邻陀山、摩诃目真邻陀
山、铁

18.23.5

tśjɨ^1　ŋər^1　tha^2　śjow^1　tśjɨ^1　ŋər^1　lhejr^2　bo^1　sji^1　·iọ^2　niow^1
围　　山、　大　　铁　　围　　山、　丛　　薄　　树　　园　　及

rjur^1　mji^1　mə^1　pjụ^2　dzjwo^2　nji^2　·war^1　tha^1　bji^1　swew^1
诸　　宫　　天　　殿　　人　　等　　物，　佛　　光　　明

围山、大铁围山，丛薄园林及诸宫殿天人等物，以佛光明

18.23.6

𗍫	𗊟	𗣼	𗤶	𘃽。	𗷢	𗼟	𗏁	𘀗	𗤚	𗍺
bju¹	to²	źji²	swew¹	ljij²	dzjǫ¹	dzjwo²	sej¹	mə¹	mej¹	ŋwu²
以	皆	悉	照	见。	譬	人	净	天	眼	以

𗢾	𘏣	𗳟	𗑛	𗪙	𗫽	𗆐	𗤚	𘃽	𘙲,
·ja⁻	la²	rjar¹	lji̱	tśhja¹	nji²	·war²	tji²	ljij²	sju²
一	寻	远	地	上	物	△	可	见	如,

皆悉照见。譬如有人以净天眼观一寻地见诸所有，

18.23.7

𗦇	𗷢	𗏵	𘃡	𗊟	𘜶	𗰔	𗆐	𗱺	𘃽。	𘘣
niow¹	dzjǫ¹	be²	bji¹	to²	śja²	khji²	nji²	·war²	sjwij¹	sju²	thja²
又	譬	日	光	出	现	万	物	显	明	如。	彼

𗦮	𘟂	𗤭	𘀆	𘟀、	𘀆	𘟀	𘃽、	𗍫	𘝯	𘈷、
rjur¹	lhjij²	·u²	phji²	khjiw²	phji²	khjiw²	nji¹	·jiw²	pho¹	se²
诸	国	中	比	丘、	比	丘	尼、	优	婆	塞、

又如日光出现万物斯睹。彼诸国中比丘、比丘尼、优婆塞、

18.24.1

𗍫	𘝯	𗕑,	𗣼	𘊝	𘙲	𗤁	𗤁	𗤶	𗛧	𗤁
·jiw²	pho¹	·ji¹	źji²	zjǫ²	mji̱¹	pjy¹	mjor¹	ljij²	sju²	mji¹
优	婆	夷,	悉	寿	无	量	如	来	须	弥

𗙱	𗰒	𗤶	𗦮	𘟂	𗤶,	𗷶,	𗦮	𗰒
ŋər¹	njij²	sju²	rjur¹	tha¹	lhjij²	swew¹	dzji̱¹	rjur¹	tha¹
山	王	如	诸	佛	国	照,	时,	诸	佛

优婆夷，悉见无量寿如来如须弥山王照诸佛刹，时，诸佛

18.24.2

𘟂	𗊟	𗣼	𗱺	𘜶	𘃽,	𗢾	𘏣	𗳟	𗫽	𗆐
lhjij²	to²	źji²	dźju¹	śja²	ljij²	·ja⁻	lhjor¹	rjar¹	nji²	·war²
国	皆	悉	明	现	见,	一	寻	远	物	△

tji² ljij² sju² thja¹ zjo̭² mjɨ¹ pju¹ mjor¹ ljij² ·jij¹
可 见 如。 彼 寿 无 量 如 来 之

国皆悉明现，如处一寻。以无量寿如来

18.24.3

bu̲² gjij¹ bji¹ swew¹ źji² gji¹ sej¹ niow¹ ku¹ tśhjwo thja²
胜 殊 光 明、 极 清 净 故， 则 故 彼

lu² bjij² niow¹ rjur¹ yiȩ² mji¹ ɲia² tsjij² nji² ·ji¹
座 高 及 诸 声 闻、 菩 萨 等 众

殊胜光明、极清净故，见彼高座及诸声闻、菩萨等众。

18.24.4

·jij¹ ljij² ljɨ¹ dzjo̭¹ sju² tha² ljɨ² zjir² na̲² nja¹
之 见 也。 譬 如 大 地 水 洪 盈

swu² phu² bo¹ ŋər¹ mja¹ to² źji² mji¹ sjwij¹ lew¹
满， 树 林 山 河 皆 悉 不 现， 唯

譬如大地洪水盈满，树林山河皆没不现，唯

18.24.5

tha² zjir² ljij² ·ja⁻ na¹ thja² tha¹ lhjij² ·u² tha² yiȩ²
大 水 见。 阿 难！ 彼 佛 刹 中 大 声

mji¹ ·ji¹ ŋowr² ŋowr² ·ja⁻ lhjor¹ bji¹ swew¹ niow¹ po¹
闻 众 一 切 一 寻 光 明， 及 菩

有大水。如是阿难！彼佛刹中无有他论及异形类，唯除一切大声闻众
一寻光明，及彼菩

18.24.6

鮍	蕻	蒞	鮍	旄	貔	愠	靯	绐	祳	辪
tsa¹	ma²	ŋa̱²	tsa¹	·ju¹	śja¹	no¹	nji¹	·jir²	tu̱¹	lhjo̱r¹
萨	摩	诃	萨	踰	缮	那	等	百	千	寻

敃	媺	毿	愠	骇	祦	辌	蕊	憿	禭	绖
bji¹	swew¹	rjir²	niow¹	dzjij²	dow¹	lji̱¹	do²	pha¹	jwir¹	la̱¹
光	明	除	外，	他	邪	论	差	异	相	容

萨摩诃萨踰缮那等百千寻光。

18.24.7

繇	禠	绢。	蕿	骇	绖	峰	绛	憿、	蘱	穆、
djij¹	źji²	mjij¹	thja²	zjo̱²	mji¹	pju̱¹	mjor¹	ljij²	bju¹	wo²
类	皆	无。	彼	寿	无	量	如	来、	应	供、

绁	绖	镲	祢	敃	祦	禷	藂	愠	旄
tśhja²	ka¹	dwewr²	·jij¹	bji¹	swew¹	ɣję²	mji¹	niow¹	rjur¹
正	等	觉	之	光	明	声	闻	及	诸

彼无量寿如来、应、正等觉光明映蔽一切声闻及诸

18.25.1

糀	绁	禰	禰	祢	倣	骇，	旄	糀
ɲia²	tsjij²	ŋowr²	ŋowr²	·jij¹	·jwi̱¹	t–²	rjur¹	ɲia²
菩	萨	一	切	之	障	蔽，	诸	有

绁	祢	禠	禠	祶	祗。	蕿	瀹	箓
tśhju¹	·jij¹	to²	źji²	ljij¹	phji¹	thja²	źji²	lhejr²
情	之	悉	皆	见	令。	彼	极	乐

旄	帰	糀	绁、	禷	藂、	牋
kiej²	·u²	ɲia²	tsjij²	ɣję²	mji¹	dzjwo²
界	中	菩	萨、	声	闻、	人

菩萨，令诸有情悉皆得见。彼极乐界菩萨、声闻、人

18.25.2

𗙫	𗣼	𘐆	𗣠	𗣁	𘀗	𘊩	𗕦	𘞪	𗉝
mə¹	·ji¹	njɨ²	to²	źji²	so²	pho¹	rjur¹	kiej²	·u²
天	众	等，	悉	皆	娑	婆	世	界	中

𗜈	𗥦	𗧾	𗠻	𗜈	𘃋	𗟻	𗣼	𘀪	𗗚
śji²	kja¹	mjor¹	ljij²	niow¹	phji²	khjiw¹	·ji¹	·wiọ¹	tśjɨ¹
释	迦	如	来	及	比	丘	众	围	绕

天众等，一切皆睹娑婆世界释迦如来及比丘众围绕

18.25.3

𗟷	𗴿	𘕿	𗾖
tsjɨr¹	tshjij¹	djij²	ljij²
法	说	△	见。

说法。

18.25.4

𗥃	𘕕	𗽀	𗼻	𗑲	𗡪	𗪮	𘝶	𗥃	𗍫：
tśhjɨ¹	zjọ²	tha¹	mji¹	le²	ɲia²	tsjij²	·jij¹	dạ²	ji²	nji²
尔	时，	佛	弥	勒	菩	萨	之	言	告：汝

𗏵	𗆉	𗤓	𗑠	𗥤	𗑲	𘊩	𗥦	𗽀	𘕕
ŋowr²	lhə⁻	gji¹	sej¹	pjụ¹	tśhja²	śjwo²	tshjij²	tha¹	lhjij²
具	足	清	净	威	德	庄	严	佛	国

尔时，佛告弥勒菩萨言：汝颇见具足清净威德庄严佛刹

18.25.5

𗜈	𗵐	𗆧	𗱕	𗴥	𘜶	𗸲	𘊒	𗔊	𗕦
niow¹	ŋa¹	gu²	phu²	bo¹	sji¹	·iọ²	rar²	mə²	dźiəj²	·ja⁻
及	空	中	树	林、	树	园、	源	泉、	池	△

𗾖	𗴮	𘐆	𗣗	𘐆	𗏛	𗣁	𘓐	𗙫	𗵐
ljij²	nja²	nji²	rjɨr¹	nji²	tsə¹	źji²	dźjwa¹	mə¹	ŋa¹
见	汝？	汝	乃	至	色	究	竟	天，	空

及见空中树林、园苑、涌泉、池沼不耶？汝见大地乃至色究竟天，

18.25.6

蕤	㴘	羘	核	㲯	散	娇	㲹	骸 。	㡽	㳻
gu²	wjạ¹	phu²	bo¹	lju²	tha²	ljɨ̣¹	śjwo²	tshjij²	niow¹	tsji¹
中	花	树	林	散	大	地	庄	严。	复	亦

㴲	㲯	㲺	㴧	㴆	㲾	核	核	祗	㴲 ,
·ji¹	we¹	tsho²	ŋa¹	kiej²	dźjij¹	mə²	mə²	yiẹ²	to²
众	鸟	虚	空	界	住	种	种	音	出,

于虚空中散花树林以为庄严。复有众鸟住虚空界出种种音,

18.25.7

绊	祗	㲱	祾	㲂	㴆	绲	藏 。	羆	㲁	㴲
tha¹	yiẹ²	wjɨ²	sju²	rjur¹	kiej²	zjir²	mji¹	thjạ¹	rjur¹	·ji¹
佛	声	犹	如	世	界	普	闻。	是	诸	众

㲺	祗	㲱	㲻	散 ,	㞍	祗	㴇	㤊 。	㴲 :
we¹	źji²	wjɨ¹	dji²	ŋwu²	źjɨr¹	sju²	dzju²	njạ²	wja¹
鸟	皆	变	化	是,	实	畜	生	非。	曰:

犹如佛声普闻世界。是诸众鸟皆是化作,非实畜生。

18.26.1

祗	羚	敃	㲩?	藏	蕤	㲏	㴧	绊	祢	釟
źji²	·ja⁻	lji²	nja²	mji¹	gu²	ɲia²	tsjij²	tha¹	·jij¹	dạ²
皆	△	见	汝?	弥	勒	菩	萨	佛	之	言

㴗 :	敃	㴲 。	绊	㡽	藏	辮	㲏	㴧	祢
ji²	lji²	ŋa²	tha¹	niow¹	mji¹	le²	ɲia²	tsjij²	·jij¹
告:	见	我。	佛	复	弥	勒	菩	萨	之

汝见是耶? 弥勒白佛言:唯然已见。佛复告弥勒菩萨

18.26.2

釟	㴗 :	㭬	羆	祾	㲏	㲸	龍	㲝	㡽	㴵
dạ²	ji²	nji²	thjạ¹	rjur¹	ɲia²	tśhju¹	·ju̲¹	śja¹	no¹	·jir²
言	告:	汝	彼	诸	众	生	蹦	缮	那	百

𗇁 𗼓 𗤊 𗀁, 𗴿 𗆧 𗼈 𗤁 𗏇 𗑠
tụ¹ mji̱¹ pjụ² ·o² ŋa̱¹ gu² khe̱j¹ dźjij¹ zjij¹ mjij¹
千 宫 殿 入， 空 中 游 行 著 无

言：汝见此诸众生入踰缮那百千宫殿已，游行虚空无著

18.26.3

𗤖 𗑠, 𗏒 𗧘 𗌦 𗆍 𗏒 𗣼 𗆍 𗗙 𗥩
yie² mjij¹ rjur¹ lhjij² zjir² da̱² rjur¹ tha¹ ·jij¹ kjụ¹ tshwew¹
碍 无， 诸 国 遍 游 诸 佛 之 供 养
𗧇 𗉞 𗇅 𗤁 𗏇 𗑠 𗦻 𗤁 𗂧 𗰜
djij² ·ja̱⁻ lji² nja² niow¹ thja¹ do² nia² tśhju¹ be²
△ △ 见 汝， 及 彼 处 有 情 日

无碍，遍诸刹土供养诸佛，及见彼有情

18.26.4

𗵆 𗤐 𗆧 𗤒 𗤒 𗗙 𗨋 𗧇 𗉞 𗇅
gji² tśhjiw¹ dzjij¹ twe̱² twe̱² tha¹ lji̱r² djij² ·ja̱⁻ lji²
夜 六 时 相 续 佛 念 △ △ 见
𗤁? 𗼓 𗤖 𗂧 𗑱 𗣼 𗋡 𗴿 𗖠 𗆧
nja² mji¹ le² nia² tsjij² da̱² to² źji² lji² ŋa²
汝？ 弥 勒 菩 萨 言： 悉 皆 见 我。

于昼夜分念佛相续不耶？弥勒白言：唯然尽见。

18.26.5

𗗙 𗤊 𗣼 𗉜: 𗗚 𗴟 𗰛 𗷘 𗄉 𗟨
tha¹ niow¹ da̱² ·jir¹ nji² tsjij¹ dji² ·jij¹ dzju² mə¹
佛 复 言 问： 汝 他 化 自 在 天
𗍫 𗨃 𗼋 𗏒 𗐓 𗼹 𗖟 𗞞 𗑗 𗃎
thja¹ źji² lhejr² rjur¹ dzjwo² rjir² wji¹ ɣiwej¹ thji̱² gju²
彼 极 乐 诸 人 与 用 受 此 具

佛复告言：汝见他化自在天与极乐诸人受用资具

18.26.6

靗	儌	羬	覼	敭	敱?	羬	豣	糈	姕
do²	pha¹	wa²	dju¹	·ja⁻	lji²	mji¹	le²	nia²	tsjij²
差	别	何	有	△	见?	弥	勒	菩	萨

豺:	虼	核	秽	靗	儌	燚	牪	敱	絥。
da²	thja²	zji̇r¹	zjij¹	do²	pha¹	mji̇¹	tśhji¹	lji²	ŋa²
言:	彼	少	许	差	别	未	彼	见	我。

有差别不？弥勒白言：我不见彼有少差别。

18.26.7

絳	羬	豣	孫	効:	楙	縘	霽	崻	巟
tha¹	mji¹	le²	·jij¹	ji²	nji	źji	lhejr²	rjur¹	kiej²
佛	弥	勒	之	告:	汝	极	乐	世	界

帽	饿	薤	敱	豵	娜	蘷	绉	敭	敱?
·u²	dzjwo²	mja¹	·o¹	thjij²	sjo²	dja²	dźjij¹	·ja⁻	lji²
中	人	母	腹	何	云	△	住	△	见?

佛告弥勒：汝见极乐世界人住胎不？

18.27.1

羬	豣	糈	姕	崻	薇	孫	豺	効:	綯
mji¹	le²	nia²	tsjij²	rjur¹	pju̇¹	·jij¹	da²	ji²	dzjo̧¹
弥	勒	菩	萨	世	尊	之	言	谓:	譬

敱	核	敱	牒	羟	毈	牒	鞁,	䋻	彰
so̧¹	ɣa²	so̧¹	mə¹	·ja²	mo²	mə¹	nji̇²	·jir²	·jiw¹
三	十	三	天	夜	摩	天	等,	百	由

弥勒白言：世尊！譬如三十三天夜摩天等，入百由

18.27.2

獙	秅	慨	䋻	彰	獙	帆	㑻	帽	蒳
sjwi̇¹	rjar¹	ŋwə¹	·jir²	·jiw¹	sjwi̇¹	mji¹	pju̇²	·u²	khej¹
旬	远	五	百	由	旬	宫	殿	内	游

𘀇	𗼃	𗼕	𗤶	𗰛	𗤀	𗼃	𗈁	𗴂	𗥃
·u²	lhejr²	lhjij²	sju²	thja¹	źji²	lhejr²	rjur¹	kiej²	dzjwo²
戏	乐	受	如。	彼	极	乐	世	界	人

旬若五百由旬宫殿之内游戏欢乐。我见极乐世界人

18.27.3

𗤥	𗥛	𗋽	𗊱	𗤋	𗧀	𗟾	𗰖	𗼽	𗄼
mja¹	·o¹	·u²	dźjij¹	tja¹	·ja²	mo²	mə¹	mji¹	pju²
母	腹	中	住	者	夜	摩	天	宫	殿

𗋽	𗊱	𗒞	𗵐	𗎱	𗩣	𗟻，	𗧃	𗤮	𗰈
·u²	dźjij¹	rjir²	·ja⁻	tjij²	lji²	ŋa²	niow¹	ɲia²	tśhju¹
中	住	与	一	样	见	我，	又	众	生

住胎者如夜摩天处于宫殿，又见众生

18.27.4

𗄊	𗢳	𗳒	𗴟	𗉛	𗤶	𗟺	𗰛	𗥼	𗴸	𗟩	𗅲	𗩣	𗟻。
wja¹	sej¹	njij¹	gu¹	khji̱¹	lji¹	tśja¹	dzu̱¹	thja¹	śjij¹	dji²	we̱¹	djij²	lji²	ŋa²
华	莲	心	内	足	回	交	坐	自	然	化	生	△	见	我。

于莲华内结跏趺坐自然化生。

汉译文:

　　尔时，世尊告阿难言：此是无量寿佛极乐世界。汝应从坐而起，合掌恭敬，五体投地，为佛作礼。彼佛名称遍满十方，彼一一方沙数诸佛皆共称赞，[1]无碍无断。是时阿难即从坐起，偏袒右肩，[2]西面合掌恭敬，[3]五体投地，白佛言：世尊！我今欲见极乐世界无量寿如来，并供养奉事无量百千亿那由他佛及菩萨众，[4]种诸善根。

　　时，无量寿佛即于掌中放大光明，遍照百千俱胝那由他刹。彼诸佛刹所有大小诸山、黑山、宝山、须弥卢山、迷卢山、大迷卢山、[5]目真邻陀山、摩诃目真邻陀山、铁围山、大铁围山，丛薄园林及诸宫殿天人等物，以佛光明皆悉照见。譬如有人以净天眼观一寻地见诸所有，又如日光出现万物斯睹。彼诸国中比丘、比丘尼、优婆塞、优婆夷，悉见无量寿如来如

须弥山王照诸佛刹，时，诸佛国皆悉明现，如处一寻。以无量寿如来殊胜光明、极清净故，见彼高座及诸声闻、菩萨等众。譬如大地洪水盈满，树林山河皆没不现，唯有大水。

阿难！[6] 彼佛刹中无有他论及异形类，唯除一切大声闻众一寻光明，及彼菩萨摩诃萨踰缮那等百千寻光。彼无量寿如来、应、正等觉光明映蔽一切声闻及诸菩萨，令诸有情悉皆得见。彼极乐界菩萨、声闻、人天众等，一切皆睹娑婆世界释迦如来及比丘众围绕说法。

尔时，佛告弥勒菩萨言：汝颇见具足清净威德庄严佛刹，及见空中树林、园苑、涌泉、池沼不耶？[7] 汝见大地乃至色究竟天，于虚空中散花树林以为庄严。[8] 复有众鸟住虚空界出种种音，犹如佛声普闻世界。是诸众鸟皆是化作，非实畜生。汝见是耶？弥勒菩萨白佛言：[9] 唯然已见。佛复告弥勒菩萨言：汝见此诸众生入踰缮那百千宫殿已，游行虚空无著无碍，遍诸刹土供养诸佛，及见彼有情于昼夜分念佛相续不耶？[10] 弥勒菩萨白言：[11] 唯然尽见。佛复告言：汝见他化自在天与极乐诸人受用资具有差别不？弥勒菩萨白言：[12] 我不见彼有少差别。佛告弥勒：汝见极乐世界人住胎不？弥勒菩萨白言[13]：世尊！譬如三十三天夜摩天等，入百由旬五百由旬宫殿之内游戏欢乐。[14] 我见极乐世界人住胎者如夜摩天处于宫殿，又见众生于莲华内结跏趺坐自然化生。[15]

注释：

[1] 沙数（𗩾𗋽），汉文本作"恒沙"，西夏本省略"恒"字义未作。

[2] 偏袒右肩，西夏译作"𗗙𗢤𘉒𗪊"，字面意思是"左肩半服"。

[3] "恭敬"（𗣼𘝞）二字义汉文本未见。

[4] 供养奉事，西夏译作"𗫂𘝞𗣀𗹈𗫂𘝞"（供养奉事供养）。下二字为小字，校补于行右，上二字疑衍。参看下文 18.31.2 "不得供养奉事诸佛"，西夏译作"𗡴𘟀𗙵𗣀𗹈𗫂𘝞𗤶𗣼"（诸佛之奉事供养不得）。

[5] 迷，№ 414 音译作"𗫤"mji¹，№ 7377 音译作"𗤺"mji¹，此二字为同音通假。

[6] 汉文本句上有"如是"二字，西夏本皆未作。

[7] 涌泉（𗼨𘄒），№ 7377 作"𗼟𘄒"（流泉）。按，"𗼟"rar²（流）

字于意不合，在此假借作"𗾭"rar²（泉），此二字为同音通假。
参看《掌中珠》"泉源"作"𗾭𗟨"。

[8] 虚空，西夏译作"𗤉"（空）。下文多译作"𗥑𗤉"（虚空）二字。

[9][11][12][13]"菩萨"（𗗚𗩾）二字义汉文本未见。

[10] 于昼夜分，西夏译作"𗾔𗤋𗩾𗴂"，字面意思是"日夜六时"。

[14] 汉文本"五百由旬"上有"若"字，№ 7377 亦作"𗥃"（若）字。

[15] 于莲华内，№ 414 译作"𗣼𗾔𗎭𗼃"（莲华心中）。按，"𗎭"njij¹
（心）字于意不合，在此假借作"𥆩"njij¹（中心），此二字为同
音通假。参看 № 7377 正作"𗣼𗾔𥆩𗼃"（莲华之中）。另见下文
18.28.3"于莲华内"译作"𗣼𗾔𥆩𗼃"（莲华之中）。

西夏录文及对译：

18.27.4

𗴂	𗧨	𗼃	𗗚	𗩾	𗠝
dzjɨj¹	mji¹	gu²	ɲia²	tsjij²	niow¹
时，	弥	勒	菩	萨	复

时，弥勒菩萨复

18.27.5

𗆐	𗧘	𗅆	𗎭	𗤉	𗤊	𗗶	𗠝	𗠝	𗴟
tha¹	·jij¹	da̱²	ji²	rjur¹	pju̱¹	wa²	·jiw¹	niow¹	bju¹
佛	之	言	谓：	世	尊！	何	因	缘	故，
𗿊	𗊋	𗗚	𗩾	𗥑	𗥑	𗤋	𗤉	𗥑	𗥑
thja²	lhjij²	ɲia²	tśhju¹	tśhiow¹	tśhiow¹	·o¹	we¹	tśhiow¹	tśhiow¹
彼	国	众	生	若	若	腹	生、	若	若

白佛言：世尊！何因缘故，彼国众生有胎生者、

18.27.6

𗤊	𗗶	𗄈	𗆐	𗧨	𗼃	𗧘	𗅆	𗴂	𗥃	𗗚
dji²	we¹	lji¹	tha¹	mji¹	le²	·jij¹	ji²	tji¹	tjij¹	ɲia²
化	生	也？	佛	弥	勒	之	告：	假	若	众

tśhju¹ ·jiw² lhji¹ kha¹ lji¹ nwe̱w² tśhji² du¹ dzji² tha¹ sjij²

生 疑 悔 中 堕， 善 根 积 集， 佛 智、

化生者？佛告弥勒：若有众生堕于疑悔，积集善根，希求佛智、

18.27.7

źji² nji̱ sjij² sew² tshjij¹ mjij¹ sjij² ŋwer¹ mjij¹ sjij¹ pju¹

普 遍 智、 思 议 不 智、 无 等 智、 威

tśhja² sjij² wạ² ljij² sjij² kju¹ dzu¹ ·jij¹ nẹw² tśhji² ɣa²

德 智、 广 大 智 求 希。 自 善 根 于

普遍智、不思议智、无等智、威德智、广大智。于自善根

18.28.1

dźiej² śjwo¹ mji̱ njwi² ku¹ thji̱ ·jiw¹ nio̱w¹ bju¹ ŋwə¹ ·jir²

信 生 不 能， 则 此 因 缘 以， 五 百

kjiw¹ kha¹ mji̱ pju² ·u² dźjij¹ tha¹ mji¹ ljij² tsji̱r¹

岁 于 宫 殿 中 住， 佛 不 见、 法

不能生信，以此因缘，于五百岁住宫殿中，不见佛、

18.28.2

mji¹ mji¹ nia² tsjij² niow¹ ɣie² mji¹ ·ji¹ mji¹ ljij²

不 闻、 菩 萨 及 声 闻 众 不 见。

tji̱ tjij¹ nia² tśhju¹ ·jiw² lhji̱ njij¹ phja¹ nẹw² tśhji

假 若 众 生 疑 悔 心 断、 善 根

不闻法、不见菩萨及声闻众。若有众生断除疑悔、积集善根，

18.28.3

𗅁　𗣊，　𗟲　𗗙　𗤒　𗣼　𗑣　𗰠　𗗙　𗐓　𗢲，
du¹　dzjɨ²　tha¹　sjij²　rjɨr²　nji²　wa²　ljij²　sjij²　kju¹　dzu¹
积　集，　佛　智　乃　至　广　大　智　希　求，

𗥫　𗣼　𗓽　𗰛。　�　𗰠　𗑢　𗣼　𗧘　𗣊
·jij²　nɛw²　tśhji²　dźiej²　ku¹　thja¹　dzjwo²　wja²　sej¹　njij¹
已　善　根　信。　则　此　人　华　莲　中

希求佛智乃至广大智，信已善根。此人于莲华内

18.28.4

𗒜　𗱈　𗤻　𗗥　𗰫　𗒛　𗷝　𗡝　𗫭，　𗜐
gu²　khji¹　ljɨ¹　tśja¹　dzu̱²　tśhji²　rjar²　dji¹　wẽ¹　mej¹
中　足　回　交　坐　忽　然　化　生，　眼

𗤥　𗣊　𗎦　𗗥　𗷝　𗆏　𗷢　𗢶　𗤒　𗤒
phjɨ¹　ljij¹　zjij¹　tśhji²　rjar¹　xja¹　lho⁻　dzjo̱¹　sju²　tsjij¹
飞　停　时　瞬　息　疾　出。　譬　如　他

结跏趺坐忽然化生，瞬息而出。譬如他

18.28.5

𗠁　𗹭　𗅁　𗣼　𗷝　𗥰　𗈾　𗢶，　𗷝　𗆟　𗠁
rjijr²　lhjij²　·u²　dzjwo²　thja¹　kha¹　lja¹　sju²　thja¹　nia²　tsjij²
方　国　中　人　彼　中　来　如，　此　菩　萨

𗼃　𗷝　𗷨　𗢶。　𗣼　𗹭　𗅁　𗟲　𗍊　𗴮
tsjɨ¹　thja¹　wjɨ²　sju²　dzjij²　lhjij²　·u²　njij¹　śjwo¹　źji²
亦　彼　犹　如。　余　国　中　心　发　极

国有人来至，而此菩萨亦复如是。余国发心来生极

18.28.6

𗇃　𗹭　𗜐　𗈾，　𗣊　𗥫　𗟔　𗟲　𗆟　𗑣
lhejr²　lhjij²　wẽ¹　lja¹　zjo̱²　mjɨ¹　pju¹　tha¹　niow¹　rjur¹
乐　国　生　来，　寿　无　量　佛　及　诸

𗥃	𗢳	𗉮	𗥁	𗗙	𗢺	𗱈	𗤋	𗯿	𗰜
ɲia²	tsjij²	ɣiẹ²	mji¹	·ji¹	·jij¹	ljij²	tshji²	ljij¹	kju¹
菩	萨	声	闻	众	之	见	奉	事	供

乐，见无量寿佛奉事供养及诸菩萨声闻之众。

18.28.7

𗼄	𗥁	𗦻	𗥃	𗢳	𗩉	𗣛	𗵘	𗖴	𗼻
tshwew¹	mji¹	le²	ɲia²	tsjij²	nji¹	bu²	gjij¹	sjij²	mjijr¹
养。	弥	勒	菩	萨！	汝	殊	胜	智	者

𗤋	𗹱	𗔗	𗒱	𗲠	𗽮	𗅁	𗙷	𗗙	𗥧
·jij¹	bjo̱¹	thja²	wạ²	źjir¹	ɣie¹	niow¹	ku¹	thja²	wjạ¹
之	观，	彼	广	慧	力	因，	故	彼	花

阿逸多！汝观殊胜智者，彼因广慧力故，受彼化生

18.29.1

𗖃	𗊉	𗦇	𗱤	𗬄	𗫉	𘊝	𗗋	𗣼	𗩉
sej¹	gu²	khji̱	lji¹	tśja¹	dzu̱²	dji²	we¹	lhjij²	lji¹	nji²
莲	中	足	回	交	坐	化	生	受	也。	汝

𗅁	𗰗	𗪱	𗓦	𗤋	𗹱	𗖉	𗉿	𗏵	𗥜
niow¹	bji̱²	dźju²	djij¹	·jij¹	bjo̱¹	ŋwə¹	·jir²	kjiw¹	kha¹
复	下	劣	辈	之	观，	五	百	岁	中

于莲花中结跏趺坐。汝观下劣之辈，于五百岁中

18.29.2

𗣛	𗤁	𘋩	𗽀	𗤋	𗱈	𗎁	𗫨	𗗙	𗙲
zjo²	mji̱¹	pju¹	tha¹	·jij¹	ljij²	sji²	·jiw¹	mjij¹	ku¹	tśhjwo¹
寿	无	量	佛	之	见	用	因	无，	则	故

𗽀	𗤁	𗱈	𗫔	𗤁	𗥁	𗥃	𗢳	𗤁	𗉮
tha¹	mji¹	ljij²	tsji̱r¹	mji¹	mji¹	ɲia²	tsjij²	niow¹	ɣiẹ²
佛	不	见、	法	不	闻、	菩	萨	及	声

不见佛、不闻法、不见菩萨及声

18.29.3

藐	嬲	憁	蔽	糊	綖	敇	憪	禩	憼
mji¹	·ji¹	mji¹	ljij²	ɲia²	tsjij²	pju¹	wer¹	tsjir¹	tjij²
闻	众	不	见，	菩	萨	威	仪	法	则
姴	胤	蕝	綖	賵	牖	骸	姴	嬍	蔽，
mji¹	nwə¹	rjur¹	tśhja²	·iow¹	djo²	dzjɨ²	mji¹	njwi²	lji¹
不	知，	诸	德	功	修	习	不	能	故，

闻众，不知菩萨威仪法则，不能修习诸功德故，

18.29.4

羃	蕝	畩	鞁	禘	淲	憄	殡	綩	舾
thja¹	rjur¹	dzjwo²	nji²	źji²	njwo²	·jiw²	lhji¹	niow¹	thji²
是	诸	人	等	皆	昔	疑	悔	缘	是
祲	翎	蔽。	絼	祲	姴	祇	藏	席	嘉
sju²	we²	lji¹	dzjo̩¹	sju²	tśhia¹	tji²	lji²	njij²	·jij¹
如	成	故。	譬	如	刹	帝	利	王	自

无因奉事无量寿佛，是诸人等皆为昔缘疑悔所致。譬如刹帝力王

18.29.5

祾	靳	祾，	絳	獼	胧	帰	瓣，	滋	蘁
gji²	dźjar²	tsju¹	ku¹	ku̩²	mji¹	·u²	rjir²	wja̩¹	·io̩²
子	犯	罪，	故	内	宫	中	禁，	花	园
毦	转	姕	雞	翰	帰	祇	韷	舾	
du¹	rjɨr²	lju²	ŋa̩²	pju²	·u²	dźjij¹	phji¹	bu̩²	gjij¹
楼	阁	绮	妙	殿	中	住	令，	殊	胜

其子犯法，幽之内宫，处以花观层楼绮殿妙饰奇珍，

18.29.6

姴	赪	蒤	嬲	鞰	髦	祧	祧	㧓	酰，
lji¹	·jij²	kie¹	dźjwi²	ɣjow¹	lju¹	śjwo²	śjwo²	thu¹	phjij¹
宝	帐	金	床	枕	席	所	需	设	置，

wja¹　ŋa²　lji²　lə²　ljij¹　lji¹　śja¹　njwi²　śjwo¹　thji²
花　　名　　地　　布　　大　　宝　　香　　烧，　需　　是

宝帐金床重敷茵褥，名花布地烧大宝香，

18.29.7

gju²　to²　źji²　ŋowr²　lhə⁻　·jã¹　xu¹　thji²　kie¹　śju¹
具　　悉　　皆　　具　　足，　阎　　浮　　地　　金　　锁

ŋwu²　khjɨ¹　tśhja¹　nja¹　tji¹　wji¹　tha¹　mji¹　le²　·jij¹
以　　足　　上　　系　　置　　为。　佛　　弥　　勒　　之

服御所资悉皆丰备，而以阎浮金锁系其两足。佛告弥勒：

18.30.1

jɨ²：　phji¹　ɣa²　thjij²　sjo²　thja¹　njij²　gji²　tja¹　thja²
告：　意　　于　　何　　云？　彼　　王　　子　　者　　其

dźjɨj¹　·ja⁻　ŋwe¹　ljɨ¹　ku²　da²　mji¹　lji¹　rjur¹　pjṵ¹
处　　　△　　乐　　也？　答　　言：　不　　也。　世　　尊！

于意云何？彼王子心宁乐此不？答言：不也。世尊！

18.30.2

thja¹　rjir²　dźjɨj¹　zjij¹　·ju²　thjij²　sjwɨ¹　sjij²　rjur¹　njij¹
彼　　禁　　住　　时　　常　　解　　思　　想，　诸　　亲

low²　sjɨ²　sjij²　ɣa¹　pjṵ¹　bji²　mjijr²　phə¹　bjij¹　ku²
戚　　知　　识、　门　　尊、　宰　　官、　长　　者、　内

彼幽絷时常思解脱，求诸亲识、居士、宰官、长者、近

18.30.3

𗊱、	𗵘	𗁬	𗖵	𗋽	𘄒	𗴍,	𗴲	𗁮	𗏇	𗋽
tshji²	ljij²	no²	nji²	·jij¹	kjwɨ¹	lha¹	lho⁻	ka²	kji¹	kju¹
侍、	太	子	等	之	跪	求,	出	离	虽	希

𗟻	𗵙	𗷅	𗖵,	𗴩	𘃞	𗵽	𗁬	𗵖	𗋽
bie²	thjij²	mji¹	rjir¹	rjir²	nji²	tśhia¹	tji²	lji¹	njij²
解	脱	不	得,	乃	至	刹	帝	利	王

臣，王之太子虽希出离终不从心，乃至刹帝力王

18.30.4

𘄒	𗵙	𗥃	𘃢,	𗱦	𗵘	𗵽	𗟻	𗵙	𗖵	𗋽
njij¹	ljɨj²	śjwo¹	zjij¹	tśhjɨ¹	mja¹	niow¹	bie²	thjij²	rjir¹	tha¹
心	喜	生	时,	其	疑	复	解	脱	得。	佛

𗵖	𗄌	𗋽	𗒹:	𗼃	𗤁	𗼃	𗤁。	𗵒	𘏞
mji¹	le²	·jij¹	ji²	ŋwu²	lji¹	ŋwu²	lji¹	tjij¹	dzjwo²
弥	勒	之	告:	是	如	是	如。	若	人

心生欢喜，方得解脱。佛告弥勒：如是如是。若

18.30.5

𗆀	𗖡	𗰖	𗏇,	𗧤	𗵘	𗞞	𗵽	𗟻	𗎩	𗖵
·jiw²	lhji¹	kha¹	lji¹	rjur¹	nᴇw²	tśhji²	lji¹	tha¹	sjij²	rjir²
疑	悔	中	堕,	诸	善	根	种	佛	智	乃

𘃞	𗤛	𗵘	𗎩	𗋽	𗧤,	𗥃	𗵘	𗞞	𗗙
njɨ²	wa̱²	ljij²	sjij²	kju¹	dzu¹	·jij¹	nᴇw²	tśhji²	ɣa²
至	广	大	智	希	求,	自	善	根	于

有堕于疑悔，种诸善根希求佛智乃至广大智，于自善根

18.30.6

𗏆	𗥃	𗵖	𘄒。	𗟻	𘀄	𗵖	𘃣	𗏆	𘄒	𗥃
dźiej²	śjwo¹	mji¹	njwi¹	tha¹	mjij²	mji¹	niọw¹	dźiej²	njij¹	śjwo¹
信	生	不	能。	佛	名	闻	由	信	心	起

𗰜,	𗙏	𗿢	𗤫	𗫂	𗼞	𘂚	𗁆	𗒹	𗴴
ku¹	thja²	lhjij²	wja¹	sej¹	kha¹	we̱¹	to²	śja²	mji¹
故,	彼	国	花	莲	中	生	出	现	不

不能生信。由闻佛名起信心故，虽生彼国于莲花中不得出现。

18.30.7

𗬠。	𗙏	𗯴	𗀔	𗥃	𗤫	𗫂	𗼞	𗔇,	𗔆
rjir¹	thja²	nji²	nja²	tśhju¹	wja̱¹	sej¹	kha¹	dźjij¹	·io²
得。	彼	等	众	生	花	莲	中	处,	园

𗩴	𗸉	𗼰	𗕸	𗠁。	𘄡	𗤦	𘊲?	𗈑	𗼞
bo¹	mji̱¹	pju²	sjij²	śjwo¹	thjij²	sjo²	lji̱¹	thja²	kha¹
林	宫	殿	想	生。	何	云	故?	彼	中

彼等众生处花胎中，犹如园苑宫殿之想。何以故？彼中

18.31.1

𗗙	𗼞	𗊉	𗿴	𗧾	𗈻,	𗷔	𗷔	𗼽	𗣜	𗴴
gji¹	sej¹	rjur¹	tśior²	nja²	mjij¹	ŋowr²	ŋowr²	źji²	njij¹	mji¹
清	净	诸	污	恶	无,	一	切	皆	心	不

·o²	tja¹	mjij¹	niow¹	thja¹	nja²	tśhju¹	ŋwə¹	·jir²	kjiw¹
乐	者	无。	然	彼	众	生	五	百	岁

清净无诸秽恶，一切无有不可乐者。然彼众生于五百岁，

18.31.2

𗼞,	𘕿	𗴴	𘉑、	𗧘	𗴴	𘄡、	𗀔	𗤤	𗒦
kha¹	tha¹	mji¹	ljij²	tsjir¹	mji¹	mji¹	nja²	tsjij²	niow¹
中,	佛	不	见、	法	不	闻、	菩	萨	及

𗾞	𗤤	𗵽	𗴴	𘉑,	𗊉	𘕿	𗘂	𗤅	𗨁
ɣie²	mji¹	·ji¹	mji¹	ljij¹	rjur¹	tha¹	·jij¹	tshji²	ljij¹
声	闻	众	不	见,	诸	佛	之	奉	事

不见佛、不闻法、不见菩萨及声闻众，不得供养奉事诸佛，

18.31.3

蕎	蕤	㥇	糕	糀	蓰	孫	禗	蘢	猺	絼
kju¹	tshwew¹	mji¹	rjir¹	nia²	tsjij²	·jij¹	tsjɨr¹	lhwu¹	ɣju¹	·jɨr¹
供	养	不	得	菩	萨	之	法	藏	请	问

㥇	糕	裥	觞	纈	虓	禟	禟	桃	薿	羆
mji¹	rjir¹	bu̱²	gjij¹	ne̱w²	tśhji²	ŋowr²	ŋowr²	khwa¹	ka²	thja¹
不	得	殊	胜	善	根	一	切	远	离	彼

不得问于菩萨法藏。远离一切殊胜善根，彼

18.31.4

靴	羆	糊	蠡	綏	㥇	虒	觞	禗	牖	骸
nji²	thja¹	kha¹	dzu¹	kiej²	mji¹	śjwo¹	ne̱w²	tsjɨr¹	djo̱²	dzjɨ²
等	于	中	欣	乐	不	生	善	法	修	习

㗊	糕	龏	骸	鞝	薏	蕤	㥇	殄	縱
mjɨ¹	lji¹	njwo²	zjo̱²	dźjar²	lju²	dzjar²	niow¹	tśhji¹	mja¹
不	能	昔	世	过	失	尽	已	然	后

等于中不生欣乐，不能出现修习善法。往昔世中过失尽已然后

18.31.5

㥇	絥	羆	瓶	絥	袯	綯	綟	蓰	敠	秕
niow¹	lho⁻	thja¹	wji²	lho⁻	zjij¹	lji̱r¹	rjijr²	phju²	khju¹	ɣa²
乃	出	彼	△	出	时	四	方	上	下	于

蕆	蒞	傏	絀	綔	爒	甖	絧	纖	殊	秕
lha̱²	tjij¹	ŋwə¹	·jir²	kjiw¹	·jiw²	lji̱j¹	mjij¹	tja¹	tśhji²	rjar¹
迷	若	五	百	岁	疑	惑	无	者	立	即

乃出，彼于出时，心迷上下四方之所。若五百岁无疑惑者，即

18.31.6

㗊	憻	絚	絯	沅	蒮	㥇	彲	嶞	袿	孫
mjɨ¹	pju¹	·jir²	tu¹	kju¹	tśji²	no¹	·jiw¹	thow¹	tha¹	·jij¹
无	量	百	千	俱	胝	那	由	他	佛	之

[illegible]，[illegible]

kjụ^{1} tshwew^{1} niow^{1} mjɨ^{1} pjụ^{1} bju^{2} mjij^{1} nẹw^{2} tśhji^{2} ljị^{1}

供 养， 并 无 量 边 无 善 根 种

当供养无量百千俱胝那由他佛，并种无量无边善根。

18.31.7

[illegible]。[illegible]！[illegible]，

ljɨ^{1} mji^{1} le^{2} ɲia^{2} tsjij^{2} tśhjwo^{1} thjɨ^{2} ·jiw^{2} ljɨj^{1} tja^{1}

也。 弥 勒 菩 萨！ 故 此 疑 惑 者，

[illegible]。

rjur^{1} ɲia^{2} tsjij^{2} ·jij^{1} ljij^{2} ŋjwo^{2} tśjụ^{1} we^{2} ljɨ^{1}

诸 菩 萨 之 大 损 害 为 也。

汝阿逸多！当知疑惑，与诸菩萨为大损害。

汉译文：

时，弥勒菩萨复白佛言：世尊！何因缘故，彼国众生有胎生者、化生者？佛告弥勒：若有众生堕于疑悔，积集善根，希求佛智、普遍智、不思议智、无等智、威德智、广大智。于自善根不能生信，以此因缘，于五百岁住宫殿中，不见佛、不闻法、不见菩萨及声闻众。若有众生断除疑悔、积集善根，希求佛智乃至广大智，信已善根。此人于莲华内结跏趺坐忽然化生，瞬息而出。[1]譬如他国有人来至，而此菩萨亦复如是。余国发心来生极乐，见无量寿佛奉事供养及诸菩萨声闻之众。弥勒菩萨！[2]汝观殊胜智者，彼因广慧力故，受彼化生，于莲花中结跏趺坐。汝观下劣之辈，于五百岁中不见佛、不闻法、不见菩萨及声闻众，不知菩萨威仪法则，不能修习诸功德故，无因奉事无量寿佛，[3]是诸人等皆为昔缘疑悔所致。譬如刹帝利王其子犯法，幽之内宫，处以花观层楼绮殿妙饰奇珍，宝帐金床重敷茵褥，名花布地烧大宝香，服御所资悉皆丰备，而以阎浮提金锁系其两足。[4]佛告弥勒：于意云何？彼王子心宁乐此不？答言：不也。世尊！彼幽絷时常思解脱，求诸亲识、[5]居士、[6]宰官、长者、近臣、王之太子虽希出离终不从心，[7]乃至刹帝利王心生欢喜，方得解脱。佛告弥勒：如是如是。若有堕于疑悔，种诸善根希求佛智乃至广大智，于自善根不能生

信。由闻佛名起信心故，虽生彼国于莲花中不得出现。彼等众生处莲花中，[8]犹如园苑宫殿之想。何以故？彼中清净无诸秽恶，一切无有不可乐者。然彼众生于五百岁，不见佛、不闻法、不见菩萨及声闻众，不得供养奉事诸佛，不得问于菩萨法藏。远离一切殊胜善根，彼等于中不生欣乐，不能出现修习善法。往昔世中过失尽已然后乃出，彼于出时，心迷上下四方之所。若五百岁无疑惑者，即当供养无量百千俱胝那由他佛，并种无量无边善根。弥勒菩萨！[9]当知疑惑，与诸菩萨为大损害。

注释：

[1] 瞬息而出，西夏译作"□□□□□□□□"，字面意思是"眼飞停时瞬息疾出"。

[2] 弥勒菩萨（□□□□），汉文本作"阿逸多"，为梵文 Ajita 旧译。《玄应音义》二十六曰："阿氏多，此云无胜，旧言阿嗜多，或作阿逸多，皆讹也。是弥勒今生名也。"下文皆同。

[3] 无因奉事无量寿佛，西夏译作"□□□□□□□□"（寿无量佛之见用因无）。按，"□□"ljij²sji²（见用）二字于意不合，在此假借作"□□"ljij¹tshji²（奉事）。在西田先生的韵母构拟方案中，"□"、"□"二字分属第 7 摄第 37 韵类（1.36-2.33）efi，ʷefi 和第 11 摄第 62 韵类（1.61-2.54）ɛ，为"近音通假"中的"松紧喉"；"□"、"□"二字皆属第 1 摄第 1 韵类（1.1-2.1）u，属"近音通假"中的"同一韵摄"。参看上下文"奉事、侍奉"，西夏多译作"□□"。

[4] 阎浮提，汉文本作"阎浮"。《玄应音义》十八曰："剡浮或云阎浮提，或作谵浮，又云赡部，皆梵音讹转也。"另，提，№ 414 音译作"□"thji²，№ 7377 音译作"□"thji¹。在西田先生的韵母构拟方案中，此二字皆属第 1 摄第 1 韵类（1.1-2.1）u，两者仅在声调不同，为平上对应的近音字。

[5] 亲识，西夏译作"□□□□"，字面意思是"亲戚知识"。

[6] 居士，西夏译作"□□"，字面意思是"门尊"。

[7] 终不从心，西夏译作"□□□□"，字面意思是"解脱不得"，两者义通，皆言"未能如愿获得解脱"。

［8］莲花（𫷷𫞩），汉文本作"花胎"。

［9］弥勒菩萨（𫷷𫟹𫞩𫠁），汉文本作"汝阿逸多"。

西夏录文及对译:

18.32.1

𫟹	𫞩	𫷷	𫟹	𫞩	𫠁	𫷷	𫟹	𫞩	𫠁
tśhji¹	zjọ²	mji¹	le²	ɲia²	tsjij²	tha¹	dạ²	ji²	rjur¹
尔	时	弥	勒	菩	萨	佛	言	谓	世

𫞩	𫠁	𫷷	𫟹	𫞩	𫠁	𫷷	𫟹	𫞩
pjụ¹	thji²	lhjij²	·u²	mji¹	lhji¹	lhjwo¹	ɲia²	tsjij²
尊	此	国	中	不	退	转	菩	萨

尔时，弥勒菩萨白佛言：世尊！于此国界不退菩萨

18.32.2

𫞩	𫠁	𫷷	𫟹	𫞩	𫠁	𫷷	𫟹	𫞩	𫠁	𫷷
kha¹	zjij¹	zjij¹	thja²	źji²	lhejr²	lhjij²	·u²	we̲¹	śji¹	lji̲¹
中	几	何	彼	极	乐	国	中	生	往	也？

𫟹	𫞩	𫠁	𫷷	𫟹	𫞩	𫠁	𫷷	𫟹	𫞩
tha¹	mji¹	le²	ɲia²	tsjij²	·jij¹	ji²	thji̲¹	tha¹	lhjij²
佛	弥	勒	菩	萨	之	告	此	佛	国

当生极乐国者，其数几何？佛告弥勒：此佛土

18.32.3

𫞩	𫠁	𫷷	𫟹	𫞩	𫠁	𫷷	𫟹	𫞩	𫠁	𫷷
·u²	śjạ¹	ɣa²	nji̲¹	rjir²	ɲia²	tsjij²	dźjij¹	źji²	mji̲¹	pjụ¹
中	七	十	二	亿	菩	萨	住	皆	无	量

𫟹	𫞩	𫠁	𫷷	𫟹	𫞩	𫠁	𫷷	𫟹	𫞩
rjir²	no¹	·jiw¹	thow¹	·jir²	tu̲¹	tha¹	do²	rjur¹	ne̲w²
亿	那	由	他	百	千	佛	所	诸	善

中有七十二亿菩萨，彼于无量亿那由他百千佛所种诸善

18.32.4

tśhji²	rjir²	lji̱¹	mji¹	lhji¹	lhjwo¹	śji̱¹	thja²	lhjij²	·u²
根	△	种，	不	退	转	成，	彼	国	中
we̱¹	śji̱¹	lew²	niow¹	dzjij²	ɲia²	tsjij²	nji¹	zjij¹	ne̱w²
生	往	当。	况	余	菩	萨	少	许	善

根，成不退转，当生彼国。况余菩萨由少善

18.32.5

tśhji²	bju¹	thja²	lhjij²	·u²	we̱¹	tja¹	sej¹	bji²	tji²
根	由	彼	国	中	生	者，	计	算	可
mjij¹	lji̱¹	mji¹	le²	ɲia²	tsjij²	ze̱w²	gie¹	mjor¹	ljij²
不	也。	弥	勒	菩	萨！	忍	难	如	来

根生彼国者，不可称计。阿逸多！从难忍如来

18.32.6

tha¹	lhjij²	·u²	ɣa̱²	·jar¹	rjir²	mji¹	lhji¹	lhjwo¹	ɲia²
佛	国	中，	十	八	亿	不	退	转	菩
tsjij²	źji²	lhejr²	rjur¹	kie̱j²	·u²	we̱¹	śji̱¹	lew²	wji̱²
萨	极	乐	世	界	中	生	往	当。	东

佛国，有十八亿不退菩萨当生极乐世界。东

18.32.7

lja¹	rjij²	lji̱¹	lhwu¹	lhjij²	·u²	gji¹	ɣa̱²	rjir²	mji¹
北	方	宝	藏	国	中，	九	十	亿	不

𗯨 𘂦 𗵘 𗾔 𗰔 𗃛 𗼇 𗂆 𘕿 𗓁。
lhji¹ lhjwo¹ ɲia² tsjij² thja² lhjij² ·u² we̱¹ śjɨ¹ lew²
退 转 菩 萨 彼 土 中 生 往 当。

北方宝藏佛国中，有九十亿不退菩萨当生彼土。

18.33.1

𘔞 𗦬 𘀄 𗰉 𗅲 𗃛 𗼇 𗰕 𘗾 𗰕 𗇐
mjɨ¹ pjụ¹ ɣie² mjor¹ ljij² lhjij² ·u² njɨ¹ ɣa² njɨ¹ rjir²
无 量 声 如 来 国 中， 二 十 二 亿
𘔞 𗯨 𘂦 𗵘 𗾔 𗰔 𗃛 𗼇 𘕿 𗓁 𗓁。
mji¹ lhji¹ lhjwo¹ ɲia² tsjij² thja² lhjij² ·u² we̱¹ śjɨ¹ lew²
不 退 转 菩 萨 彼 土 中 生 往 当。
𗐾 𘝴 𗰉 𗅲 𗃛 𗼇 𗺉 𘗾 𗰕 𗇐 𘔞
bji¹ swew¹ mjor¹ ljij² lhjij² ·u² so̱¹ ɣa² njɨ¹ rjir² mji¹
光 明 如 来 国 中， 三 十 二 亿 不
𘂦 𗾔 𗰔 𗃛 𗼇 𗂆 𘕿 𗓁 𗓁。
lhji¹ lhjwo¹ ɲia² tsjij² thja² lhjij² ·u² we̱¹ śjɨ¹ lew²
退 转 菩 萨 彼 土 中 生 往 当。

从无量声如来国中，有二十二亿不退菩萨当生彼土。从光明如来国
中，有三十二亿不退菩萨当生彼土。

18.33.2

𗜓 𗢸 𗰉 𗅲 𗃛 𗼇 𘗾 𗁬 𗇐 𘔞
we¹ mə¹ mjor¹ ljij² lhjij² ·u² ɣa² ljir¹ rjir² mji¹
龙 天 如 来 国 中， 十 四 亿 不
𘂦 𗾔 𗰔 𗃛 𗼇 𗂆 𘕿 𗓁 𗓁。
lhji¹ lhjwo¹ ɲia² tsjij² thja² lhjij² ·u² we̱¹ śjɨ¹ lew²
退 转 菩 萨 彼 土 中 生 往 当。

从龙天如来国中，有十四亿不退菩萨当生彼土。

18.33.3

𗏁	𗅲	𗥤	𗟦	𘂜	𗵃	𗍊	𗣼	𘃽	𗾫
bu²	mə¹	ɣie¹	mjor¹	ljij²	lhjij²	·u²	ɣa²	njɨ¹	tu¹
胜	天	力	如	来	国	中，	十	二	千

𗦛	𗛈	𘟠	𗖕	𗐯	𗵃	𗍊	𘃽	𗾫	
mji¹	lhji¹	lhjwo¹	ɲia²	tsjij²	thja²	lhjij²	·u²	we¹	śji¹
不	退	转	菩	萨	彼	土	中	生	往

从胜天力如来国中，有十二千不退菩萨当生彼土。

18.33.4

𗇁。	𗡪	𗷸	𗟦	𘂜	𗵃	𗍊	𗦛	𗏵	𗦛
lew²	ka²	tśjij²	mjor¹	ljij²	lhjij²	·u²	ŋwə¹	·jir²	mji¹
当。	师	子	如	来	国	中，	五	百	不

𗛈	𘟠	𗖕	𗐯	𗵃	𗍊	𘃽	𗾫	𗇁。	
lhji¹	lhjwo¹	ɲia²	tsjij²	thja²	lhjij²	·u²	we¹	śji¹	lew²
退	转	菩	萨	彼	土	中	生	往	当。

从师子如来国中，有五百不退菩萨当生彼土。

18.33.5

𗛈	𗡪	𗟦	𘂜	𗵃	𗍊	𗑛	𗣼	𗂧	𗧾
lhji²	ka²	mjor¹	ljij²	lhjij²	·u²	·jar¹	ɣa²	lew¹	rjir²
尘	离	如	来	国	中，	八	十	一	亿

𗦛	𗛈	𘟠	𗖕	𗐯	𗵃	𗍊	𘃽	𗾫	
mji¹	lhji¹	lhjwo¹	ɲia²	tsjij²	thja²	lhjij²	·u²	we¹	śji¹
不	退	转	菩	萨	彼	土	中	生	往

从离尘如来国中，有八十一亿不退菩萨当生彼土。

18.33.6

𗇁。	𗍫	𗅲	𗟦	𘂜	𗵃	𗍊	𗢺	𗣼	𗧾
lew²	rjur¹	mə¹	mjor¹	ljij²	lhjij²	·u²	tśhjiw¹	ɣa²	rjir²
当。	诸	天	如	来	国	中，	六	十	亿

𗣼 𗢍 𗂮 𘀀 𗿬 𗙩 𗏇 𗅉 𗤒 𗖻

mji¹ lhji¹ lhjwo¹ nia² tsjij² thja² lhjij² ·u² we̱¹ śjɨ¹

不　　退　　转　　菩　　萨　　彼　　土　　中　　生　　往

从世天如来国中，有六十亿不退菩萨当生彼土。

18.33.7

𗂮。　𗤓　𗑇　𗋐　𗍱　𗏇　𗅉，　𗃜　𗵤　𗈲　𗣼

lew²　bu̱²　tśiow¹　mjor¹　ljij²　lhjij²　·u²　tśhjiw¹　ɣa²　rjir²　mji¹

当。　　胜　　积　　如　　来　　国　　中，　六　　十　　亿　　不

𗢍　𗂮　𘀀　𗿬　𗙩　𗏇　𗅉　𗤒　𗖻　𗂮。

lhji̱¹　lhjwo¹　nia²　tsjij²　thja²　lhjij²　·u²　we̱¹　śjɨ¹　lew²

退　　转　　菩　　萨　　彼　　土　　中　　生　　往　　当。

从胜积如来国中，有六十亿不退菩萨当生彼土。

18.34.1

𗢾　𗇂　𗋐　𗍱　𗏇　𗅉，　𗵤　𗱚　𗨻　𗣼　𗢍

dźjwu¹　njij²　mjor¹　ljij²　lhjij²　·u²　ɣa²　kju¹　tśji²　mji¹　lhji¹

人　　王　　如　　来　　国　　中，　十　　俱　　胝　　不　　退

𗂮　𘀀　𗿬　𗙩　𗏇　𗅉　𗤒　𗖻　𗂮。　𗤓

lhjwo¹　nia²　tsjij²　thja²　lhjij²　·u²　we̱¹　śjɨ¹　lew²　bu̱²

转　　菩　　萨　　彼　　土　　中　　生　　往　　当。　胜

从人王如来国中，有十俱胝不退菩萨当生彼土。从胜

18.34.2

𗨋　𗋐　𗍱　𗏇　𗅉，　𗼇　𗊮　𘀀　𗿬　𗕖

wja̱¹　mjor¹　ljij²　lhjij²　·u²　ŋwe̱¹　·jir²　nia²　tsjij²　ljij²

花　　如　　来　　国　　中，　五　　百　　菩　　萨　　大

𗦇　𗀖　𗪛　𗀗　𗼅　𗟲　𗤺　𗤧　𘈩

khu¹　dju¹　ŋowr²　lew¹　.u̱²　śjwo¹　tshwew²　śja̱¹　·jar²　io̱¹

精　　进　　具　　一　　乘　　发　　趣，　七　　日　　内

花如来国中，有五百菩萨具大精进发趣一乘，于七日中

18.34.3

侐	糊	祗	孫	縄	阪	縱	慨	鬺	臨
·u²	ɲia²	tśhju¹	·jij¹	·jir²	tu̱¹	rjir²	no¹	·jiw¹	thow¹
中	众	生	之	百	千	亿	那	由	他
祇	微	斐	葤	微	羲	祉	縱	靴	靴
tsewr¹	mə²	we̱¹	lju̱¹	rar²	ka²	phji¹	njwi¹	thja²	nji²
劫	生	死	流	转	离	令	能	彼	等

能令众生离百千亿那由他劫生死流转，彼等

18.34.4

枎	纒	霧	脵	侐	斐	羰	縩 。	猴	荒
tsji¹	źji²	lhejr²	kiej²	·u²	we¹	śji¹	lew²	khu¹	dźjij¹
亦	极	乐	界	中	生	往	当。	精	进
毓	羸	繻	懲	旛	侐,	翙	訟	骶	縱
gu¹	śjwo¹	mjor¹	ljij²	lhjij²	·u²	tśhjiw¹	ɣa̱²	gji̱¹	rjir²
发	起	如	来	国	中,	六	十	九	亿

亦当生极乐界。从发起精进如来国中，有六十九亿

18.34.5

慨	殑	爩	糊	綳	靴	隌	侐	斐	羰
mji¹	lhji¹	lhjwo¹	ɲia²	tsjij²	thja²	lhjij²	·u²	we̱¹	śji¹
不	退	转	菩	萨	彼	土	中	生	往
縩。	靴	隌	斐	慨,	骹	燚	燦	繻	懲
lew²	thja²	lhjij²	we̱¹	niow¹	zjo̱²	mji̱¹	pju̱¹	mjor¹	ljij²
当。	彼	国	生	已,	寿	无	量	如	来

不退菩萨当生彼土。到彼国已，供养礼拜无量寿如来

18.34.6

慨	糊	綳	縄	孫	霸	巍	祇	燚	旐 。
niow¹	ɲia²	tsjij²	·ji¹	·jij¹	kju̱¹	tshwew¹	tśja¹	tshwew¹	lji̱¹
及	菩	萨	众	之	供	养	礼	拜	也。

蘒	羳	糩	絻!	羬	甄	羕	絁	绛	羆
mji¹	le²	ɲia²	tsjij²	tjij¹	ŋowr²	tshjij¹	ŋa²	ku¹	thja¹
弥	勒	菩	萨!	若	具	说	我	则	彼

及菩萨众。阿逸多! 我若具说

18.34.7

蔍	嫩	糩	絻	羘	羇	亮	届	菲,	羬
rjur¹	rjijr²	ɲia²	tsjij²	ʑji²	lhejr²	kiej²	·u²	we̱¹	tjij¹
诸	方	菩	萨	极	乐	界	中	生,	若

羘	菲、	绛	菲、	嫩	菲	萙,	骹	叕	峰
śji¹	we̱¹	mjor¹	we̱¹	ku̱¹	we̱¹	śjɨ¹	zjo̱²	mjɨ¹	pju̱¹
已	生、	今	生、	当	生	往,	寿	无	量

诸方菩萨生极乐界,若已到、今到、当到,为供养礼拜瞻仰无量寿

18.35.1

绊	靯	孫	豭	蘱	秖	叕	稜	綫	彦
tha¹	nji²	·jij¹	kju̱¹	tshwew¹	tśja¹	tshwew¹	bju̱¹	·ju̱¹	mjijr²
佛	等	之	供	养	礼	拜	仰	瞻	者

纞,	嫩	匔	羕	北	蘁	辥	羕	恘	辥
tja¹	lew¹	mjij²	tshjij¹	tsjɨ¹	kja²	sji¹	tshjij¹	mji¹	sji¹
者,	但	名	说	亦	劫	穷	言	不	尽

佛等者,但说其名穷劫不尽。

18.35.2

骹	蘒	羳	糩	絻!	橊	羆	羝	纜	羱
lji¹	mji¹	le²	ɲia²	tsjij²	nji²	thja¹	gjij¹	ɣie²	rjir¹
也。	弥	勒	菩	萨!	汝	彼	利	益	获

彦	蔍	豽	嫽	羷	羄	嫽	羺	绽,	羬
mjijr²	rjur¹	po¹	tsa¹	ma²	ŋa̱²	tsa¹	bjo̱¹	lew²	tjij¹
者	诸	菩	萨	摩	诃	萨	观	应,	若

阿逸多! 汝观彼诸菩萨摩诃萨善获利益,若

18.35.3

鞁	絆	孫	彮	蘉	杨	憪	嬰	聂	絴
thja²	tha¹	·jij¹	mjịj²	mji¹	·ja⁻	ljɨr²	de²	dzu¹	njịj¹
彼	佛	之	名	闻	一	念	喜	爱	心

诧	絶	纖	犹	彣	絋	赒	鑫	茹	絴
śjwo¹	njwi²	śji¹	rjir²	tshjịj¹	tśhja²	·iow¹	lhju²	rjir¹	njịj¹
生	能，	前	所	说	德	功	获	得，	心

有闻彼佛名能生一念喜爱之心，当获如上所说功德，心

18.35.4

炣	綈	絑，	羏	骇	炣	移，	繈	毥	蘏
mji¹	bji²	dźju²	·jij¹	khwẹj¹	mji¹	wji¹	new²	tśhji¹	śjij¹
无	下	劣，	自	慢	不	为，	善	根	成

蘏，	祗	祗	祤	筋。	骇	鞛！	饿	繈	楜
śjij¹	to²	źji²	bu̱²	gjij¹	mji¹	le²	thjɨ²	niọw¹	nji²
成，	悉	皆	胜	殊。	弥	勒！	是	故	汝

无下劣，亦不贡高，成就善根，悉皆增上。阿逸多！是故告汝

18.35.5

炣	鞥	騰、	岚	絩、	反	爻	麤	靴	孫	劣，
niow¹	dzjwo²	mə¹	rjur¹	kha¹	·ja⁻	sew²	lo¹	nji²	·jij¹	jɨ²
及	人	天、	世	间、	阿	修	罗	等	之	告，

縊	饿	禐	靸	楜	孫	庶	廥。	聂	劣
sjij¹	thji²	tsjir¹	ɣa¹	nji²	·jij¹	tśjɨ¹	lu²	dzu¹	ŋwe¹
今	此	法	门	汝	之	付	嘱。	爱	乐

及天人、世间、阿修罗等，今此法门付嘱于汝。应当爱乐

18.35.6

牖	骇，	犹	繈	刻	絩	刻	多	靽	彮
djọ²	dzjɨ²	rjir²	nji²	tji¹	njɨ²	tji¹	gji²	ɣiwej¹	·jij¹
修	习，	乃	至	一	昼	一	夜	受	持

𗱡 𗵘, 𗵒 𗥞 𗥴 𗤺, 𗣼 𗤋 𗥲 𗤇
do¹ tshjɨ¹ dzu¹ kiej² njij¹ śjwo¹ thja¹ ljij² ·ji¹ kha¹
读 诵, 希 望 心 生, 其 大 众 中

修习，乃至经一昼夜受持读诵，生希望心，于大众中

18.35.7

𗟻 𗁬 𗱚 𗤹, 𗢁 𗴱 𗱩 𗤂 𗰰 𗸈 𗹟
mji̱ ·jij¹ phie² nej² niow² tsjɨ¹ rjar¹ sjij¹ lwər² lhejr² zow²
他 之 开 示, 复 亦 书 写 经 卷 执

𗵀, 𗥳 𗰰 𗸈 𗮤 𗾹 𗧀 𗇤 𗤺 𗤇
·jij¹ thjɨ² lwər² lhejr² ɣa² śio¹ dzjij² sjij² śjwo¹ phji¹
持, 此 经 契 于 导 师 想 生 令

为他开示，当令书写执持经卷，于此经中生导师想。

18.36.1

𗥽。 𗣱 𗀇 𗀤 𗥾! 𗥳 𗣐 𗢼 𗣛 𗬧 𗦦
lew² mji¹ le² nia² tsjij² thjɨ² niow¹ po¹ tsa¹ ma² ŋa²
应。 弥 勒 菩 萨! 是 故 菩 萨 摩 诃

𗣛, 𗣱 𗍿 𗴞 𗀤 𗥴 𗨻 𗁬 𗤁 𗀇
tsa¹ mji̱¹ pju̱¹ rjur¹ nia² tśhju¹ njɨ¹ ·jij¹ tśhji² rjar²
萨, 无 量 诸 众 生 等 之 速 疾

阿逸多! 是故菩萨摩诃萨，欲令无量诸众生等速疾

18.36.2

𗣠 𗥚 𗍺 𗤆 𗤓 𗫅 𗁧 𗫈 𗁧 𗢼
no² dźjij¹ ·ja⁻ du̱² tow¹ lo¹ sã¹ bia¹ sã¹ po¹
安 住 阿 耨 多 罗 三 藐 三 菩

𗥴 𗮤 𗢁 𗰗 𗪺 𗇤 𗥞 𗢁 𗩾 𗣫
tjij¹ ɣa² mji¹ lhji¹ lhjwo¹ phji¹ kiej² niow¹ thja² tha¹
提 于 不 退 转 令 欲, 及 彼 佛

安住不退转于阿耨多罗三藐三菩提，及

18.36.3

lhjij² wạ² ljij² śjwo² tshjij² ljij² kiej² bu̲² gjij¹ iọ¹

刹 广 大 庄 严 见 欲， 殊 胜 圆

sə¹ tśhja² ·iow¹ ɣjiw¹ ɣiwej¹ kiej² ku¹ khu¹ dźjij¹ ɣie¹

满 德 功 摄 受 欲， 则 精 进 力

欲见彼广大庄严，摄受殊胜佛刹圆满功德者，应当起精进力

18.36.4

śjwo¹ ŋwu² thjɨ² tsjir¹ ɣa² nji² lew² tjij¹ ljij² tụ¹

起 以 此 法 于 听 应。 若 大 千

rjur¹ kiej² ·u² kjir¹ mə¹ dźjij¹ nja¹ swu² tsjir¹ kjụ¹

世 界 中 猛 火 纯 而 满， 法 求

听此法门。假使经过大千世界满中猛火，为求法

18.36.5

niọw¹ ， ku¹ thja² kha¹ rar² tsjɨ¹ ŋwer² lhjwo¹ la̲¹ ljor¹ njij¹

故， 则 彼 中 过 亦 退 屈 谄 伪 心

mji¹ śjwo¹ do¹ tshjɨ¹ ɣiwej¹ ·jij¹ rjar¹ sjij² lwər² lhejr²

不 生， 读 诵 受 持 书 写 经 卷，

故，不生退屈谄伪之心，读诵受持书写经卷，

18.36.6

rjir² nji̠² tsej² ljij¹ zjij¹ mji¹ ·jij¹ phie² nej² pjwɨr¹ ŋwu²

乃 至 须 臾 时 他 之 开 示， 劝 以

𗦴	𗥃	𗍅	𗥦	𗝣	𗂒	𗦟	𗩾	𗏵	𗙼
nji²	phji¹	sjwɨ¹	źji¹	mji¹	śjwo¹	tjij¹	ljij²	mə¹	kha¹
听	令	忧	恼	不	生，	若	大	火	中

乃至于须臾顷为他开示，劝令听闻不生忧恼，设入大火

18.36.7

𗿈	𗥤	𗅳	𗦖	𗥊	𗥘	𗝣	𗂒	𗩺	𗧊	𗠁 ？
·jij¹	lju²	tsji¹	·jiw²	lhji¹	njij¹	mji¹	śjwo¹	thjij²	sjo²	lji¹
自	入	亦	疑	悔	心	不	生。	何	云	也？

𗤻	𗣼	𗆟	𗤻	𗙜	𗠁	𗦴	𗦚	𗍅	𘕉
thja²	mji¹	pju¹	rjir²	rjur¹	nia²	tsjij²	nji¹	tsji¹	to²
彼	无	量	亿	诸	菩	萨	等	亦	皆

不应疑悔。何以故？彼无量亿诸菩萨等皆

18.37.1

𘕉	𗤜	𗦴	𗌫	𗤫	𗡬	𗇋	𘝞	𗟭	𗦴
źji²	thjɨ²	źji²	thjo¹	tsjir¹	ɣa¹	kju¹	dzjwɨ¹	lhejr²	nji²
悉	此	微	妙	法	门	求，	尊	重	听

𗏵	𗤁	𗑱	𗝣	𗂒	𗤜	𘄿	𗰜	𗟭	𗤜
lhjij¹	ljwu¹	nu¹	mji¹	śjwo¹	thjɨ²	niow¹	nji¹	nji¹	thjɨ²
闻	违	背	不	生。	是	故	汝	等	此

悉求此微妙法门，尊重听闻不生违背。是故汝等

18.37.2

𗤫	𗇋	𗕲	𗤻	𗰜	𗙜	𗦴！	𗼽	𗙜	𗙜
tsjir¹	kju¹	lew²	mji¹	le²	nia²	tsjij²	thja¹	rjur¹	nia²
法	求	应。	弥	勒	菩	萨！	彼	诸	众

𗥃	𗣼	𗣼	𗥄	𗷣	𗦟	𗬩	𗡞	𗥥	𗙜
tśhju¹	ljij²	new²	gjij¹	rjir¹	tjij¹	ku¹	lja¹	zjọ²	rjir²
生	大	善	利	获，	若	后	来	世	乃

应求此法。阿逸多！彼诸众生获大善利，若于来世乃

18.37.3

nji²	tśhja²	tsjir¹	dzjar²	·jij¹	zjij¹	tśhjɨ¹	bjij²	ɲia¹	tśhju²	rjur¹
至	正	法	灭	将	时，	彼	时	众	生	诸

new̠²	tśhji²	lji¹	śjɨ¹	mjɨ¹	pju¹	rjur¹	tha¹	·jij¹	kju¹
善	本	殖，	昔	无	量	诸	佛	之	供

至正法灭时，当有众生殖诸善本，已曾供养无量诸佛，

18.37.4

tshwew¹	djij²	thja¹	mjor¹	ljij²	nji¹	kji¹	·wu²	bjij²	ku¹
养	曾，	彼	如	来	等	△	祐	助	故，

thjɨ²	sju²	wa̠²	ljij²	tsjir¹	ɣa¹	rjir¹	rjir²	mjor¹	ljij²
是	如	广	大	法	门	得	能，	如	来

由彼如来加威力故，能得如是广大法门，一切如来

18.37.5

ŋowr²	ŋowr²	·jij¹	njij¹	·o²	lew²	we²	tjij¹	thja¹	tsjir¹	ɣa²
一	切	之	心	悦	可	成。	若	彼	法	于

ɣjiw¹	lhjwi¹	ɣiwej¹	·jij¹	ku¹	wa̠²	ljij²	ŋowr²	ŋowr²	sjij²
摄	取	受	持，	则	广	大	一	切	智

称赞悦可。若于彼法摄取受持，当获广大一切智

18.37.6

sjij²	rjir¹	njij¹	kji¹	dzu¹	bju¹	rjur¹	new̠²	tśhji²	lji¹
智	获，	心	所	乐	随	诸	善	根	种。

tjij¹ ŋew² gor¹ gji² ŋew² sji² dzjwo² nji² tjij¹ thja¹
若 善 男 子 善 女 人 等， 若 彼

智，随意所乐种诸善根。若善男子善女人等，于彼

18.37.7

tsjịr¹ kha¹ wa² ljij² bụ² tsjij² ku¹ tśhjwo¹ nji² lhjij¹ njwi²
法 中 广 大 胜 解， 则 故 听 闻 能

ljij² njij¹ ljịj² rjir¹ ɣiwej¹ ·jij¹ do¹ tshjị¹ mjị¹ ·jij¹
大 欢 喜 获。 受 持 读 诵， 他 之

法中广大胜解之者，当能听闻获大欢喜。受持读诵，广为他

18.38.1

Wạ² tshjịj¹ ·ju² djọ² dźjij¹ dzu¹ ljị¹ mji¹ le² ɲia² tsjij²
广 说， 常 修 行 乐 也。 弥 勒 菩 萨！

mjị¹ pjụ¹ rjir² ŋew² rjur¹ ɲia² tsjij² nji² thjị² tsjịr¹
无 量 亿 数 诸 菩 萨 等 此 法

说，常乐修行。阿逸多！

18.38.2

kjụ¹ ɣju¹ dwər¹ nu¹ mjij² djij² thjị² niọw¹ nji² nji² rjur¹
求 请， 厌 背 不 曾， 是 故 汝 等 诸

ŋew² gor¹ gji² niow¹ ŋew² sji² dzjwo² thjị² zjọ² kụ¹
善 男 子 及 善 女 人， 今 世 后

无量亿数诸菩萨等求请此法，不曾厌背，是故汝等诸善男子及善女
人，于今来世

18.38.3

zjo̱²	thji̱²	sju̱²	tsji̱r¹	ɣa²	tjij¹	śji¹	kju¹	mjor¹	kju¹
世	是	如	法	于，	若	已	求、	现	求、

ku̱¹	kju¹	lew²	mjij¹	źji²	new²	gjij¹	rjir¹	lji̱¹	mji¹
当	求	应	无，	皆	善	利	获	也。	弥

能于是法，若已求、现求、当求者，皆获善利。

18.38.4

le²	nia²	tsjij²	mjor¹	ljij²	·jij¹	wji¹	lew²	tja¹	to²	źji²
勒	菩	萨！	如	来	自	作	应	者，	悉	皆

rjir²	wji¹	nji²	nji̱¹	·jiw²	mjij¹	bju¹	no²	dźjij¹	rjur¹	new²
已	作。	汝	等	疑	无	应	安	住，	诸	善

阿逸多！如来所应作者，皆已作之。汝等应当安住无疑，种诸善

18.38.5

tśhji²	lji̱¹	·ju²	djo̱²	ɣiew¹	lew²	·jiw²	ljij¹	mjij¹	ku¹	mə²
本	种，	常	修	学	应，	疑	滞	无，	则	种

djij¹	kiwej²	lji̱¹	ŋowr²	ŋowr²	ŋwu²	dja²	śjij¹	khjwi̱²	jij²
类	珍	宝	一	切	以	△	成	牢	狱

本，应常修学，使无疑滞，不入一切种类珍宝成就牢狱。

18.38.6

[illegible]

·u^2 mji^1 ljị^{1} mji^1 le^2 ɲia^2 tsjij^2 thjɨ^2 sju^2 njɨ^2 djij^1

中 不 入。 弥 勒 菩 萨！ 是 如 等 类

[illegible]

ljij^2 pjụ^1 tśhja^2 mjijr^2 wạ^2 ljij^2 tha^1 tsji̱r^1 do^2 ɣa^2

大 威 德 者， 广 大 佛 法 异 于

阿逸多！如是等类大威德者，能生广大佛法异门，

18.38.7

[illegible]

śjwo^1 njwi^2 thjɨ^2 tsji̱r^1 mji^1 nji^2 lhjɨj^1 nio̱w^1 ku^1 lew^1 rjir^2

生 能， 此 法 不 听 闻 故， 则 一 亿

[illegible]

ɲia^2 tsjij^2 ·ja^3 du̱^{2} tow^1 lo^1 sã^1 bia^1 sã^1 po^1 tjɨj^1

菩 萨 阿 耨 多 罗 三 藐 三 菩 提

由于此法不听闻故，有一亿菩萨退转阿耨多罗三藐三菩提。

18.39.1

[illegible]

ɣa^2 lhji̱^{1} lhjwo^1 mji^1 le^2 ɲia^2 tsjij^2 tha^1 rjur^1 to^2

于 退 转。 弥 勒 菩 萨！ 佛 世 出

[illegible]

gie^1 ·jar^1 ŋjir^1 lju̱^{2} ka^2 tsjɨ^1 gie^1 rjur^1 tha^1 mjor^1

难， 八 难 身 离 亦 难。 诸 佛 如

阿逸多！佛出世难，离八难身亦为难得。诸佛如

18.39.2

ljij²	źji²	phju²	tśhja²	tsjir¹	ɣa²	ɣie¹	le²	mjij¹	ɣie²
来	无	上	正	法	十	力	畏	无	碍

mjij¹	zjij¹	mjij¹	źji²	na¹	thjo¹	tsjir¹	niow¹	po¹	lo¹
无	著	无，	最	深	妙	法，	及	波	罗

来无上之法，十力无畏，无碍无著，甚深之法，及波罗

18.39.3

bji²	nji²	ɲia²	tsjij²	tsjir¹	tja²	tsjir¹	tshjij¹	rjir¹	mjijr²	niow¹
蜜	等	菩	萨	法	者，	法	说	能	者	亦

phie²	nej²	gie¹	lji¹	mji¹	le²	ɲia²	tsjij²	tsjir¹	tshjij¹
开	示	难	也。	弥	勒	菩	萨！	法	说

蜜等菩萨之法，能说法人亦难开示。阿逸多！善说法

18.39.4

mjijr²	tsji¹	dźju²	ber²	mji¹	lji¹	gjwi¹	lwo²	na¹	dźiej²
人	亦	值	遇	不	易，	坚	固	深	信

tsji¹	ber²	gie¹	thji²	niow¹	ŋa²	sjij¹	wo²	bju¹	nę¹
亦	遇	难。	是	故	我	今	理	如	宣

人非易可遇，坚固深信时亦难遭。是故我今如理宣

18.39.5

tshjij¹	nji²	nji²	djo²	dzji²	tsjir¹	bju¹	dźjij¹	lew²	mji¹	le²
说，	汝	等	修	习，	教	如	住	应。	弥	勒

[illegible]

ɲia^{2} tsjij^{2} ŋa^{2} thjɨ^{2} tsji̱r^{1} ɣa^{1} niow^{1} rjur^{1} tha^{1} tsji̱r^{1}

菩 萨！ 我 此 法 门 及 诸 佛 法

说，汝等修习，应如教住。汝阿逸多！我以此法门及诸佛法

18.39.6

[illegible]

nji^{2} ·jij^{1} tśjɨ^{1} lu^{2} nji^{2} ·ju^{2} djọ^{2} dźjij^{1} mji^{1} dzjar^{2}

汝 之 嘱 咐， 汝 常 修 行， 不 灭

[illegible]

phji^{1} lew^{2} thjɨ^{2} sju^{2} wạ^{2} ljij^{2} źji^{2} thjo̱^{1} tsji̱r^{1} ɣa^{1}

令 当。 是 如 广 大 微 妙 法 门，

嘱累于汝，汝当修行，无令灭没。如是广大微妙法门，

18.39.7

[illegible]

rjur^{1} tha^{1} ŋowr^{2} ŋowr^{2} ·jij^{1} ·jow^{2} śja^{2} lew^{2} we^{2} tha^{1} tsji̱r^{1}

诸 佛 一 切 之 称 赞 所 为。 佛 教

[illegible]

tji^{1} ljwu^{1} mji^{1} phjɨ^{1} dźji̱r^{1} lew^{2} nji^{2} njɨ^{2} tjij^{1} phjɨ^{1}

勿 违， 不 弃 舍 应， 汝 等 若 舍

一切诸佛之所称赞。勿违佛教，而弃舍之，当令汝等

18.40.1

[illegible]

dźji̱r^{1} ku^{1} mji^{1} ne̱w^{2} gjij^{1} lhjụ^{2} gjɨ^{2} zjir^{2} kha^{1} dji^{1}

弃 则 不 善 利 获。 夜 长 中 沦

[illegible]

bu^{1} ·ji^{1} tśjị^{1} ŋjir^{1} lhjij^{2} thjɨ^{2} nio̱w^{1} ŋa^{2} sjij^{1} ljij^{2}

没， 众 苦 难 受。 是 故 我 今 大

获不善利。沦没长夜，备众危苦。是故我今为大

18.40.2

𘜔	𗗚	𗼫	𗈪	𗼶	𗌴	𗾝	𘄄	𗼑	𗙱
tśji¹	lu²	wji¹	thji²	tsjir¹	tśjo⁻	dźjij¹	wji²	tji¹	dzjar²
嘱	咐	为,	此	法	久	住	△	不	灭

𗼊,	𘕿	𗣜	𗷉	𗧀,	𗼫	𗼶	𗻻	𗼫	𗼭。
phjo²	jir²	ŋwu²	djo²	dźjij¹	ŋa²	tsjir¹	śjij¹	wji¹	lew²。
令,	勤	以	修	行,	我	教	顺	为	应。

嘱累, 当令是法久住不灭, 应勤修行, 随顺我教。

汉译文:

尔时, 弥勒菩萨白佛言: 世尊! 于此国界不退菩萨当生极乐国者, 其数几何? 佛告弥勒: 此佛土中有七十二亿菩萨, 彼于无量亿那由他百千佛所种诸善根, 成不退转, 当生彼国。况余菩萨由少善根生彼国者, 不可称计。弥勒菩萨! [1] 从难忍如来佛国, 有十八亿不退菩萨当生极乐世界。东北方宝藏国中, [2] 有九十亿不退菩萨当生彼土。从无量声如来国中, 有二十二亿不退菩萨当生彼土。从光明如来国中, 有三十二亿不退菩萨当生彼土。从龙天如来国中, 有十四亿不退菩萨当生彼土。从胜天力如来国中, 有十二千不退菩萨当生彼土。从师子如来国中, 有五百不退菩萨当生彼土。从离尘如来国中, 有八十一亿不退菩萨当生彼土。从世天如来国中, [3] 有六十亿不退菩萨当生彼土。从胜积如来国中, 有六十亿不退菩萨当生彼土。从人王如来国中, 有十俱胝不退菩萨当生彼土。从胜花如来国中, 有五百菩萨具大精进发趣一乘, 于七日中能令众生离百千亿那由他劫生死流转, 彼等亦当生极乐界。从发起精进如来国中, 有六十九亿不退菩萨当生彼土。到彼国已, 供养礼拜无量寿如来及菩萨众。弥勒菩萨! [4] 我若具说诸方菩萨生极乐界, 若已到、今到、当到, 为供养礼拜瞻仰无量寿佛等者, 但说其名穷劫不尽。

弥勒菩萨! [5] 汝观彼诸菩萨摩诃萨善获利益, 若有闻彼佛名能生一念喜爱之心, 当获如上所说功德, 心无下劣, 亦不贡高, [6] 成就善根, 悉皆增上。[7] 弥勒! [8] 是故告汝及天人、世间、阿修罗等, 今此法门付嘱于汝。[9] 应当爱乐修习, 乃至经一昼夜受持读诵, 生希望心, 于大众中为他开示, 当令书写执持经卷, [10] 于此经中生导师想。

弥勒菩萨![11]是故菩萨摩诃萨,欲令无量诸众生等速疾安住不退转于阿耨多罗三藐三菩提,及欲见彼广大庄严佛刹,[12]摄受殊胜圆满功德者,应当起精进力听此法门。[13]假使经过大千世界满中猛火,为求法故,不生退屈谄伪之心,读诵受持书写经卷,乃至于须臾顷为他开示,劝令听闻不生忧恼,设入大火不应疑悔。何以故?彼无量亿诸菩萨等皆悉求此微妙法门,尊重听闻不生违背。是故汝等应求此法。弥勒菩萨![14]彼诸众生获大善利,[15]若于来世乃至正法灭时,当有众生殖诸善本,已曾供养无量诸佛,由彼如来加威力故,能得如是广大法门,一切如来称赞悦可。若于彼法摄取受持,当获广大一切智智,随意所乐种诸善根。若善男子善女人等,于彼法中广大胜解之者,当能听闻获大欢喜。受持读诵,广为他说,常乐修行。

弥勒菩萨![16]无量亿数诸菩萨等求请此法,不曾厌背,是故汝等诸善男子及善女人,于今来世能于是法,若已求、现求、当求者,皆获善利。弥勒菩萨![17]如来所应作者,皆已作之。汝等应当安住无疑,种诸善本,应常修学,使无疑滞,不入一切种类珍宝成就牢狱。弥勒菩萨![18]如是等类大威德者,能生广大佛法异门,[19]由于此法不听闻故,有一亿菩萨退转阿耨多罗三藐三菩提。弥勒菩萨![20]佛出世难,离八难身亦为难得。诸佛如来无上之法,十力无畏,无碍无著,甚深之法,及波罗蜜等菩萨之法,能说法人亦难开示。弥勒菩萨![21]善说法人非易可遇,坚固深信时亦难遭。是故我今如理宣说,汝等修习,应如教住。

弥勒菩萨![22]我以此法门及诸佛法嘱累于汝,汝当修行,无令灭没。如是广大微妙法门,一切诸佛之所称赞。勿违佛教,不应弃舍,汝等若弃舍,则获不善利。[23]沦没长夜,备众危苦。是故我今为大嘱累,当令是法久住不灭,应勤修行,随顺我教。

注释:

[1][4][5][11][14][16][17][18][20][21] 弥勒菩萨(𗧾𗕡𗽪𗤻),
汉文本作"阿逸多"。

[2] 汉文本"国"上有"佛"字,西夏本未见。

[3] 世,西夏译作"𗣀"(诸)。按,"𗣀"rjur¹(诸)在此疑假借作
"𗣀"rjur¹(世),此二字为同音通假。

[6] 贡高，西夏译作"𗦲𗏇"，字面意思是"自慢"。两者义通。《净名经》曰："我心憍慢者，为现大力士，消伏诸贡高，令住无上道。"

[7] 增上，西夏译作"𘃼𗏇"，字面意思是"殊胜"。

[8] 弥勒（�），汉文本作"阿逸多"。

[9] 付嘱（𗦲𗰕），№ 7377 作"𗦲𗇁"（付位）。按，"𗇁"lu^2（位、职）字于意不合，在此假借作"𗰕"lu^2（嘱），此二字为同音通假。"𗦲𗰕"二字连用表"付嘱"义于西夏佛经常见，参看《妙法莲华经》卷七"付嘱"译作"𗦲𗰕"。

[10] 书写（𗵲𗆟），№ 7377 作"𗤟𗆟"（允写）。按，"𗤟"$rjar^1$（允）字于意不合，在此假借作"𗵲"$rjar^1$（书），此二字为同音通假。"𗵲𗆟"（书写）二字于西夏佛经中常见，参看《大乘无量寿经》"或自书，或使人书"，西夏译作"𗾚𗦲𗵲𗆟，𗾚𘝵𗵲𗆟𗶷"（或自书写，或人书写令）。

[12] 汉文本"佛刹"二字位于"殊胜"之下，西夏本于意见长。

[13] 法门，№ 414 译作"𗪊𘃎"（法于）。按，"𘃎"γa^2（于）字于意不合，在此假借作"𗄼"γa^1（门），此二字属近音通假的"平上"对应。参看 № 7377 正作"𗪊𗄼"（法门）。在西田先生的韵母构拟方案中，此二字皆属第4摄第17韵类（1.17–2.14）afi。

[15] 善利（𗶷𘞃），№ 7377 作"𗶷𗏇"（善殊）。按，"𗏇"$gjij^1$（殊、特）字于意不合，在此假借作"𘞃"$gjij^1$（利），此二字属近音通假中的"松紧喉"。在西田先生的韵母构拟方案中，此二字分属第7摄第37韵类（1.36–2.33）efi, ^{w}efi 和第11摄第62韵类（1.61–2.54）ε。

[19] 佛法异门，№ 414 译作"𘝵𗪊𗨗𘃎"（佛法异于）。按，"𘃎"γa^2（于）字于意不合，在此假借作"𗄼"γa^1（门），此二字属近音通假的"平上"对应。参看 № 7377 正作"𘝵𗪊𗨗𗄼"（佛法异门）。在西田先生的韵母构拟方案中，此二字皆属第4摄第17韵类（1.17–2.14）afi。

[22] 弥勒菩萨（�𗰯𘘞𗢳），汉文本作"汝阿逸多"。

[23] 勿违佛教，不应弃舍，汝等若弃舍，则获不善利（𘝵𗪊𗥃𘏡，𘞃𗄼𗶷𘞃，𗄼𘘞𗾚𘞃𗆟，𗍋𘞃𗶷𘞃𗶷），此句汉文本作"勿违佛

教，而弃舍之，当令汝等获不善利"。两者义通，仅在表述有所不同。

西夏录文及对译：

18.40.3

𗇃	𗤋	𗼻	𗼃	𗸐	𗣿	𗩾	𗟝
tśhji¹	zjo²	rjur¹	pju¹	lja¹	da²	rjɨr²	tshjɨj¹
尔	时	世	尊	颂	言	△	说

尔时，世尊而说颂曰：

18.40.4

𗢸	𗤌	𗱕	𗲲	𗬦	𗰟	𗰜	𗕿	𗙴	𗤽	𗤅
tjij¹	ljo¹	tśhja¹	bju¹	djo̱²	mjij¹	djij²	tśjo⁻	thjɨ²	źji²	thjo¹
若	福	德	依	修	未	曾	终	此	最	妙

𗫜	𗥃	𗧃	𗬦	𗋽	𗾮	𗰓	𗥃	𗿷	𗤋
tsjɨr¹	mji¹	mji¹	kjir¹	·jiw²	rjur¹	nẹw²	gjij¹	śjij¹	njwi²
法	不	闻	勇	猛	诸	善	利	成	能

若于福德初未修，终不闻斯微妙法，勇猛能成诸善利，

18.40.5

𗇃	𗤽	𗖻	𗙴	𗁬	𗣫	𗥃	𗳒	𗴺	𗤋	𗤋
tśhjwo¹	thjɨ²	sju²	źji²	na¹	lwər²	mji¹	thja²	dzjwo²	rjur¹	rjur¹
故	如	是	最	深	经	闻	彼	人	诸	世

𗼃	𗙬	𗰜	𗙬	𗢸	𗰷	𗿷	𗤋	𗲺	𗳶
pju¹	ljij²	djij²	ljij²	tjij¹	wji¹	njwi²	rjur¹	niəj¹	gju²
尊	见	曾	大	灯	作	能	世	浊	拯

当闻如是甚深经。彼人曾见诸世尊，能作大光拯浊世，

18.40.6

𗕑	𗥃	𗙴	𗳚	𗙬	𗮟	𗖻	𗳒	𗐴	𗢸
rejr²	mji¹	źji²	·jij¹	ljij²	njow²	sju²	thja²	mẹ²	śjij²	dzu¹

多 闻 总 持 大 海 如， 彼 圣 贤 喜

de^2 njij^1 rjir^1 low^2 ljij^1 dow^1 ljij^2 bji^2 dźju dzjwo^2

爱 心 获。 懈 怠 邪 见 下 劣 人，

多闻总持如巨海，彼获圣贤喜爱心。懈怠邪见下劣人，

18.40.7

mjor^1 ljij^2 ·jij^1 tśhja^2 tsjir^1 mji^1 dźiej^2 tjij^1 tha^1 do^2 ·ji^1

如 来 之 正 法 不 信， 若 佛 于 众

new^2 lji^1 djij^2 rjur^1 gju^2 ·jij^1 dźɨ$^-$ thja^2 djo^2 njwi^2

善 殖 曾， 世 救 之 行 彼 修 能。

不信如来斯正法，若曾于佛殖众善，救世之行彼能修。

18.41.1

dzjo^1 sju^2 mə^1 dzjwo^2 ·ju^2 na^1 dźjij^1 mjɨ^1 ·jij^1 tśja^1 nej^2

譬 如 盲 人 恒 闇 处， 他 之 路 开

śio^1 mjɨ^1 njwi^2 ɣie^2 mji^1 tha^1 sjij^2 ɣa^2 thjɨ^2 sju^2

导 不 能， 声 闻 佛 智 于 是 如，

譬如盲人恒处闇，不能开导于他路，声闻于佛智亦然，

18.41.2

dzjij^2 ɲia^2 tśhju^1 tsjij^2 phie^2 ljo^2 wjij^2 mjor^1 ljij^2 tśhja^2 ·iow^1

余 有 情 悟 解 何 有。 如 来 德 功

tha^1 ·jij^1 nwə^1 lew^1 tha^1 rjur^1 pju^1 phie^2 nej^2 njwi^2

佛 自 知， 唯 佛 世 尊 开 示 能，

况余有情而悟解。如来功德佛自知，唯有世尊能开示，

18.41.3

ŋwə¹ we¹ ·ja² tśhia¹ źji¹ mji¹ – nji¹ .ụ² ŋwụ¹ dạ²
天   龙   夜   叉   皆   不   及   二   乘   言语

·jij¹ ku¹ bja² tjij¹ rjur¹ ɲia² tśhju¹ ku¹ tha¹ we²
自   当   绝。 若   诸   有   情   当   佛   作，

天龙夜叉所不及，二乘自绝于名言。若诸有情当作佛，

18.41.4

dźjɨ⁻ nji² me² dzjij¹ tjij¹ rewr² nji² lew¹ tha¹ ·jij¹ tśhja²
行   普   贤   超   彼   岸   至，   一   佛   之   德

·iow¹ ne¹ tshjij¹ dzjij¹ rejr² kja² dzjij¹ sew² tshjij¹ mjij¹
功   宣   讲，   时   多   劫   逾   思   议   不，

行超普贤登彼岸，敷演一佛之功德，时逾多劫不思议，

18.41.5

thja¹ nji¹ nji¹ ljwu¹ ljụ² gju¹ dzjar² tha¹ ·jij¹ bụ¹ źjɨr¹
彼   二   二   间   身   度   灭，   佛   之   胜   慧

pjụ¹ tji² mjij¹ thji² niọw¹ dźjej² rejr² mji¹ ŋowr² lhə⁻
量   可   不。   是   故   信   多   闻   具   足，

于是中间身灭度，佛之胜慧莫能量。是故具足于信闻，

18.41.6

niow¹ rjur¹ new² wjɨ¹ ·jij¹ ɣjiw¹ ɣiwej¹ thjɨ² sju¹ na¹ thjo¹
及　诸　善　友　之　摄　受，　如　是　深　妙

tsjɨr¹ mji¹ rjir¹ dzu¹ bju¹ rjur¹ śjij² pju¹ lhjụ² rjir¹
法　闻　得，　爱　敬　诸　圣　尊　获　得。

及诸善友之摄受，得闻如是深妙法，当获爱重诸圣尊。

18.41.7

mjor¹ ljij² bụ² sjij² tshọ² ŋa¹ njɨ² rjir² tshjij¹ wo² dạ²
如　来　胜　智　虚　空　遍，　所　说　义　言

lew¹ tha¹ tsjij² thjɨ² niow¹ rejr¹ mji¹ rjur¹ sjij² dzjwo²
唯　佛　悟，　是　故　博　闻　诸　智　士，

如来胜智遍虚空，所说义言唯佛悟，是故博闻诸智士，

18.42.1

ŋa² tsjɨr¹ źjɨr¹ ɣjej¹ dạ² dźjej² lew² dzjwo² tshwew¹ ljụ² tja¹
我　教　实　真　言　信　应。　人　趣　身　者

rjir¹ mji¹ ljɨ² mjor¹ ljij² rjur¹ to² tsjɨ¹ ber² gie¹
得　不　易，　如　来　诸　出　亦　遇　难，

应信我教如实言。人趣之身得甚难，如来出世遇亦难，

18.42.2

rejr² dzjij¹ źjɨr¹ dźjej² ku¹ tśhjwo¹ rjir¹ tśhjwo¹ thjɨ² djo² mjijr²
多　时　慧　信　则　故　获，　故　是　修　者

𗧃 𗏟 𗼋。 𗁅 𗕨 𗗚 𗹲 𗼋 𗗙 𗗙,
khu¹ dźjij¹ lew² thji² sju² thjo¹ tsjir¹ nji² lhjij¹ niow¹
进 精 应。 是 如 妙 法 听 闻 已,

信慧多时方乃获,是故修者应精进。如是妙法已听闻,

18.42.3

𗑱 𗒹 𗣼 𗄓 𗗌 𗄉 𗡮, 𗾲 𗥤 𗢳 𗗙
·ju² rjur¹ tha¹ ljir² njij¹ ljij² śjwo¹ thja¹ njwo² ŋa² ·jij¹
常 诸 佛 念 心 喜 生, 彼 昔 吾 之

𗗙 𗱸 𗌮, 𗣼 𗥃 𗱻 𗣠 𗒹 𗸯 𗢳。
new² wji¹ ɣiej¹ tha¹ ljij² po¹ tjij¹ dzu¹ ŋwe¹ njwi²
亲 友 真, 佛 大 菩 提 爱 乐 能。

常念诸佛而生喜,彼人往昔真吾友,善能乐欲佛菩提。

18.42.4

𗈛 𗩃, 𗒹 𗖰 𗁅 𗹲 𗎱 𗕊 𗼋, 𗙴
tśhji¹ zjo² rjur¹ pju¹ thji² lwər² lhejr² tshjij¹ dźjwa¹ dzjwo²
尔 时, 世 尊 是 经 契 说 已, 人

𗈛 𗒹 𗽀 𗊲 𗦻 𗗙 𗗙 𗗞 𗦳 𗗙
mə¹ rjur¹ kha¹ khji² nji¹ tu¹ no¹ ·jiw¹ thow¹ rjir²
天 世 间 万 二 千 那 由 他 亿

尔时,世尊说是经已,天人世间有万二千那由他亿

18.42.5

𗎆 𗏹 𗹲 𗹲 𗗚 𗡷, 𗹲 𗡏 𗾐 𗗙;
ɲia² tśhju¹ lhji² khwa¹ ror² ka² tsjir¹ mej¹ sej¹ rjir²
众 生 尘 远 垢 离, 法 眼 净 得;

𗊲 𗙴 𗗙 𗎆 𗏹 𗗙 𗗙 𗧧 𗗙 𗗙;
nji¹ ɣa² rjir² ɲia² tśhju¹ ·ja⁻ no¹ xã¹ rjir² rjir²
二 十 亿 众 生 阿 那 含 果 得;

众生远尘离垢,得法眼净;二十亿众生得阿那含果;

18.42.6

𗟦	𗢳	𗏹	𗷦	𗾊	𗾈	𗰉	𗰱	𗢧	𗟍
tśhjiw¹	tu̱¹	·jar¹	rjir²	phji²	khjiw²	rjur¹	rar²	wji̱²	dzjar²
六	千	八	亿	比	丘	诸	漏	已	尽

𗁬	𗼳	𗅲	𗾪	𘝰	𗥺	𗷦	𗤋	𗢵	𗧾
njij¹	bie²	thjij²	rjir²	ljir¹	ɣa̱²	rjir²	ɲia²	tsjij²	źji²
心	解	脱	得	四	十	亿	菩	萨	无

六千八百比丘诸漏已尽，心得解脱；四十亿菩萨于无

18.42.7

𗤋	𗪙	𗴂	𗥺	𘜶	𘎝	𘊱	𘄒	𗧊	𗡘
phju²	po¹	tjij¹	ɣa̱²	mji¹	lhji¹	lhjwo¹	dźjij¹	ljij²	gjwi¹
上	菩	提	于	不	退	转	住	大	甲

𘐾	𗾯	𘈷	𗤋	𘄒	𘝽	𗢾	𗥺	𘏞	𗷦
zjir²	gjwi²	ku̱¹	tśhja²	dwewr²	śjij¹	nji̱¹	ɣa̱²	ŋwə¹	rjir²
胄	服	当	正	觉	成	二	十	五	亿

上菩提住不退转，被大甲胄，当成正觉；有二十五亿

18.43.1

𗤋	𗋽	𘜶	𘎝	𗤹	𗾪	𘝰	𗫶	𗷦	𗠌
ɲia²	tśhju²	mji¹	lhji¹	zew²	rjir²	ljir¹	khji̱²	rjir²	no¹
众	生	不	退	忍	得	四	万	亿	那

𗵆	𘜎	𗃛	𗢳	𗤋	𗋽	𗧾	𗤋	𗪙	𗴂
·jiw¹	thow¹	·jir²	tu̱¹	ɲia²	tśhju¹	źji²	phju²	po¹	tjij¹
由	他	百	千	众	生	无	上	菩	提

众生得不退忍；有四万亿那由他百千众生于无上菩提

18.43.2

𗥺	𗪺	𗹙	𗘱	𗷦	𘙂	𘐴	𗾱	𘜶	𗁬
ɣa̱²	phji¹	śjwo¹	mjij²	djij²	tja¹	xo¹	mja¹	niow¹	njij¹
于	意	发	未	曾	者	其	然	后	心

śjwo¹ rjur¹ new² tśhji² lji¹ tji¹ źji² lhejr² rjur¹ kiej²
发， 诸 善 根 种， 愿 极 乐 世 界

未曾发意，今始初发，种诸善根，愿生极乐世界，

18.43.3

·u² we¹ śjɨ¹ ·ja⁻ mji¹ thow¹ tha¹ ljij¹ kiej² ku¹
中 生 往， 阿 弥 陀 佛 见 欲， 则

źji² thja² mjor¹ ljij² lhjij² ·u² we¹ śjɨ¹ ·jij¹ twu̯¹
皆 彼 如 来 国 中 生 往， 自 各

见阿弥陀佛，皆当往生彼如来土，各于

18.43.4

do² rjijr² tśji² bju¹ tha¹ śjij¹ thwu̯¹ mjij¹ thjo̯¹ yie²
异 方 次 依 佛 成， 同 名 妙 音。

·jar¹ khji² rjir² no¹ ·jiw¹ thow¹ nia² tśhju¹ la¹ yiwej¹
八 万 亿 那 由 他 众 生， 记 授

异方次第成佛，同名妙音。有八万亿那由他众生，得授记

18.43.5

tsjir¹ zew² rjir² źji² phju² po¹ tjij¹ śjij¹ thja² zjo̯² mji¹
法 忍 得， 无 上 菩 提 成。 彼 寿 无

pju¹ tha¹ njwo² nia² tsjij² tśja² rjir² dźjij¹ zjo̯² dja²
量 佛 昔 菩 萨 道 △ 行 时 △

法忍，成无上菩提。彼无量寿佛昔行菩萨道时

18.43.6

蘏	燚	糍	粼	莸	祗	瀡	羃	焱	虓	帰
śjij¹	·jiw²	ɲia²	tśhju¹	to²	ʑji²	ʑji²	lhejr²	rjur¹	kięj²	·u²
成	就	有	情，	悉	皆	极	乐	世	界	中

蒜，	祗	菲	散	毓	燚	幯	祗	舩	雒	蕬 。
wę¹	pji¹	njwo²	ljij²	tji¹	sjwɨ¹	ljir²	ʑji²	io¹	sə¹	rjir¹
生，	往	昔	大	愿	思	虑	皆	圆	满	得。

成熟有情，悉皆当生极乐世界，忆念俦昔所发思愿皆得成满。

18.43.7

殡	委，	散	狠	散	狠	焱	虓	縿	蠽
tśhji¹	zjǫ²	sǫ¹	tu¹	ljij²	tu¹	rjur¹	kięj¹	tśhjiw¹	mə²
尔	时，	三	千	大	千	世	界	六	种

毣	菽	燛	稜	稜	祗	羕	妏	縬	彩
saɨ¹	mju²	niow¹	mə²	mə²	zjiɨ¹	dju¹	mę²	mjijr²	wjɨ¹
震	动，	并	种	种	稀	有	神	通	变

尔时，三千大千世界六种震动，并现种种稀有神变，

18.44.1

薇，	散	徭	毁	猜，	焱	虓	瀡	燛 。	妏
śja²	ljij²	swew¹	bji¹	wją²	rjur¹	kięj²	nji²	swew¹	mji¹
现，	大	光	明	放，	世	界	普	照。	无

峰	燚	燛	彩	烛	綖	狠	崃	朕，	菊
pjų¹	rjir²	no¹	·jiw¹	thow¹	·jir²	tu¹	dzjwo²	mə¹	thwų¹
量	亿	那	由	他	百	千	人	天，	同

放大光明，普照世界。无量亿那由他百千天人，同

18.44.2

瀡	豙	莸	妏	妏	燛	祓	嘉	燚，	膝
dzjij¹	tshow¹	ɣię²	ka¹	ka¹	mji¹	tsju¹	·jij¹	ŋew¹	mə¹
时	乐	音	等	等	不	鼓	自	鸣，	天

𗸦	𗟲	𗙴	𗏩	𗒹	𗟭	𗡪	𗴿	𗼃	𗉝
mã¹	thow¹	lo¹	wja̱¹	dew²	dziw¹	ŋwer²	ɣa²	nji²	rjɨr²
曼	陀	罗	花	雨，	积	膝	于	至；	乃

时音乐不鼓自鸣，雨天曼陀罗花，没至于膝；乃

18.44.3

𗼃	𗾟	𗱵	𗏆	𗴺	𗡞	𘃡	𗟻	𗤋	𗤋
nji²	·ja⁻	kja¹	nji¹	tśia¹	mə¹	tsji¹	ʑji²	mə²	mə²
至	阿	迦	腻	咤	天，	亦	皆	种	种

𗢳	𗟭	𗥃	𗴺	𗤉	𘕄	𗰮	𗤻	𗤋
bu̱²	thjo̱¹	kju̱¹	tshwew¹	wji¹	tha¹	lwər²	lhejr²	tshjij¹	dźjwa¹
胜	妙	供	养	作。	佛	经	契	说	已，

至阿迦腻咤天，皆作种种殊妙供养。佛说经已，

18.44.4

𗡷	𘊝	𗋒	𗤮	𗇋	𘙤	𗸍	𗵘	𗾟	𗥃
mji¹	le²	nia²	tsjij²	nji²	niow¹	pju̱¹	tja¹	·ja⁻	na¹
弥	勒	菩	萨	等	及	尊	者	阿	难，

𗢳	𘊓	𗱕	𗱕	𘕄	𗉝	𗤻	𗡷	𗟻	𗢳
ljij²	·ji¹	ŋowr²	ŋowr²	tha¹	rjɨr²	tshjij¹	mji¹	ʑji²	ljij²
大	众	一	切，	佛	所	说	闻，	皆	大

弥勒菩萨等及尊者阿难，一切大众，闻佛所说，皆大

18.44.5

𗤮	𘊝
njij¹	ljɨj²
心	喜。

欢喜。

18.44.6

𗗕	𗳆	𗹥	𗾔	𗫡	𗥦	𗊄	𗥽	𗐯
tha²	lji¹	tsiow¹	lwər²	lhejr²	–	ɣa²	·jar¹	tsew²
大	宝	积	经	契	卷	十	八	第

《大宝积经》卷第十八

汉译文：

尔时，世尊而说颂曰：

若于福德初未修，　　终不闻斯微妙法，　　勇猛能成诸善利，
当闻如是甚深经。　　彼人曾见诸世尊，　　能作大光拯浊世，[1]
多闻总持如巨海，　　彼获圣贤喜爱心。　　懈怠邪见下劣人，
不信如来斯正法，　　若曾于佛殖众善，　　救世之行彼能修。
譬如盲人恒处闇，　　不能开导于他路，　　声闻于佛智亦然，
况余有情而悟解。　　如来功德佛自知，　　唯有世尊能开示，
天龙夜叉所不及，　　二乘自绝于名言。[2]若诸有情当作佛，
行超普贤登彼岸，　　宣讲一佛之功德，　　时逾多劫不思议，
于是中间身灭度，　　佛之胜慧莫能量。　　是故具足于信闻，
及诸善友之摄受，　　得闻如是深妙法，　　当获爱重诸圣尊。
如来胜智虚空遍，　　所说义言唯佛悟，　　是故多闻诸智士，
应信我教如实言。　　人趣之身得甚难，[3]如来出世遇亦难，[4]
信慧多时方乃获，　　是故修者应精进。　　如是妙法已听闻，
常念诸佛而生喜，　　彼人往昔真吾友，　　善能乐欲佛菩提。

　　尔时，世尊说是经已，天人世间有万二千那由他亿众生远尘离垢，得法眼净；二十亿众生得阿那含果；六千八百比丘诸漏已尽，[5]心得解脱；四十亿菩萨于无上菩提住不退转，被大甲胄，当成正觉；有二十五亿众生得不退忍；有四万亿那由他百千众生于无上菩提未曾发意，今始初发，[6]种诸善根，愿生极乐世界，见阿弥陀佛，皆当往生彼如来土，各于异方次第成佛，同名妙音。有八万亿那由他众生，得授记法忍，成无上菩提。彼无量寿佛昔行菩萨道时成熟有情，悉皆当生极乐世界，忆念俦昔所发思愿皆得成满。[7]

　　尔时，三千大千世界六种震动，并现种种稀有神变，放大光明，普照

世界。无量亿那由他百千天人，同时音乐不鼓自鸣，雨天曼陀罗花，没至于膝；乃至阿迦腻咤天，皆作种种殊妙供养。

佛说经已，弥勒菩萨等及尊者阿难，一切大众，闻佛所说，皆大欢喜。

《大宝积经》卷第十八

注释：

［1］光，西夏译作"□"（灯）。

［2］名言，西夏译作"□□"，字面意思是"言语"。

［3］甚难，西夏译作"□□"，字面意思是"不易"。

［4］世，№ 414 译作"□"（诸）。按，"□" rjur^1（诸）于意不合，在此借作"□" rjur^1（世），此二字为同音通假。参看 № 7377 正作"□"（世）。

［5］百，№ 414 译作"□"（亿）。按，"□" rjir^2（亿）于意不合，在此假借作"□"·jir^2（百）。参看 № 7377 正作"□"（百）。

［6］今始初发，西夏译作"□□□□□□□□"，字面意思是"未曾者其然后心发"。

［7］俦昔（□□），№ 7377 作"□□"（今昔）。按，"□" pji^1（今）字于意不合，在此假借作"□" pji^1（往昔），此二字为同音通假。"□□"二字连用表"往昔"义于西夏译本中常见，参看《孝经》"昔者明王事父孝"，西夏译作"□□□□□□□□□"（往昔明王者孝以父事）。[1]

---

① 孙颖新:《英国国家图书馆藏〈孝经〉西夏译本考》,《宁夏社会科学》2017 年第 5 期。

附录一
汉文《无量寿如来会》第五会之一

　　如是我闻：一时，佛住王舍城耆阇崛山中，与大比丘众万二千人俱，皆是诸大声闻众所知识，其名曰：尊者阿若憍陈如、马胜、大名有贤、无垢、须跋陀罗、善称圆满、憍梵钵提、优楼频蠡迦叶、那提迦叶、伽耶迦叶、摩诃迦叶、舍利弗、大目揵连、摩诃迦旃延、摩诃劫宾那、摩诃注那、满慈子、阿尼楼驮、离波多、上首王、住彼岸摩俱罗、难陀、有光善来、罗睺罗、阿难陀等，而为上首。复有菩萨摩诃萨众，所谓普贤菩萨、文殊师利菩萨、弥勒菩萨，及贤劫中诸菩萨摩诃萨众，前后围绕。又与贤护等十六丈夫众俱，所谓善思惟义菩萨、慧辩才菩萨、观无住菩萨、善化神通菩萨、光幢菩萨、智上菩萨、寂根菩萨、慧愿菩萨、香象菩萨、宝幢菩萨等，而为上首，咸共遵修普贤之道，满足菩萨一切行愿，安住一切功德法中，到诸佛法究竟彼岸。愿于一切世界之中成等正觉，又愿生彼兜率陀天，于彼寿终降生右胁见行七步，放大光明，普佛世界六种震动，而自唱言：我于一切世间最为尊贵。释梵诸天咸来亲奉。又见习学书计历数声明伎巧医方养生符印，及余博戏擅美过人。身处王宫厌诸欲境，见老病死悟世非常，捐舍国位踰城学道。解诸缨络及迦尸迦，被服袈裟六年苦行，能于五浊刹中作斯示现。顺世间故，浴尼连河行趣道场，龙王迎赞，诸菩萨众右绕称扬。菩萨尔时受草，自敷菩提树下，结跏趺坐。又见魔众合围将加危害，菩萨以定慧力降伏魔怨，成无上觉。梵王劝请转于法轮，勇猛无畏，佛音震吼，击法鼓、吹法螺、建大法幢、燃正法炬，摄受正法及诸禅定，雨大法雨泽润含生，震大法雷开悟一切。诸佛刹土普照大光，世界之中地皆震动，魔宫摧毁惊怖波旬，破烦恼城堕诸见网，远离黑法生诸白法。于佛施食能受能消，为调众生宣扬妙理。或现微笑放百千光，升灌顶阶受菩提记，或成佛道现入涅槃，使无量有情皆得漏尽，成熟菩萨无边善根。如是诸佛刹中皆能示现。譬如幻师善知幻术，而能示现男女等相，于彼相中实无可得。如是如是，诸菩萨等善学无边幻术功德故，能示现变化相应，能善了知变化之道故，示诸佛土现大慈悲，一切群生普皆饶益。菩萨愿行成就无疆，无量义门通达平等，一切善法具足修成。诸佛刹中平等趣入，常为诸佛劝进加威，一切如来识知印可，为教菩萨作阿阇梨。常习相应无边诸行，通达一切法界所行，能善了知有情及土，亦常发趣供诸如来。见种种身犹如影像，善学因陀罗网能破魔网，坏诸见网入有情网，能超烦恼眷属及魔侣、魔人。远出声闻、辟支佛地，入空无相无愿法门，而能安住方便善巧。初不乐入二乘涅槃，得无生无灭诸三摩地，及得一切陀罗尼门、广大诸根辩才决定，于菩萨藏法善能了知。佛华三昧随时悟入，具一切种甚深禅定，一切诸佛皆悉现前，于一念中遍游佛土，周旋往返不异其时。于难非难边能了诸边，敷演实际差别善知，得佛辩才住普贤行。善能分别众生语言，超过世间一切之法，善知一切出世间法。得资具自在波罗蜜多，荷担有情为不请友。能持一切如来法藏，安住不断一切佛种。哀愍有情能开法眼，闭诸恶趣开善趣门。普观有情能作父母兄弟之想，又观众生如己身想。证得一切赞叹功德波罗蜜多，能善了知，赞叹如来一切功德，及余称赞诸功德法。如是菩萨摩诃萨众无量无边皆来集会。

尔时，尊者阿难从坐而起，整理衣服，偏袒右肩，右膝著地，合掌向佛白言：大德世尊！身色诸根悉皆清净，威光赫奕如融金聚，又如明镜凝照光晖。从昔已来初未曾见，喜得瞻仰生稀有心。世尊今者入大寂定，行如来行皆悉圆满，善能建立大丈夫行，思惟去、来、现在诸佛。世尊何故住斯念耶？尔时，佛告阿难：汝今云何，能知此义？为有诸天来告汝耶？为以见我及自知耶？阿难白佛言：世尊！我见如来光瑞稀有故发斯念，非因天等。佛告阿难：善哉，善哉！汝今快问。善能观察微妙辩才，能问如来如是之义。汝为一切如来、应、正等觉，及安住大悲，利益群生，如优昙花稀有，大士出现世间，故问斯义。又为哀愍利乐诸众生故，能问如来如是之义。阿难！如来、应、正等觉善能开示无量知见。何以故？如来知见无有障碍。阿难！如来、应、正等觉欲乐住世，能于念顷住无量无数百千亿那由他劫，若复增过如上数量，而如来身及以诸根无有增减。何以故？如来得三昧自在到于彼岸，于一切法最胜自在。是故阿难！谛听，善思念之，吾当为汝分别解说。阿难白佛言：唯然世尊，愿乐欲闻。

尔时，佛告阿难：往昔过阿僧祇无数大劫，有佛出现，号曰燃灯。于彼佛前极过数量，有苦行佛出兴于世。苦行佛前复有如来，号为月面。月面佛前过于数量，有旃檀香佛。于彼佛前有苏迷卢积佛，卢积佛前复有妙高劫佛。如是展转，有离垢面佛、不染污佛、龙天佛、山声王佛、苏迷卢积佛、金藏佛、照曜光佛、光帝佛、大地种姓佛、光明炽盛琉璃金光佛、月像佛、开敷花庄严光佛、妙海胜觉游戏神通佛、金刚光佛、大阿伽陀香光佛、舍离烦恼心佛、宝增长佛、勇猛积佛、胜积佛、持大功德法施神通佛、映蔽日月光佛、照曜琉璃佛、心觉花佛、月光佛、日光佛、花璎珞色王开敷神通佛、水月光佛、破无明暗佛、真珠珊瑚盖佛、底沙佛、胜花佛、法慧吼佛、有师子吼鹅雁声佛、梵音龙吼佛。如是等佛出现于世，相去劫数皆过数量。彼龙吼佛未出世前无央数劫有世主佛。世主佛前无边劫数有佛出世，号世间自在王如来、应、正等觉、明行圆满、善逝、世间解、无上丈夫、调御士、天人师、佛、世尊。阿难！彼佛法中有一比丘，名曰法处，有殊胜行愿及念慧力增上，其心坚固不动，福智殊胜，人相端严。阿难！彼法处比丘往诣世间自在王如来所，偏袒右肩，顶礼佛足，向佛合掌，以颂赞曰：

如来无量无边光，　举世无光可能喻，
一切日月摩尼宝，　佛之光威皆映蔽。
世尊能演一音声，　有情各各随类解，
又能现一妙色身，　普使众生随类见。
戒定慧进及多闻，　一切有情无与等，
心流觉慧如大海，　善能了知甚深法。
惑尽过亡应受供，　如是圣德惟世尊，
佛有殊胜大威光，　普照十方无量刹。
我今称赞诸功德，　冀希福慧等如来，
能救一切诸世间，　生老病死众苦恼。
愿当安住三摩地，　演说施戒诸法门，

忍辱精勤及定慧，　　庶当成佛济群生。
为求无上大菩提，　　供养十方诸妙觉，
百千俱胝那由他，　　极彼恒沙之数量。
又愿当获大神光，　　倍照恒沙亿佛刹，
及以无边胜进力，　　感得殊胜广净居。
如是无等佛刹中，　　安处群生当利益，
十方最胜之大士，　　彼皆当往生喜心。
唯佛圣智能证知，　　我今希求坚固力，
纵沉无间诸地狱，　　如是愿心终不退。
一切世间无碍智，　　应当了知如是心。

复次阿难！法处比丘赞佛德已，白言：世尊！我今发阿耨多罗三藐三菩提心，惟愿如来为我演说如是等法，令于世间得无等等成大菩提，具摄清净庄严佛土。佛告比丘：汝应自摄清净佛国。法处白佛言：世尊！我无威力堪能摄受，唯愿如来说余佛土清净庄严，我等闻已誓当圆满。尔时，世尊为其广说二十一亿清净佛土具足庄严，说是法时经于亿岁。阿难！法处比丘于彼二十一亿诸佛土中所有严净之事悉皆摄受，既摄受已，满足五劫思惟修习。阿难白佛言：世尊！彼世间自在王如来寿量几何？世尊告曰：彼佛寿量满四十劫。阿难！彼二十一俱胝佛刹，法处比丘所摄佛国超过于彼。既摄受已，往诣世间自在王如来所，顶礼双足，右绕七匝，却住一面白言：世尊！我已摄受具足功德严净佛土。佛言：今正是时，汝应具说，令众欢喜，亦令大众皆当摄受圆满佛土。法处白言：唯愿世尊大慈留听，我今将说殊胜之愿。

若我证得无上菩提，国中有地狱、饿鬼、畜生趣者，我终不取无上正觉。

若我成佛，国中众生有堕三恶趣者，我终不取正觉。

若我成佛，国中有情若不皆同真金色者，不取正觉。

若我成佛，国中有情形貌差别有好丑者，不取正觉。

若我成佛，国中有情不得宿念，下至不知亿那由他百千劫事者，不取正觉。

若我成佛，国中有情若无天眼，乃至不见亿那由他百千佛国土者，不取正觉。

若我成佛，国中有情不获天耳，乃至不闻亿那由他百千踰缮那外佛说法者，不取正觉。

若我成佛，国中有情无他心智，乃至不知亿那由他百千佛国土中有情心行者，不取正觉。

若我成佛，国中有情不获神通自在波罗蜜多，于一念顷不能超过亿那由他百千佛刹者，不取正觉。

若我成佛，国中有情起于少分我我所想者，不取菩提。

若我成佛，国中有情若不决定成等正觉、证大涅槃者，不取菩提。

若我成佛，光明有限，下至不照亿那由他百千及算数佛刹者，不取菩提。

若我成佛，寿量有限，乃至俱胝那由他百千及算数劫者，不取菩提。

若我成佛，国中声闻无有知其数者，假使三千大千世界满中有情及诸缘觉，于百千岁尽其智算亦不能知。若有知者，不取正觉。

若我成佛，国中有情寿量有限齐者，不取菩提，唯除愿力而受生者。

若我成佛，国中众生若有不善名者，不取正觉。

若我成佛，彼无量刹中无数诸佛，不共咨嗟称叹我国者，不取正觉。

若我证得无上觉时，余佛刹中诸有情类，闻我名已，所有善根心心回向，愿生我国，乃至十念若不生者，不取菩提，唯除造无间恶业、诽谤正法及诸圣人。

若我成佛，于他刹土有诸众生发菩提心，及于我所起清净念，复以善根回向，愿生极乐，彼人临命终时，我与诸比丘众现其人前。若不尔者，不取正觉。

若我成佛，无量国中所有众生闻说我名，以己善根回向极乐。若不生者，不取菩提。

若我成佛，国中菩萨皆不成就三十二相者，不取菩提。

若我成佛，于彼国中所有菩萨，于大菩提咸悉位阶一生补处，唯除大愿诸菩萨等。为诸众生被精进甲，勤行利益修大涅槃，遍诸佛国行菩萨行，供养一切诸佛如来，安立洹沙众生住无上觉，所修诸行复胜于前，行普贤道而得出离。若不尔者，不取菩提。

若我成佛，国中菩萨每于晨朝供养他方乃至无量亿那由他百千诸佛，以佛威力即以食前还到本国。若不尔者，不取菩提。

若我成佛，于彼刹中诸菩萨众，所须种种供具，于诸佛所殖诸善根，如是色类不圆满者，不取菩提。

若我当成佛时，国中菩萨说诸法要，不善顺入一切智者，不取菩提。

若我成佛，彼国所生诸菩萨等，若无那罗延坚固力者，不取正觉。

若我成佛，周遍国中诸庄严具，无有众生能总演说，乃至有天眼者，不能了知所有杂类形色光相。若有能知及总宣说者，不取菩提。

若我成佛，国中具有无量色树，高百千由旬，诸菩萨中有善根劣者，若不能了知，不取正觉。

若我成佛，国中众生读诵经典，教授敷演，若不获得胜辩才者，不取菩提。

若我成佛，国中菩萨有不成就无边辩才者，不取菩提。

若我成佛，国土光净遍无与等，彻照无量无数不可思议诸佛世界，如明镜中现其面像。若不尔者，不取菩提。

若我成佛，国界之内地及虚空有无量种香，复有百千亿那由他数众宝香炉，香气普熏遍虚空界，其香殊胜，超过人天，珍奉如来及菩萨众。若不尔者，不取菩提。

若我成佛，周遍十方无量无数不可思议无等界众生之辈，蒙佛威光所照触者，身心安乐，超过人天。若不尔者，不取正觉。

若我成佛，无量不可思议无等界诸佛刹中菩萨之辈，闻我名已，若不证得离生、获陀罗尼者，不取正觉。

若我成佛，周遍无数不可思议无有等量诸佛国中所有女人，闻我名已，得清净信，发菩提心，厌患女身。若于来世不舍女人身者，不取菩提。

若我成佛，无量无数不可思议无等佛刹菩萨之众，闻我名已，得离生法。若不修行殊胜梵行，乃至到于大菩提者，不取正觉。

若我成佛，周遍十方无有等量诸佛刹中所有菩萨，闻我名已，五体投地，以清净心修菩萨行。若诸天人不礼敬者，不取正觉。

若我成佛，国中众生所须衣服随念即至，如佛命善来比丘，法服自然在体。若不尔者，不取菩提。

若我成佛，诸众生类才生我国中，若不皆获资具，心净安乐，如得漏尽诸比丘者。不取菩提。

若我成佛，国中群生随心欲见诸佛净国殊胜庄严，于宝树间悉皆出现，犹如明镜现其面像。若不尔者，不取菩提。

若我成佛，余佛刹中所有众生闻我名已，乃至菩提，诸根有阙、德用非广者，不取菩提。

若我成佛，余佛刹中所有菩萨闻我名已，若不皆善分别胜三摩地名字语言，菩萨住彼三摩地中，于一刹那言说之顷，不能供养无量无数不可思议无等诸佛，又不现证六三摩地者，不取正觉。

若我成佛，余佛土中有诸菩萨闻我名已，寿终之后，若不得生豪贵家者，不取正觉。

若我成佛，余佛刹中所有菩萨闻我名已，若不应时修菩萨行、清净欢喜得平等住、具诸善根，不取正觉。

若我成佛，他方菩萨闻我名已，皆得平等三摩地门，住是定中常供无量无等诸佛，乃至菩提终不退转。若不尔者，不取正觉。

若我成佛，国中菩萨随其志愿，所欲闻法自然得闻。若不尔者，不取正觉。

若我证得无上菩提，余佛刹中所有菩萨闻我名已，于阿耨多罗三藐三菩提有退转者，不取正觉。

若我成佛，余佛国中所有菩萨，若闻我名，应时不获一二三忍，于诸佛法不能现证不退转者，不取菩提。

尔时，佛告阿难：彼法处比丘于世间自在王如来前发此愿已，承佛威神而说颂曰：

今对如来发弘誓，　　当证无上菩提日，
若不满足诸上愿，　　不取十力无等尊。
心或不堪常行施，　　广济贫穷免诸苦，
利益世间使安乐，　　不成救世之法王。
我证菩提坐道场，　　名闻不遍十方界，
无量无边异佛刹，　　不取十力世中尊。
方趣无上大菩提，　　出家为求于欲境，
于彼念慧行无有，　　不作调御天人师。
愿获如来无量光，　　普照十方诸佛土，
能灭一切贪恚痴，　　亦断世间诸恶趣。

愿得光开净慧眼，　　于诸有中破冥暗，
除灭诸难使无余，　　安处天人大威者。
修习本行已清净，　　获得无量胜威光，
日月诸天摩尼火，　　所有光晖皆映蔽。
最胜丈夫修行已，　　于彼贫穷为伏藏，
圆满善法无等伦，　　于大众中师子吼。
往昔供养自然智，　　多劫勤修诸苦行，
为求最胜诸慧蕴，　　满足本愿天人尊。
如来知见无所碍，　　一切有为皆能了，
愿我当成无与等，　　最胜智者真导师。
我若当证大菩提，　　如斯弘誓实圆满，
愿动三千大千界，　　天众空中皆雨花。
是时大地咸震动，　　天花鼓乐满虚空，
并雨栴檀细末香，　　唱言未来当作佛。

佛告阿难：彼法处比丘于世间自在王如来，及诸天人、魔、梵、沙门、婆罗门等前，广发如是大弘誓愿，皆已成就世间稀有。发是愿已，如实安住种种功德，具足庄严，威德广大，清净佛土。修习如是菩萨行时，经于无量无数不可思议无有等等亿那由他百千劫内，初未曾起贪瞋及痴欲害恚想，不起色声香味触想。于诸众生常乐爱敬，犹如亲属，其性温和易可同处。有来求者不逆其意，善言劝谕无不从心，资养所须趣支身命。少欲知足常乐虚闲，禀识聪明而无矫妄。其性调顺无有暴恶，于诸有情常怀慈忍。心不诈谄亦无懈怠，善言策进求诸白法。普为群生勇猛无退，利益世间大愿圆满。奉事师长敬佛法僧，于菩萨行常被甲胄，志乐寂静离诸染著。为令众生常修白法，于善法中而为上首，住空无相无愿、无作无生、不起不灭，无有憍慢。而彼正士行菩萨道时，常护语言，不以语言害他及己，常以语业利己及人。若入王城及诸村落，虽见诸色心无所染，以清净心不爱不恚。菩萨尔时于檀波罗蜜起自行已，又能令他行于惠施。于尸波罗蜜乃至般若波罗蜜，起前二行皆悉圆满。由成如是诸善根故，所生之处有无量亿那由他百千伏藏自然涌出，复令无量无数不可思议无等无边诸众生类安住阿耨多罗三藐三菩提。如是无边诸菩萨众起诸妙行，供养奉事于诸世尊乃至成佛，皆不可以语言分别之所能知。或作轮王、帝释、苏焰摩天、兜率陀天、善化天、他化自在天、大梵天王，皆能奉事供养诸佛，及能请佛转于法轮。若作阎浮提王及诸长者、宰官、婆罗门、刹帝力等，诸种姓中皆能尊重供养诸佛，又能演说无量法门。从此永弃世间，成无上觉。然彼菩萨能以上妙衣服、卧具、饮食、医药，尽形供养一切如来得安乐住。如是种种圆满善根，非以语言能尽边际。口中常出栴檀妙香，其香普熏无量无数乃至亿那由他百千世界，复从一切毛孔出过人天优钵罗花上妙香气。随所生处，相好端严殊胜圆满。又得诸资具自在波罗蜜多，一切服用周遍无乏。所谓诸宝香花幢幡缯盖，上妙衣服饮食汤药，及诸伏藏珍玩所须，皆从菩萨掌中自然流出，身诸毛孔流出一切人天音乐。由是因缘，能令无量无数不可思议诸众生等，安住阿耨多罗三藐三菩提。阿难！我今已说法处菩萨本所修行。

尔时，阿难白佛言：世尊！彼法处菩萨成菩提者，为过去耶？为未来耶？为今现在他方世界耶？佛告阿难：西方去此十万亿佛刹，彼有世界名曰极乐。法处比丘在彼成佛，号无量寿，今现在说法，无量菩萨及声闻众恭敬围绕。阿难！彼佛光明普照佛刹无量无数不可思议，我今略说，光照东方如恒河沙等国土，南西北方四维上下，亦复如是，唯除诸佛本愿威神所加，悉皆照烛。是诸佛光，或有加一寻者，或有加一由旬乃至亿那由他百千由旬光者，或普照佛刹者。阿难，以是义故，无量寿佛复有异名，谓无量光、无边光、无著光、无碍光、光照王端严光、爱光、喜光、可观光、不思议光、无等光、不可称量光、映蔽日光、映蔽月光、掩夺日月光。彼之光明清净广大，普令众生身心悦乐，复令一切余佛刹中天、龙、夜叉、阿修罗等皆得欢悦。阿难！我今开示彼佛光明，满足一劫说不能尽。

复次阿难！彼无量寿如来，诸声闻众不可称量知其边际。假使比丘满亿那由他百千数量，皆如大目揵连神通自在，于晨朝时周历大千世界、须臾之顷还至本处，彼经亿那由他百千岁数欲共计算无量寿佛初会之中诸声闻众，尽其神力乃至灭度，于百分中不知其一、于千分百千分乃至邬波尼杀昙分中亦不知其一。阿难！譬如大海深八万四千由旬，以目极观不知边际。若有丈夫析一毛端为五十分，以其一分于大海中沾取一滴。阿难！彼之水滴比于大海，何者为多？阿难白言：假使取千由旬水，犹以为少，况以毛端一分而可方之！

佛告阿难：假使比丘满亿那由他百千数量，皆如大目捷连，经百千亿那由他岁，皆共算数彼无量寿如来初会声闻，所知数量如彼毛端一滴之水，余不测者犹如大海。诸菩萨摩诃萨众亦复如是，非以算计之所能知。阿难！彼佛寿命无量无边，不可知其劫数多少；声闻、菩萨及诸天人寿量亦尔。阿难白佛言：世尊！彼佛出世于今几时，能得如是无量寿命？

佛告阿难：彼佛受生经今十劫。复次阿难！彼极乐界无量功德具足庄严，国土丰稔，天人炽盛，志意和适，常得安隐，无有地狱、畜生及琰魔王界。有种种香周遍芬馥，种种妙花亦皆充满。有七宝幢周布行列，其宝幢上悬诸幡盖及众宝铃，具足百千诸妙杂色。阿难！彼如来国多诸宝树，或纯黄金、白银、琉璃、颇梨、赤珠、马瑙、玉树，唯一宝成不杂余宝，或以二宝乃至七宝庄严。阿难！彼金为树者，以金为根茎，白银为叶及以花果。白银之树，银为根茎，黄金为叶及以花果。马瑙之树，马瑙根茎，美玉为叶及以花果。美玉树者，玉为根茎，七宝为叶及诸花果。或有金树，黄金为根，白银为茎，琉璃为枝，颇梨为条，赤珠为叶，马瑙为花，美玉为果。或有银树，以银为根，黄金为茎，余枝果等饰同金树。琉璃树者，琉璃为根，黄金为茎，白银为枝，颇梨为条，赤珠为叶，马瑙为花，美玉为果。颇梨、真珠、马瑙等树，诸宝转饰皆若琉璃。复有玉树，玉为其根，黄金为茎，白银为枝，琉璃为条，颇梨为叶，赤珠为花，马瑙为果。复有无量摩尼珠等宝庄严树，周遍其国。是诸宝树光辉赫奕世无能比，以七宝罗网而覆其上，其网柔软如兜罗绵。

复次阿难！无量寿佛有菩提树，高十六亿由旬，枝叶垂布八亿由旬。树本隆起高五千由旬，周圆亦尔。其条叶花果常有无量百千种种妙色，及诸珍宝殊胜庄严，谓月光摩尼宝、释迦毗楞伽宝、心王摩尼宝、海乘流注摩尼宝，光辉遍照超过人天。于其树上有诸金锁垂宝璎珞周遍庄严，谓卢遮迦宝、末瑳宝，及赤白青色真珠等宝以为璎珞。有师子云聚宝等以为其锁，饰诸宝柱。又以纯金真珠杂宝铃铎以为其网，庄严宝锁弥覆其上，以颇梨万字半月宝等互相映饰，微风吹动出种种声，令千世界诸众生等随乐差别，于甚深法证无生忍。阿难！彼千世界诸有情等闻此音已，住不退转无上菩提，及无量无数有情得无生法忍。

复次阿难！若有众生见菩提树、闻声、嗅香、尝其果味、触其光影、念树功德，由此因缘乃至涅槃，五根无患，心无散乱，皆于阿耨多罗三藐三菩提得不退转。复由见彼菩提树故，获三种忍。何等为三？一者随声忍，二者随顺忍，三者无生法忍。此皆无量寿佛本愿威神见所加，及往修静虑，无比喻故、无缺减故、善修习故、善摄受故、善成就故。

《大宝积经》卷第十七

附录二
汉文《无量寿如来会》第五会之二

　　复次阿难！彼极乐界，无诸黑山、铁围山、大铁围山、妙高山等。阿难白佛言：世尊！其四天王天、三十三天，既无诸山，依何而住？佛告阿难：于汝意云何？妙高已上有夜摩天，乃至他化自在天，及色界诸天等，依何而住？阿难白佛言：世尊！不可思议业力所致。佛语阿难：不思议业，汝可知耶？答言：不也。佛告阿难：诸佛及众生善根业力，汝可知耶？答言：不也。世尊！我今于此法中实无所惑，为破未来疑网，故发斯问。

　　佛告阿难：彼极乐界，其地无海而有诸河。河之狭者满十由旬，水之浅者十二由旬。如是诸河深广之量，或二十、三十乃至百数，或有极深广者，至千由旬。其水清冷具八功德，浚流恒激出微妙音，譬若诸天百千伎乐，安乐世界其声普闻。有诸名花沿流而下，和风微动出种种香。居两岸边多栴檀树，修条密叶交覆于河，结实开花芳辉可玩，群生游乐随意往来，或有涉河濯流嬉戏，感诸天水善顺物宜，深浅寒温曲从人好。阿难！大河之下地布金砂，有诸天香世无能喻，随风散馥杂水流殒。天曼陀罗花、优钵罗花、波头摩花、拘物头华、芬陀利花，弥覆其上。

　　复次阿难！彼国人众，或时游览同萃河滨，有不愿闻激流之响，虽获天耳终竟不闻。或有愿闻，即时领悟百千万种喜爱之声，所谓佛法僧声、止息之声、无性声、波罗蜜声、十力四无所畏声、神通声、无作声、无生无灭声、寂静声、边寂静声、极寂静声、大慈大悲声、无生法忍声、灌顶受位声，得闻如是种种声已，获得广大爱乐欢悦，而与观察相应、厌离相应、灭坏相应、寂静相应、边寂静相应、极寂静相应、义味相应、佛法僧相应、力无畏相应、神通相应、止息相应、菩提相应、声闻相应、涅槃相应。

复次阿难！彼极乐世界，不闻诸恶趣名，边无障碍烦恼覆蔽名、无有地狱琰摩畜生名、边无八难名，亦无苦受、不苦不乐受名。尚无假设，何况实苦？是故彼国名为极乐。阿难！我今略说极乐因缘，若广说者穷劫不尽。

复次阿难！彼极乐世界所有众生，或已生、或现生、或当生，皆得如是诸妙色身，形貌端正，神通自在，福力具足，受用种种宫殿园林、衣服饮食、香华璎珞，随意所须悉皆如念，譬如他化自在诸天。

复次阿难！彼佛国中有微细食，诸有情类尝无噉者，如第六天随所思念，如是饮食即同食已，色力增长而无便秽。复有无量如意妙香、涂香、末香，其香普熏彼佛国界，及散花幢幡亦皆遍满。其有欲闻香者随愿即闻，或不乐者终无所受。复有无量上妙衣服、宝冠环钏、耳珰璎珞、花鬘带锁，诸宝庄严，无量光明百千妙色，悉皆具足，自然在身。复有金银真珠妙宝之网，悬诸宝铃，周遍严饰。若诸有情所须宫殿楼阁等，随所乐欲高下长短、广狭方圆，及诸床座妙衣敷上，以种种宝而严饰之，于众生前自然出现，人皆自谓各处其宫。复次阿难！极乐国土所有众生无差别相，顺余方俗有天人名。阿难！譬如下贱半挓迦人，对于轮王则无可谕，威光德望悉皆无有。又如帝释方第六天，威光等类皆所不及，园苑宫殿、衣服杂饰，尊贵自在，阶位神通及以变化不可为比，唯受法乐则无差别。阿难应知，彼国有情犹如他化自在天王。

阿难！彼极乐界，于晨朝时，周遍四方，和风微动不逆不乱，吹诸杂花种种香气，其香普熏周遍国界。一切有情为风触身，安和调适，犹如比丘得灭尽定。其风吹动七宝树林，华飘成聚高七人量，种种色光照曜佛土。譬如有人以花布地手按令平，随杂色花间错分布。彼诸花聚亦复如是，其花微妙广大柔软如兜罗绵，若诸有情足蹈彼花没深四指，随其举足还复如初。过晨朝已，其花自然没入于地，旧花既没，大地清净，更雨新花还复周遍。如是中时、晡时、初中后夜，飘花成聚，亦复如是。阿难！一切广大珍奇之宝，无有不生极乐界者。

阿难！彼佛国中有七宝莲花，一一莲花有无量百千亿叶，其叶有无量百千珍奇异色，以百千摩尼妙宝庄严，覆以宝网转相映饰。阿难！彼莲花量或半由旬，或一二三四乃至百千由旬者。是一一花出三十六亿那由他百千光明，一一光中出三十六亿那由他百千诸佛，身如金色，具三十二大丈夫相、八十随好，殊胜庄严，放百千光普照世界。是诸佛等，现往东方为众说法，皆为安立无量有情于佛法中，南西北方四维上下亦复如是。

复次阿难！极乐世界无有昏闇，亦无火光，涌泉陂湖彼皆非有，亦无住着家室林苑之名，及表示之像幼童色类，亦无日月昼夜之像。于一切处标式既无，亦无名号，唯除如来所加威者。阿难！彼国众生若当生者，皆悉究竟无上菩提到涅槃处。何以故？若邪定聚及不定聚，不能了知建立彼因故。阿难！东方如恒沙界，一一界中如恒沙佛，彼诸佛等各各称叹阿弥陀佛无量功德，南西北方四维上下诸佛称赞亦复如是。何以故？他方佛国所有众生闻无量寿如来名号，乃至能发一念净信，欢喜爱乐，所有善根回向愿生无量寿国者，随愿皆生，得不退转乃至无上正等菩提，除五无间、诽毁正法及谤圣者。

阿难！若有众生于他佛刹发菩提心，专念无量寿佛，及恒种殖众多善根，发心回向愿生彼国。是人临命终时，无量寿佛与比丘众前后围绕现其人前，即随如来往生彼国，得不退转，当证无上正等菩提。是故阿难！若有善男子、善女人，愿生极乐世界、欲见无量寿佛者，应发无上菩提心，复当专念极乐国土，积集善根应持回向，由此见佛生彼国中，得不退转乃至无上菩提。阿难！若他国众生发菩提心，虽不专念无量寿佛，亦非恒种众多善根，随己修行诸善功德，回向彼佛愿欲往生。此人临命终时，无量寿佛即遣化身，与比丘众前后围绕，其所化佛光明相好与真无异，现其人前摄受导引。即随化佛往生其国，得不退转无上菩提。阿难！若有众生住大乘者，以清净心向无量寿如来，乃至十念念无量寿佛，愿生其国，闻甚深法即生信解，心无疑惑。乃至获得一念净心，发一念心念无量寿佛，此人临命终时，如在梦中见无量寿佛，定生彼国，得不退转无上菩提。阿难！以此义利故，无量无数不可思议无有等等无边世界诸佛如来，皆共称赞无量寿佛所有功德。

佛告阿难：东方如恒河沙界，一一界中有如恒沙菩萨，为欲瞻礼供养无量寿佛及诸圣众来诣佛所，南西北方四维上下亦复如是。

尔时，世尊而说颂曰：

东方诸佛刹，　　数如恒河沙，

如是佛土中，　　恒沙菩萨众，
皆现神通来，　　礼无量寿佛，
三方诸圣众，　　礼觐亦同归。
彼于沙界中，　　道光诸辩论，
住深禅定乐，　　四无所畏心。
各赍众妙花，　　名香皆可悦，
并奏诸天乐，　　百千和雅音，
以献天人师，　　名闻十方者。
究竟威神力，　　善学诸法门，
种种供养中，　　勤修无懈倦，
功德智慧景，　　能破诸幽冥，
咸以尊重心，　　奉诸珍妙供。
彼观殊胜刹，　　菩萨众无边，
愿速成菩提，　　净界如安乐。
世尊知欲乐，　　广大不思议，
微笑现金容，　　告成如所愿。
了诸法如幻，　　佛国犹梦响，
恒发誓庄严，　　当成微妙土。
菩萨以愿力，　　修胜菩提行，
知土如影像，　　发诸弘誓心。
若求遍清净，　　殊胜无边刹，
闻佛圣德名，　　愿生安乐国。
若有诸菩萨，　　志求清净土，
了知法无我，　　愿生安乐国。

复次阿难！极乐世界所有菩萨，于无上菩提皆悉安住一生补处，唯除大愿能师子吼擐大甲胄摩诃萨众为度群生修大涅槃者。复次阿难！彼佛刹中诸声闻众，皆有身光能照一寻。菩萨光照极百千寻，除二菩萨光明常照三千大千世界。阿难白佛言：世尊！彼二菩萨名为何等？佛告阿难：汝今谛听！彼二菩萨，一名观自在，二名大势至。阿难！此二菩萨从娑婆世界舍寿量已往生彼国。阿难！彼极乐界所生菩萨皆具三十二相，肤体柔软、诸根聪利、智慧善巧，于差别法无不了知，禅定神通善能游戏，皆非薄德钝根之流。彼菩萨中有得初忍或第二忍者无量无边，或有证得无生法忍。阿难！彼国菩萨，乃至菩提不堕恶趣，生生之处能了宿命，唯除五浊刹中出现于世。阿难！彼国菩萨皆于晨朝供养他方无量百千诸佛，随所希求种种花鬘、涂香、末香、幢幡、缯盖及诸音乐，以佛神力皆现手中供养诸佛。如是供具广大甚多，无数无边，不可思议。若复乐求种种名花，花有无量百千光色，皆现手中奉散诸佛。阿难！其所散花，即于空中变成花盖，盖之小者满十由旬，若不更以新花重散，前所散花终不堕落。阿难！或有花盖满二十由旬，如是三十四十乃至千由旬，或等四洲或遍小千中千，乃至三千大千世界。此诸菩萨生稀有心，得大喜爱，于晨朝时奉事供养、尊重赞叹无量百千亿那由他佛，及种诸善根已，即于晨朝还到本国。此皆由无量寿佛本愿加威，及曾供如来善根相续，无缺减故、善修习故、善摄取故、善成就故。

复次阿难！彼极乐界诸菩萨众，所说语言与一切智相应，于所受用皆无摄取，遍游佛刹无爱无厌，亦无希求。不希求想，无自想、无烦恼想、无我想、无斗诤相违怨瞋之想。何以故？彼诸菩萨于一切众生有大慈悲利益心故，有柔软无障碍心、不浊心、无忿恨心，有平等调伏寂静之心、忍心、忍调伏心，有等引澄净无散乱心、无覆蔽心、净心、极净心、照曜心、无尘心、大威德心、善心、广大心、无比心、甚深心、爱法心、喜法心、善意心、舍离一切执著心、断一切众生烦恼心、闭一切恶趣心故，行智慧行已，成就无量功德，于禅定觉分善能演说，而常游戏无上菩提，勤修敷演。肉眼发生能有简择，天眼出现鉴诸佛土，法眼清净能离诸著，慧眼通达到于彼岸，佛眼成就觉悟开示，生无碍慧为他广说。于三界中平等勤修，既自调伏，亦能调伏一切有情，能令获得胜奢摩他。于一切法证无所得，善能说法言辞巧妙，勤修供养一切诸佛，摧伏有情一切烦恼，为诸如来之所悦可，而能如是如是思惟。作是思惟时，能集能见一切诸法，皆无所得，以方便智修行灭法，善知取舍理非理趣，于理趣非理趣中皆得善巧。于世语言心不爱乐，出世经典诚信勤修，善巧寻求一切诸法，求一切法增长了知。知法本无实不可得，于所行处亦无取舍，解脱老病住诸功德，从本已来安住神通，勤修深法，于甚深法而无退转，于难解法悉能通达，得一乘道无有疑惑。于佛教法不由他悟，其智宏深譬之巨海，菩提高广喻若须弥，自身威光超于日月。凡所思择与慧相应，犹如雪山其心洁白。光明普照无边功德，烧烦恼薪方之于火。不为善恶之所动摇，心静常安犹如大地。洗涤烦惑如清净水，心无所主犹如火，不著世间犹如风，养诸有情犹如地，观诸世界如虚空。荷载众生犹如良乘，不染世法譬之莲花，远畅法音犹如雷震，雨一切法方之大雨，光蔽贤圣犹彼大仙，善能调伏如大龙象，勇猛无畏如师子王，覆护众生如尼拘陀树，他论不动如铁围山，修慈无量如彼恒河。诸善法王能为前导如大梵天，无所聚积犹如飞鸟，摧伏他论如金翅王，难遇稀有如优昙花。最胜丈夫其心正直，无有懈怠能善修行，于诸见中善巧决定，柔和忍辱无嫉妒心。论法无厌求法不倦，常勤演说利益众生。戒若琉璃内外明洁，善闻诸法而为胜宝，其所说言令众悦伏。以智慧力建大法幢、吹大法螺、击大法鼓，常乐勤修建诸法表。由智慧光心无迷惑，远众过失亦无损害。以淳净心离诸秽染，常行惠施永舍悭贪，禀性温和常怀惭耻。其心寂定智慧明察，作世间灯破众生闇，堪受利养殊胜福田，为大导师周济群物。远离憎爱心净无忧，勇进无怖为大法将，了知地狱调伏自他，利益有情（拔诸毒箭，为世间解、为世间师，引导群生）舍（诸爱著），永离三垢游戏神通，因力、缘力、愿力、发起力、世俗力、出生力、善根力、三摩地力、闻力、舍力、戒力、忍力、精进力、定力、慧力、奢摩他力、毘钵舍那力、神通力、念力、觉力、摧伏一切大魔军力，并他论法力、能破一切烦恼怨力及殊胜大力，威福具足，相好端严，智慧辩才，善根圆满。目净修广，人所爱乐，其身清洁，远离贡高。以尊重心奉事诸佛，于诸佛所植众善本。拔除憍慢，离贪瞋痴，殊胜吉祥，应供中最。住胜智境，赫奕慧光，心生欢喜，雄猛无畏，福智具足，无有滞限，但说所闻开示群物，随所闻法皆能解了。于菩提分法勇猛勤修，空无相愿而常安住及不生不灭诸三摩地，行遍道场远二乘境。阿难！我今略说彼极乐界所生菩萨摩诃萨众真实功德，悉皆如是。阿难！假令我身住寿百千亿那由他劫，以无碍辩欲具称扬彼诸菩萨摩诃萨等真实功德不可穷尽。阿难！彼诸菩萨摩诃萨等，尽其寿量亦不能知。

尔时，世尊告阿难言：此是无量寿佛极乐世界。汝应从坐而起，合掌恭敬，五体投地，为佛作礼。彼佛名称遍满十方，彼一一方恒沙诸佛皆共称赞，无碍无断。是时，阿难即从坐起，偏袒右肩，西面合掌，五体投地，白佛言：世尊！我今欲见极乐世界无量寿如来，并供养奉事无量百千亿那由他佛及菩萨众，种诸善根。

时，无量寿佛即于掌中放大光明，遍照百千俱胝那由他刹。彼诸佛刹所有大小诸山、黑山、宝山、须弥卢山、迷卢山、大迷卢山、目真邻陀山、摩诃目真邻陀山、铁围山、大铁围山，丛薄园林及诸宫殿天人等物，以佛光明皆悉照见。譬如有人以净天眼观一寻地见诸所有，又如日光出现万物斯睹。彼诸国中比丘、比丘尼、优婆塞、优婆夷，悉见无量寿如来如须弥山王照诸佛刹，时，诸佛国皆悉明现，如处一寻。以无量寿如来殊胜光明、极清净故，见彼高座及诸声闻、菩萨等众。譬如大地洪水盈满，树林山河皆没不现，唯有大水。

如是阿难！彼佛刹中无有他论及异形类，唯除一切大声闻众一寻光明，及彼菩萨摩诃萨踰缮那等百千寻光。彼无量寿如来、应、正等觉光明映蔽一切声闻及诸菩萨，令诸有情悉皆得见。彼极乐界菩萨、声闻、人天众等，一切皆睹娑婆世界释迦如来及比丘众围绕说法。

尔时，佛告弥勒菩萨言：汝颇见具足清净威德庄严佛刹及见空中树林、园苑、涌泉、池沼不耶？汝见大地乃至色究竟天，于虚空中散花树林以为庄严。复有众鸟住虚空界出种种音，犹如佛声普闻世界。是诸众鸟皆是化作，非实畜生。汝见是耶？弥勒白佛言：唯然已见。佛复告弥勒菩萨言：汝见此诸众生入踰缮那百千宫殿已，游行虚空无著无碍，遍诸刹土供养诸佛，及见彼有情于昼夜分念佛相续不耶？弥勒白言：唯然尽见。佛复告言：汝见他化自在天与极乐诸人受用资具有差别不？弥勒白言：我不见彼有少差别。佛告弥勒：汝见极乐世界人住胎不？弥勒白言：世尊！譬如三十三天夜摩天等，入百由旬若五百由旬宫殿之内游戏欢乐。我见极乐世界人住胎者如夜摩天处于宫殿，又见众生于莲华内结跏趺坐自然化生。

时，弥勒菩萨复白佛言：世尊！何因缘故，彼国众生有胎生者、化生者？佛告弥勒：若有众生堕于疑悔，积集善根，希求佛智、普遍智、不思议智、无等智、威德智、广大智。于自善根不能生信，以此因缘，于五百岁住宫殿中，不见佛、不闻法、不见菩萨及声闻众。若有众生断除疑悔、积集善根，希求佛智乃至广大智，信已善根。此人于莲华内结跏趺坐忽然化生，瞬息而出。譬如他国有人来至，而此菩萨亦复如是。余国发心来生极乐，见无量寿佛奉事供养及诸菩萨声闻之众。阿逸多！汝观殊胜智者，彼因广慧力故，受彼化生于莲花中结跏趺坐。汝观下劣之辈，于五百岁中不见佛、不闻法、不见菩萨及声闻众，不知菩萨威仪法则，不能修习诸功德故，无因奉事无量寿佛，是诸人等皆为昔缘疑悔所致。譬如刹帝力王其子犯法，幽之内宫，处以花观层楼绮殿妙饰奇珍，宝帐金床重敷茵褥，名花布地烧大宝香，服御所资悉皆丰备，而以阎浮金锁系其两足。佛告弥勒：于意云何？彼王子心宁乐此不？答言：不也。世尊！彼幽絷时常思解脱，求诸亲识、居士、宰官、长者、近臣，王之太子虽希出离终不从心，乃至刹帝力王心生欢喜，方得解脱。佛告弥勒：如是如是。若有堕于疑悔，种诸善根希求佛智乃至广大智，于自善根不能生信。由闻佛名起信心故，虽生彼国于莲花中不得出现。彼等众生处花胎中，犹如园苑宫殿之想。何以故？彼中清净无诸秽恶，一切无有不可乐者。然彼众生于五百岁，不见佛、不闻法、不见菩萨及声闻众，不得供养奉事诸佛，不得问于菩萨法藏。远离一切殊胜善根，彼等于中不生欣乐，不能出现修习善法。往昔世中过失尽已然后乃出，彼于出时，心迷上下四方之所。若五百岁无疑惑者，即当供养无量百千俱胝那由他佛，并种无量无边善根。汝阿逸多！当知疑惑，与诸菩萨为大损害。

尔时，弥勒菩萨白佛言：世尊！于此国界不退菩萨当生极乐国者，其数几何？佛告弥勒：此佛土中有七十二亿菩萨，彼于无量亿那由他百千佛所种诸善根，成不退转，当生彼国。况余菩萨由少善根生彼国者，不可称计。阿逸多！从难忍如来佛国，有十八亿不退菩萨当生极乐世界。东北方宝藏佛国中，有九十亿不退菩萨当生彼土。从无量声如来国中，有二十二亿不退菩萨当生彼土。从光明如来国中，有三十二亿不退菩萨当生彼土。从龙天如来国中，有十四亿不退菩萨当生彼土。从胜天力如来国中，有十二千不退菩萨当生彼土。从师子如来国中，有五百不退菩萨当生彼土。从离尘如来国中，有八十一亿不退菩萨当生彼土。从世天如来国中，有六十亿不退菩萨当生彼土。从胜积如来国中，有六十亿不退菩萨当生彼土。从人王如来国中，有十俱胝不退菩萨当生彼土。从胜花如来国中，有五百菩萨具大精进发趣一乘，于七日中能令众生离百千亿那由他劫生死流转，彼等亦当生极乐界。从发起精进如来国中，有六十九亿不退菩萨当生彼土。到彼国已，供养礼拜无量寿如来及菩萨众。阿逸多！我若具说诸方菩萨生极乐界，若已到、今到、当到，为供养礼拜瞻仰无量寿佛等者，但说其名穷劫不尽。

阿逸多！汝观彼诸菩萨摩诃萨善获利益，若有闻彼佛名能生一念喜爱之心，当获如上所说功德，心无下劣，亦不贡高，成就善根，悉皆增上。阿逸多！是故告汝及天人、世间、阿修罗等，今此法门付嘱于汝。应当爱乐修习，乃至经一昼夜受持读诵，生希望心，于大众中为他开示，当令书写执持经卷，于此经中生导师想。

阿逸多！是故菩萨摩诃萨，欲令无量诸众生等速疾安住不退转于阿耨多罗三藐三菩提，及欲见彼广大庄严，摄受殊胜佛刹圆满功德者，应当起精进力听此法门。假使经过大千世界满中猛火，为求法故，不生退屈谄伪之心，读诵受持书写经卷，乃至于须臾顷为他开示，劝令听闻不生忧恼，设入大火不应疑悔。何以故？彼无量亿诸菩萨等皆悉求此微妙法门，尊重听闻不生违背。是故汝等应求此法。阿逸多！彼诸众生获大善利，若于来世乃至正法灭时，当有众生殖诸善本，已曾供养无量诸佛，由彼如来加威力故，能得如是广大法门，一切如来称赞悦可。若于彼法摄取受持，当获广大一切智智，随意所乐种诸善根。若善男子善女人等，于彼法中广大胜解之者，当能听闻获大欢喜。受持读诵，广为他说，常乐修行。

阿逸多！无量亿数诸菩萨等求请此法，不曾厌背，是故汝等诸善男子及善女人，于今来世能于是法，若已求、现求、当求者，皆获善利。阿逸多！如来所应作者，皆已作之。汝等应当安住无疑，种诸善本，应常修学，使无疑滞，不入一切种类珍宝成就牢狱。阿逸多！如是等类大威德者，能生广大佛法异门，由于此法不听闻故，有一亿菩萨退转阿耨多罗三藐三菩提。阿逸多！佛出世难，离八难身亦为难得。诸佛如来无上之法，十力无畏，无碍无著，甚深之法，及波罗蜜等菩萨之法，能说法人亦难开示。阿逸多！善说法人非易可遇，坚固深信时亦难遭。是故我今如理宣说，汝等修习，应如教住。

汝阿逸多！我以此法门及诸佛法嘱累于汝，汝当修行，无令灭没。如是广大微妙法门，一切诸佛之所称赞。勿违佛教，而弃舍之，当令汝等获不善利。沦没长夜，备众危苦。是故我今为大嘱累，当令是法久住不灭，应勤修行，随顺我教。

尔时，世尊而说颂曰：

若于福德初未修，　　终不闻斯微妙法，
勇猛能成诸善利，　　当闻如是甚深经。
彼人曾见诸世尊，　　能作大光拯浊世，

多闻总持如巨海，　　彼获圣贤喜爱心。
懈怠邪见下劣人，　　不信如来斯正法，
若曾于佛殖众善，　　救世之行彼能修。
譬如盲人恒处闇，　　不能开导于他路，
声闻于佛智亦然，　　况余有情而悟解。
如来功德佛自知，　　唯有世尊能开示，
天龙夜叉所不及，　　二乘自绝于名言。
若诸有情当作佛，　　行超普贤登彼岸，
敷演一佛之功德，　　时逾多劫不思议，
于是中间身灭度，　　佛之胜慧莫能量。
是故具足于信闻，　　及诸善友之摄受，
得闻如是深妙法，　　当获爱重诸圣尊。
如来胜智遍虚空，　　所说义言唯佛悟，
是故博闻诸智士，　　应信我教如实言。
人趣之身得甚难，　　如来出世遇亦难，
信慧多时方乃获，　　是故修者应精进。
如是妙法已听闻，　　常念诸佛而生喜，
彼人往昔真吾友，　　善能乐欲佛菩提。

尔时，世尊说是经已，天人世间有万二千那由他亿众生远尘离垢，得法眼净；二十亿众生得阿那含果；六千八百比丘诸漏已尽，心得解脱；四十亿菩萨于无上菩提住不退转，被大甲胄，当成正觉；有二十五亿众生得不退忍；有四万亿那由他百千众生于无上菩提未曾发意，今始初发，种诸善根，愿生极乐世界，见阿弥陀佛，皆当往生彼如来土，各于异方次第成佛，同名妙音。有八万亿那由他众生，得授记法忍，成无上菩提。彼无量寿佛昔行菩萨道时成熟有情，悉皆当生极乐世界，忆念俦昔所发思愿皆得成满。

尔时，三千大千世界六种震动，并现种种稀有神变，放大光明，普照世界。无量亿那由他百千天人，同时音乐不鼓自鸣，雨天曼陀罗花，没至于膝；乃至阿迦腻咤天，皆作种种殊妙供养。佛说经已，弥勒菩萨等及尊者阿难，一切大众，闻佛所说，皆大欢喜。

《大宝积经》卷第十八

参考文献

一 原始资料

北京大学图书馆编《北京大学图书馆藏敦煌文献》，上海：上海古籍出版社，1995。

俄罗斯科学院东方研究所圣彼得堡分所、中国社会科学院民族研究所、上海古籍出版社编《俄藏黑水城文献》，上海：上海古籍出版社，1997-2000。

林世田主编《国家图书馆西夏文献中汉文文献考释》，北京：北京图书馆出版社，2005。

宁夏大学西夏学研究中心、中国国家图书馆、甘肃古籍文献整理编译中心编《中国藏西夏文献》，兰州：甘肃人民出版社、敦煌文艺出版社，2005-2007。

宁夏社会科学院编《中国国家图书馆藏西夏文献》，上海：上海古籍出版社，2005-2006。

宁夏文物考古研究所编《拜寺沟西夏方塔》，北京：文物出版社，2005。

宁夏文物考古研究所编《山嘴沟西夏石窟》，北京：文物出版社，2007。

史金波、克丽斯蒂娜·克拉美罗蒂编《法国吉美国立亚洲艺术博物馆藏西夏文献》，中华书局和天津古籍出版社，2018。

武宇林、荒川慎太郎主编《日本藏西夏文文献》，北京：中华书局，2011。

西北第二民族学院、上海古籍出版社、法国国家图书馆编《法藏敦煌西夏文文献》，上海：上海古籍出版社，2007。

英国国家图书馆、西北第二民族学院、上海古籍出版社编《英藏黑水城文献》，上海：上海古籍出版社，2005。

二　古代典籍

（唐）玄应：《一切经音义》（即《玄应音义》)，《四部丛刊》本，北京：中华书局，1980。

（唐）慧琳：《一切经音义》（即《慧琳音义》)，《大正新修大藏经》卷54，台北：佛陀教育基金会出版社，1972。

（清）王引之：《经义述闻》，南京：江苏古籍出版社，2000。

［日］高楠顺次郎、渡边海旭等：《大正新修大藏经》第11册，东京：大正一切经刊行会，1928。

三　著作、论文集

安娅：《西夏文藏传〈守护大千国土经〉研究》，台北：花木兰出版社，2017。

段玉泉：《西夏〈功德宝集偈〉跨语言对勘研究》，上海：上海古籍出版社，2014。

龚煌城：《西夏语言文字研究论集》，北京：民族出版社，2005。

黄振华、聂鸿音、史金波：《番汉合时掌中珠》，银川：宁夏人民出版社，1989。

李范文：《同音研究》，银川：宁夏人民出版社，1986。

李范文：《西夏语比较研究》，银川：宁夏人民出版社，2004。

李范文：《西夏研究》，北京：中国社会科学出版社，2007。

林英津:《西夏语译〈真实名经〉释文研究》,《语言暨语言学》专刊甲种之八,台湾中研院语言学研究所,2006。

孟列夫:《黑水城出土汉文遗书叙录》,王克孝译,银川:宁夏人民出版社,1994。

聂鸿音:《西夏佛经序跋译注》,上海:上海古籍出版社,2016。

史金波等:《西夏文物》,北京:文物出版社,1985。

史金波:《西夏佛教史略》,银川:宁夏人民出版社,1988。

史金波、黄振华、聂鸿音:《类林研究》,银川:宁夏人民出版社,1993。

史金波、聂鸿音、白滨:《天盛改旧新定律令》,银川:宁夏人民出版社,1998。

王培培:《西夏文〈维摩诘经〉整理研究》,北京:社会科学文献出版社,2015。

孙伯君:《国外早期西夏学研究论集》(一)、(二),北京:民族出版社,2005。

孙颖新:《西夏文〈无量寿经〉研究》,北京:中国社会科学出版社,2018。

张九玲:《西夏文〈大随求陀罗尼经〉研究》,台北:花木兰出版社,2017。

西田龙雄:《西夏语の研究——西夏语の构拟与西夏文字的解读》I,东京:座右宝刊行会,1964。

西田龙雄:《西夏文华严经》Ⅰ,Ⅱ,Ⅲ,京都:京都大学文学部,1975、1976、1977。

西田龙雄:《西夏语研究と法华经》(Ⅰ)(Ⅱ),《东洋学术研究》第44卷第1、2号,2004。

西田龙雄:《西夏语研究》,载李范文编《西夏研究》(第7辑第Ⅰ卷),北京:中国社会科学出版社,2008。

Eric Grinstead, *The Tangut Tripitaka*, 9 Vols, New Delhi: Sharada Rani, 1973.

Кычанов, Е.И., *Каталог тангутских буддийских памятников*, Киото: Университет Киото, 1999.

Горбачева З.И. и Кычанов, Е.И., *Тангутские рукописи и ксилографы*, Москва: Издательство восточной литературы, 1963.

Кепинг, К.Б., *Сунь Цзы в тангутском переводе*, Москва: Наука, 1979.

Кычанов, Е.И., *Измененный и заново утвержденный кодексдевиза царствования небесное процветание1149-1169*, Москва: Наука, 1987−1989.

Софронов, М.В., *Грамматика тангутского языка*, II, Москва: Наука, 1968.

四　论文

安娅:《西夏文译本〈炽盛光如来陀罗尼经〉考释》,《宁夏社会科学》2014 年第 1 期。

崔红芬、文志勇:《西夏皇帝尊号考略》,《宁夏大学学报》(人文社科版) 2006 年第 5 期。

段玉泉:《武威亥母洞遗址出土的两件西夏文献考释》,《西夏学》第八辑,2012。

林英津:《试论西夏语的𗏁𗆤𗩾𗙴 “一生补处”——西夏语、汉语、梵文对勘》,《西夏研究》,2010。

林英津:《史语所藏西夏文佛经残本初探》,《古今论衡》2010 年第 6 期。

罗福苌:《〈大方广佛华严经〉卷一释文》,《国立北平图书馆馆刊》第四卷第三号,1932。

罗福苌:《西夏赎经记》,《国立北平图书馆馆刊》第四卷第三号,1932。

罗福成:《圣大明王随求皆得经下卷释文》,《国立北平图书馆馆刊》第四卷第三号 (西夏文专号),1932。

聂鸿音:《贺兰山拜寺沟方塔所出〈吉祥遍至口和本续〉的译传者》,《宁夏社会科学》2004 年第 1 期。

聂鸿音:《西夏佛教术语的来源》,《固原师专学报》(社会科学版)

2002 年第 2 期。

聂鸿音:《西夏的佛教术语》,《宁夏社会科学》2005 年第 6 期。

聂鸿音:《〈文海〉中的梵语译音字》,《宁夏师范学院学报》2008 年第 1 期。

聂鸿音:《西夏文〈阿弥陀经发愿文〉考释》,《宁夏社会科学》2009 年第 5 期。

聂鸿音:《〈无垢净光总持后序〉考释》,《兰州学刊》2009 年第 7 期。

聂鸿音:《乾祐二十年〈弥勒上生经御制发愿文〉的夏汉对勘研究》,《西夏学》第四辑,2009。

聂鸿音:《〈禅源诸诠集都序〉的西夏译本》,《西夏学》第五辑——首届西夏学国际论坛专号（上），2010。

聂鸿音:《俄藏西夏本〈拔济苦难陀罗尼经〉考释》,《西夏学》第六辑——首届西夏学国际论坛专号（下），2010。

聂鸿音:《〈仁王经〉的西夏译本》,《民族研究》2010 年第 3 期。

聂鸿音:《西夏文献中的净土求生法》，四川大学历史文化学院编《吴天墀教授百年诞辰纪念文集》，四川人民出版社，2013。

聂历山、石滨纯太郎:《西夏文〈八千颂般若经〉合璧考释》,《国立北平图书馆馆刊》第四卷第三号（西夏文专号），1932 年。

史金波:《西夏文〈过去庄严劫千佛名经〉发愿文译证》,《世界宗教研究》1981 年第 1 期。

史金波:《西夏的藏传佛教》,《中国藏学》，2002 年第 1 期。

孙伯君:《西夏佛经翻译的用字特点与译经时代的判定》，中华文史论丛（总第八十六辑），2007。

孙伯君:《黑水城出土西夏文〈佛说圣大乘三归依经〉译释》,《兰州学刊》2009 年第 7 期。

孙伯君:《〈佛说阿弥陀经〉的西夏译本》,《西夏研究》2011 年第 1 期。

孙伯君:《西夏仁宗皇帝的校经实践》,《宁夏社会科学》2013 年第 4 期。

孙伯君、韩潇锐:《黑水城出土西夏文〈西方净土十疑论〉略注本考释》,《宁夏社会科学》2012 年第 2 期。

孙伯君:《黑水城出土西夏文〈求生净土法要门〉译释》，张公瑾主编《民族古籍研究》第 1 辑，中国社会科学出版社，2012。

孙颖新:《西夏文献中的通假》,《宁夏社会科学》2015 年第 6 期。

孙颖新:《英国国家图书馆藏〈孝经〉西夏译本考》,《宁夏社会科学》2017 年第 5 期。

张永富:《西夏文〈大宝积经〉卷三十六勘误》,《西夏研究》2017 年第 2 期。

王静如:《〈佛母大孔雀明王经〉夏梵汉合璧校释》,中研院历史语言研究所单刊之八,《西夏研究》第 1 辑,1932。

王静如:《过去庄严劫千佛名经考释》,中研院历史语言研究所单刊之八,《西夏研究》第 1 辑,1932。

王静如:《现在贤劫千佛名经卷下残卷考释》,中研院历史语言研究所单刊之八,《西夏研究》第 1 辑,1932。

荒川慎太郎:"プリンストン大学所蔵西夏文佛典断片（Peald）について,"「アジア・アフリカ言语文化研究」83,2012。

K.B. Kepping, " The Official Name of the Tangut Empire as Reflected in the Native Tangut Texts," *Manuscripta Orientalia* 1.2, 1995.

Nie Hongyin, "Tangut Fragments Preserved in the China National Institute of Cultural Heritage," И.Ф. Попова сост. *Тангуты в Центральной Азии,* Москва: Издательская фирма《Восточная литература》, 2012.

五　工具书

丁福保:《佛学大辞典》,上海:上海书店,1991。

东北帝国大学法文学部:《西藏大藏经总目录》,东京:东北帝国大学法文学部,1934。

佛光大藏经编修委员会:《佛光大辞典》,高雄:佛光出版社,1989。

李范文:《夏汉字典》(修订版),北京:中国社会科学出版社,2008。

林光明编修《新编大藏全咒》,台北:嘉丰出版社,2001。

林光明、林怡馨:《梵汉大辞典》,台北:嘉丰出版社,2005。

榊亮三郎:《翻译名义大集》,京都:京都大学,1925。

影印宋版藏经会:《影印宋碛砂版大藏经目录》,上海,1936。

索　引

　　本索引参考《佛学电子辞典》（V3.7.34）中的佛教词汇，将《无量寿如来会》中所见佛学名相悉皆收录。索引词语依汉语拼音音序排列，后面列出西夏原词和文献中的出处，格式是"卷.折.行"，例如"17.1.2"指"第 17 卷第 1 折第 2 行"。若同一词语多次出现，则最多列出六次，中间分之以"/"号。

A

阿那含果	𘟣𘝃𗾔𗭴	18.42.5
阿耨多罗三藐三菩提	𘟣𗗙𗾼𗙴𗟲𘜶𗟲𘗉𗭴	18.36.2/18.38.7
阿耨多罗三藐三菩提	𘟣𗗙𗾼𗙴𗟲𗢭𗟲𘗉𗭴	17.23.4/17.48.6/17.58.1/ 17.61.2/17.74.5
阿僧祇	𘟣𗝘𗟭	17.15.5
阿修罗	𘟣𗵒𗙴	17.64.2/18.35.5
哀愍	𗔎𗧒	17.11.2/17.14.2
爱法	𗘱𗤧	18.14.6
安和	𗷋𘟩	18.1.2
安乐	𗷋𘟩	17.41.3/17.44.5/17.50.3/17.59.4
安乐	𗩴𘟩	18.9.2
安乐国	𗷋𘟩𗦲	18.9.6/18.9.7
安稳	𗷋𗼴	17.68.3
安住	𗷋𘛛	17.3.5/17.9.5/17.11.1/ 18.10.3/18.16.6/18.21.4

B

不舍	𗹬𗋕	17.42.5
不思议	𗹬𘊴𗌽	18.9.2/18.41.4
不思议光	𗹬𘊴𗌽𗤁	17.63.4
不思议智	𗹬𘊴𗌽𗡷	18.27.7
不退菩萨	𗹬𗜓𗤋𗰜𘟛	18.32.1/18.32.6/18.32.7/
		18.33.1/18.33.2/18.33.3
不退转	𗹬𗜓𗤋	17.49.3/17.74.1/17.74.6/
		18.5.1/18.5.5/18.6.1

C

差别	𗀚𗾺	17.10.4/17.27.4/17.73.5/
		18.26.6
刹	𘓺	17.5.2/17.21.1/18.11.6
刹土	𘓺	17.33.5
禅定	𗂰𗟱	17.6.3/18.8.4/18.11.3/18.15.1
彻照	𘊖𗼓	17.40.2
称叹	𗟼𘘣	17.32.6/18.4.4
成佛	𗋑𗤋	17.21.5/17.26.6/17.27.2/
		17.27.4/17.27.6/18.43.4
成佛道	𗋑𘜶𗤋	17.7.2
成就	𗤋𘟛	17.39.5/17.54.3/17.75.4/
		18.13.5/18.14.7/18.15.3
成就	𗤋𗤋	18.35.4
成满	𗣼𘖀	18.43.6
成熟	𗤋𘃡	17.7.3
成熟	𗤋𘟛	18.43.6
出家	𘗣𘓐	17.51.1
出离	𘗣𗋕	17.36.1/18.30.3
出生力	𗤻𗷾𗟢	18.20.2
出世	𗊱𘗣	18.16.3/18.39.1
出世间法	𗊱𘏚𘗣𗣼	17.10.5

大威德	𘃓𘃗𘃈	18.14.5/18.38.6
大众	𘃓𘏼	17.26.2/17.52.4/18.35.6/
		18.44.4
道场	𘎑𘐀	17.5.3/17.50.5/18.21.4
德用	𘃈𗘂	17.45.5
等正觉	𘃈𘄒𘐇	17.4.1/17.30.3
谛听	𘏿𘏼	17.15.3/18.10.6
地狱	𘌴𘏵	17.23.1/17.26.5/17.68.3/
		18.19.7
顶礼	𗣼𘄀	17.19.4/17.25.5
动摇	𘎡𗨏	18.17.3
度	𗤢	18.10.2
独觉地	𗭒𘐇𘍀	17.9.4
钝根	𗍫𘃝	18.11.3

E

恶趣	𘃲𘏻	17.11.2/17.51.4/18.11.5/
		18.14.7
二乘	𗤒𘐆	17.9.5/18.41.3
二乘境	𗤒𘐆𘍒	18.21.5
二忍	𗤒𗫰	18.11.4

F

发心	𗥦𗤻	18.5.3/18.28.5
发意	𘃈𗤻	18.43.2
法本	𘘓𗭢	18.16.4
法幢	𘘓𘄺	17.6.2
法鼓	𘘓𗃛	17.6.2
法界	𘘓𘍰	17.8.6
法雷	𘘓𗰛𘈽	17.6.4
法轮	𘘓𘄴	17.6.1/17.58.6

佛种	□□	17.11.1
佛足	□□	17.19.4
福田	□□	18.19.5

G

功德	□□	17.3.5/17.7.6/17.11.4/18.4.4/
		18.6.3/18.7.5
恭敬	□□	17.62.2/18.22.4
供养	□□	17.22.1/17.35.5/17.36.4/
		17.46.3/17.52.5/17.58.5
观察	□□	17.13.5
灌顶	□□	17.7.1/7377.18.2.3
光明	□□	17.4.2/17.16.6/17.30.5/
		17.62.3/17.63.6/18.2.7
光瑞	□□	17.13.3
广大	□□	17.9.6/17.54.4/17.63.6/
		18.2.2/18.9.2/18.12.2
国土	□□	17.62.4
过去	□□	17.61.5

H

含生	□□	17.6.3
合掌	□□	17.12.2/17.19.5/18.22.4/
		18.22.6
荷担	□□	17.10.6
黑法	□□	17.6.6
黑山	□□	18.23.3
恒沙	□□	17.22.1/17.22.2
恒沙	□□□	18.4.2/18.4.3/18.7.6/18.8.2
弘誓	□□	17.50.1/17.53.3/18.9.5
化生	□□	18.27.4/18.27.6/18.28.4/18.29.1

K

开导	𗱕𗹰	18.41.1
开示	𗥼𗱕	17.14.4/17.64.3/18.21.3/
		18.35.7/18.36.6/18.39.3
开悟	𗥼𗜓	17.6.4
空无相无愿	𗤀𗾑𗸕𗫤𗸕	17.9.4/17.56.4
苦恼	𗧊𗦲	17.21.3
苦行	𗧊𗥃	17.5.2/17.16.1/17.52.6

L

莲华	𗗿𗒹	18.27.4/18/28.3
了知	𗉼𗜓	17.8.1/17.9.1/17.20.5/
		17.38.4/17.39.1/18.4.2
礼拜	𗼨𗵽	18.34.5/18.35.1
礼敬	𗥃𗵽	17.43.5
理趣	𗝣𘕾	18.16.2
力无畏	𘚽𗸕𗫤	7377.18.2.6
利乐	𗣼𗵒	17.14.2
利养	𗣼𗰟	18.19.5
利益	𗣼𗵒	17.14.1/17.22.4/17.56.2/
		18.14.2/18.18.7/18.19.7
琉璃	𗥃𗝠	17.69.1/17.70.2/17.70.4/
		17.71.1/18.18.7
六种震动	𗅫�641𗰜𗗙	17.4.3/18.43.7
龙王	𗡪𗰞	17.5.3
漏尽	𗤭𗴿	17.7.3/17.44.5

M

满足	𗒛𗰗	17.3.5
满足	𗰗𗦲	17.52.6

菩萨	糀𦆕	17.3.5/17.5.4/17.5.6/18.7.7/
		18.8.2/18.9.1
菩萨道	糀𦆕𦥯	18.43.5
菩萨摩诃萨	𦆕𦆕𦥯𦈈𦆕	17.3.1/17.11.6/17.67.2/
		18.21.7/18.22.2/18.35.2
菩萨行	糀𦆕𦈎	17.35.5/17.43.5/17.47.3/
		17.54.4/17.56.2
菩提	𦆕𦆕	17.23.6/17.30.2/17.30.4/
		18.9.2/18.11.5/18.17.1
菩提心	𦆕𦆕𦈱	17.33.5/17.42.4/18.5.2/
		18.5.7/18.6.2
普照	𦥯𦈚	17.6.4/17.63.2
普照	𦆕𦈚	17.21.1/17.62.4/18.3.1
普照	𦆕𦈚	18.44.1/18.17.3
普贤行	𦆕𦆕𦈎	17.10.4

Q

七宝	𦆕𦆕	17.68.5/17.69.3/17.71.5/
		18.1.3/18.2.3
耆阇崛山	𦥯𦈱𦆕𦈈	17.1.4
清净	𦈎𦈚	17.12.3/17.23.6/17.24.1/
		18.15.2/18.17.4/18.24.3
求法	𦈚𦈱	18.18.6/18.36.4
取舍	𦈚𦈎	18.16.2/18.16.5
趣入	𦈈𦈱	17.8.4
群生	糀𦆕	17.14.1/17.45.1/17.56.1/18.10.2

R

燃灯	𦈚𦈈	17.15.6
染著	𦈈𦈚	17.56.3
饶益	𦈚𦈈	17.8.2

善趣	𗄊𘃽	17.11.2
善摄受	𘃽𗦇𗫦	17.75.3
善逝	𗄊𗪊	17.18.6
善学	𗡪𗫦	17.7.6/17.9.2/18.8.6
善哉	𘄏𗷀	17.13.4/17.13.5
善知	𗼣𗖰	17.7.4/17.10.4
善知	𗼣𗫦	17.10.5/18.16.2
上首	𗥃𘃽	17.2.4/17.2.5/17.3.4/17.56.4
舍利弗	𗷀𗅆𘎑	17.2.2
摄受	𗦇𗫦	17.6.3/17.24.2/17.25.1/
		18.6.5/18.36.3/18.41.6
身光	𗼃𗒹	18.10.4
身命	𗼃𗈻	17.55.4
身心	𗼃𗣊	17.41.3/17.64.1
深禅定乐	𗟎𗤻𘟩𗆧𗵆	18.8.4
深法	𗟎𗣼	17.73.6/18.7.1/18.16.6
深心	𗟎𗣊	18.14.5
神变	𗫅𗵽𘄄	18.43.7
神力	𗫅𗟻	17.65.2/18.12.1
神通	𗫅𗵽	17.29.4/17.64.6/18.8.3/18.11.3/
		18.16.6/18.20.1
甚深	𗾈𗟎	17.10.1/17.20.5/18.7.1/
		18.14.5/18.16.6/18.39.2
生死流转	𗵃𘄠𗟨𗵃	18.34.3
声闻	𗥔𗼄	17.1.5/17.31.3/17.67.1/
		17.67.4/18.24.3/18.24.7
声闻众	𗥔𗼄𗫦	17.62.2/17.64.4/17.65.3/
		18.10.3/18.24.5/18.28.2
圣智	𘀗𗤔	17.22.6
尸波罗蜜	𗾖𘄄𘝩𗏵	17.57.3
施食	𗴴𘟙	17.6.6

宿命	𗪊𗫶	18.11.6
娑婆世界	𗧃𗫂𗋽𗉘	18.10.7/18.25.2

T

他化自在天	𗴿𗢨𗜈𗥫𗋁	17.58.5/18.26.5
贪嗔	𗧋𗯨	17.54.6
贪嗔痴	𗧋𗯨𗙴	18.21.1
贪恚痴	𗧋𗯨𗙴	17.51.4
檀波罗蜜	𗄭𗙏𗰜𗀇	17.57.2
天龙夜叉	𗋁𗅁𗲱𗵒	18.41.3
天人	𗋁𗇂	17.43.5/17.51.6/17.54.2/
		17.67.4/17.68.3/18.35.5
天人师	𗋁𗇂𗩾	17.51.2/18.8.6
天眼	𗋁𗤋	17.28.2/17.38.3/18.15.2
天乐	𗋁𗥑	18.8.5
天众	𗋁𗫂	17.53.4
调伏	𗣜𗞞	18.14.3/18.14.4/18.15.4/
		18.15.5/18.18.1/18.19.7
铁围山	𗤒𗰪𗰖	18.18.2
听闻	𗫂𗗟	18.37.1/18.37.7/18.38.7/
		18.42.2
通达	𗫂𗓁	17.8.3/17.8.6/18.16.7
通达	𗼃𗓁	18.15.3
涂香	𗖰𗷲	18.12.1
退转	𗲒𗧾	17.48.6/18.38.7
陀罗尼	𗁾𗰜𗡪	17.9.6/17.41.6

W

万物	𗔀𗷸	18.23.7
往生	𗦬𗊱	18.6.3/18.43.3
威德	𗆧𗧠	17.54.4/18.25.4/18.27.7

无上	𗣼𗢳	17.21.6/17.51.1/18.5.6/18.39.2
无上觉	𗣼𗢳𗰲	17.33.1/17.35.6/17.59.3
无上菩提	𗣼𗢳𗦽𗴾	17.26.5/17.48.5/17.50.1/
		18.6.1/18.6.6/18.7.3
无生	𗤿𗰜	17.56.4
无生法忍	𗤿𗰜𗹬𗾖	17.74.2/17.75.1/18.11.5
无生忍	𗤿𗰜𗾖	17.73.6
无生无灭	𗤽𗰜	17.9.5
无数	𗱤𗰜	17.14.6/17.32.5/17.40.1/
		17.74.1/18.7.4/18.12.2
无数大劫	𗱤𗰜𗱤𗅡	17.15.5
无畏	𗤋𗰜	17.6.1/18.18.1/18.21.2/
		18.39.2
无我	𗣼𗰜	18.9.7
无我想	𗣼𗰩𗰜	18.14.1
无忧	𗢉𗰜	18.19.6
五根	𗦳𗗾	17.74.5
五劫思惟	𗦳𗅡𗴿𗦳𗌭	17.25.1
五无间	𗦳𗢉𗙏	18.4.7
五浊	𗦳𗭪	17.5.2/18.11.6
悟入	𗢳𗢷	17.10.1

X

稀有	𗾟𗡪	17.13.3/17.14.1/17.54.3/
		18.13.1/18.18.4/18.43.7
现在	𗥻𗦾	17.12.6
相好	𗫟𗯨	18.6.5/18.20.5
相应	𗫟𗒆	17.7.6/17.8.6/18.13.7/18.17.2
香气	𗱕𗤒	17.40.5/17.60.2
降伏	𗥑𗤒	17.5.6
邪见	𗤒𗗿	18.40.6

一切法	𗏴𗏾𗏾	17.15.2/18.15.5/18.16.4/18.17.7
一切诸佛	𗣼𗗙𗏾𗏾	17.10.2/18.15.6/18.39.7
一生补处	𗣼𗴺𗷒𗮅	17.35.3
一生补处	𗣼𗴺𗷒𗿢	18.10.3
一寻	𗢳𗤁	17.63.1/18.10.4/18.23.6/
		18.24.2/18.24.5
一由旬	𗢳𗫂𗟻	17.63.1
一劫	𗢳𗴢	17.64.3
一切智	𗣫𗏾𗏾	17.37.4/18.13.6
一切智智	𗏾𗏾𗣫𗣫	18.37.5
一时	𗣼𗒘	17.1.4
一一	𗣫𗣫	18.2.3/18.2.6/18.2.7/18.4.3/
		18.7.6/18.22.5
疑惑	𗤌𗤋	18.7.1/18.16.7/18.31.5/18.31.7
义门	𗔅𗤋	17.8.3
忆念	𗤔𗤤	18.43.6
因缘	𗮔𗮔	17.16.1/17.74.4/18.27.5/18.28.1
音乐	𗾺𗊧	17.60.6/18.12.1/18.44.2
应供	𗤹𗔅	18.21.1
影像	𗪘𗾫	17.9.2/18.9.5
勇猛	𗀔𗀔	17.6.1/17.17.3/17.56.1/
		18.18.1/18.21.3/18.40.4
优婆塞	𗼹𗉋𗍊	18.23.7
优婆夷	𗼹𗉋𗤁	18.24.1
游行	𗪷𗷝	18.26.2
由旬	𗫂𗟻	17.39.1/17.63.2/17.65.6/
		17.66.3/17.72.2/18.2.5
有情	𗰖𗰜	17.7.3/17.8.6/17.10.6/18.1.2/
		18.1.6/18.3.1
有为	𗼃𗰜	17.53.1
右绕	𗰽𗰽	17.5.4/17.25.5

智慧	𗡞𗡞	18.11.2/18.19.5/18.20.5
智慧光	𗡞𗡞𗡞	18.19.2
智慧景	𗡞𗡞𗡞	18.8.7
智慧力	𗡞𗡞𗡞	18.19.1
智者	𗡞𗡞	18.28.7
众生	𗡞𗡞	17.10.4/17.11.3/17.14.2/
		18.3.6/18.4.5/18.5.2
周遍	𗡞𗡞	17.41.2/17.42.2/17.43.3/
		17.68.4/17.72.6/18.2.1
周遍	𗡞𗡞	17.71.4
周遍	𗡞𗡞	18.1.1
诸法	𗡞𗡞	18.9.3/18.16.1/18.16.4/18.18.7
诸根	𗡞𗡞	17.9.6/17.12.2/17.15.1/
		17.45.5/18.11.2
诸见	𗡞𗡞	17.9.2
诸漏	𗡞𗡞	18.42.6
诸天	𗡞𗡞	17.13.2/17.43.5/17.52.2
诸天	𗡞𗡞	17.4.4
诸行	𗡞𗡞	17.8.6/17.36.1
诸有	𗡞𗡞	17.51.5
专念	𗡞𗡞𗡞	18.5.2/18.5.7/18.6.2
庄严	𗡞𗡞	17.23.6/17.24.3/17.24.5/
		18.2.5/18.3.1/18.9.4
自然	𗡞𗡞	17.44.2/17.48.4/17.52.5/
		17.57.6/18.1.7/18.27.4
自在	𗡞𗡞	17.10.6/17.15.2/17.29.4/
		17.60.3/17.64.6
自在王	𗡞𗡞𗡞	17.18.5/17.19.4/17.25.2/
		17.25.5/17.49.5/17.54.1
最胜	𗡞𗡞	17.22.5/17.52.5/17.53.2/18.18.5
尊者	𗡞𗡞	17.1.6/17.12.1/18.44.4

智慧	𗦤𗟲	18.11.2/18.19.5/18.20.5
智慧光	𗦤𗟲𗤛	18.19.2
智慧景	𗦤𗟲𗤛	18.8.7
智慧力	𗦤𗟲𗫂	18.19.1
智者	𗦤𗯿	18.28.7
众生	𗏴𗷒	17.10.4/17.11.3/17.14.2/ 18.3.6/18.4.5/18.5.2
周遍	𗁅𗁅	17.41.2/17.42.2/17.43.3/ 17.68.4/17.72.6/18.2.1
周遍	𗰖𗖰	17.71.4
周遍	𗰖𗉮	18.1.1
诸法	𗁅𗲤	18.9.3/18.16.1/18.16.4/18.18.7
诸根	𗁅𗃀	17.9.6/17.12.2/17.15.1/ 17.45.5/18.11.2
诸见	𗁅𗟻	17.9.2
诸漏	𗁅𗵽	18.42.6
诸天	𗁅𗰀	17.13.2/17.43.5/17.52.2
诸天	𗁅𗤥	17.4.4
诸行	𗁅𗴮	17.8.6/17.36.1
诸有	𗁅𗼕	17.51.5
专念	𗾼𗾺𗤻	18.5.2/18.5.7/18.6.2
庄严	𗴮𗬩	17.23.6/17.24.3/17.24.5/ 18.2.5/18.3.1/18.9.4
自然	𗒀𗣫	17.44.2/17.48.4/17.52.5/ 17.57.6/18.1.7/18.27.4
自在	𗾿𗤻	17.10.6/17.15.2/17.29.4/ 17.60.3/17.64.6
自在王	𗾿𗤻𗣼	17.18.5/17.19.4/17.25.2/ 17.25.5/17.49.5/17.54.1
最胜	𗭪𗡞	17.22.5/17.52.5/17.53.2/18.18.5
尊者	𗣼𗟰	17.1.6/17.12.1/18.44.4

图书在版编目（CIP）数据

西夏文《大宝积经·无量寿如来会》对勘研究 / 孙
颖新著. --北京：社会科学文献出版社，2019. 4
ISBN 978-7-5201-4431-5

Ⅰ.①西…　Ⅱ.①孙…　Ⅲ.①西夏语－佛经－研究②
《大宝积经·无量寿如来会》－研究　Ⅳ.①B948

中国版本图书馆CIP数据核字（2019）第040722号

西夏文《大宝积经·无量寿如来会》对勘研究

著　　者 / 孙颖新

出 版 人 / 谢寿光
责任编辑 / 孙美子

出　　版 / 社会科学文献出版社·人文分社（010）59367215
　　　　　　地址：北京市北三环中路甲29号院华龙大厦　邮编：100029
　　　　　　网址：www.ssap.com.cn
发　　行 / 市场营销中心（010）59367081　59367083
印　　装 / 三河市尚艺印装有限公司

规　　格 / 开　本：787mm×1092mm　1/16
　　　　　　印　张：21.75　字　数：355千字
版　　次 / 2019年4月第1版　2019年4月第1次印刷
书　　号 / ISBN 978-7-5201-4431-5
定　　价 / 148.00元